Moderne chinesische Grammatik Übungsbuch

Das *Arbeitsbuch zur Grammatik des Modernen Chinesisch* ist ein Buch mit Grammatik- und Sprachübungen für Chinesischlerner aller Stufen. Das *Arbeitsbuch* besteht aus zwei Teilen. Es enthält im ersten Teil Übungen zu den Grundstrukturen der chinesischen Grammatik. Im zweiten Teil folgen Sprachübungen zu Alltagssituationen, wie Vorstellungen, Entschuldigungen oder Ausdruck von Bedürfnissen.

Mit dem ausführlichen Lösungsschlüssel können die Lerner selbst ihre Fortschritte überprüfen. Das *Arbeitsbuch* enthält:

- Übungen auf unterschiedlichen Niveaus für eine Vielzahl von Lernern
- Verweise auf die *Grammatik des Modernen Chinesisch*
- einen umfangreichen Index, der sowohl die grammatischen Kategorien als auch den Grundwortschatz umfasst.

Für die zweite Auflage wurden die Übungen überarbeitet und erweitert, u. a. durch praxisbezogene Übungen.

Das *Arbeitsbuch zur Grammatik des Modernen Chinesisch* ist für alle Chinesischlerner geeignet, von Anfängern bis zu Fortgeschrittenen. Es kann sowohl zusammen mit der *Grammatik des Modernen Chinesisch* (978-3-905816-45-7), als auch unabhängig davon verwendet werden.

Claudia Ross ist Professorin für Chinesisch am College of the Holy Cross in Worcester, Massachusetts.

Jing-heng Sheng Ma ist emeritierter Professor für Chinesisch am Wellesley College, Massachusetts.

Baozhang He ist Assistenzprofessor für Chinesisch am College of the Holy Cross in Worcester, Massachusetts.

Pei-Chia Chen ist Dozentin für Chinesisch an der University of California, San Diego.

Moderne chinesische Grammatik

Übungsbuch

Deutschsprachige Ausgabe basierend auf der zweiten überarbeiteten englischsprachigen Ausgabe

Claudia Ross
Jing-heng Sheng Ma
Baozhang He
Pei-Chia Chen
ins Deutsche übersetzt von Katrin Buchta

LONDON AND NEW YORK

Verlag der deutschsprachigen Ausgabe:
Chinabooks E. Wolf und E. Wu
Bühlstrasse 6, CH-8142 Uitikon-Waldegg, Schweiz
Auslieferung an den deutschen Buchhandel:
GVA Gemeinsame Verlagsauslieferung Göttingen GmbH & Co. KG
Auslieferung an den österreichischen Buchhandel: Mohr Morawa Buchvertrieb GmbH

Englischsprachige Originalausgabe 2006 erschienen bei Routledge

Überarbeitete zweite Auflage 2015 erschienen bei Routledge
2 Park Square, Milton Park, Abingdon, Oxon OX14 4RN

und bei Routledge
711 Third Avenue, New York, NY 10017

Titel der Originalausgabe: Modern Mandarin Chinese Grammar : Workbook / . – Second Edition.
Autoren: Claudia Ross, Jing-heng Sheng Ma, Baozhang He, Pei-Chia Chen
ins Deutsche übersetzt von Katrin Buchta
Umschlagsgestaltung: Johann Wolf
Fotos auf dem Umschlag © Bigstockphoto

Routledge is an imprint of the Taylor & Francis Group, an informa business

ISBN: 978-3-905816-46-4

Typeset in ITC Stone Serif by Graphicraft Limited, Hong Kong

Inhaltsverzeichnis

Einführung

Dieses *Übungsbuch* ist ein Begleitband zur *modernen chinesischen Grammatik* und wurde dazu entworfen, ihre Sprachfertigkeiten in Mandarin, der chinesischen Hochsprache, zu verbessern. Es kann gemeinsam mit einem Chinesischlehrwerk in einem regulären Sprachkurs oder zur Wiederholung im Selbststudium verwendet werden. Der Lösungsschlüssel am Ende dieses Buches ermöglicht es Ihnen, Ihre Antworten bei der Durcharbeitung der Übungen selbst auf Richtigkeit zu kontrollieren. Die Aufgaben im *Übungsbuch* sind nach Schwierigkeit abgestuft angeordent, das Buch ist daher sowohl für Lerner mit geringen Vorkenntnissen als auch für Lerner mit fotgeschrittenen Kenntnissen, etwa an der Universität oder auf Mittelschulstufe, geeignet. Die Übungsanweisungen sind auf Deutsch angegeben, alle Übungen sind gleichzeitig in Kurz- und Langzeichen als auch in Pinyin-Transkription wiedergegeben.

Das *Übungsbuch* konzentriert sich auf die wichtigsten Strukturen und Kommunikationsstrategien in Mandarin. Übungen zu Strukturen befinden sich im Teil A ‚Strukturen', Übungen zur Kommunikation befinden sich im Teil B ‚Situationen und Funktionen'. Da erfolgreiche Kommunikation teils auf struktureller Korrektheit aufbaut, gibt es Überschneidungen zwischen beiden Teilen. Wir empfehlen, dass Sie bei der Durcharbeit von Situationen und Funktionen im Teil B gleichzeitig auch die Übungen zu den zugehörigen Strukturen in Teil A bearbeiten. Wenn Sie zum Beispiel an den Kapiteln 47 'Ausdruck von Position und Entfernung' und 48 'Über Bewegungen, Richtungen und Transportmittel sprechen' arbeiten, sollen Sie sich auch mit den Übungen zu Strukturen in Teil A, welche Präpositionen involvieren, beschäftigen.
Verwenden Sie das Inhaltsverzeichnis, um Übungen zu spezifischen Strukturen oder zu allgemeinen kommunikativen Funktionen ausfindig zu machen. Konsultieren Sie den Index (Stichwortregister), um Übungen zu bestimmten Themen wie Krankheit, Wetter, das Aufsagen von Telefonnummern, zu finden. Folgen Sie den Querverweisen zur *Modernen chinesischen Grammatik*, um Erklärungen zu Strukturen und Sprachgebrauch nachzulesen.

Das Erlernen der chinesischen Sprache ist eine interessante Reise. Wir hoffen, dass die *moderne chinesische Grammatik* und das dazugehörige *Übungsbuch* Ihnen dabei helfen, auf Ihrer Reise an Orientierung zu gewinnen und wünschen Ihnen viel Freude und Erfolg bei der Entwicklung Ihrer sprachlichen Fertigkeiten.

Claudia Ross
Jing-heng Sheng Ma
Baozhang He
Pei-Chia Chen
Januar 2014

Zur Benutzung des Buches

Wir haben dieses Buch als Begleitband zu *Moderne chinesische Grammatik* geschrieben, um Übungsmöglichkeiten zu den wichtigsten Strukturen und Funktionen in Mandarin, der chinesischen Hochsprache, bereitzustellen. Nützen Sie es dazu, Ihre grammatikalischen Fertigkeiten und Ihre Fähigkeiten in der Kommunikation zu verbessern.

Die Darstellung der Inhalte folgt der Reihenfolge der Darstellung in der *Modernen chinesischen Grammatik*. Sie können die Kapitel in jeder beliebigen Reihenfolge bearbeiten und dabei Kapitel zu Strukturen und Funktionen anhand Ihrer spezifischen Bedürfnisse auswählen.

Dieses *Übungsbuch* ist in zwei Teile untereilt. Teil A befasst sich mit Strukturen. Wenn Sie sich mit grundlegenden Strukturen wie der Bildung von Zahlen, der Modifizierung von Nomen oder der Wortfolge im chinesischen Satz befassen möchten, sollten Sie Übungen in Teil A auswählen. Teil A enthält auch einige Übungen zur Pinyin-Transkription und einige Aktivitäten zu chinesischen Schriftzeichen, welche das Nachschlagen von Schriftzeichen in einem chinesischen Wörterbuch trainieren. Teil B, 'Situationen und Funktionen' befasst sich mit Kommunikation. Wenn Sie üben wollen, eine Meinung zu äussern, eine Bitte höflich abzulehnen oder über Ereignisse in der Vergangenheit zu sprechen, sollten Sie Übungen aus Teil B dazu auswählen. Sie können an zugehörigen Strukturen arbeiten, während Sie kommunikative Funktionen einüben. Wenn Sie beispielsweise daran üben, über Ereignisse in der Vergangenheit zu sprechen, könnte es möglicherweise für Sie sinnvoll sein, die Kapitel zu Verben in Teil A zu Rate zu ziehen.

Auf jeden Übungsabschnitt im *Übungsbuch* folgt die Angabe von einer oder mehreren Nummern, die die Abschnitte in der *Grammatik* angeben, in welchen die dazugehörigen Strukturen oder Funktionen erklärt werden. Dazu ein Beispiel: Die Nummer 30.2 nach einem Übungsabschnitt gibt an, dass die Übung die Anwendung von Inhalten überprüft, welche in Kapitel 30, Abschnitt 2 der Grammatik besprochen werden. Sie sollten die Darstellung der jeweiligen Inhalte in der *Grammatik* studieren, bevor Sie sich an die Lösung der dazugehörigen Übungen im *Übungsbuch* machen.

Das *Übungsbuch* beinhaltet einen alphabetisch geordneten Index, der Ihnen dabei hilft, Übungen zu bestimmten Strukturen oder Funktionen ausfindig zu machen. Die Nummenr, die auf jeden Eintrag im Index folgen, geben die dazugehörigen Abschnitte im *Arbeitsbuch* an, in denen die jeweiligen relevanten Übungen dargeboten werden.

Zu guter Letzt wir am Ende des Buches ein Lösungsschlüssel dargeboten. Konsultieren Sie Abschnitte im Lösungsschlüssel *erst nachdem* Sie eine betreffende Übung fertiggestellt haben!

Teil A

Strukturen

1 Überblick über die Aussprache und die Pinyin-Transkription

1 Setzen Sie das Tonzeichen über den richtigen Vokal.

a.	**xian** (1)	e.	**tou** (2)
b.	**bie** (2)	f.	**huai** (4)
c.	**xuan** (3)	g.	**chui** (1)
d.	**yue** (4)	h.	**zao** (3)

➪ 1.2.1

2 Schreiben Sie diese Sätze und Wortgruppen noch einmal und kennzeichnen Sie dabei die Tonveränderung in der natürlichen Sprache.

Beispiel: **nǐ hǎo** → **ní hǎo**

a. **Xiǎo Lǐ**
b. **wǔ bǎ yǐzi**
c. **Nǐ yǒu gǒu ma?**
d. **Wǒ hěn hǎo.**
e. **Tā yě xiǎng mǎi bǐ.**
f. **Wǒ xiǎng mǎi shū.**
g. **Tā yǒu jiǔ gè péngyou.**
h. **wǔshíwǔ běn shū**

➪ 1.1.3

3 Korrigieren Sie die Pinyin-Transkription der folgenden Wörter und Silben.

a.	**kwai**	f.	**üe**
b.	**uan**	g.	**shuesheng**
c.	**pengyow**	h.	**jungguo**
d.	**quian**	i.	**hsiao**
e.	**dwo**	j.	**iao**

➪ 1.1.1, 1.1.2, 1.2.2

2
Silbe, Bedeutung und Wort

1 Schreiben Sie diese Sätze und Wortgruppen noch einmal und kennzeichnen Sie dabei die Tonveränderung in der natürlichen Sprache.

Beispiel: **yī tiáo** → **yì tiáo**

a.	**yī tiáo lù**	f.	**yī gè rén**
b.	**bù tài guì**	g.	**yī shù huār**
c.	**yī kuài qián**	h.	**yī háng**
d.	**yī mén kè**	i.	**yī bù diànyǐng**
e.	**yī suǒ fángzi**	j.	**bù cuò**

➪ 2.3

3
Das chinesische Schriftsystem: Ein Überblick

1 Kennzeichnen Sie das Radikal in den folgenden Langzeichen.

Beispiel: 嗎 → (口)馬

a.	好	f.	錢
b.	們	g.	這
c.	說	h.	漢
d.	筆	i.	從
e.	紅		

➪ 3.2.1

2 Kennzeichnen Sie das Radikal in den folgenden Kurzzeichen.

a.	过	f.	对
b.	房	g.	楚
c.	闻	h.	聪
d.	情	i.	治
e.	救		

➪ 3.2.1

3 Finden Sie in einem Wörterbuch die vereinfachten Radikale, die den folgenden traditionellen Radikalen entsprechen.

Beispiel: 言 = 讠

a.	門	e.	馬
b.	車	f.	貝
c.	糸	g.	金
d.	食	h.	魚

4 Manche Kurzzeichen werden aus einem Teil der Langzeichen gebildet. Ordnen Sie die Langzeichen in der linken Spalte den entsprechenden Kurzzeichen in der rechten Spalte zu. Benutzen Sie ein Wörterbuch, falls notwendig.

Beispiel: 從 = 从

a. 飛　　A. 亲
b. 習　　B. 丽
c. 雖　　C. 电
d. 電　　D. 飞
e. 麗　　E. 业
f. 業　　F. 习
g. 廣　　G. 虽
h. 親　　H. 广

➪ 3.1

5 Benutzen Sie ein Wörterbuch, um die Kurzzeichen zu finden, die den folgenden Langzeichen entsprechen. Schreiben Sie das Kurzeichen neben das Langzeichen.

Beispiel: 對 = 对

a. 講　　f. 歐
b. 塊　　g. 學
c. 樣　　h. 認
d. 蘭　　i. 聽
e. 連　　j. 曆

➪ 3.1

6 Schlagen Sie die folgenden Schriftzeichen im Wörterbuch nach und finden Sie die Gemeinsamkeiten in der Aussprache. Ordnen Sie die Schriftzeichen nach ihrem gemeinsamen Phonetikum.

爸，站，吧，占，城，誠，綱，战，把，剛，東，棟，成，凍，鋼

Gruppe 1	*Gruppe 2*	*Gruppe 3*	*Gruppe 4*	*Gruppe 5*

➪ 3.2.2

7 Geben Sie die Gesamtstrichzahl der folgenden Schriftzeichen an.

Beispiel: 我 = 7

a. 中　　e. 张
b. 走　　f. 寫
c. 去　　g. 写
d. 張

➪ 3.4

4
Die Wortfolge im chinesischen Satz

1 Unterstreichen Sie in den folgenden Sätzen das Hauptverb und setzen Sie die Hauptnomen (Subjekt und direktes Objekt) in Klammern.

Beispiel: [他] 给 [我] [一本书]。
[他] 給 [我] [一本書]。
[Tā] gěi [wǒ] [yī běn shū].
[Er] gab (gibt) [mir] [ein Buch].

a. 我昨天跟朋友吃午饭了。
我昨天跟朋友吃午飯了。
Wǒ zuótiān gēn péngyou chī wǔfàn le.
Ich habe gestern mit Freunden Mittag gegessen.

b. 我的弟弟每天看电视。
我的弟弟每天看電視。
Wǒ de dìdi měitiān kàn diànshì.
Mein jüngerer Bruder sieht jeden Tag fern.

c. 中国的大学生也上网吗？
中國的大學生也上網嗎？
Zhōngguó de dàxuéshēng yě shàng wǎng ma?
Surfen chinesische Studenten auch im Internet?

d. 城里的书店有很多外国书。
城裏的書店有很多外國書。
Chéng lǐ de shūdiàn yǒu hěn duō wàiguó shū.
Der Buchladen in der Stadt hat viele ausländische Bücher.

e. 我今天下午在公园的门口等你。
我今天下午在公園的門口等你。
Wǒ jīntiān xiàwǔ zài gōngyuán de ménkǒu děng nǐ.
Ich warte heute Nachmittag am Parktor auf dich.

➪ 4.1

2 Unterstreichen Sie in den folgenden Sätzen die Präpositionalphrase.

Beispiel: 他<u>跟他的女朋友</u>吃晚饭。
他<u>跟他的女朋友</u>吃晚飯。
Tā <u>gēn tā de nǚ péngyou</u> chī wǎnfàn.
Er ist <u>mit seiner Freundin</u> Abendbrot.

a. 我给奶奶写信了。
我給奶奶寫信了。
Wǒ gěi nǎinai xiě xìn le.
Ich habe einen Brief an Oma geschrieben.

b. 我对心理学很有兴趣。
我對心理學很有興趣。
Wǒ duì xīnlǐxué hěn yǒu xìngqù.
Ich interessiere mich sehr für Psychologie.

c. 我很喜欢跟朋友去玩。
我很喜歡跟朋友去玩。
Wǒ hěn xǐhuan gēn péngyou qù wán.
Ich gehe gern mit meinen Freunden aus.

d. 要是你忙，我可以替你做这件事。
要是你忙，我可以替你做這件事。
Yàoshi nǐ máng, wǒ kěyǐ tì nǐ zuò zhè jiàn shì.
Wenn du beschäftigt bist, kann ich das für dich erledigen.

e. 你什么时候到我家来？
你甚麼時候到我家來？
Nǐ shénme shíhòu dào wǒ jiā lái?
Wann kommst du zu mir nach Hause?

➪ 4.3

3 Die folgenden Sätze und Wortgruppen enthalten Angaben des Zeitpunkts, Ortsangaben und Präpositionalphrasen. Schreiben Sie die chinesischen Sätze neu, um die Bedeutung der deutschen Übersetzung auszudrücken.

a. 我学了中文去年在中国。
我學了中文去年在中國。
Wǒ xué le Zhōngwén qùnián zài Zhōngguó.
Ich habe letztes Jahr in China Chinesisch gelernt.

b. 每天都我碰到他在学生中心。
每天都我碰到他在學生中心。
Měitiān dōu wǒ pèngdào tā zài xuésheng zhōngxīn.
Ich treffe ihn jeden Tag im Studentenzentrum.

c. 你想结婚跟什么样的人将来？
你想結婚跟甚麼樣的人將來？
Nǐ xiǎng jiéhūn gēn shénme yàng de rén jiānglái?
Was für einen Menschen möchtest du in der Zukunft heiraten?

d. 他打了电话昨天晚上给我。
他打了電話昨天晚上給我。
Tā dǎ le diànhuà zuótiān wǎnshang gěi wǒ.
Er hat mich gestern Abend angerufen.

e. 跟他他请我去看电影礼拜六。
跟他他請我去看電影禮拜六。
Gēn tā tā qǐng wǒ qù kàn diànyǐng lǐbài liù.
Er hat mich am Samstag ins Kino eingeladen.

➪ 4.3, 4.4, 4.5, 4.6

4 Fügen Sie entsprechend der deutschen Übersetzung das Wort in Klammern an der richtigen Stelle im Satz ein.

a. 我 _______ 在日本住了 _______。（五年）
Wǒ _______ zài Rìběn zhùle _______. (wǔ nián)
Ich habe <u>fünf Jahre lang</u> in Japan gelebt.

b. 我 _______ 喜欢看电影 _______。（也）
我 _______ 喜歡看電影 _______。（也）
Wǒ _______ xǐhuān kàn diànyǐng _______. (yě)
Ich sehe <u>auch</u> gern Filme.

c. 我 _______ 都回家 _______。（每个周末）
我 _______ 都回家 _______。（每個週末）
Wǒ _______ dōu huí jiā _______. (měi gè zhōumò)
Ich fahre <u>jedes Wochenende</u> nach Hause.

d. 我 _______ 工作 _______。（在图书馆）
我 _______ 工作 _______。（在圖書館）
Wǒ _______ gōngzuò _______. (zài túshūguǎn)
Ich arbeite <u>in der Bibliothek</u>.

e. 你要不要 _______ 去看电影 _______？（跟我）
你要不要 _______ 去看電影 _______？（跟我）
Nǐ yào bu yào _______ qù kàn diànyǐng _______? (gēn wǒ)
Möchtest du mit mir (im Kino) einen Film anschauen gehen?

f. 我 _______ 没有兴趣 _______。（对外国电影）
我 _______ 沒有興趣 _______。（對外國電影）
Wǒ _______ méi yǒu xìngqù _______. (duì wàiguó diànyǐng)
Ich interessiere mich nicht für ausländische Filme.

➪ 4.4, 4.5, 4.6. 4.7, 4.9

5

Schreiben Sie die Sätze um und fügen Sie die Negation an der richtigen Stelle ein.

a. 我喜欢吃臭豆腐。(不)
   我喜歡吃臭豆腐。(不)
   Wǒ xǐhuān chī chòu dòufu. (bù)
   Ich esse nicht gern Stinkenden Tofu.

b. 我们想跟你一起去看电影。(不)
   我們想跟你一起去看電影。(不)
   Wǒmen xiǎng gēn nǐ yīqǐ qù kàn diànyǐng. (bù)
   Wir wollen nicht mir dir ins Kino gehen.

c. 他在餐厅工作，他在宿舍工作。(不)
   他在餐廳工作，他在宿舍工作。(不)
   Tā zài cāntīng gōngzuò, tā zài sùshè gōngzuò. (bù)
   Er arbeitet nicht in der Cafeteria, er arbeitet im Wohnheim.

d. 他给我打电话。(没)
   他給我打電話。(沒)
   Tā gěi wǒ dǎ diànhuà. (méi)
   Er hat mich nicht angerufen.

e. 他在法国念书，他在德国念书。(不)
   他在法國唸書，他在德國唸書。(不)
   Tā zài Fǎguó niànshū, tā zài Déguó niànshū. (bù)
   Er studiert nicht in Frankreich, er studiert in Deutschland.

➪ 4.8

5
Nomen

1 Vervollständigen Sie die Sätze mit passenden Pronomen, so dass sie der deutschen Übersetzung entsprechen.

a. _______ 得想办法解决这个问题。
_______ 得想辦法解決這個問題。
_______ **děi xiǎng bànfǎ jiějué zhège wèntí.**
Wir sollten uns eine Methode überlegen, um das Problem zu lösen.

b. _______ 想请 _______ 吃晚饭。
_______ 想請 _______ 吃晚飯。
_______ **xiǎng qǐng** _______ **chī wǎnfàn.**
Wir möchten dich zum Abendessen einladen.

c. _______ 六点钟吃晚饭。
_______ 六點鐘吃晚飯。
_______ **liù diǎn zhōng chī wǎnfàn.**
Sie essen um 18 Uhr Abendbrot.

d. _______ 不认识 _______。
_______ 不認識 _______。
_______ **bù rènshi** _______**.**
Ich kenne sie (Plural) nicht.

e. _______ 听说 _______ 很喜欢 _______。
_______ 聽說 _______ 很喜歡 _______。
_______ **tīngshuō** _______ **hěn xǐhuān** _______**.**
Ich habe gehört, er mag sie (Singular) sehr.

➪ 5.2

2 Vervollständigen Sie die Sätze mit passenden Wendungen um Besitz auszudrücken.

a. _______ 宿舍离图书馆很近。
_______ 宿舍離圖書館很近。
_______ **sùshè lí túshūguǎn hěn jìn.**
Ihr (Singular) Wohnheim ist nicht weit von der Bibliothek entfernt.

b. 这是 _______ 朋友。
這是 _______ 朋友。

Zhè shì _______ péngyou.
Das ist mein Freund.

c. 他是 _______ 弟弟。
Tā shì _______ dìdi.
Er ist mein jüngerer Bruder.

d. _______ 宿舍很大，_______ 很小。
_______ sùshè hěn dà, _______ hěn xiǎo.
Euer Wohnheim ist sehr groß, unsers ist sehr klein.

e. 那个手机是 _______ 吗？
那個手機是 _______ 嗎？
Nàge shǒujī shì _______ ma?
Ist das dein Mobiltelefon?

➪ 5.2, 5.2.4

3

Was sagt Peter in diesen Situationen? Vervollständigen Sie die Sätze mit passenden Pronomen, so dass sie der deutschen Übersetzung entsprechen.

a. Peter stellt seine Freunde aus dem Chinesischkurs seiner Mutter vor:
_______ 都是 _______ 的同学。_______ 是在中文课认识的。
_______ 都是 _______ 的同學。_______ 是在中文課認識的。
_______ dōu shì _______ de tóngxué. _______ shì zài Zhōngwén kè rènshi de.
Sie sind alle meine Mitschüler. Ich habe sie im Chinesisch-Unterricht kennen gelernt.

b. Peter erzählt seinem Freund, dass er seiner Freundin zum heutigen Geburtstag Blumen kaufen möchte.
今天是 _______ 的生日，_______ 很喜欢花，所以 _______ 想买花送给 _______。_______ 可以陪我一起去买吗？
今天是 _______ 的生日，_______ 很喜歡花，所以 _______ 想買花送給 _______。_______ 可以陪我一起去買嗎？
Jīntiān shì _______ de shēngrì, _______ hěn xǐhuān huā, suǒyǐ _______ xiǎng mǎi huā sòng gěi _______. _______ kěyǐ péi wǒ yīqǐ qù mǎi ma?
Heute ist ihr Geburtstag. Sie mag Blumen sehr, deshalb möchte ich ihr Blumen schenken. Kannst du mit mir Blumen kaufen gehen?

c. Peter möchte sich das Chinesischlehrbuch von Jan borgen, aber Jan lehnt ab.
Peter: _______ 可以跟 _______ 借中文课本吗？_______ 忘了带。
_______ 可以跟 _______ 借中文課本嗎？_______ 忘了帶。
_______ kěyǐ gēn _______ jiè zhōngwén kèběn ma? _______ wàngle dài.
Kann ich mir ein Chinesischlehrbuch von dir ausleihen? Ich habe (meins) vergessen (mitzunehmen).
Jan: 不行！明天 _______ 有考试，你 _______ 去图书馆借！
不行！明天 _______ 有考試，你 _______ 去圖書館借！
Bù xíng! míngtiān _______ yǒu kǎoshì, nǐ _______ qù túshūguǎn jiè!
Geht nicht. Ich habe morgen eine Prüfung. Geh selbst zur Bibliothek eins ausleihen.

➪ 5.2

6
Zahlen

1 Schreiben Sie die Zahlen in Schriftzeichen oder Pinyin.

Example: 72 → 七十二

a. 6 c. 11 e. 23 g. 55
b. 15 d. 36 f. 84 h. 97

➪ 6.1

2 Schreiben Sie die Telefonnummern in Schriftzeichen und Pinyin.

a. 6505-7823 c. 911 e. 852-2609-5498
b. 781-283-2191 d. 032-457-7639 f. 8529-6688

➪ 6.1.1

3 Füllen Sie die Lücken mit 二 **èr** oder 两/兩 **liǎng**.

a. _______ 把椅子

_______ **bǎ yǐ zi**
2 Stühle

b. 十 _______ 张桌子
十 _______ 張桌子
shí _______ **zhāng zhuōzi**
12 Tische

c. _______ 十个学生
_______ 十個學生
_______ **shí gè xué shēng**
20 Studenten

d. _______ 天

_______ **tiān**
2 Tage

e. _______ 年

_______ **nián**
2 Jahre

f. _______ 个星期
_______ 個星期
_______ **gè xīng qī**
2 Wochen

g. _______ 個月

_______ **gè yuè**
2 Monate

h. _______ 次

_______ **cì**
2 Mal

i. 零点 _______
零點 _______
líng diǎn _______
0,2

j. _______ 三百块钱
_______ 三百塊錢
_______ **sān bǎi kuài qián**
zwei- oder dreihundert Kuai

➪ 6.1

4 Ergänzen Sie die arabischen Zahlen in Schriftzeichen und die chinesischen Zahlen in arabischen Zahlen.

	Arabische Zahl	*Chinesische Zahl*
a.	1,276	
b.		三万五千六百三十四 三萬五千六百三十四 **sānwàn wǔqiān liùbǎi sānshísì**
c.	256,758	
d.		九百六十万 九百六十萬 **jiǔbǎi liù shí wàn**
e.	1,893,683	
f.	3,027	
g.		三十七万零三十五 三十七萬零三十五 **sānshí qī wàn líng sānshí wǔ**
h.	279,005	
i.		三百零七万九千零一 三百零七萬九千零一 **sānbǎi líng qī wàn jiǔqiān líng yī**
j.		六千六百二十万九千三百八十 六千六百二十萬九千三百八十 **liùqiān liùbǎi èrshí wàn jiǔqiān sānbǎi bāshí**

➪ 6.2

5 Ergänzen Sie jeweils die Ordnungszahlen auf Deutsch bzw. Chinesisch.

	Deutsche Ordnungszahl	*Chinesische Ordnungszahl*
a.	20.	
b.		第九 **dì jiǔ**
c.	3.	
d.		第十七 **dì shíqī**
e.		第一 **dì yī**
f.	12.	
g.	48.	
h.		第三十六 **dì sānshíliù**

➪ 6.4

6 Ergänzen Sie jeweils die deutschen bzw. chinesischen Zahlenangaben.

	Deutsch	*Chinesisch*
a.	ca. 50	
b.		两百以下 兩百以下 **liǎng bǎi yǐxià**
c.	fast 100	
d.		两三个学生 兩三個學生 **liǎng sān gè xuésheng**
e.	neun oder zehn Studenten	
f.	weniger als 10	
g.		五十以上 **wǔshí yǐshàng**
h.	mehr als ein Monat	

➪ 6.5

7 Ergänzen Sie jeweils Bruchzahlen und Prozentangaben auf Deutsch bzw. Chinesisch.

	Deutsch	*Chinesisch*
a.	5/8	
b.		三分之一 **sān fēn zhīyī**
c.	0,75	
d.		百分之三十 **bǎi fēn zhī sānshí**
e.	8,33	
f.		零点零零三 零點零零三 **líng diǎn líng líng sān**
g.	4/5	
h.		七分之一 **qī fēn zhī yī**

➪ 6.6

8 Setzen Sie 半 **bàn** gemäss der deutschen Übersetzung an die richtige Stelle in der Wortgruppe.

Beispiel: 3½ Minuten → 三分半 **sān fēn bàn**

a. 9½ Stunden [钟头/鐘頭 **zhōngtóu** Stunde]
b. 1½ Tassen Kaffee [咖啡 **kāfēi** Kaffee, 杯/盃 **bēi** Tasse]
c. ein halber Monat [月 **yuè** Monat]
d. 1½ Monate
e. ½ Jahre [年 **nián** Jahr]
f. 3½ Jahre
g. ein halbes Buch
h. 2½ Semester [学期/學期 **xuéqī** Semester]
i. 3½ Schalen Reis [碗 **wǎn** Schale]
j. ein halbes Glas Bier [啤酒 **píjiǔ** Bier]

➪ 6.6.4

9 Schreiben Sie den Rabatt auf Chinesisch.

Beispiel: 20% Rabatt = 打八折 **dǎ bāzhé**

a. 30% Rabatt
b. 10% Rabatt
c. 50% Rabatt
d. 25% Rabatt

➪ 6.6.6

10 Hier sind Preis- und Rabattangaben. Berechnen Sie die Endpreis.

Beispiel: 100 元 **yuán** 1 折 **zhé** → 10 元 **yuán**

	Originalpreis	*Rabatt*	*Endpreis*
a.	30 元 **yuán**	9 折 **zhé**	
b.	160 元 **yuán**	8 折 **zhé**	
c.	80 元 **yuán**	5 折 **zhé**	
d.	500 元 **yuán**	2 折 **zhé**	
e.	1000 元 **yuán**	7.5 折 **zhé**	
f.	24000 元 **yuán**	6 折 **zhé**	

➪ 6.6.6

7 Demonstrativpronomen

1 Ergänzen Sie die Lücken entsprechend der deutschen Übersetzung jeweils mit einem der folgenden Wörter.

这/這 **zhè**, 这儿/這兒 **zhèr**, 这里/這裏 **zhèlǐ**
那 **nà**, 那儿/那兒 **nàr**, 那里/那裏 **nàlǐ**
哪儿/哪兒 **nǎr**, 哪里/哪裏 **nǎlǐ**

a. _______ 是我的，_______ 是你的。
_______ **shì wǒ de,** _______ **shì nǐ de.**
Das hier ist meins, das dort ist deins.

b. 你周末去 _______ 了？
Nǐ zhōumò qù _______ **le?**
Wo warst du am Wochenende?

c. 你知道我的中文书在 _______ 吗？
你知道我的中文書在 _______ 嗎？
Nǐ zhīdào wǒ de Zhōngwén shū zài _______ **ma?**
Weißt du, wo mein Chinesischbuch ist?

d. _______ 是我今天买的字典，很不错。
_______ 是我今天買的字典，很不錯。
_______ **shì wǒ jīntiān mǎi de zìdiǎn, hěn bù cuò.**
Das ist das Wörterbuch, das ich heute gekauft habe. (Es) ist nicht schlecht.

e. 请问，在 _______ 可以买到中国的邮票？
請問，在 _______ 可以買到中國的郵票？
Qǐng wèn, zài _______ **kěyǐ mǎidào Zhōngguo de yóupiào?**
Entschuldigung, wo kann ich chinesische Briefmarken kaufen?

f. 下课以后我们都去小张 _______，你去吗？
下課以後我們都去小張 _______，你去嗎？
Xià kè yǐhòu wǒmen dōu qù xiǎo Zhāng _______**, nǐ qù ma?**
Nach dem Unterricht gehen wir alle zu Xiao Zhang. Gehst du auch?

g. _______ 很安静，地方也很大，你可以搬过来。
_______ 很安靜，地方也很大，你可以搬過來。
_______ **hěn ānjìng, dìfāng yě hěn dà, nǐ kěyǐ bānguòlái.**
Hier ist es ruhig und es gibt viel Platz. Du kannst einziehen.

h. _______ 是谁的电脑？怎放在 _______ 了？

______ 是誰的電腦？怎放在 ______ 了？

______ shì shéi de diànnǎo? Zěnme fàng zài ______ le?

Wessen Computer ist das? Warum steht er hier?

i. 你 ______ 比我 ______ 安静。我们去你 ______ 学习吧。

你 ______ 比我 ______ 安靜。我們去你 ______ 學習吧。

Nǐ ______ bǐ wǒ ______ ānjìng. Wǒmen qù nǐ ______ xuéxí ba.

Bei dir ist es ruhiger als bei mir. Lass uns zu dir zum Lernen gehen.

j. 请问，图书馆在 ______，离 ______ 远吗？

請問，圖書館在 ______，離 ______ 遠嗎？

Qǐng wèn, túshūguǎn zài ______, lí ______ yuǎn ma?

Entschuldigung, wo ist die Bibliothek? Ist sie weit von hier?

➪ 7

2

Ergänzen Sie den Dialog mit den Wörtern aus Übung (1).

Peter spricht mit Jan in Jans Wohnheim.

Peter: 你周末去 (a)______ 了？我给你打电话你不在。

你週末去 (a)______ 了？我給你打電話你不在。

Nǐ zhōumò qù (a)______ le? Wǒ gěi nǐ dǎ diànhuà nǐ bù zài.

Wo warst du am Wochenende? Ich habe dich angerufen, aber du warst nicht da.

Kevin: 我爸妈从北加州到 (b)______ 来看我。我带他们出去玩，晚上在我女朋友 (c)______ 吃饭。有事吗？

我爸媽從北加州到 (b)______ 來看我。我帶他們出去玩，晚上在我女朋友 (c)______ 吃飯。有事嗎？

Wǒ bà-mā cóng běi Jiāzhōu dào (b)______ lái kàn wǒ. Wǒ dài tāmen chūqu wán, wǎnshang zài wǒ nǚ péngyou (c)______ chī fàn. Yǒu shì ma?

Meine Eltern sind aus Nordkalifornien zu Besuch gekommen. Ich bin mit ihnen ausgegangen. Am Abend haben wir bei meiner Freundin gegessen. Ist etwas?

Jan: 你不是要找房子吗？我帮你找了一个，你看看。(Peter zeigt Jan die Wohnungsanzeige.)

你不是要找房子嗎？我幫你找了一個，你看看。

Nǐ bù shì yào zhǎo fángzi ma? Wǒ bāng nǐ zhǎole yīgè, nǐ kàn kàn.

Suchst du nicht eine Wohnung? Ich habe dir beim Suchen geholfen, sieh mal.

Jan: (d)______ 个房子看起来不错，在 (e)______?

(d)______ 個房子看起來不錯，在 (e)______?

(d)______ **gè fángzi kànqilai bùcuò, zài** (e)______**?**

Die Wohnung sieht gut aus. Wo ist sie?

Peter: 离 (f)______ 很近，只要十分钟，现在就去吧！

離 (f)________ 很近，只要十分鐘，現在就去吧！
Lí (f)________ hěn jìn, zhǐ yào shí fēn zhōng, xiànzài jiù qù ba!
Nicht weit von hier. Nur 10 Minuten. Lass uns jetzt hingehen!

Jan: 好。上次我去看的 (g)________ 个房子太小了，希望 (h)________ 个房子够大。
好。上次我去看的 (g)________ 個房子太小了，希望 (h)________ 個房子夠大。
Hǎo. Shàngcì wǒ qù kàn de (g)________ gè fángzi tài xiǎo le, xīwàng (h)________ gè fángzi gòu dà.
In Ordnung. Die Wohnung, die ich mir letztes Mal angesehen habe, war zu klein. Ich hoffe, die Wohnung ist groß genug.

Peter: 那我们走吧。
那我們走吧。
Nà wǒmen zǒu ba.
Dann lass uns gehen.

Jan: 等一下，我怎么找不到我的手机，啊，我可能把手机忘在我女朋友 (i)________ 了，我们先去拿。
等一下，我怎麼找不到我的手機，啊，我可能把手機忘在我女朋友 (i)________ 了，我們先去拿。
Děng yīxià, wǒ zěnme zhǎobudào wǒ de shǒujī, a, wǒ kěnéng bǎ shǒujī wàng zài wǒ nǚ péngyou (i)________ le, wǒmen xiān qù ná.
Warte. Wieso kann ich mein Mobiltelefon nicht finden? Vielleicht habe ich es bei meiner Freundin vergessen. Lass es uns erst holen gehen.

Peter: 可是从 (j)________ 去看房子比较方便，别拿手机了。
可是從 (j)________ 去看房子比較方便，別拿手機了。
Kěshì cóng (j)________ qù kàn fángzi bǐjiào fāngbiàn, bié ná shǒujī le.
Aber es ist besser (bequemer), von hier aus zur Wohnung zu gehen. Nimm dein Telefon nicht mit.

(Peter sieht neben dem Fernseher ein Mobiltelefon.)

你说你的手机不见了，那，电视旁边的 (k)________ 个手机是谁的？
你說你的手機不見了，那，電視旁邊的 (k)________ 個手機是誰的？
Nǐ shuō nǐ de shǒujī bùjiàn le, nǎ, diànshì pángbiān de (k)________ gè shǒujī shì shéi de?
Du hast gesagt dein Mobiltelefon ist weg, wessen ist das dann beim Fernseher?

Jan: (l)________ 个？喔，太好了，(m)________ 是我的手机！我们走吧。
(l)________ 個？喔，太好了，(m)________ 是我的手機！我們走吧。
(l)________ gè? O, tài hǎo le, (m)________ shì wǒ de shǒujī! Wǒmen zǒu ba.
Welches? Ah, super. Das ist mein Mobiltelefon. Lass uns gehen.

➪ 7

8
Zählwörter

1 Bringen Sie die Wortgruppen mit Demonstrativpronomen, Zahlwort, Zählwort und Nomen in die richtige Reihenfolge.

Beispiel: 那学生三个 → 那三个学生
那學生三個 → 那三個學生
nà xuésheng sān gè → **nà sān gè xuésheng**

a. 这桌子两张
這桌子兩張
zhè zhuōzi liǎng zhāng
diese zwei Tische

b. 这教授三位
這教授三位
zhè jiàoshòu sān wèi
diese drei Professoren

c. 两双那鞋子
兩雙那鞋子
liǎng shuāng nà xiézi
jene zwei Paar Schuhe

d. 啤酒那瓶四
píjiǔ nà píng sì
jene vier Flaschen Bier

e. 那中文三本书
那中文三本書
nà Zhōngwén sān běn shū
jene drei Chinesischbücher

f. 毛衣这件两
毛衣這件兩
máoyī zhè jiàn liǎng
diese zwei Pullover

g. 这两个学生英国
這兩個學生英國
zhè liǎng gè xuésheng Yīngguó
diese zwei englischen Studenten

h. 四文学那课门
四文學那課門
sì wénxué nà kè mén
jene vier Literatur-Kurse

➪ 8.1

2

Übersetzen Sie die Wortgruppen ins Chinesische, verwenden Sie das richtige Zählwort.

Beispiel: jene drei Studenten = 那三个学生/那三個學生
nà sān gè xuésheng

a. jene 10 Studenten
b. diese drei Tage
c. jenes Mobiltelefon
d. jene fünf Fotos
e. diese Tasse Kaffee
f. jenes Blatt Papier

➪ 8.1

3

A. Wählen Sie die passenden Zählwörter aus und setzen Sie sie in die Dialoge ein.
B. Übersetzen Sie die Dialoge ins Deutsche.

Dialog 1

张/張 **zhāng**, 件 **jiàn**, 把 **bǎ**, 个/個 **gè**, 条/條 **tiáo**, 枝 **zhī**, 本 **běn**

Jan: 快开学了，我去买一些学校要用的东西，你看，这家店的东西真便宜：我买了十 (a)________ 铅笔、两 (b)________ 字典、一 (c)________ 背包，两 (d)________ 衣服、一 (e)________ 裤子，一共才三十五块。他们的纸更便宜，五百 (f)________ 才四块五。

Jan: 快開學了，我去買一些學校要用的東西，你看，這家店的東西真便宜：我買了十 (a)________ 鉛筆、兩 (b)________ 字典、一 (c)________ 背包，兩 (d)________ 衣服、一 (e)________ 褲子，一共才三十五塊。他們的紙更便宜，五百 (f)________ 才四塊五。

Jan: **Kuài kāixué le, wǒ qù mǎi yīxiē xuéxiào yào yòng de dōngxi, nǐ kàn, zhè jiā diàn de dōngxi zhēn piányi: wǒ mǎile shí** (a)________ **qiānbǐ、liǎng** (b)________ **zìdiǎn、yī** (c)________ **bēibāo, liǎng** (d)________ **yīfu、yī** (e)________ **kùzi, yīgòng cái sānshíwǔ kuài. Tāmen de zhǐ gèng piányi, wǔbǎi** (f)________ **cái sì kuài wǔ.**

Dialog 2: Tina und Lilli bereiten eine Gartenparty heute Abend vor.

张/張 **zhāng**, 件 **jiàn**, 把 **bǎ**, 个/個 **gè**, 条/條 **tiáo**, 枝 **zhī**, 本 **běn**, 瓶 **píng**

Tina: 桌椅都准备好了吗？你要的五 (a)________ 面包、四 (b)________ 酒我都买回来了。

Lilli: 一共有十 (c)________ 人，可能坐不下，我们还需要一 (d)________ 桌子。还有，再拿三 (e)________ 椅子过来。另外，每 (f)________ 桌子上都要放一 (g)________ 花。

Tina: 好。今天晚上你穿什么？我要穿我的红裙子。

Lilli: 我打算穿我新买的那 (h)________ 裙子，配那 (i)________ 白色的上衣正好。

Tina: 桌椅都準備好了嗎？你要的五 (a)________ 麵包、四 (b)________ 酒我都買回來了。

Lilli: 一共有十 (c)________ 人，可能坐不下，我們還需要一 (d)________ 桌子。還有，再拿三 (e)________ 椅子過來。另外，每 (f)________ 桌子上都要放一 (g)________ 花。

Tina: 好。今天晚上你穿什麼？我要穿我的紅裙子。

Lilli: 我打算穿我新買的那 (h)________ 裙子，配那 (i)________ 白色的上衣正好。

Tina: **Zhuōyǐ dōu zhǔnbèi hǎole ma? Nǐ yào de wǔ (a)________ miànbāo, sì (b)________ jiǔ wǒ dōu mǎi huílai le.**

Lilli: **Yīgòng yǒu shí (c)________ rén, kěnéng zuòbuxià, wǒmen hái xūyào yī (d)________ zhuōzi. hái yǒu, zài ná sān (e)________ yǐzi guòlái. lìngwài, měi (f)________ zhuōzi shàng dōu yào fàng yī (g)________ huā.**

Tina: **Hǎo. Jīntiān wǎnshang nǐ chuān shénme? Wǒ yào chuān wǒ de hóng qúnzi.**

Lilli: **Wǒ dǎsuan chuān wǒ xīn mǎi de nà (h)________ qúnzi, pèi nà (i)________ báisè de shàngyī zhènghǎo.**

➪ 8.2

4 Schreiben Sie die Preise auf Chinesisch.

Beispiel: 34,56 Kuai → 三十四块五毛六
三十四塊五毛六
sānshísì kuài wǔ máo liù

a. 13.459 Kuai
b. 2.850 Kuai
c. 0,75 Kuai
d. 450,02 Kuai
e. 1.222 Kuai
f. 96.457,45 Kuai

➪ 6, 8.5

5 Schreiben Sie die Preise in arabischen Zahlen.

Beispiel: 三十四块五毛六 → 34,56 Kuai
三十四塊五毛六
sānshísì kuài wǔ máo liù

a. 九十三块八毛一
九十三塊八毛一
jiǔshísān kuài bā máo yī

b. 四十五块〇三分
四十五塊〇三分
sì shí wǔ kuài líng sān fēn

c. 八块一
八塊一
bā kuài yī

d. 两千七百零三块钱
兩千七百零三塊錢
liǎng qiān qī bǎi líng sān kuài qián

e. 六块〇九分
六塊〇九分
liù kuài líng jiǔ fēn

f. 六毛六分
liù máo liù fēn

➪ 8.5

9 Nominalphrasen

1 Setzen Sie 的 **de** an die richtigen Stellen in den folgenden Nominalphrasen ein.

Beispiel: 我朋友小狗 → 我(的)朋友的小狗
wǒ péngyou xiáogǒu → **wǒ (de) péngyou de xiáogǒu**
der Welpe meines Freundes

a. 这三本书
這三本書
zhè sān běn shū
diese drei Bücher

b. 五本很有意思小说
五本很有意思小說
wǔ běn hěn yǒu yìsī xiǎoshuō
fünf sehr interessante Romane

c. 五张很便宜飞机票
五張很便宜飛機票
wǔ zhāng hěn piányi fēijī piào
fünf sehr billige Flugtickets

d. 那条蓝色裤子
那條藍色褲子
nà tiáo lánsè kùzi
jene blaue Hose

e. 那门中文课
那門中文課
nà mén Zhōngwén kè
jener Chinesischunterricht

f. 那六把很漂亮椅子
nà liù bǎ hěn piàoliang yǐzi
jene sechs schönen Stühle

g. 一瓶五十块钱葡萄酒
一瓶五十塊錢葡萄酒
yī píng wǔshí kuài qián pútao jiǔ
eine Flasche 50 Kuai (teurer) Wein

➪ 9.1, 9.2

2 Bringen Sie die Wörter entsprechend der deutschen Übersetzung in die richtige Reihenfolge.

a. 五 / 铅笔 / 我 / 枝 / 的
五 / 鉛筆 / 我 / 枝 / 的
wǔ / qiānbǐ / wǒ / zhī / de
meine fünf Bleistifte

b. 我的 / 朋友 / 一个
我的 / 朋友 / 一個
wǒ de / péngyou / yī gè
ein Freund von mir

c. 两个 / 他的 / 同学
兩個 / 他的 / 同學
liǎng gè / tā de / tóngxué
zwei Kommilitonen von ihm

d. 三位 / 的 / 老师 / 我们
三位 / 的 / 老師 / 我們
sān wèi / de / lǎoshī / wǒmen
unsere drei Lehrer

e. 四本书 / 我的
四本書 / 我的
sì běn shū / wǒ de
meine vier Bücher

f. 椅子/ 那把 / 他的
yǐzi / nà bǎ / tā de
jener Stuhl von ihm

g. 女孩子 / 的 / 喜欢 / 旅游
女孩子 / 的 / 喜歡 / 旅游
nǚháizi / de / xǐhuan / lǚyóu
ein Mädchen, das gern reist

h. 两张飞机票 / 的 / 很贵
兩張飛機票 / 的 / 很貴
liǎng zhāng fēijī piào / de / hěn guì
zwei teure Flugtickets

i. 那位 / 的 / 很高 / 老师 / 德文
那位 / 的 / 很高 / 老師 / 德文
nà wèi / de / hěn gāo / lǎoshī / Déwén
jener große Deutschlehrer

j. 很好的朋友 / 的 / 我
hěn hǎo de / péngyou / de / wǒ
ein guter Freund von mir

k. 毛衣 / 一件 / 的 / 黄颜色
毛衣 / 一件 / 的 / 黃顏色
máoyī / yījiàn / de / huáng yánsè
ein gelber Pullover

l. 中国地图 / 一块钱的
中國地圖 / 一塊錢的
Zhōngguó dìtú / yīkuài qián de
eine China-Karte für einen Kuai

➪ 5.1, 9.1, 9.2

3 Übersetzen Sie die folgenden Sätze ins Deutsche.

a. 谁的中文书?
誰的中文書?
Shéi de Zhōngwén shū?

b. 谁写的中文书?
誰寫的中文書?
Shéi xiě de Zhōngwén shū?

c. 你什么时候买的中文书?
你甚麼時候買的中文書?
Nǐ shénme shíhòu mǎi de Zhōngwén shū?

d. 你在哪儿买的中文书?
你在哪兒買的中文書?
Nǐ zài nǎr mǎi de Zhōngwén shū?

e. 马老师写的哪本书?
馬老師寫的哪本書?
Mǎ lǎoshī xiě de nǎ běn shū?

f. 你喜欢的什么书?
你喜歡的甚麼書?
Nǐ xǐhuan de shénme shū?

g. 多少钱的书?
多少錢的書?
Duōshǎo qián de shū?

➪ 9.2.1

4 Übersetzen Sie die Wortgruppen ins Chinesische.

a. diese drei Bücher
b. jene zwei Studenten
c. jene fünf Stifte
d. diese zehn Hefte
e. dieses Stück Papier
f. diese Zeitungen
g. diese Hose
h. diese drei Stühle
i. jene fünf Tische
j. jener Mann

➪ 5.1, 9.1, 9.2.1

5 Übersetzen Sie die Wortgruppen ins Chinesische.

a. drei Personen, die Chinesisch lernen
b. der Film, den ich gestern gesehen habe
c. Schriftzeichen, die ich schreiben kann
d. der Mann, der mit dir gesprochen hat
e. der Mann, der mit dir heute Morgen gesprochen hat
f. der Mann, der mit dir heute Morgen in der Cafeteria gesprochen hat
g. die Schuhe, die ich gekauft habe
h. die Schuhe, die ich in Italien gekauft habe

➪ 9.2.1.5, 9.2.1.6, 9.2.1.7, 9.4

6 Erklären Sie die folgenden Begriffe auf Chinesisch. Verwenden Sie ein Nomen, das modifiziert wird.

Beispiel: '司机' 是什么？ '司机' 就是开车的人。
'司機' 是什麼？ '司機' 就是開車的人。
'Sījī' shì shénme? 'Sījī' jiù shì kāi chē de rén.
Ein ‚siji' ist eine Person, die Auto fährt.

a. '图书馆' 是什么地方？/ '圖書館' 是什麼地方？**'Túshūguǎn'** (Bibliothek) **shì shénme dìfang?**
b. '同屋' 是什么？/ '同屋' 是什麼？**'Tóngwū'** (Mitbewohner) **shì shénme?**
c. '厨师' 是什么？/ '廚師' 是什麼？**'Chúshī'** (Koch) **shì shénme?**
d. '医生' 是什么？/ '醫生' 是什麼？**'Yīshēng'** (Arzt) **shì shénme?**
e. '学校' 是什么地方？/ '學校' 是什麼地方？**'Xuéxiào'** (Schule) **shì shénme dìfang?**

➪ 9.2

10
Adjektivverben

1 Stellen Sie Entscheidungsfragen mit diesen Subjekten und Adjektivverben.

Beispiel: 你累。 → 你累不累？ oder 你累吗？
你累嗎？

Nǐ lèi. **Nǐ lèi bù lèi?** **Nǐ lèi ma?**

a. 他很忙。
Tā hěn máng.
Er ist beschäftigt.

b. 那本书有意思。
那本書有意思。
Nà běn shū yǒu yìsi.
Jenes Buch ist interessant.

c. 飞机票很贵。
飛機票很貴。
Fēijī piào hěn guì.
Flugtickets sind teuer.

d. 那件事情很复杂。[事情 **shìqing** Situation, 复杂/複雜 **fùzá** kompliziert]
那件事情很複雜。
Nà jiàn shìqing hěn fùzá.
Die (Jene) Situation ist kompliziert.

e. 她的男朋友很好看。
Tā de nán péngyou hěn hǎo kàn.
Ihr Freund sieht gut aus.

f. 他们很用功。
他們很用功。
Tāmen hěn yònggōng.
Sie sind fleißig.

g. 他很有钱。
他很有錢。
Tā hěn yǒu qián.
Er ist reich.

h. 那辆车很快。
那輛車很快。
Nà liàng chē hěn kuài.
Das (Jenes) Auto ist schnell.

➪ 10.2

2 Antworten Sie auf die Fragen aus Übung (1) mit ‚nein'.

➪ 10.2

3 Beschreiben Sie 王明 **Wáng Míng** auf Chinesisch. Verwenden Sie die vorgegebenen Adjektivverben und Verstärkungswörter. Die Adjektivverben sind jeweils auf Chinesisch angegeben.

Bespiel: Er ist recht faul. → 他相当懒。
他相當懶。
Tā xiāngdāng lǎn.

a. Er ist sehr <u>groß</u>. [高 **gāo**]
b. Er <u>sieht</u> äußerst <u>gut aus</u>. [帥 **shuài**]
c. Er ist recht <u>klug</u>. [聪明/聰明 **cōngming**]
d. Er ist zu <u>dick</u>. [胖 **pàng**]
e. Er ist recht <u>höflich</u>. [客气/客氣 **kèqi**]
f. Er ist wirklich <u>interessant</u>. [有意思 **yǒu yìsī**]

➪ 10.3

4 周利 **Zhōu Lì** übertrifft in den folgenden Eigenschaften 王明 **Wáng Míng** Beschreiben Sie 周利 **Zhōu Lì** und 王明 **Wáng Míng** wie im Beispiel.

Beispiel: 快 **kuài** schnell → 王明很快。周利更快。
Wáng Míng hěn kuài. Zhōu Lì gèng kuài.

a. 聪明/聰明 **cōngming** klug
b. 有本事 **yǒu běnshi** talentiert
c. 帅/帥 **shuài** gut aussehend
d. 和气/和氣 **héqi** nett

➪ 10.3, 10.5

5 王大明 **Wáng Dàmíng**, 李家同 **Lǐ Jiātóng** und 张天一/張天一 **Zhāng Tiānyī** sind beste Freunde. Ergänzen Sie die Informationen über sie anhand der Übersicht.

	Größe	Zensuren-durch-schnitt	Zimmergröße	Entfernung Wohnort-Schule
王大明 **Wáng Dàmíng**	1,60 m	1	14 m^2	2 km
李家同 **Lǐ Jiātóng**	1,80 m	1,3	19 m^2	1,5 km
张天一/張天一 **Zhāng Tiānyī**	1,60 m	1,5	19 m^2	5 km

a. 王大明和张天一 _______ 高。
王大明和張天一 _______ 高。
Wáng Dàmíng hé Zhāng Tiānyī _______ gāo.

b. 李家同 _______ 高。
Lǐ Jiātóng _______ gāo.

c. 張天一的家离学校 _______。[学校/學校 **xuéxiào** Schule]
張天一的家離學校 _______。
Zhāng Tiānyī de jiā lí xuéxiào _______.

d. 王大明的房间 _______。
王大明的房間 _______。
Wáng Dàmíng de fángjiān _______.

e _______ 一样大。
_______ 一樣大。
_______ **yīyàng dà.**

➪ 10.3, 10.5, 10.6

11
Statische Verben

1 Negieren Sie die Sätze.

Beispiel: 我喜欢他。 → 我不喜欢他。
我喜歡他。 我不喜歡他。
Wǒ xǐhuan tā. **Wǒ bù xǐhuan tā.**

a. 他想吃中国饭。
他想吃中國飯。
Tā xiǎng chī Zhōngguó fàn.
Er möchte Chinesisch essen.

b. 他怕陌生人。
Tā pà mòshēng rén.
Er hat Angst vor Fremden.

c. 我懂他的意思。
Wǒ dǒng tā de yìsi.
Ich verstehe, was er meint.

d. 我很爱他。我愿意嫁给他。
我很愛他。我願意嫁給他。
Wǒ hěn ài tā. Wǒ yuànyi jià gěi tā. (negate both sentences)
Ich liebe ihn sehr. Ich möchte ihn heiraten.

e. 他像他爷爷。
他像他爺爺。
Tā xiàng tā yéye.
Er sieht seinem Großvater ähnlich.

➪ 11.1

2 Stellen Sie 张小春小姐/張小春小姐 **Fräulein Zhāng Xiǎo Chūn** in ganzen Sätzen auf Chinesisch vor. Geben Sie die folgenden Informationen.

a. Familienname
b. Vorname
c. Alter 18 Jahre
d. Beruf: Studentin, studiert an der Universität
e. hat kein Auto, hat eine Katze
f. mag Geschichte sehr
g. hat Angst vor Hunden
h. möchte wirklich nach China fahren

➪ 11.1, 11.2, 11.4, 11.5, 11.6, 11.7

3 Setzen Sie in die folgenden Sätze das passende Wort ein: 是 **shì**, 姓 **xìng**, 有 **yǒu** oder 在 **zài** .

a. 图书馆 _______ 公园的北边。
圖書館 _______ 公園的北邊。
Túshūguǎn _______ gōngyuán de běibiān.
Die Bibliothek befindet sich nördlich vom Park.

b. 图书馆里 _______ 很多外文字典。
圖書館裏 _______ 很多外文字典。
Túshūguǎn lǐ _______ hěn duō wàiwén zìdiǎn.
In der Bibliothek gibt es viele fremdsprachige Wörterbücher.

c. 她 _______ 张。
她 _______ 張。
Tā _______ Zhāng.
Ihr Familienname ist Zhang.

d. 她 _______ 张校长。
她 _______ 張校長。
Tā _______ Zhāng xiàozhǎng.
Sie ist Rektorin Zhang.

e. 她 _______ 她的办公室。
她 _______ 她的辦公室。
Tā _______ tā de bàngōngshì.
Sie ist in ihrem Büro.

f. 这本书很 _______ 意思。
這本書很 _______ 意思。
Zhè běn shū hěn _______ yìsi.
Dieses Buch ist sehr interessant.

g. 这本书 _______ 我的。要是你 _______ 兴趣我可以借给你。
這本書 _______ 我的。要是你 _______ 興趣我可以借給你。
Zhè běn shū _______ wǒ de. Yàoshi nǐ _______ xìngqù wǒ kěyǐ jiè gěi nǐ.
Dieses Buch ist meins. Wenn es dich interessiert, kann ich es dir ausleihen.

➪ 11.4, 11.5, 11.6, 11.7

4 Über vergangene Zustände sprechen. Herr Wang und Frau Li waren auf ihrem 20jährigen Klassentreffen und hatten sich viel zu erzählen. Ergänzen Sie den Dialog entsprechend der deutschen Übersetzung.

王先生：	我记得你以前 (a)____________________
王先生：	我記得你以前 (a)____________________
Wáng Xiānsheng:	**Wǒ jìdé nǐ yǐqián** (a)____________________
Herr Wang:	Ich erinnere mich, du hattest früher einen Hund, stimmt's? Du hast neben der Schule gewohnt. Und du hast Chemie und Geschichte sehr gemocht.
李小姐：	你怎么还记得？那是二十多年前的事情了。
李小姐：	你怎麼還記得？那是二十多年前的事情了。
Lǐ Xiǎojiě:	**Nǐ zěnme hái jìdé? Nà shì èrshíduō nián qián de shìqing le.**
Frau Li:	Wie kannst du dich daran erinnern? Das war vor mehr als 20 Jahren.
王先生：	我当然记得！我还记得你从前 (b)__________，现在呢？
王先生：	我當然記得！我還記得你從前 (b)__________，現在呢？
Wáng Xiānsheng:	**Wǒ dāngrán jìdé! Wǒ hái jìdé nǐ cóngqián** (b)__________**, xiànzài ne?**
Herr Wang:	Natürlich erinnere ich mich! Ich erinnere mich auch daran, dass du am meisten Angst vor dem Autofahren hattest. Wie ist es jetzt?
李小姐（大笑）：	那是从前，现在当然 (c)__________。
李小姐（大笑）：	那是從前，現在當然 (c)__________。
Lǐ Xiǎojiě (Dà xiào):	**Nà shì cóngqián, xiànzài dāngrán** (c)__________.
Frau Li (lacht):	Das war damals. Jetzt habe ich natürlich keine Angst mehr.

12 Modalverben

1 Füllen Sie die Lücken mit passenden Modalverben: 会/會 **huì**, 能 **néng** oder 可以 **kěyǐ**.

a. 明天 _______ 不 _______ 下雪？
Míngtiān _______ bù _______ xià xuě?
Wird es morgen schneien?

b. 你想她明天 _______ 来吗？
你想她明天 _______ 來嗎？
Nǐ xiǎng tā míngtiān _______ lái ma?
Glaubst du, sie wird morgen kommen?

c. 你 _______ 不 _______ 跑马拉松？
你 _______ 不 _______ 跑馬拉松？
Nǐ _______ bù _______ pǎo mǎlāsōng?
Bist du in der Lage einen Marathon zu laufen?

d. 你 _______ 不 _______ 打中文字？
Nǐ _______ bù _______ dǎ Zhōngwén zì?
Kannst du Chinesisch tippen?

e. 我 _______ 借你的车吗？
我 _______ 借你的車嗎？
Wǒ _______ jiè nǐ de chē ma?
Kann ich dein Auto leihen?

f. 你 _______ 不 _______ 帮我的忙？
你 _______ 不 _______ 幫我的忙？
Nǐ _______ bù _______ bāng wǒ de máng?
Kannst du mir helfen?

g. 我 _______ 看电视吗？
我 _______ 看電視嗎？
Wǒ _______ kàn diànshì ma?
Darf ich fernsehen?

h. 你 _______ 说法语吗？
你 _______ 說法語嗎？
Nǐ _______ shuō Fǎyǔ ma?
Kannst du Französisch sprechen?

➪ 12.1, 12.2, 12.3

2 Setzen Sie jeweils die passende Wendung zum Ausdruck einer Verpflichtung oder eines Verbots ein.

应该/應該 **yīnggāi**, 应当/應當 **yīngdāng**, 得 **děi**, 必得 **bìděi**,
必须/必須 **bìxū**, 不应该/不應該 **bù yīnggāi**, 不必 **bù bì**, 不许/不許 **bù xǔ**

a. 你们今天晚上 _______ 作功课。
你們今天晚上 _______ 作功課。
Nǐmen jīntiān wǎnshang _______ zuò gōngkè.
Ihr braucht heute Abend keine Hausaufgaben zu machen.

b. 你 _______ 每天晚上睡八个小时的觉。
你 _______ 每天晚上睡八個小時的覺。
Nǐ _______ měitiān wǎnshang shuì bā gè xiǎoshí de jiào.
Du solltest jede Nacht acht Stunden schlafen.

c. 你 _______ 边吃东西边说话。
你 _______ 邊吃東西邊說話。
Nǐ _______ biān chī dōngxi biān shuō huà.
Du sollst nicht beim Essen sprechen.

d. 你 _______ 八月二十日以前付学费。
你 _______ 八月二十日以前付學費。
Nǐ _______ bāyuè èrshí rì yǐqián fù xuéfèi.
Du musst bis zum 20. August die Studiengebühr bezahlen.

e. 你 _______ 马上回家。
你 _______ 馬上回家。
Nǐ _______ mǎshàng huí jiā.
Du musst sofort nach Hause gehen.

f. 你 _______ 看那本书。
你 _______ 看那本書。
Nǐ _______ kàn nà běn shū.
Du musst das Buch nicht lesen.

g. 你 _______ 在这儿停车。
你 _______ 在這兒停車。
Nǐ _______ zài zhèr tíng chē.
Sie können hier nicht parken.

h. 在饭馆 _______ 抽烟。
在飯館 _______ 抽煙。
Zài fànguǎn _______ chōu yān.
In Restaurants ist Rauchen nicht gestattet.

➪ 12.4, 12.5

3 Vervollständigen Sie die Sätze entsprechend der deutschen Übersetzung, fügen Sie die passende Wendung zum Ausdruck einer Verpflichtung oder eines Verbot ein.

Beispiel: 请你的朋友吃晚饭 → 你应该请你的朋友吃晚饭。
請你的朋友吃晚飯 — 你應該請你的朋友吃晚飯。
qǐng nǐ de péngyou chī wǎnfàn — **Nǐ yīnggāi qǐng nǐ de péngyou chī wǎnfàn.**
Du solltest deine Freunde zum Abendessen einladen.

a. 对老师客气
對老師客氣
duì lǎoshī kèqi
Du solltest zu deinen Lehrern höflich sein.

b. 每天上课
每天上課
měitiān shàng kè
Du musst jeden Tag zum Unterricht gehen.

c. 每天晚上学中文
每天晚上學中文
měitiān wǎnshang xué Zhōngwén
Du musst jeden Abend Chinesisch lernen.

d. 买一本中文字典
買一本中文字典
mǎi yī běn Zhōngwén zìdiǎn
Du musst ein chinesisches Wörterbuch kaufen.

e. 看那个电影
看那個電影
kàn nàge diànyǐng
Du brauchst den Film nicht zu sehen.

➪ 12.4, 12.5

4 Drücken Sie die folgenden Verpflichtungen oder Verbote auf Chinesisch aus.

a. Du solltest jeden Morgen Frühstück essen.
b. Du musst die Tür abschließen. [锁门/鎖門 **suǒ mén** die Tür abschließen]
c. Du sollst nicht zu viel Kaffee trinken.
d. Du sollst nicht die Briefe von anderen lesen.
e. Du musst nicht auf mich warten.
f. Du musst eine Arbeit finden.
g. Du brauchst nicht früh nach Hause gehen.
h. Es ist nicht erlaubt im Krankenhaus zu rauchen.

➪ 12.4, 12.5

5 Die Familie von Frank ist die Gastfamilie von Meiling, einer Austauschstudentin aus China. Heute zeigt Frank Meiling die Nachbarschaft. Er versucht auf Chinesisch die Schilder zu erklären, an denen sie vorbeikommen. Ergänzen Sie die passenden Modalverben, um seine Sätze zu vervollständigen.

a. Studiengebühren müssen bis zum 5. eines Monats bezahlt werden.
每个月五号以前 ________ 交学费。
每個月五號以前 ________ 交學費。
Měi ge yuè wǔ hào yǐqián ________jiāo xué fèi.

b. Beim Autofahren dürfen keine Mobiltelefone benutzt werden.
开车的时候 ________ 用手机。
開車的時候 ________ 用手機。
Kāi chē de shíhou ________yòng shǒujī.

c. Nicht berühren.
________ 碰。
________ **pèng.**

d. Essen nicht erlaubt.
________ 吃东西。
________ 吃東西。
________ **chī dōngxi.**

e. Bei Einkauf keine Parkgebühren.
买东西就 ________ 免费停车。
買東西就 ________ 免費停車。
Mǎi dōngxi jiù ________ miǎnfèi tíng chē.

f. Muttersprachler Französisch gesucht.
我们需要 ________ 说法语的人。
我們需要 ________ 說法語的人。
Wǒmen xūyào ________ shuō Fǎyǔ de rén.

6 Mittelschülerin 茉莉 **Mòlì** Molly hat für morgen Freunde zu sich nach Hause eingeladen. Leider schaffen es einige nicht. Sätzen Sie passende Modalverben ein, um ihre Antworten zu vervollständigen.

a. 杰克： 对不起，茉莉，明天我 ________ 去，我有足球比赛。
傑克： 對不起，茉莉，明天我 ________ 去，我有足球比賽。
Jiékè: Duìbuqǐ, Mòlì, míngtiān wǒ ________ qù, wǒ yǒu zúqiú bǐsài.
Jake: Tut mir leid Molly. Ich kann morgen nicht (gehen). Ich habe ein Fußballspiel.

b. 海伦： 对不起，茉莉，我觉得我 ________ 去，因为我的报告还没有写完。
海倫： 對不起，茉莉，我覺得我 ________ 去，因為我的報告還沒有寫完。
Hǎilún: Duìbuqǐ, Mòlì, wǒ juéde wǒ ________ qù, yīnwèi wǒ de bàogào hái méi yǒu xiě wán.
Helen: Tut mir leid Molly. Ich glaube ich sollte besser nicht gehen, da ich meinen Bericht noch nicht fertig geschrieben habe.

c. 艾米： 对不起，茉莉，我妈妈 _______ 我出去，因为我上个考试考得太糟糕了。

艾米： 對不起，茉莉，我媽媽 _______ 我出去，因為我上個考試考得太糟糕了。

Àimǐ: Duìbuqǐ, Mòlì, wǒ māma _______ wǒ chūqù, yīnwèi shàng gè kǎoshì kǎo de tài zāogāo le.

Amy: Tut mir leid Molly. Meine Mutter lässt mich nicht ausgehen, da ich bei der letzten Prüfung so schlecht war.

13 Handlungsverben

1 Fügen Sie entsprechend der deutschen Übersetzung 过/過 **guo** oder 了 **le** ein.

a. 我去 _______ 中国，没去 _______ 日本。
我去 _______ 中國，沒去 _______ 日本。
Wǒ qù _______ Zhōngguó, méi qù _______ Rìběn.
Ich war in China, in Japan war ich noch nicht.

b. 我骑 _______ 一次摩托车。
我騎 _______ 一次摩托車。
Wǒ qí _______ yīcì mótuō chē.
Ich bin schon einmal Motorrad gefahren.

c. 我们已经看 _______ 那个电影，不要再看了。
我們已經看 _______ 那個電影，不要再看了。
Wǒmen yǐjing kàn _______ nàge diànyǐng, bù yào zài kàn le.
Wir haben den Film schon gesehen, wir wollen ihn nicht noch einmal sehen.

d. 我从来没喝 _______ 酒。
我從來沒喝 _______ 酒。
Wǒ cónglái méi hē _______ jiǔ.
Ich habe noch nie Alkohol getrunken.

e. 他跟他朋友谈 _______ 一个小时。
他跟他朋友談 _______ 一個小時。
Tā gēn tā péngyou tán _______ yī gè xiǎoshí.
Er und seine Freunde haben sich eine Stunde unterhalten.

f. 我吃 _______ 一次日本饭。
我吃 _______ 一次日本飯。
Wǒ chī _______ yīcì Rìběn fàn.
Ich habe einmal Japanisch gegessen.

g. 你大学毕业 _______ 没有？
你大學畢業 _______ 沒有？
Nǐ dàxué bìyè _______ méi yǒu?
Hast du die Universität abgeschlossen?

➪ 13.1, 13.2, 33.1, 33.6

2 Beschreiben Sie den Tag von 周利 **Zhōu Lì** in vollständigen Sätzen, verwenden Sie, wenn passend, 了 **le** oder 没 **méi**.

a. Er hat kein Frühstück gegessen.
b. Er ist nicht zum Unterricht gegangen.
c. Er hat in der Bibliothek gelernt.
d. Er hat zu Mittag gegessen.
e. Er hat seine Freundin nicht getroffen.
f. Er war im Kino.
g. Er ist in den Buchladen gegangen.
h. Er hat kein Buch gekauft.

➪ 13.1, 13.3.2, 33.1, 33.3

3 周利 **Zhōu Lì** fragt seine Freunde, was sie gestern Abend gemacht haben. Übersetzen Sie ihre Antworten ins Chinesische. Ach Sie darauf, jeweils das Objekt mit in die Übersetzung einzufügen.

周利：你昨天晚上作了什么？
周利：你昨天晚上作了甚麽？
Zhōu Lì: Nǐ zuótiān wǎnshang zuò le shénme?

Beispiel: 小郭 **xiǎo Guō**: Ich habe getanzt. → 我跳舞了。 **Wǒ tiào wǔ le.**

a. 小王 **Xiǎo Wáng**: Ich habe gelesen.
b. 小高 **Xiǎo Gāo**: Ich habe mit Freunden gesungen.
c. 小毛 **Xiǎo Máo**: Ich habe in der Bibliothek gelernt.
d. 小林 **Xiǎo Lín**: Ich habe zwei Bilder gemalt.
e. 小何 **Xiǎo Hé**: Ich habe zwei Stunden ferngesehen.

➪ 13.4.2, 13.5.1, 39.1.2

4 莊雄 **Zhuāng Xióng** erklärt seinem Freund, wie hektisch sein Leben war und was er gestern Abend gemacht hat. Das ist der Grund, warum er den Wecker nicht gehört und den Unterricht heute Morgen verpasst hat. Schreiben Sie auf Grundlage des deutschen Textes eine chinesische Version seiner Erklärung. Hier ist eine Liste von Verben, die Sie verwenden können.

Verben: 工作 **gōngzuò** ‚arbeiten', 开车/開車 **kāi chē** ‚Auto fahren', 洗衣服 **xǐ yīfu** ‚Wäsche waschen', 做功课/做功課 **zuò gōngkè** ‚Hausaufgaben machen', 学习/學習 **xuéxí** ‚lernen', 睡觉/睡覺 **shuì jiào** ‚schlafen'

Zhuang Xiong: In letzter Zeit bin ich jeden Tag beschäftigt. Ich arbeite jeden Tag nach dem Unterricht vier Stunden und fahre eine Stunde mit dem Auto nach Hause. Nachdem ich gestern Abend nach Hause gekommen bin, habe ich eine halbe Stunde Wäsche gewaschen, drei Stunden meine Hausaufgaben gemacht und zwei Stunden gelernt. Ich habe nur 2,5 Stunden geschlafen. Ich jetzt völlig müde!

莊雄：我最近每天都很忙。

Zhuāng Xióng: Wǒ zuì jìn měitiān dōu hěn máng.

____

____

____

____

____

____

13.4.2, 13.5.1

5 Mike hat einige sehr interessante Freunde. Übersetzen Sie die folgenden Sätze über seine Freunde ins Chinesische, verwenden Sie die durative Aspektpartikel 着/著 **zhe**.

Amy isst im Stehen: ______________________________

Elisabeth schläft bei offener Tür: ______________________________

In Carmens Schlafzimmer hängt an der Wand ein langer Mantel (长大衣/長大衣 **cháng dàyī**): ______________________________

Auf dem Tisch von Derek stehen 12 Steinlöwen (石狮子/石獅子 **shí shīzi**):

____

Emilie kann nur im Sitzen singen: ______________________________

Frank trägt zur Schule nur Schlafanzüge (睡衣 **shuì yī**):

____

13.6.1

14 Präpositionen und Präpositionalphrasen

1 Vervollständigen Sie die Sätze mit den passenden Präpositionen.

a. 陈老师有事。张老师 _______ 她教课。
陳老師有事。張老師 _______ 她教課。
Chén lǎoshī yǒu shì. Zhāng lǎoshī _______ tā jiāo kè.
Lehrer Chen hat etwas vor. Lehrer Zhang hat anstelle von ihr den Unterricht gegeben.

b. 从宿舍门口 _______ 南走。
從宿舍門口 _______ 南走。
Cóng sùshè ménkǒu _______ nán zǒu.
Gehe vom Eingang des Wohnheims nach Süden.

c. 你应该 _______ 客人很客气。
你應該 _______ 客人很客氣。
Nǐ yīnggāi _______ kèren hěn kèqi.
Du solltest zu Gästen höflich sein.

d. 别 _______ 我开玩笑。
别 _______ 我開玩笑。
Bié _______ wǒ kāi wánxiào.
Treibe keine Scherze mit mir.

e. 我 _______ 环境保护很有兴趣。
我 _______ 環境保護很有興趣。
Wǒ _______ huánjìng bǎohù hěn yǒu xìngqù.
Ich interessiere mich sehr für Umweltschutz.

f. 他 _______ 家吃饭，不愿意 _______ 饭馆去吃饭。
他 _______ 家吃飯，不願意 _______ 飯館去吃飯。
Tā _______ jiā chī fàn, bù yuànyi _______ fànguǎn qù chī fàn.
Er isst zu Hause, er will nicht in ein Restaurant zum Essen gehen.

g. 你 _______ 她说什么了？
你 _______ 她說甚麼了？
Nǐ _______ tā shuō shénme le?
Was hast du zu ihr gesagt?

h. 他站在门口 _______ 外看。
他站在門口 _______ 外看。
Tā zhàn zài ménkǒu _______ wài kàn.
Er steht am Eingang und sieht nach draußen.

➪ 14.2

2

Fügen Sie eine Präpositionalphrase hinzu und schreiben Sie die Sätze neu.

Beispiel: 我跳舞了。[mit Freunden] → 我跟朋友跳舞了。
Wǒ tiào wǔ le. **Wǒ gēn péngyou tiào wǔ le.**

a. 我打电话了。[meinen Freund]
我打電話了。
Wǒ dǎ diànhuà le.
Ich habe meinen Freund angerufen.

b. 她请我来吃饭。[zu ihr nach Hause]
她請我來吃飯。
Tā qǐng wǒ lái chī fàn.
Sie hat mich zu sich nach Hause zum Essen eingeladen.

c. 我念书了。[in der Bibliothek]
我念書了。
Wǒ niàn shū le.
Ich habe in der Bibliothek gelernt.

d. 我到她家去了。[von der Bibliothek]
Wǒ dào tā jiā qù le.
Ich bin von der Bibliothek zu ihr nach Hause gegangen.

e. 我买了糖。[für sie]
我買了糖。
Wǒ mǎi le táng.
Ich habe ihr Süßigkeiten gekauft.

f. 她介绍她的父母。[mich]
她介紹她的父母。
Tā jièshào tā de fùmǔ.
Sie hat mich ihren Eltern vorgestellt.

g. 后来，我看电影了。[mit ihr]
後來，我看電影了。
Hòulái, wǒ kàn diànyǐng le.
Danach habe ich einen Film mit ihr gesehen.

h. 我们看电影了。[im Arbeitszimmer]
我們看電影了。
Wǒmen kàn diànyǐng le.
Wir haben den Film im Arbeitszimmer gesehen.

➪ 14.1, 14.2

3 Stellen Sie Ihren Klassenkameraden den neuen Englischlehrer vor. Verwenden Sie in jedem Satz (außer Satz a) eine Präposition.

a. Sagen Sie, dass das unser neuer Lehrer ist.
b. Sagen Sie, dass Sie ihn vorstellen möchten.
c. Sagen Sie, dass er gerade aus den USA gekommen ist.
d. Sagen Sie, dass er dieses Jahr an unserer Schule Englisch unterrichtet.
e. Sagen Sie, dass er sich sehr für chinesische Kultur interessiert.
f. Sagen Sie, dass er überallhin reisen möchte [各地 **gè dì** überall].
g. Sagen Sie, dass er auch hofft mit Chinesen in Kontakt zu kommen. [来往/來往 **láiwǎng** Kontakt haben]

➪ 14.1, 14.2

4 Mein Mitbewohner ist heute wirklich schlecht gelaunt. Er will nicht machen, worum ich ihn bitte. Hier sind meine Bitten. Geben Sie die Antworten meines Mitbewohners wie im Beispiel.

Beispiel: A: 今天跟我们去看电影吧。
今天跟我們去看電影吧。
Jīntiān gēn women qù kàn diànyǐng ba.
Wie wäre es, wenn du heute mit uns ins Kino kommst?

B: 今天我不跟你们去看电影。
今天我不跟你們去看電影。
Jīntiān wǒ bù gēn nǐmen qù kàn diànyǐng.
Heute gehe ich nicht mit euch ins Kino.

a. A: 下课以后，请你给我打电话。
下課以後，請你給我打電話。
Xià kè yǐhòu, qǐng nǐ gěi wǒ dǎ diànhuà.
Ruf mich an, wenn der Unterricht vorbei ist.
B: ______________________________。

b. A: 替我把书还给图书馆。
替我把書還給圖書館。
Tì wǒ bǎ shū huángěi túshūguǎn.
Gib das Buch für mich in der Bibliothek ab.
B: ______________________________。

c. A: 跟老师说我病了。
跟老師說我病了。
Gēn lǎoshī shuō wǒ bìng le.
Sag dem Lehrer, dass ich krank bin.
B: ______________________________。

d. A: 你在餐厅等我好吗？
你在餐廳等我好嗎？
Nǐ zài cāntīng děng wǒ hǎo ma?
Wartest du bitte in der Mensa auf mich?

B: ____。

e. A: 你把你的书拿走。
你把你的書拿走。
Nǐ bǎ nǐ de shū názǒu.
Nimm dein Buch weg.

B: ____。

f. A: 请你给我买午饭。
請你給我賣午飯。
Qǐng nǐ gěi wǒ mǎi wǔfan.
Bitte kauf mir Mittagessen.

B: ____。

➪ 14.1, 14.2

15 Adverbien

1 Vervollständigen Sie die Sätze mit 也 **yě**, 都 **dōu**, 还/還 **hái**, 就 **jiù**, 只 **zhǐ**, oder 才 **cái**.

a. 小王会说英国话，_______ 会说日本话。
小王會說英國話，_______ 會說日本話。
Xiǎo Wáng huì shuō Yīngguó huà, _______ huì shuō Rìběn huà.
Xiao Wang kann Englisch sprechen, er kann auch Japanisch sprechen.

b. 他去过英国 _______ 没去过日本。
他去過英國 _______ 沒去過日本。
Tā qùguò Yīngguó _______ méi qùguò Rìběn.
Er war in Großbritannien, aber noch nicht in Japan.

c. 他在英国 _______ 住了一个月。
他在英國 _______ 住了一個月。
Tā zài Yīngguó _______ zhù le yī gè yuè.
Er hat in Großbritannien nur einen Monat gelebt.

d. 他说英国，日本 _______ 有意思。
他說英國，日本 _______ 有意思。
Tā shuō Yīngguó, Rìběn _______ yǒu yìsī.
Er sagt, dass Großbritannien und Japan beide interessant sind.

e. 日本人会写汉字 _______ 会看中文报纸。
日本人會寫漢字 _______ 會看中文報紙。
Rìběn rén huì xiě Hàn zì _______ huì kàn Zhōngwén bàozhǐ.
Japaner können Schriftzeichen schreiben und sie können chinesische Zeitungen lesen.

f. 英文不用汉字，_______ 用罗马字。
英文不用漢字，_______ 用羅馬字。
Yīngwén bù yòng Hàn zì, _______ yòng Luómǎ zì.
Im Englischen benutzt man keine Schriftzeichen, nur lateinische Buchstaben.

g. 他 _______ 学了两个外语。
他 _______ 學了兩個外語。
Tā _______ xué le liǎng gè wàiyǔ.
Er hat nur zwei Fremdsprachen gelernt.

h. 他上了中学 _______ 开始学英文。

他上了中學 _______ 開始學英文。

Tā shàng le zhōngxué _______ kāishǐ xué Yīngwén.

In der Mittelschule hat er angefangen Englisch zu lernen.

i. 他上大学以后 _______ 开始学日文。

他上大學以後 _______ 開始學日文。

Tā shàng dàxué yǐhòu _______ kāishǐ xué Rìwén.

Nachdem er auf die Universität kam, hat er angefangen Japanisch zu lernen.

j. 日本人喜欢旅游。英国人不 _______ 喜欢旅游。

日本人喜歡旅游。英國人不 _______ 喜歡旅游。

Rìběn rén xǐhuan lǚyóu. Yīngguó rén bù _______ xǐhuan lǚyóu.

Japaner reisen gern, nicht alle Briten reisen gern.

➪ 15

2

小李 **Xiǎo Lǐ** ist Schüler der Oberstufe in China und wird wegen seiner guten Fremdsprachenkenntnisse interviewt. Übersetzen Sie seine Antworten ins Chinesische, verwenden Sie in jedem Satz ein Adverb. Übersetzen Sie die Interviewfragen ins Chinesische.

a. Interviewer: Welche Fremdsprachen lernst du?

Xiao Li: Ich lerne Englisch und ich lerne auch Japanisch.

b. Interviewer: Wie alt bis du?

Xiao Li: Ich bin 16 Jahre alt.

c. Interviewer: Warst du schon mal im Ausland?

Xiao Li: Noch nicht. Ich habe China noch nicht verlassen.

d. Interviewer: Planst du ins Ausland zu gehen?

Xiao Li: Ja. Erst nach dem Abschluss werde ich Chancen haben ins Ausland zu gehen.

e. Interviewer: Wohin willst du gehen?

Xiao Li: Ich plane nach Großbritannien und auch in die USA zu gehen.

f. Interviewer: Willst du auch nach Japan gehen?

Xiao Li: Nachdem ich in Großbritannien und den USA war, plane ich nach Japan zu gehen.

➪ 15

3 Hier ist ein kurzes Gespräch zwischen zwei Klassenkameraden. Einige Adverbien fehlen. Setzen Sie entsprechend der deutschen Übersetzung passende Adverbien ein.

A: 昨天 _______ 开学，明天中文课 _______ 有小考，_______ 让人受不了。
昨天 _______ 開學，明天中文課 _______ 有小考，_______ 讓人受不了。
Zuótiān _______ kāi xué, míngtiān Zhōngwén kè _______ yǒu xiǎokǎo, _______ ràng rén shòubùliǎo.
Der Unterricht hat gestern erst angefangen und morgen haben wir einen kleinen Test im Chinesischunterricht. Das halte ich nicht aus.

B: _______ 开学你 _______ 受不了了，你 _______ 学不学了？
_______ 開學你 _______ 受不了了，你 _______ 學不學了？
_______ kāi xué nǐ _______ shòubùliǎo le, nǐ _______ xué bù xué le?
Die Schule hat gerade erst begonnen und du hältst es nicht aus. Willst du weiter machen?

A: 学 _______ 要学，我 _______ 抱怨一下 _______。
學 _______ 要學，我 _______ 抱怨一下 _______。
Xué _______ yào xué, wǒ _______ bàoyuàn yīxià éryǐ.
Natürlich will ich weiter machen. Ich will mich nur beschweren. Das ist alles.

B: 抱怨有什么用，_______ 能让你自己不高兴。
抱怨有甚麼用，_______ 能讓你自己不高興。
Bàoyuàn yǒu shénme yòng, _______ néng ràng nǐ zìjǐ bù gāoxìng.
Beschweren nützt auch nichts. Es macht dich nur unglücklich.

A: 你 _______ 常常抱怨呀。
Nǐ _______ chángcháng bàoyuàn ya.
Du beschwerst dich auch oft.

B: 我 _______ 抱怨你抱怨得 _______ 多。
Wǒ _______ bàoyuàn nǐ bàoyuàn de _______ dūo.
Ich beschwere mich nur, dass du dich zu viel beschwerst.

⇨ 15

16 Konjunktionen

1 Wählen Sie passende Konjunktion aus und ergänzen Sie die Sätze: 和 **hé**/跟 **gēn**, 还是/還是 **háishi**, 或者 **huòzhě**.

a. 足球队 ________ 网球队，今天都有比赛。
足球隊 ________ 網球隊，今天都有比賽。
Zúqiú duì ________ wǎngqiú duì, jīntiān dōu yǒu bǐsài.
Die Fußballmannschaft und das Tennisteam haben heute beide Wettkämpfe.

b. 你要看足球比赛 ________ 看网球比赛？
你要看足球比賽 ________ 看網球比賽？
Nǐ yào kàn zúqiú bǐsài ________ kàn wǎngqiú bǐsài?
Willst du lieber das Fußballspiel oder das Tennismatch sehen?

c. 足球比赛 ________ 网球比赛，我都愿意看。
足球比賽 ________ 網球比賽，我都願意看。
Zúqiú bǐsài ________ wǎngqiú bǐsài, wǒ dōu yuànyi kàn.
Ich sehe mir entweder das Fußballspiel oder das Tennismatch an.

d. 你打棒球 ________ 打网球？
你打棒球 ________ 打網球？
Nǐ dǎ bàngqiú ________ dǎ wǎngqiú?
Spielst du Baseball oder Tennis?

e. 棒球 ________ 网球我都打。
棒球 ________ 網球我都打。
Bàngqiú ________ wǎngqiú wǒ dōu dǎ.
Ich spiele Baseball und Tennis.

f. 美国人 ________ 英国人都踢足球吗？
美國人 ________ 英國人都踢足球嗎？
Měiguó rén ________ Yīngguó rén dōu tī zúqiú ma?
Spielen Amerikaner und Briten Fußball?

g. 美国人踢足球 ________ 美式足球。
美國人踢足球 ________ 美式足球。
Měiguó rén tī zúqiú ________ Měishì zúqiú.
Amerikaner spielen Fußball und American Football.

h. 明天的天气好的话，我们打网球 ________ 踢足球。
明天的天氣好的話，我們打網球 ________ 踢足球。
Míngtiān de tiānqì hǎo de huà, wǒmen dǎ wǎngqiú ________ tī zúqiú.
Wenn das Wetter morgen gut ist, lass uns Tennis oder Fußball spielen.

➪ 16.1, 16.2

2 Xiao Wang ist nicht behilflich.

Xiao Li und Xiao Wang wohnen zusammen. Sie sprechen über die Kurse, die sie im kommenden Semester belegen wollen. Übersetzen Sie ihr Gespräch ins Chinesische. Achten Sie auf die Konjunktionen, die die beiden verwenden. Beachten Sie, dass im Chinesischen nicht überall dort Konjunktionen verwendet werden, wo es im Deutschen der Fall ist.

Xiao Li: Ich weiß nicht, ob es besser ist, einen Kurs in chinesischer Sprache oder in chinesischer Geschichte zu belegen. (wörtlich: Ich weiß nicht, ob es besser ist, einen Kurs in chinesischer Sprache zu belegen oder ob es besser ist, einen Kurs in chinesischer Geschichte zu belegen.)
Xiao Wang: Was gefällt dir besser, Chinesisch oder chinesische Geschichte?
Xiao Li: Ich mag beides, Chinesisch und chinesische Geschichte. (wörtlich: Chinesisch und chinesische Geschichte, ich mag beides.)
Xiao Wang: Dann beleg Chinesisch und chinesische Geschichte.
Xiao Li: Ich habe nicht so viel Zeit.
Xiao Wang: Dann wähle entweder Chinesisch oder chinesische Geschichte.
Xiao Li: Du weißt also auch nicht, ab ich Chinesisch oder chinesische Geschichte belegen soll.
Xiao Wang: Natürlich nicht, es hat nichts mit mir zu tun.
Xiao Li: Vielen Dank!

➪ 16

17
Aspekte

1 Schreiben Sie jeweils einen Satz darüber, was Xiao Li gestern gemacht hat.

a. zwei Bücher gelesen
b. mit Freunden Kaffee getrunken
c. eine Stunde ferngesehen
d. mit seinem Mitbewohner einkaufen gegangen
e. hat ein Paar teuere Turnschuhe gekauft [运动鞋/運動鞋 **yùndòng xié** Sportschuhe]

➪ 17.1

2 Negieren Sie die Handlungen und übersetzen Sie Ihre Sätze ins Deutsche.

a. 学校开学了。
学校開學了。
Xuéxiào kāi xué le.
Die Schule hat angefangen.

b. 我买课本了。
我買課本了。
Wǒ mǎi kèběn le.
Ich habe Lehrbücher gekauft.

c. 我买了三本中文书。
我買了三本中文書。
Wǒ mǎi le sān běn Zhōngwén shū.
Ich habe drei chinesische Bücher gekauft.

d. 我做功课了。
我做功課了。
Wǒ zuò gōngkè le.
Ich habe meine Hausaufgaben gemacht.

e. 我的同屋白天睡觉。
我的同屋白天睡覺。
Wǒ de tóngwū báitiān shuì jiào.
Mein Mitbewohner schläft tagsüber.

f. 我学过中文。
我學過中文。
Wǒ xuéguo Zhōngwén.
Ich habe schon Chinesisch gelernt.

g. 我在中国学过中文。
我在中國學過中文。
Wǒ zài Zhōngguó xuéguo Zhōngwén.
Ich habe in China Chinesisch gelernt.

h. 我妹妹学中文。
我妹妹學中文。
Wǒ mèimei xué Zhōngwén.
Meine jüngere Schwester lernt Chinesisch.

i. 我跟朋友去买东西了。
我跟朋友去買東西了。
Wǒ gēn péngyou qù mǎi dōngxi le.
Ich bin mit Freunden einkaufen gegangen.

➪ 17.1

3

Es ist Sonntagabend. Sie haben Ihre Schwester angerufen und sie nach ihrer Woche gefragt. Wie stellen Sie die Fragen über ihre Aktivitäten auf Chinesisch?

a. Warst du letzte Woche im Kino?
b. Hast du am Freitag Abend mit den Eltern zu Abend gegessen?
c. Warst du in dem neuen Café?
d. Hast du einen neuen Mantel gekauft? [外套 **wàitào** Mantel]
e. Hast du das Geschichtsbuch zu Ende gelesen? [看完 **kànwán** zu Ende lesen, 历史/歷史 **lìshǐ** Geschichte]

➪ 17.1

4

Schreiben Sie jeweils einen Satz dazu, was 小李 **Xiǎo Lǐ** gerade macht.

a. Xiao Li macht ihre Hausaufgaben.
b. Xiao Li zieht sich an.
c. Xiao Li räumt ihr Zimmer auf. [收拾屋子 **shōushi wūzi**]
d. Xiao Li fährt Auto.
e. Xiao Li isst Abendbrot.

➪ 17.2

5 Vervollständigen Sie die Erzählung mit den passenden Aspektmarkern. In einer der Lücken zeigt das einzufügende Wort eine neue Situation an.

上个周末我跟我的朋友小王去城里看 ________(a) 一个电影。在电影院的门口，小王看到 ________(b) 他的一个同事。他的同事手里拿 ________(c) 一束花，________(d) 等他的女朋友。小王跟他说 ________(e) 几句话我们就进去 ________(f)。看完电影以后，我们去 ________(g) 一家我们很喜欢的中国饭馆去吃晚饭。可能是餐馆换 ________(h) 师傅，我们都觉得饭不如以前好吃。我想不会再来这个饭馆吃饭 ________(i)。吃 ________(j) 饭我就马上回家 ________(k)，因为家里还有很多事等 ________(l) 我做呢。

上個周末我跟我的朋友小王去城裡看 ________(a) 一個電影。在電影院的門口，小王看到 ________(b) 他的一個同事。他的同事手裡拿 ________(c) 一束花，________(d) 等他的女朋友。小王跟他說 ________(e) 幾句話我們就進去 ________(f)。看完電影以后，我們去 ________(g) 一家我們很喜歡的中國飯館去吃晚飯。可能是餐館換 ________(h) 師傅，我們都覺得飯不如以前好吃。我想不會再來這個飯館吃飯 ________(i)。吃 ________(j) 飯我就馬上回家 ________(k)，因為家裡還有很多事等 ________(l) 我做呢。

Shàng gè zhōumò wǒ gēn wǒ de péngyǒu Xiǎo Wáng qù chénglǐ kàn ________(a) yīgè diànyǐng. Zài diànyǐngyuàn de ménkǒu, Xiǎo Wáng kàndào ________(b) tā de yīge tóngshì. Tā de tóngshì shǒulǐ ná ________(c) yīshù huā, ________(d) děng tā de nǚ péngyǒu. Xiǎo Wáng gēn tā shuō ________(e) jǐ jù huà wǒmen jiù jìnqù ________(f). Kànwán diàn yǐng yǐhòu, wǒmen qù ________(g) yī jiā wǒmen hěn xǐhuān de Zhōngguó fànguǎn qù chī wǎnfàn. Kěnéng shì cānguǎn huàn ________(h) shīfù, wǒmen dōu juéde fàn bùrú yǐqián hǎo chī. Wǒ xiǎng bù huì zài lái zhège fànguǎn chī fàn ________(i). Chī ________(j) fàn wǒ jiù mǎshàng huí jiā ________(k), yīnwéi jiālǐ hái yǒu hěn duō shì děng ________(l) wǒ zuò ne.

➪ 17.1, 17.2, 38.1

6 方琴 **Fāng Qín** und einige ihrer Kommilitonen kümmern sich ein Wochenende lang um Thomas, einen Austauschstudenten. Sie hat eine Liste mit Dingen, die man machen kann und Orten, die man besuchen kann, gemacht. Thomas ist nicht zum ersten Mal in Peking. 方琴 **Fāng Qín** fragt ihn, ob er bereits die Sachen von der Liste gemacht hat. Es folgen seine Antworten. Schreiben Sie aus den Antworten einen kurzen Text, den 方琴 **Fāng Qín** an ihre Kommilitonen per Mail schicken kann. Verwenden sie Verb 过/過, wo es passt und fügen Sie auch die zusätzlichen Informationen, die Thomas gibt, mit ein.

a. 登长城 / 登長城 **dēng Chángchéng** / die Große Mauer besteigen	Nein
b. 去圆明园 / 去圓明園 **qù Yuánmíngyuán** / den Alten Sommerpalast besuchen	Nein
c. 吃北京烤鸭 / 吃北京烤鴨 **chī Běijīng Kǎoyā** / Peking Ente essen	Nein
d. 吃饺子 / 吃餃子 **chī jiǎozi** / Jiaozi essen	Ja
e. 看京剧 / 看京劇 **kàn Jīngjù** / Peking Oper sehen	Nein (kein Interesse)
f. 逛胡同 **guàng hútòng** / durch die *Hutongs*, Pekings traditionelle Gassen, spazieren	Ja (will das noch einmal machen)

____

____

____

____

____

➪ 17.3

7 Sie arbeiten am Empfang einer Anwaltskanzlei. Ein Mandant ruft an und fragt nach Herrn Wang, der gerade in einer Besprechung [开会/開會/**kāi huì**] ist. Erklären Sie, warum Herr Wang jetzt nicht ans Telefon kommen kann und sagen Sie dem Mandanten, dass Herr Wang nach der Sitzung zurückruft. [正在 + Verb]

8 Sie beschreiben Ihren Freunden den Weg zu sich nach Hause. Damit sie das richtige Haus finden, sagen Sie, dass an der Tür ein Blumenkranz [花圈 **huāquān**] hängt und am Eingang ein Blumentopf [一盆花 **yī pén huā**] steht. Verwenden Sie die Konstruktion Verb 着/著, wo es passend ist.

9 Sagen Sie Ihrem Freund, dass Sie ihn heute Abend nicht zu Hause besuchen werden, da sie müde sind. Zählen Sie auf, was Sie heute alles gemacht haben. Zum Beispiel haben Sie fünf Seiten Schriftzeichen geschrieben, viel Geschirr abgewaschen und drei Bücherregale aufgeräumt [整理 **zhěnglǐ** aufräumen]. Nennen Sie mindestens drei weitere Aktivitäten. Verwenden Sie Verb 了, wo es passend ist.

18
Resultativverben

1 Vervollständigen Sie die Sätze mit dem passenden Resultativsuffix entsprechend der deutschen Übersetzung.

a. 我听 ________ 了。
我聽 ________ 了。
Wǒ ting ________ le.
Ich habe durch Hören verstanden.

b. 功课做 ________ 了。
功課做 ________ 了。
Gōngkè zuò ________ le.
Die Hausaufgaben sind fertig.

c. 那本书我找 ________ 了。
那本書我找 ________ 了。
Nà běn shū wǒ zhǎo ________ le.
Ich habe das Buch gefunden.

d. 那本书我还没有看 ________。
那本書我還沒有看 ________。
Nà běn shū wǒ hái méiyǒu kàn ________.
Ich habe das Buch noch nicht zu Ende gelesen.

e. 现在我能看 ________ 中国电影了。
現在我能看 ________ 中國電影了。
Xiànzài wǒ néng kàn ________ Zhōngguó diànyǐng le.
Ich kann jetzt chinesische Filme verstehen.

f. 我的手机在路上丢 ________ 了。真麻烦!
我的手機在路上丟 ________ 了。真麻煩!
Wǒ de shǒujī zài lùshang diū ________ le. Zhēn máfan!
Ich habe mein Mobiltelefon auf der Strasse verloren, wirklich ärgerlich!

g. 饭做 ________ 了，可以吃了。
飯做 ________ 了，可以吃了。
Fàn zuò ________ le, kěyǐ chī le.
Das Essen ist fertig, wir können essen.

h. 他每个字都写 _______ 了。
他每個字都寫 _______ 了。
Tā měi gè zì dōu xiě _______ le.
Er hat jedes Schriftzeichen falsch geschrieben.

➪ 18.3, 18.4

2 Schreiben Sie die Sätze auf Chinesisch mit dem passenden Resultativkomplement.

a. Ich kann mich nicht an seinen Namen erinnern. [名字 **míngzi** Name, 记 **jì** erinnern]
b. Wir haben die Hausaufgaben von heute schon fertig gemacht. [功课/功課 **gōngkè** Hausaufgabe, 做 **zuò** machen]
c. Kannst du die Hausaufgaben von heute in einer Stunde (fertig) machen? [一个钟头/一個鐘頭 **yī ge zhōngtou** eine Stunde]
d. Nicht in einer Stunde. (In einer Stunde kann ich sie nicht fertig machen.)
e. Ich kann das Fenster nicht öffnen. Kannst du es öffnen? [窗户 **chuānghu** Fenster, 打(开)/打(開) **dǎ (kāi)** öffnen]
f. Ich habe die Wäsche noch nicht fertig gewaschen. [衣服 **yīfu** Kleidung, 洗 **xǐ** waschen]
g. Dieses Hemd ist wirklich schmutzig. Denkst du, du kannst es sauber waschen? [衬衫/襯衫 **chènshān** Hemd, 脏/髒 **zāng** schmutzig, 干净/乾淨 **gānjìng** sauber]
h. Ich habe nicht deutlich gehört, was du gerade gesagt hast. Kannst du es wiederholen? [听/聽 **tīng** hören, 你说的话/你說的話 **nǐ shuō de huà** was du gesagt hast]
i. Ich verstehe nicht (durch Hören), was der Lehrer sagt.
j. Kannst du dir ein Flugticket leisten? [买/買 **mǎi** kaufen, 飞机票/飛機票 **fēijī piào** Flugticket]

➪ 18.5, 18.6, 18.7

3 Wandeln Sie die Sätze in Entscheidungsfragen um.

Beispiel:

我吃不完。	→ 你吃得完吃不完?	oder	你吃得完吗? 你吃得完嗎?
Wǒ chībùwán.	**Nǐ chīdewán chībùwán?**		**Nǐ chī de wán ma?**

a. 我來不及了。
Wǒ láibùjí le.
Ich kann es (zeitlich) nicht schaffen.

b. 这些书这么重,我拿不动。
這些書這麼重,我拿不動。
Zhè xiē shū zhème zhòng, wǒ nábùdòng.
Diese Bücher sind so schwer, ich kann sie nicht tragen.

c. 我找到工作了。

Wǒ zhǎodào gōngzuò le.

Ich habe eine Arbeit gefunden.

d. 这么黑我看不见。

這麼黑我看不見。

Zhème hēi wǒ kànbùjiàn.

Es ist so dunkel, ich kann es nicht sehen.

➪ 18.5, 18.6.1

4 Chen Li und Wang Xiaoming wohnen zusammen. Vervollständigen Sie ihr Gespräch mit passenden Resultativverben in der korrekten Form.

a. 陈：花生酱在哪儿？我 _______。

陳：花生醬在哪兒？我 _______。

Chén: Huāshēngjiàng zài nǎr? Wǒ _______.

Chen: Wo ist die Erdnussbutter? Ich kann sie nicht finden.

b. 王：噢，我昨天 _______ 了。

Wáng: Ò wǒ zuótiān _______ le.

Wang: Oh, ich habe sie gestern aufgegessen.

c. 陈：你昨天 _______ 了吗？

陳：你昨天 _______ 了嗎？

Chén: Nǐ zuótiān _______ le ma?

Chen: Du hast sie gestern aufgegessen?

d. 王：对。我去商店买，可是 _______ （花生酱）都 _______ 了。

王：對。我去商店買，可是 _______ （花生醬）都 _______ 了。

Wáng: Duì. Wǒ qù shāngdiàn mǎi, kěshì _______ (huāshēngjiàng) dōu _______ le.

Wang: Ja, ich bin in den Laden gegangen um neue zu kaufen, aber ich konnte keine kaufen. Erdnussbutter war ausverkauft.

➪ 18.3, 18.4, 18.5, 18.6

5 Wählen Sie jeweils eins der folgenden Resultativkomplemente, um die Sätze zu vervollständigen.

住 zhù	掉 diào	饱/飽 bǎo	会/會 huì	到 dào	完 wán

a. 骑自行车不难，一个下午就学 _______ 了。

騎自行車不難，一個下午就學 _______ 了。

Qí zìxíngchē bù nán, yīge xiàwǔ jiù xué _______ le.

Fahrrad fahren ist nicht schwer. Das kann man an einem Nachmittag lernen.

b. 我写 ________ 功课就来帮你。
我寫 ________ 功課就來幫你。
Wǒ xiě ________ gōngkè jiù lái bāng nǐ.
Sobald ich meine Hausaufgaben fertig habe, komme ich dir helfen.

c. 我已经吃 ________ 了，别再给我了。
我已經吃 ________ 了，別再給我了。
Wǒ yǐjīng chī ________ le, bié zài gěi wǒ le.
Ich bin schon satt. Gib mir nicht noch mehr (Essen).

d. 我教书教了三十多年，哪里记得 ________ 所有学生的名字呢？
我教書教了三十多年，哪裡記得 ________ 所有學生的名字呢？
Wǒ jiāo shū jiāo le sānshí duō nián, nǎli jìde ________ suǒyǒu xuésheng de míngzi ne?
Ich habe 30 Jahre unterrichtet, wie kann ich mir die Namen aller Schüler merken?

e. 那个洗衣机坏 ________ 了，用另外一个吧。
那個洗衣機壞 ________ 了，用另外一個吧。
Nàge xǐyījī huài ________ le, yòng lìngwài yī ge ba.
Die Waschmaschine ist kaputt, benutze einen andere.

f. 他找了半年都没找 ________ 工作，只好搬回家跟父母住。
他找了半年都沒找 ________ 工作，只好搬回家跟父母住。
Tā zhǎo le bànnián dōu méi zhǎo ________ gōngzuò, zhǐ hǎo bān huí jiā gēn fùmǔ zhù.
Er hat ein halbes Jahr gesucht, aber konnte keine Arbeit finden. Er musste zurück zu seinen Eltern ziehen.

➪ 18.3, 18.4, 18.5, 18.6

6 王方 **Wáng Fāng** steht in letzter Zeit sehr unter Stress. Sagen Sie auf Chinesisch, was er im Moment wahrscheinlich nicht machen kann.

Beispiel: Er kann nicht schlafen. → 他睡不着。
他睡不著。
Tā shuìbùzháo.

a. Er kann nichts essen.
b. Er kann sich nicht daran erinnern, was er jeden Tag machen muss.
c. Er kann nicht klar sehen.
d. Er kann sein Mobiltelefon nicht finden.
e. Er kann nicht verstehen, was andere sagen.

➪ 18.6

7

李美 **Lǐ Měi** schreibt allen Freundinnen eine SMS, um zu fragen, ob sie heute Abend vorbei kommen können. Alle schreiben zurück, dass sie kommen, sobald sie mit dem, was sie gerade tun, fertig sind. Übersetzen Sie ihre Texte ins Chinesische, verwenden Sie passende Resultativverben.

Beispiel: Ich komme, sobald ich die Hausaufgaben fertig habe. → 我做完功课就来。 我做完功課就來。 **Wǒ zuòwán gōngkè jiù lái.**

a. Ich komme, sobald ich meine Schuhe gefunden habe.
b. Ich komme, sobald ich geduscht habe.
c. Ich komme, sobald ich das Buch, das ich brauche, gekauft habe.
d. Ich komme, sobald ich einige Kleidungsstücke weggeworfen habe. [扔掉 **rēngdiào** wegwerfen]
e. Ich komme, sobald ich meinen Wecker repariert habe. [闹钟/鬧鐘 **nàozhōng** Wecker]

➪ 18.3

19 Richtungsverben

1 邱羽 **Qiū Yǔ** stellt ein Handbuch für seine Hundeschule zusammen. Hier finden Sie eine Liste von Tricks, die Teil des Trainings sind. Übersetzen Sie sie ins Chinesische, verwenden Sie passende Richtungsverben / Suffixe.

Beispiel: Sitz → 坐下
zuò xià

a. Steh auf
b. Geh hinein
c. Komm heraus
d. Leg dich hin
e. Leg dich auf den Bauch
f. Spring darüber
g. Komm her

➪ 19.2, 19.3

2 王太太 **Wáng tàitai** Frau Wang hat vier kleine Kinder. Heute geht sie mit ihnen in ein Möbelgeschäft. Oh nein! Für ihre Kinder ist das Möbelgeschäft ein großer Abenteuerspielplatz. Helfen Sie Frau Wang ihre Kinder zu bändigen. Übersetzen Sie die Sätze ins Chinesische, verwenden Sie das richtige Verb und Richtungssuffix.

Beispiel: Du kannst nicht darauf stehen! → 不可以站上去
Bù kěyǐ zhàn shàngqù.

a. Leg dich nicht hin!
b. Renn nicht hinaus!
c. Klettere nicht hoch!
d. Spring nicht herunter!

➪ 19.2, 19.3, 19.4

3 Setzen Sie 起来/起來 **qǐlái** oder 下去 **xiàqù** ein.

a. 把干净的衣服收 ________ 吧。
把乾淨的衣服收 ________ 吧。
Bǎ gānjìng de yīfu shōu ________ ba.
Räum die sauberen Kleider weg.

b. 她笑 ________ 真可爱。
她笑 ________ 真可愛。
Tā xiào ________ zhēn kě'ài.
Wenn sie lacht, sieht sie wirklich niedlich aus.

c. 他的歌声那么糟糕，你怎么还听得 ________？
他的歌聲那麼糟糕，你怎麼還聽得 ________？
Tā de gēshēng name zāogāo, nǐ zěnme hái tīng de ________?
Seine Stimme ist so schlecht. Wie kannst du noch weiter zuhören?

d. 失业加上太太孩子离开他，他觉得自己快活不 ________ 了。
失業加上太太孩子離開他，他覺得自己快活不 ________ 了。
Shīyè jiā shàng tàitai háizi líkāi tā, tā juéde zìjǐ kuài huó bù ________ le.
Er ist arbeitslos und seine Frau und Kinder haben ihn verlassen. Er denkt, er kann bald nicht weiterleben.

e. 这件事情说 ________ 容易做 ________ 困难。
這件事情說 ________ 容易做 ________ 困難。
Zhèjiàn shìqing shuō________ róngyì, zuò ________ kùnnán.
Das ist leichter gesagt als getan.

f. 她觉得很委屈，忍不住哭了 ________。
她覺得很委屈，忍不住哭了 ________。
Tā juéde hěn wěiqū, rěnbuzhù kū le ________.
Sie fühlte sich falsch verstanden und musste weinen.

➪ 19.7

4

Setzen Sie eines der folgenden Richtungssuffixe ein: 起来/起來 **qǐlái**、出来/出來 **chūlái**、上去 **shàngqù**、下去 **xiàqu**、下来/下來 **xiàlái**

a. 你的名字我想不 ________ 了。
你的名字我想不 ________ 了。
Nǐde míngzi wǒ xiǎng bù ________ le.
Ich kann mich nicht an deinen Namen erinnern.

b. 这个办法是他想 ________ 的。
這個辦法是他想 ________ 的。
Zhège bànfǎ shì tā xiǎng ________ de.
Diese Methode hat er sich ausgedacht.

c. 这个电影太没意思了，我看不 ________ 了。
這個電影太沒意思了，我看不 ________ 了。
Zhège diànyǐng tài méi yìsi le, wǒ kàn bù ________ le.
Dieser Film so langweilig, ich kann ihn nicht weiter sehen.

d. 阴天了。看 ________ 要下雨了。
陰天了。看 ________ 要下雨了。
Yīntiān le. Kàn ________ yào xiàyǔ le.
Es hat sich bewölkt. Es sieht so aus. als ob es bald regnet.

e. 孩子们高兴得唱 _______ 了。
孩子們高興得唱 _______ 了。
Háizimen gāoxìng de chàng _______ le.
Die Kinder haben vor Freude angefangen zu singen.

f. 你的想法听 _______ 很不错。
你的想法聽 _______ 很不錯。
Nǐde xiǎngfǎ tīng _______ bùcuò.
Deine Idee hört sich nicht schlecht an.

g. 他看 _______ 四十多岁的样子。
他看 _______ 四十多歲的樣子。
Tā kànshàngqù sìshí duō suì de yàngzi.
Er sieht aus, als wäre er über 40.

h. 你说得很好，说 _______。
你說得很好，說 _______。
Nǐ shuōde hěn hǎo, shuō _______.
Du hast es sehr gut gesagt. Sprich weiter.

i. 从他的话里我听 _______ 了他不喜欢我。
從他的話里我聽 _______ 了他不喜歡我。
Cóng tāde huà lǐ wǒ ting _______ le tā bù xǐhuān wǒ.
Aus seinen Worten höre ich heraus, dass er mich nicht mag.

j. 我想把省 _______ 的钱存 _______。
我想把省 _______ 的錢存 _______。
Wǒ xiǎng bǎ shengxiàlái de qián cúnqǐlái.
Ich möchte das Geld, das ich gespart habe, auf die Bank bringen.

19.7

5

Sagen Sie, dass Sie in Richtung ihres Freundes gelaufen kommen. Bilden Sie Sätze wie im Beispiel.

上楼	我跑上楼来。
上樓	我跑上樓來。
shàng lóu	**Wǒ pǎoshàng lóu lái.**
nach oben im Gebäude gehen	Ich komme hinaufgelaufen.

a. 回学校
回學校
huí xuéxiào
zur Schule zurückkehren

b. 回家
huí jiā
nach Hause gehen

c. 下楼
下樓
xià lóu
nach unten im Gebäude gehen

d. 上山
shàngshān
auf den Berg gehen

e. 出图书馆
出圖書館
chū túshūguǎn
aus der Bibliothek gehen

f. 回宿舍
huí sùshè
ins Wohnheim zurückkehren

g. 进教室
進教室
jìn jiàoshì
ins Klassenzimmer gehen

h. 过马路
過馬路
guò mǎlù
über die Straße gehen

➪ 19.4.2

20

把 bǎ-Sätze: Die Konstruktion, die über das Objekt ‚verfügt'

1 Bilden Sie mit den vorgegebenen Wörtern und Wortgruppen 把 **bǎ**-Sätze wie im Beispiel.

Beispiel:

我	拿书	到学校	→	我把书拿到学校了。
我	拿書	到學校		我把書拿到學校了。
Wǒ	**ná shū**	**dào xuéxiào**		**Wǒ bǎ shū ná dào xuéxiào le.**
Ich	nehme Buch	zur Schule		Ich habe das Buch mit zur Schule genommen.

a.	小王	还书	给图书馆
		還書	給圖書館
	Xiǎo Wàng	**huán shū**	**gěi túshūguǎn**
	Xiao Wang	Buch zurückgeben	an die Bibliothek
b.	大伟	开车	回家
	大偉	開車	回家
	Dà Wěi	**kāi chē**	**huí jiā**
	David	Auto fahren	nach Hause
c.	小李	洗衣服	衣服干净
			衣服乾淨
	Xiǎo Lǐ	**xǐ yīfu**	**yīfu gānjing**
	Xiao Li	Wäsche waschen	Kleidung sauber
d.	老师	开窗户	窗户开开了
	老師	開窗戶	窗戶開開了
	lǎoshī	**kāi chuānghu**	**chuānghu kāikāi le**
	Lehrer	Fenster öffnen	Fenster offen
e.	我	买课本	课本买到了
		買課本	課本買到了
	wǒ	**mǎi kèběn**	**kèběn mǎidào le**
	Ich	Lehrbuch kaufen	Lehrbuch gekauft

f.	弟弟	做功课 做功課	功课做完了 功課做完了
	dìdi	**zuò gōngkè**	**gōngkè zuòwán le**
	jüngerer Bruder	Hausaufgaben machen	Hausaufgaben fertig
g.	张明 張明	用我的电脑 用我的電腦	我的电脑坏了 我的電腦壞了
	Zhāng Míng	**yòng wŏde diànnăo**	**wŏde diànnăo huài le**
	Zhang Ming	meinen Computer benutzen	mein Computer ist kaputt
h.	他 他	卖他的汽车 賣他的汽車	汽车卖了 汽車賣了
	ta	**mài tāde qìchē**	**qìchē mài le**
	er	sein Auto verkaufen	Auto verkauft

➪ 20.1

2

Negation: Negieren Sie die Sätze, die Sie in Übung (1) gebildet haben.

➪ 20.4

3

Schreiben Sie die folgenden Sätze mit vorangestelltem Thema in 把 **bă**-Sätze um und übersetzen Sie Ihre 把 **bă**-Sätze ins Deutsche.

Beispiel:	窗户，我关上了。 窗戶，我關上了。	我把窗户关上了。 我把窗戶關上了。
	Chuānghu, wŏ guānshang le.	**Wŏ bă chuānghu guānshang le.**
	Was das Fenster betrifft, ich habe es geschlossen.	Ich habe das Fenster geschlossen.

a. 我的书，他借走了。
我的書，他借走了。
Wŏde shū, tā jièzŏu le.
Was mein Buch betrifft, er hat es ausgeliehen.

b. 饺子，他吃完了。
餃子，他吃完了。
Jiăozi, tā chīwán le.
Was die Jiaozi betrifft, er hat sie aufgegessen.

c. 手机，我忘在教室了。
手機，我忘在教室了。
Shŏujī, wŏ wàngzài jiāoshì le.
Was mein Mobiltelefon betrifft, ich habe es im Klassenzimmer vergessen.

d. 电脑，我带来了。
電腦，我帶來了。
Diànnăo, wŏ dàilái le.
Was den Computer betrifft, den habe ich mit.

e. 电影，学生们看完了。
電影，學生們看完了。
Diànyǐng, xuéshēngmen kànwán le.
Was den Film betrifft, die Schüler haben ihn zu Ende gesehen.

f. 宿舍，我的同屋整理好了。
宿舍，我的同屋整理好了。
Sùshè, wǒde tóngwū zhěnglǐhǎo le.
Was mein Wohnheimzimmer betrifft, mein Mitbewohner hat es aufgeräumt.

g. 我的衣服，妈妈给洗干净了。
我的衣服，媽媽給洗乾淨了。
Wǒde yī fú, māma gěi xǐgānjìng le.
Was meine Kleidung betrifft, meine Mutter hat sie (sauber) gewaschen.

h. 你的椅子，我给搬到门外边去了。
你的椅子，我給搬到門外邊去了。
Nǐde yǐzi, wǒ gěi bāndào mén wàibiān qù le.
Was deinen Stuhl betrifft, ich habe ihn vor die Tür gestellt.

➪ 20.1, 20.2, 20.3

4 Schreiben Sie die Sätze um und fügen Sie das Wort in Klammern an der richtigen Stelle ein.

Beispiel:

把脏衣服丢在地上。	（别）	→	别把脏衣服丢在地上。
把髒衣服丢在地上。	（別）	→	別把髒衣服丢在地上。
Bǎ zāng yīfu diū zài dishing.	**(bié)**	→	**Bié bǎ zāng yīfu diū zài dishing.**
Schmutzige Kleidung auf den Boden werfen.	(nicht tun)	→	Wirf keine schmutzige Kleidung auf den Boden.

a. 把这里的书拿走。（不可以）
把這裡的書拿走。（不可以）
Bǎ zhèlǐ de shū ná zǒu. (bù kěyǐ)
Die Bücher von hier mitnehmen. (nicht dürfen)

b. 他们把外套穿好了。（都）
他們把外套穿好了。（都）
Tāmen bǎ wàitào chuān hǎo le. (dōu)
Sie haben ihre Jacken angezogen. (alle)

c. 我把所有的功课写好了。（都）
我把所有的功課寫好了。（都）
Wǒ bǎ suǒyǒu de gōngkè xiě hǎo le. (dōu)
Ich habe die Hausaufgaben gemacht. (alle)

d. 把水果吃光。（不要）

Bǎ shuǐguǒ chī guāng. (bù yào)

Alles Obst essen. (nicht tun / nicht sollen)

e. 明天把雨伞带着。（得）

明天把雨傘帶著。（得）

Míngtiān bǎ yǔsǎn dàizhe. (děi)

Morgen einen Regenschirm mitbringen. (brauchen; müssen)

➪ 20.4, 20.5

5

白太太 **Bái tàitai** Frau Bai gibt der Haushälterin eine Liste mit Aufgaben für heute. Setzen Sie die passenden Verbalphrasen in die Lücken ein, um die Aufträge zu vervollständigen.

Beispiel: 把碗 _______ → 把碗洗干净

把碗 _______ → 把碗洗乾淨

Bǎ wǎn _______ → bǎ wǎn xǐ gānjìng

Waschen Sie das Geschirr ab.

把床单 _______ 一 _______，把垃圾 _______。把冬天的衣服 _______，把鞋子都 _______，顺便把鞋柜 _______。再把晚餐的材料 _______。对了，如果你有时间，可以帮我把裙子 _______ 吗？我把裙子 _______ 了。你走之前，别忘了把钥匙 _______。

把床單 _______ 一 _______，把垃圾 _______。把冬天的衣服 _______，把鞋子都 _______，順便把鞋櫃 _______。再把晚餐的材料 _______。對了，如果你有時間，可以幫我把裙子 _______ 嗎？我把裙子 _______ 了。你走之前，別忘了把鑰匙 _______。

Bǎ chuángdān _______ yī _______, bǎ lājī _______. Bǎ dōngtiān de yīfu _______, bǎ xiézi dōu _______, shùnbiàn bǎ xiéguì _______. Zài bǎ wǎncān de cáiliào _______. Duìle, rúguǒ nǐ yǒu shíjiān, kěyǐ bang wǒ bǎ _______ ma? Wǒ bǎ qúnzi _______ le. Nǐ zǒu zhīqián, bié wàng le bǎ yàoshǐ _______.

Waschen Sie die Bettwäsche. *Bringen* Sie den Müll *raus*. *Räumen* Sie die Wintersachen *weg*. *Stellen* Sie die Schuhe *zurück in das Schuhregal* und *räumen* Sie dabei das Schuhregal auf. *Bereiten* Sie dann die Zutaten für das Abendessen *vor*. Übrigens, wenn Sie Zeit haben, können Sie bitte meinen Rock *kürzen*? Ich habe den Rock auf das Bett gelegt. Bevor Sie gehen, vergessen Sie nicht, die Schlüssel *liegen zu lassen*.

➪ 20.3

6 Als 黄太太 **Huáng Tàitai** Frau Huang heute nach Hause kam, habe sich ihre Kinder darüber beschwert, was der jüngere Bruder in ihrer Abwesenheit alles angestellt hat. Übersetzen Sie die Beschwerden ins Chinesische.

Beispiel: Er hat alle meine Bücher auf den Boden geworfen! → 他把我的书都丢在地上！
他把我的書都丢在地上！
Tā bǎ wǒde shū dōu diū zài dìshang.

a. Er hat meine Lieblingsvase zerbrochen. [Vase: 花瓶 **huāpíng**]
b. Er hat meine Hausaufgaben in die Waschmaschine gelegt.
[Waschmaschine: 洗衣机/洗衣機 **xǐyījī**]
c. Er hat all meine Kekse gegessen. [Kekse: 饼干/餅乾 **bǐnggān**]

➪ 20.3

21
Das Passiv

1 Xiao Wang hat einen schlechten Tag. Drücken Sie alles, was ihm passiert ist, mit dem Passiv aus.

Beispiel: *Subjekt* *Verb* *Objekt*

孩子 吃完了 饼干/餅乾

Háizi chīwán le bǐnggān.

die Kinder aufgegessen die Kekse.

→

Passiv: 饼干让孩子吃完了。

餅乾讓孩子吃完了。

Bǐnggān ràng háizi chīwán le.

Die Kekse wurden von den Kindern aufgegessen.

	Subjekt	*Verb*	*Objekt*
a.	他的同屋	打破了	台灯 臺燈
	Tā de tóngwū	**dǎpò le**	**táidēng.**
	sein Mitbewohner	zerbrochen	Tischlampe.
b.	小偷	偷走了	他的电脑 他的電腦
	Xiǎotōu	**tōuzǒule**	**tā de diànnǎo.**
	ein Dieb	gestohlen	sein Computer.
c.	他的朋友	弄丢了	他的钥匙 他的鑰匙
	Tā de péngyou	**nòngdiū le**	**tā de yàoshi.**
	sein Freund	verloren	seine Schlüssel.
d.	他的狗	吃掉了	他的三明治
	Tā de gǒu	**chīdiào**	**tā de sānmíngzhì.**
	sein Hund	aufgefressen	sein Sandwich.
e.	他	用坏 用壞	字典
	Tā	**yònghuài**	**zìdiǎn.**
	er	benutzt bis kaputt	Wörterbuch.

(Er hat das Wörterbuch benutzt, bis es auseinander gefallen ist.)

	Subjekt	*Verb*	*Objekt*
f.	人家	碰坏了 碰壞了	他的自行车 他的自行車
	Rénjiā	**pènghuài le**	**tā de zìxíngchē.**
	jemand	zusammengestoßen und zerstört	sein Fahrrad.
g.	他的教练 他的教練	骂了 罵了	他
	Tā de jiàoliàn	**mà le**	**tā.**
	sein Trainer	ausgeschimpft	ihn.
h.	猫 貓	撕破了	他的衣服
	Māo	**sīpò le**	**tā de yīfu.**
	die Katze	zerrissen	seine Kleidung.

➪ 21.1

2 Bilden Sie aus den Sätzen aus Übung (1) vollständige Sätze mit 把 **bǎ**.

Beispiel:	*Subjekt*	*Verb*	*Objekt*
	孩子	吃完了	饼干/餅乾
	Háizi	**chīwán le**	**bǐnggān.**
	die Kinder	aufgegessen	die Kekse.

→
孩子把饼干都吃完了。
孩子把餅乾都吃完了。
Háizi bǎ bǐnggān dōu chīwán le.

➪ 20.1, 57.2.1

3 Vier Freunde treffen sich am Abend und vergleichen ihre Missgeschicke. Übersetzen Sie, was sie sagen, verwenden Sie 被/**bèi**.

Beispiel: Mein Auto wurde gestohlen. 我的车被偷走了。
我的車被偷走了。
Wǒ de chē bèi tōu zǒu le.

a. Ich wurde entlassen. [解雇 **jiěgù** entlassen, kündigen]
b. Mein Haus hat gebrannt.
c. Mein Fenster wurde eingeschlagen.
d. Ich wurde auf dem Weg hierher ausgeraubt. [抢/搶 **qiǎng** rauben]

➪ 21.3

Teil B

Situationen und Funktionen

22

Namen, Verwandtschaftsbezeichnungen, Titel und Anredeformen

1 Das ist Familie Zhao:

Herr Zhao 赵先生/趙先生 **Zhào xiānsheng**	45 Jahre
Frau Zhao 赵太太/趙太太 **Zhào tàitai**	43 Jahre
Fräulein Zhao Xijie 赵西杰/趙西杰 **Zhào Xījié**	18 Jahre
Herr Zhao Mingzhi 赵明智/趙明智 **Zhào Míngzhì**	20 Jahre
Fräulein Zhao Xiqing 赵西清/趙西清 **Zhào Xīqīng**	16 Jahre
Herr Zhao Mingyi 赵明义/趙明義 **Zhào Míngyì**	14 Jahre

a. Sie sind Hotelangestellter.
   (i) reden Sie Herrn Zhao an
   (ii) reden Sie Fräulein Zhao Xijie an
   (iii) reden Sie Frau Zhao an

➪ 22.1, 22.3.1

b. Sie sind ein guter Freund von Herrn Zhao, 40 Jahre alt. Reden Sie Herrn Zhao an.
c. Sie sind die beste Freundin von Zhao Xijie. Reden Sie sie an.

➪ 22.4.1

d. Sie sind Zhao Xiqing.
   (i) reden Sie Zhao Xijie an
   (ii) reden Sie Zhao Mingzhi an

e. Sie sind Zhao Xijie. Stellen Sie sich selbst und ihre Familie ihrem Lehrer vor. Geben Sie auch das Alter an.
f. Sie sind Zhao Xiqing. Stellen Sie ihre Geschwister vor.
g. Sie sind Zhao Mingyi. Stellen Sie sich selbst und ihre Geschwister vor.

➪ 22.2, 22.4.2

h. Sie reden jemand als 叔叔 **shūshu** an. Ist 叔叔 **shūshu** ein Mann oder eine Frau? Wie alt ist 叔叔 **shūshu** im Verhältnis zu Ihrem Vater?
i. Ein Kind nennt jemanden 奶奶 **nǎinai**. Ist 奶奶 **nǎinai** ein Mann oder eine Frau? Wie alt ist 奶奶 **nǎinai** im Verhältnis zum Kind?

➪ 22.4.2

j. Sie treffen Fräulein Zhao Ailing zum ersten Mal.
   (i) Fragen Sie höflich nach ihrem Familiennamen.
   (ii) Sie sind Zhao Ailing, beantworten Sie die Frage.
   (iii) Fragen Sie nach dem vollständigen Namen.
   (iv) Fragen Sie sie, wie sie angeredet werden möchte.

➪ 22.5

2 Geben Sie anhand der Visitenkarte die unterhalb auf Deutsch verlangten Informationen.

金山国际花园
金山國際花園
Jīnshān Guójì Huāyuán

郭明智
Guō Míngzhì

地址：北京市朝阳区建国路
21号
北京市朝陽區建國路
21號
Běijīng shì
Cháoyáng qū
Jiànguó lù 21 hào

电话：010-65666557
电传：010-6566555
手机：13196118888

a. Name
b. Telefonnummer
c. Arbeitsstelle
d. Faxnummer

3 Entwerfen Sie Ihre eigene Visitenkarte. (*Keine Lösung vorgegeben.*)

➪ 22.6

23 Vorstellung

1 Hier sind Informationen über 王明 **Wáng Míng** und 周利 **Zhōu Lì**.

王明 **Wáng Míng**
- Student
- Ihr Kommilitone
- studiert Wirtschaft
- spricht Englisch

周利 **Zhōu Lì**
- Student
- Ihr jüngerer Cousin väterlicherseits
- studiert Linguistik
- spricht Japanisch

Stellen Sie beide einander vor (informell). Beide begrüßen sich.

Sie:

王明 **Wáng Míng:**

周利 **Zhōu Lì:**

➪ 22.2.2, 23.1, 23.2, 23.3

2 Stellen Sie den berühmten Professor Lin [林教授 **Lín jiàoshòu**] dem berühmten Dr. Zhang [张医生/張醫生 **Zhāng yīshēng**] vor (formell). Beide begrüßen sich..

Sie:

林教授 **Lín jiàoshòu:**

张医生/張醫生 **Zhāng yīshēng:**

➪ 23.1, 23.2

3 周利 **Zhōu Lì** ist gerade ins Wohnheim gezogen und trifft 王明 **Wáng Míng** zum ersten Mal.

Ergänzen Sie 周利 **Zhōu Lì**s Teil des Gesprächs.

王明 **Wáng Míng:** 我是王明，是上海人。
Wǒ shì Wáng Míng, shì Shànghǎi rén.

周利 **Zhōu Lì:** (a) Hallo, ich bin Zhou Li. Ich komme aus Shandong.

王明 **Wáng Míng:** 真高兴。我们今年是同屋。
真高興。我們今年是同屋。
Zhēn gāoxìng. Wǒmen jīnnián shì tóngwū.

周利 **Zhōu Lì:** (b) Freut mich, dich kennen zu lernen. Ich hoffe, wir kommen miteinander aus und können einander dieses Jahr helfen.

王明 **Wáng Míng:** 你是学什么的？
你是學甚麽的？
Nǐ shì xué shénme de?
周利 **Zhōu Lì:** (c) Ich studiere Chemie.
王明 **Wáng Míng:** 我也是。
Wǒ yě shì.
周利 **Zhōu Lì:** (d) Was für ein glücklicher Zufall!

➪ 23.1, 23.2, 23.3

24 Begrüßung und Verabschiedung

1 Ordnen Sie die Begrüßung der entsprechenden Situation zu.

Begrüßung	*Situation*
a. 来吃饭吗？ 來吃飯嗎？ **Lái chī fàn ma?**	1 Sie sehen einen Bekannten nach Hause gehen.
b. 老陈！ 老陳！ **Lǎo Chén!**	2 Es ist 7 Uhr.
c. 上哪儿去？ 上哪兒去？ **Shàng nǎr qù?**	3 Sie sehen Ihren Professor in der U-Bahn.
d. 早。 **Zǎo.**	4 Sie treffen zufällig auf einen guten Freund in einem Restaurant.
e. 回家呀。 **Huí jiā ya.**	5 Sie begegnen Ihre Nachbarn mittags auf der Straße.
f. 上班去吗？ 上班去嗎？ **Shàng bān qù ma?**	6 Sie sind an der Eingangstür und sehen Ihren Nachbarn das Haus verlassen.
g. 王老师好。 王老師好。 **Wáng lǎoshī hǎo.**	7 Sie sind um 7:30 Uhr bei Ihrem Auto und Ihr Nachbar geht vorbei.

➪ 24.1

2 Wie lauten die chinesischen Entsprechungen?

a. Auf Wiedersehen.
b. Bis gleich.
c. Bis bald.
d. Bis morgen.
e. Bis nächste Woche.

➪ 24.2

3 Wie lauten die passenden Gruß- und Schlussformeln in den folgenden Briefen?

a. Ein informeller Brief an Ihren Freund 许伟强/許偉强 **Xǔ Wěiqiáng**.

Begrüßung: Als ob man Angesicht zu Angesicht miteinander spricht

Schluss: Gute Wünsche für das Neue Jahr, Dein ‚jüngerer Bruder', 刘绪武/劉緒武 **Liú Xùwǔ**

b. Ein formeller Brief an Ihren Lehrer 唐老师/唐老師 **Táng lǎoshī**.

Begrüßung: Bitte lesen Sie den Brief.

Schluss: Ich übermittle respektvoll meine guten Wünsche und wünsche Gesundheit im Sommer. Hochachtungsvoll, Ihr Student, 张晓春/張曉春 **Zhāng Xiǎochūn**.

➪ 24.3

4 Sie rufen Ihren Freund 王明 **Wáng Míng** an. Übersetzen Sie Ihren Teil des Gesprächs.

a. Ich möchte mit Wang Ming sprechen.

b. Wang Ming, lange nicht gesehen. [好久不见/好久不見 **hǎo jiǔ bù jiàn**] Womit hast du dich in letzer Zeit beschäftigt?

c. Du fährst nach Australien [澳大利亚/澳大利亞 **Aòdàlìyà**]? Gute Reise.

d. Bis zu deiner Rückkehr. (Wir sehen uns *wenn du zurück bist*.)

➪ 24.1, 24.2

25
Grundlegende Kommunikationsstrategien

1 Ordnen Sie die Wendungen ihren Funktionen zu:

	Wendung		*Funktion*
a.	我想打听一下/我想打聽一下 **wǒ xiǎng dǎting yīxià**	1	ausdrücken, dass etwas in Ordnung ist
b.	对不起/對不起 **duìbuqǐ**	2	eine Liste machen
c.	清楚吗？/清楚嗎？ **qīngchu ma?**	3	formelle Entschuldigung vor einer Bitte um Hilfe oder Informationen
d.	行。 **xíng**	4	etwas fragen
e.	怎么写？/怎麽寫？ **zěnme xiě?**	5	eine Reihenfolge angeben
f.	例如 **lìrú**	6	neutrale Entschuldigung vor einer Bitte um Hilfe oder Informationen
g.	劳驾/勞駕 **láojià**	7	fragen, wie etwas geschrieben wird
h.	第一 **dìyī**	8	um Bestätigung bitten
i.	然后/然後 **ránhòu**	9	ein Beispiel geben

➪ 25.1, 25.5

2 Silke lernt in Peking Chinesisch. Sie möchte in die Wangfujing [王府井 **Wángfǔjǐng**] zum Einkaufen. Sie bittet einen Taxifahrer um Auskünfte. Übersetzen Sie das Gespräch ins Chinesische.

a. Silke: (Fahrer), entschuldigen Sie. Ist die Wangfujing weit von hier?
   Fahrer: ____________________

b. Silke: Entschuldigung, ich habe nicht verstanden. Können Sie es bitte noch einmal sagen?
   Fahrer: ____________________

c. Silke: Es tut mir leid. Bitte sprechen Sie langsamer.
   Fahrer: ____________________

d. Silke: Ja, ich verstehe. Vielen Dank.

➪ 25.1, 25.5, 47.4

3 Schreiben Sie die Schriftzeichen, die wie folgt beschrieben werden.

Beispiel: [四] [維] **Luó** → 羅 **Luó**
'sì' 'wéi' Luó
Das Schriftzeichen mit der Aussprache **Luó** besteht aus den Schriftzeichen 四 und 維.

HINWEIS Diese Beschreibung ist nur beim Langzeichen möglich. Das Kurzzeichen besteht nicht aus 四 und 維.

a. [兄弟]的 **dì 'xiōngdì' de dì** das ‚di' aus Brüder'
b. [三点]水 / [三點] **shuǐ 'sāndiǎn' shuǐ** ‚drei Punkt'-Wasser
c. [木子] **Lǐ 'mù zǐ' Lǐ** ‚Holz-Kind' Li
d. [立早] **Zhāng 'lì zǎo' Zhāng** ‚aufstehen früh' Zhang
e. [耳东] **Chén** / [耳東] **Chén 'ěr dōng' Chén** ‚Ohr Osten' Chen
f. [三横一竖]的 **Wáng** / [三橫一豎]的 **Wáng 'sān héng yī shù' de Wáng** ‚drei waagerecht, eins senkrecht' Wang

➪ 25.7

4 志雄 **Zhìxióng** und 姗姗 **Shānshān** sprechen über Wohnmöglichkeiten für das Studium mit ihrer Freundin 美玲 **Měilíng**, einer Studentin im 1. Semester. 志雄 **Zhìxióng** wohnt lieber im Wohnheim, 姗姗 **Shānshān** findet es besser, eine Wohnung in der Nähe des Campus zu mieten. Lesen Sie den Dialog und füllen Sie die Lücken mit Wörtern, die zusätzliche Informationen einführen (25.11.2), eine Reihenfolge oder einen Bezug angeben (25.11.3, 25.11.4) oder Beispiele aufführen (25.11.5).

志雄 **Zhìxióng**: 当然是宿舍好！________(als erstes)，宿舍就在学校里，不必买车，走路就可以去上课。
當然是宿舍好！________(als erstes)，宿舍就在學校裡，不必買車，走路就可 以去上課。
Dāngrán shì sùshè hǎo! ________(als erstes)**, sùshè jiù zài xuéxiào lǐ, bù bì mǎi chē, zǒulù jiù kěyǐ qù shàngkè.**

________(außerdem)，宿舍里什么都有，非常方便。

________(außerdem)，宿舍裡甚麼都有，非常方便。

________(außerdem)，**sùshè lǐ shénme dōu yǒu, fēicháng fāngbiàn.**

姍姍 **Shānshān:** 谁说宿舍什么都有？________(zum Beispiel)，如果你想吃中国饭，还是得到外边的饭馆。

誰說宿舍甚麼都有？________(zum Beispiel)，如果你想吃中國飯，還是得到外邊的飯館。

Shéi shuō sùshè shénme dōu yǒu? ________(zum Beispiel)，**rúguǒ nǐ xiǎng chī zhōngguó fàn, háishì děi dào wàibian de fànguǎn.**

________(was betrifft) 交通问题，如果你在学校附近租房子，可以坐公车去学校，一样方便。

________(was betrifft) 交通問題，如果你在學校附近租房子，可以坐公車去學校，一樣方便。

________(was betrifft) **jiāotōng wèntí, rúguǒ nǐ zài xuéxiào fùjìn zū fángzi, kěyǐ zuò gōng chē qù xuéxiào, yīyàng fāngbiàn.**

________(anders gesagt)，租房子真的不错！

________(anders gesagt)，租房子真的不錯！

________(anders gesagt)，**zū fángzi zhēn de bù cuò!**

5 Sie geben 美玲 **Měilíng** auch einen Rat zum Wohnen. Schreiben Sie ein paar Sätze und sagen Sie, was besser ist, im Wohnheim wohnen oder eine Wohnung mieten. Begründen Sie. Leiten Sie Ihre Begründung mit ‚zum Beispiel', ‚außerdem' usw. ein.

____

____

____

____

26
Telekommunikation und E-Kommunikation: Telefone, Internet und Faxe

1 Schreiben Sie die Telefonnummern auf Chinesisch (Schriftzeichen oder Pinyin).

a. 62191074

b. 13651281180

c. 67179469

➪ 6.1.1, 26.5

2 Sie rufen Ihren Freund 王明 **Wáng Míng** an. Sie sprechen mit seinem Mitbewohner 周利 **Zhōu Lì**. Vervollständigen Sie das Gespräch.

Dialog A

周利 **Zhōu Lì:** 喂？**Wéi?**

Sie: Ich suche Wang Ming.

周利 **Zhōu Lì:** 他不在。**Tā bù zài.**

You: Bitte sag ihm, er soll mich zurückrufen. Meine Handynummer ist 13501327806.

Dialog B

周利 **Zhōu Lì:** 喂？**Wéi?**

Sie: Ist Wang Ming da?

周利 **Zhōu Lì:** 他不在。**Tā bù zài.**

Sie: Bitte sag ihm, er soll mir eine E-Mail schicken.

Dialog C

周利 **Zhōu Lì:** 喂？**Wéi?**

Sie: Ich möchte mit Wang Ming sprechen.

周利 **Zhōu Lì:** 他不在。**Tā bù zài.**

Sie: In Ordnung. Ich schicke ihm eine SMS.

➪ 26.1, 26.4

3 Lösen Sie die Probleme. Geben Sie einen Rat auf Chinesisch.

a. Es ist besetzt. → Wähle noch einmal.
b. Niemand geht ans Telefon. → Hinterlasse eine Nachricht.
c. Ich habe keinen Computer. → Gehe in ein Internetcafé zum Surfen.
d. Wie kann ich dich informieren, wenn du im Unterricht bist? → Schreib mir eine SMS.
e. Herr Wang ist nicht zu Hause. → Ruf sein Mobiltelefon an.
f. Wo ist die Information? → Öffne den Anhang.
g. Wie kann ich einen Studenten aus dem Ausland befragen? → Mach einen Video-Anruf.

➪ 26.1

4 Herr Zhou hat seiner Sekretärin folgende Aufgaben für heute Morgen gegeben. Füllen Sie die Lücken.

麻烦你把昨天开会的纪录用电子邮件 ________ 给王经理。另外，给张先生 ________ 一个电话问他我今天下午会晚一点到。桌上有好几张我昨天 ________ 的传真，你看看有什么需要处理的。

麻煩你把昨天開會的紀錄用電子郵件 ________ 給王經理。另外，給張先生 ________ 一個電話告訴他我今天下午會晚一點到。桌上有好幾張我昨天 ________ 的傳真，你看看有甚麼需要處理的。

Máfán nǐ bǎ zuótiān kāi huì de jìlù yòng diànzǐ yóujiàn ________ gěi Wáng Jīnglǐ. Lìngwài, gěi Zhāng Xiānsheng ________ yīgè diànhuà gàosu tā wǒ jīntiān xiàwǔ huì wǎn yīdiǎn dào. Zhuō shàng yǒu hǎo jǐ zhāng wǒ zuótiān ________ de chuánzhēn, nǐ kàn kàn yǒu shénme xūyào chǔlǐ de.

5 45 Minuten später sagt die Sekretärin, wie weit sie mit den Aufgaben gekommen ist. Ergänzen Sie die fehlen Wörter.

昨天开会的纪录已经用 ________(Anhang) 寄给王经理了。我给张先生打电话他没 ________，所以我 ________ 了话。等一下我可以再 ________ 一封短信提醒他。那几张传真也处理好了。对了，刚才我在帮您*报帐*(abrechnen, vergüten, erstatten)，有一个部分需要 ________(eingeben) 详细日期，麻烦您看一下对不对。

昨天開會的紀錄已經用 ________(Anhang) 寄給王經理了。我給張先生打電話他沒 ________，所以我 ________ 了話。等一下我可以再 ________ 一封短信提醒他。那幾張傳真也處理好了。對了，剛才我在幫您報帳(abrechnen, vergüten, erstatten)，有一個部分需要 ________(eingeben) 詳細日期，麻煩您看一下對不對。

Zuótiān kāi huì de jìlù yǐjīng yòng ________(Anhang) **jì gěi Wáng Jīnglǐ le. Wǒ gěi Zhāng Xiānsheng dǎ diànhuà tā méi ________, suǒyǐ wǒ ________ le huà. Děng yīxià wǒ kěyǐ zài ________ yī fēng duǎnxìn tíxǐng tā. Nà jǐ zhāng chuánzhēn yě chǔlǐ hǎo le. Duìle, gāngcái wǒ zài bāng nín bàozhàng**(abrechnen, vergüten, erstatten)**, yǒu yīgè bùfèn xūyào ________**(eingeben) **xiángxì rìqī, máfan nín kàn yīxià duì bù duì.**

27 Informationen negieren

1 Stellen Sie die Negation entsprechend der deutschen Übersetzung an die richtige Stelle im Satz.

Beispiel: 我要跟他说话。(不) → 我不要跟他说话。
我要跟他說話。(不) 我不要跟他說話。
Wǒ yào gēn tā shuō huà. (bù) **Wǒ bù yào gēn tā shuō huà.**
Ich will nicht mit ihm sprechen.

a. 我要跟他们吃饭。(不)
我要跟他們吃飯。(不)
Wǒ yào gēn tāmen chī fàn. (bù)
Ich will nicht mit ihnen essen.

b. 我听懂他的话。(不)
我聽懂他的話。(不)
Wǒ tīngdǒng tā de huà. (bù)
Ich verstehe nicht, was er sagt.

c. 我愿意跟他结婚。(不)
我願意跟他結婚。(不)
Wǒ yuànyi gēn tā jiéhūn. (bù)
Ich will ihn nicht heiraten.

d. 我还决定买什么。(没)
我還決定買甚麼。(沒)
Wǒ hái juédìng mǎi shénme. (méi)
Ich habe noch nicht entschieden, was ich kaufe.

e. 我常来这里。(不)
我常來這裏。(不)
Wǒ cháng lái zhèlǐ. (bù)
Ich komme nicht oft hierher.

f. 我根本有钱。(没)
我根本有錢。(沒)
Wǒ gēnběn yǒu qián. (méi)
Ich habe überhaupt kein Geld.

g. 我在餐厅吃饭。(不)
我在餐廳吃飯。(不)
Wǒ zài cāntīng chī fàn. (bù)
Ich esse nicht in der Cafeteria.

h. 我们都会说广东话。(不)
我們都會說廣東話。(不)
Wǒmen dōu huì shuō Guǎngdōng huà. (bù)
Keiner von uns kann Kantonesisch sprechen.

i. 我听懂他的话。(没)
我聽懂他的話。(沒)
Wǒ tīngdǒng tā de huà. (méi)
Ich habe nicht verstanden, was er gesagt hat.

➪ 10.1, 11.1, 12, 13.3, 17, 27.1, 27.2

2 Übersetzen Sie die Sätze, verwenden Sie 不 **bù** oder 没 **méi**.

a. Ich mag keine Nudeln. [面条/麵條 **miàntiáo** Nudeln]
b. Ich habe keine Freunde.
c. Ich habe meine Hausaufgaben nicht gemacht.
d. Ich bin nicht groß.
e. Ich war gestern nicht beschäftigt.
f. Ich habe das Lied noch nie zuvor gehört.
g. Niemand ist zu Hause.
h. Es hat gestern nicht geregnet.
i. Ich kann nicht Auto fahren.
j. Ich habe die Universität nicht abgeschlossen.

➪ 27.1

3 Ordnen Sie die Wendungen mit 无/無 **wú** und 非 **fēi** ihren Entsprechungen zu.

a. 无论如何/無論如何 **wúlùn rúhé**	1 必须/必須 **bìxū**
b. 无故/無故 **wúgù**	2 非凡 **fēifán**
c. 非常 **fēicháng**	3 不管怎么样/不管怎麼樣 **bù guǎn zěnmeyàng**
d. 非得 **fēiděi**	4 没有原故 **méi yǒu yuángù**
e. 无比/無比 **wúbǐ**	5 特别 **tèbié**

f. 非 (verb) 不可 **fēi** (verb) **bù kě**

g. 非法 **fēifǎ**

6 不合法 **bù héfǎ**

7 一定 **yīdìng**

27.5

4

Ein paar Freunde essen zusammen zu Mittag. Jeder möchte den letzten Brownie[布朗尼蛋糕 **bùlǎngnì dàngāo**] Jeder nennt einen Grund, warum er/sie unbedingt den letzten Brownie braucht. Übersetzen Sie.

Tom: Ich habe keine Freundin. Ich kenne überhaupt kein Mädchen.

Klaus: Ich war noch nie auf einem Tanz. [舞会/舞會 **wǔhuì**]

Jan: Ich bin 35, aber ich kann nicht Auto fahren.

Anne: Ich lerne seit zwei Jahren Chinesisch, aber ich verstehe überhaupt nicht, was der Lehrer sagt.

Dennis: Ich bin pleite. Zweifelsohne sollte ich den letzten Brownie bekommen.

Sophia: Ich bin 42, habe keine Arbeit und leben noch bei meinen Eltern. Ganz gleich was, ich sollte den letzten Brownie bekommen.

Stellen Sie sich vor, Sie wären auch dabei. Sagen Sie etwas im Kampf um den letzten Brownie!

Sie:

28 Fragen stellen und darauf antworten

1

Wandeln Sie die Aussagen in Entscheidungsfragen mit 吗/嗎 **ma** um. Wenn nötig, ändern Sie die Personalpronomen. Übersetzen Sie Ihre Sätze ins Deutsche.

Beispiel:		
我会说中文。	→	你会说中文吗?
我會說中文。		你會說中文嗎?
Wǒ huì shuō Zhōngwén.		**Nǐ huì shuō Zhōngwén ma?**
Ich kann Chinesisch sprechen.		Kannst du Chinesisch sprechen?

a. 我想去中国。
我想去中國。
Wǒ xiǎng qù Zhōngguó.
Ich will nach China fahren.

b. 她有男朋友。
Tā yǒu nán péngyou.
Sie hat einen Freund.

c. 我吃过生鱼片。
我吃過生魚片。
Wǒ chīguò shēngyúpiàn.
Ich habe schon mal Sashimi gegessen.

d. 他们会说中国话。
他們會說中國話。
Tāmen huì shuō Zhōngguó huà.
Sie können Chinesisch sprechen.

e. 他是英国人。
他是英國人。
Tā shì Yīngguó rén.
Er ist Brite.

f. 我喜欢旅行。
我喜歡旅行。
Wǒ xǐhuan lǚxíng.
Ich reise gern.

g. 中国人爱唱歌儿。
中國人愛唱歌兒。
Zhōngguó rén ài chàng gēr.
Chinesen singen gern.

h. 他每天在公园跑步。
他每天在公園跑步。
Tā měitiān zài gōngyuán pǎo bù.
Er joggt jeden Tag im Park.

➪ 28.1.1

2 Wandeln Sie die Aussagen aus (1) in *Verb-Negation-Verb*-Entscheidungsfragen um.

Beispiel: 你会说中文吗？ → 你会不会说中文？
你會說中文嗎？ → 你會不會說中文？
Nǐ huì shuō Zhōngwén ma? → **Nǐ huì bù huì shuō Zhōngwén?**
Kannst du Chinesisch sprechen? → Kannst du Chinesisch sprechen?

➪ 28.1.2

3 Wandeln Sie die Aussagen aus (1) in Entscheidungsfragen mit 是否 **shìfǒu** um.

Beispiel: 你会说中文吗？ → 你是否会说中文？
你會說中文嗎？ → 你是否會說中文？
Nǐ huì shuō Zhōngwén ma? → **Nǐ shìfǒu huì shuō Zhōngwén?**
Kannst du Chinesisch sprechen? → Kannst du Chinesisch sprechen?

➪ 28.1.3

4 Antworten Sie auf die folgenden Fragen mit ‚ja'. Übersetzen Sie Ihre Antworten.

Beispiel: 你去过中国吗？ → 去过。我去过中国。
你去過中國嗎？ → 去過。我去過中國。
Nǐ qùguò Zhōngguó ma? → **Qùguò. Wǒ qùguò Zhōngguó.**
Warst du schon mal in China? → Ja, ich war schon mal in China.

a. 你是学生吗？
你是學生嗎？
Nǐ shì xuésheng ma?
Bist du Student?

b. 你会开车吗？
你會開車嗎？
Nǐ huì kāi chē ma?
Kannst du Auto fahren?

c. 你喝过中国茶吗？
你喝過中國茶嗎？
Nǐ hēguò Zhōngguó chá ma?
Hast du schon mal chinesischen Tee getrunken?

d. 你吃过北京烤鸭吗？
你吃過北京烤鴨嗎？
Nǐ chīguò Běijīng kǎoyā ma?
Hast du schon mal Peking Ente gegessen?

e. 你喜欢看电影吗？
你喜歡看電影嗎？
Nǐ xǐhuan kàn diànyǐng ma?
Sieht du gern Filme?

f. 台北有地铁吗？
臺北有地鐵嗎？
Táiběi yǒu dìtiě ma?
Gibt es in Taipei eine U-Bahn?

g. 桂林的山水漂亮吗？
桂林的山水漂亮嗎？
Guìlín de shānshuǐ piàoliang ma?
Ist die Landschaft in Guilin schön?

h. 你用筷子吃饭吗？
你用筷子吃飯嗎？
Nǐ yòng kuàizi chī fàn ma?
Isst du mit Essstäbchen?

➪ 28.1.4.1

5 Antworten Sie auf die Fragen aus Übung (4) mit ‚nein'.

Beispiel:	你去过中国吗？ 你去過中國嗎？ **Nǐ qùguò Zhōngguó ma?** Warst du schon einmal in China?	→	没去过。我没去过中国。 沒去過。我沒去過中國。 **Méi qùguò. Wǒ méi qùguò Zhōngguó.** Nein, ich war noch nicht in China.

➪ 28.1.4.2

6 Stellen Sie 王明 **Wáng Míng** Alternativfragen mit 还是/還是 **háishi** zu den folgenden Themen. Verwenden Sie jeweils das Verb in Klammern. Übersetzen Sie Ihre Sätze ins Deutsche.

Beispiel:	[是 **shì**] 中国人/中國人 **Zhōngguó rén** – 美国人/美國人 **Měiguó rén**	→	你是中国人还是美国人？ 你是中國人還是美國人？ **Nǐ shì Zhōngguó rén háishi Měiguó rén?** Bist du Chinese oder Amerikaner?

a. [喜欢/喜歡 **xǐhuan**] 中餐 **Zhōngcān** – 西餐 **xīcān**
b. [是 **shì**] 学生/學生 **xuésheng** – 老师/老師 **lǎoshī**
c. [学/學 **xué**] 中国文学/中國文學 **Zhōngguó wénxué** – 英国文学/英國文學 **Yīngguó wénxué**
d. [是 **shì**] 二十一岁/二十一歲 **èrshíyī suì** – 二十二岁/二十二歲 **èrshí'èr suì**
e. [喜欢/喜歡 **xǐhuan**] 看电视/看電視 **kàn diànshì** – 听收音机/聽收音機 **tīng shōuyīnjī** [电视/電視 **diànshì** Fernseher, 收音机/收音機 **shōuyīnjī** Radio]
f. [上 **shàng**] 高中 **gāo zhōng** – 大学/大學 **dàxué**

➪ 28.3

Formen Sie die folgenden 呢 **ne**-Fragen in vollständige Fragen um.

Beispiel: 我会说中国话。你呢？ → 你会说中国话吗？
我會說中國話。你呢？ → 你會說中國話嗎？
Wǒ huì shuō Zhōngguo huà. Nǐ ne? → **Nǐ huì shuō Zhōngguo huà ma?**

a. 我喜欢吃西餐。你呢？
我喜歡吃西餐。你呢？
Wǒ xǐhuan chī xīcān. Nǐ ne?
b. 我是学生。你呢？
我是學生。你呢？
Wǒ shì xuésheng. Nǐ ne?
c. 我学中国文学。你呢？
我學中國文學。你呢？
Wǒ xué Zhōngguó wénxué. Nǐ ne?
d. 我喜欢看电视。你呢？
我喜歡看電視。你呢？
Wǒ xǐhuan kàn diànshì. Nǐ ne?
e. 我上大学。你呢？
我上大學。你呢？
Wǒ shàng dàxué. Nǐ ne?
f. 我爱看中国电影。你呢？
我愛看中國電影。你呢？
Wǒ ài kàn Zhōngguó diànyǐng. Nǐ ne?
g. 我不抽烟。你呢？
我不抽煙。你呢？
Wǒ bù chōu yān. Nǐ ne?
h. 我去过中国。你呢？
我去過中國。你呢？
Wǒ qùguò Zhōngguó. Nǐ ne?

➪ 28.5

8 Bilden Sie Fragen mit Fragewörtern. Fragen Sie nach dem unterstrichenen Satzteil.

Beispiel: 他是小王的弟弟。 → 他是谁的弟弟？
他是誰的弟弟？

Tā shì Xiǎo Wáng de dìdi. → **Tā shì shéi de dìdi?**

Er ist der jüngere Bruder von Xiao Wang. → Wessen jüngerer Bruder ist er?

a. 地铁票三块钱。
地鐵票三塊錢。
Dìtiě piào sān kuài qián.
Eine U-Bahn-Fahrkarte kostet 3 Kuai.

b. 哥哥特别喜欢吃饺子。
哥哥特別喜歡吃餃子。
Gēge tèbié xǐhuan chī jiǎozi.
Der ältere Bruder isst besonders gern Jiaozi.

c. 现在五点钟。
現在五點鐘。
Xiànzài wǔ diǎn zhōng.
Es ist jetzt 5 Uhr.

d. 他在美国住了十年。
他在美國住了十年。
Tā zài Měiguó zhù le shí nián.
Er hat zehn Jahre in den USA gelebt.

e. 她是法国人。
她是法國人。
Tā shì Fǎguó rén.
Er ist Franzose.

f. 北海公园在地安门大街。
北海公園在地安門大街。
Běihǎi gōngyuán zài Dì'ānmén dàjiē.
Der Beihai Park ist in der Di'Anmen Straße.

g. 我有三个同屋。
我有三個同屋。
Wǒ yǒu sān gè tóngwū.
Ich habe drei Mitbewohner.

h. 我跟我的朋友一起租一个房子。
我跟我的朋友一起租一個房子。
Wǒ gēn wǒ de péngyou yīqǐ zū yī gè fángzi.
Ich miete mit meinen Freunden eine Wohnung.

➪ 28.6

9 Bringen Sie die Wörter entsprechend er deutschen Übersetzung in die richtige Reihenfolge.

a. 高跟鞋 为什么 不愿意 你 穿?
高跟鞋 爲甚麼 不願意 你 穿?
gāogēnxié wèishénme bù yuànyi nǐ chuān?
Warum willst du keine Absatzschuhe anziehen?

b. 几点钟 昨天 晚上 回家的 你?
幾點鐘 昨天 晚上 回家的 你?
jǐdiǎn zhōng zuótiān wǎnshang huí jiā de nǐ?
Um wie viel Uhr bist du gestern Abend nach Hause gekommen?

c. 在哪儿 你 大学 上?
在哪兒 你 大學 上?
zài nǎr nǐ dàxué shàng?
Wo warst du auf der Universität?

d. 多少 学生 有 你的 中文班?
多少 學生 有 你的 中文班?
duōshao xuésheng yǒu nǐ de Zhōngwén bān?
Wie viele Studenten sind in deinem Chinesischkurs?

e. 什么地方 每天 你 在 停车?
甚麼地方 每天 你 在 停車?
shénme dìfang měitiān nǐ zài tíng chē?
Wo parkst du jeden Tag dein Auto?

f. 多远 巴黎 离 伦敦 有?
多遠 巴黎 離 倫敦 有?
duō yuǎn Bālí lí Lúndūn yǒu?
Wie weit ist es von Paris nach London?

g. 几个人 能 这个车 坐?
幾個人 能 這個車 坐?
jǐ gè rén néng zhège chē zuò?
Wie viele Personen können in diesem Auto sitzen?

h. 几号 几月 今天 是?
幾號 幾月 今天 是?
jǐ hào jǐ yuè jīntiān shì?
Welches Datum ist heute? (Heute ist welcher Monat und welcher Tag?)

➪ 4, 28.6, 47.4

10 Übersetzen Sie die Fragen.

a. Wo lernst du Chinesisch?
b. Wann isst du zu Abend?
c. Wann macht das Geschäft auf?
d. Wie lange hast du Chinesisch gelernt?
e. Wie viele Personen hast du zum Abendessen eingeladen?
f. Wen kennst du?
g. Warum willst du den Film sehen?
h. Wie viele Kinder haben sie?

➪ 28.6

11 Ein amerikanischer Filmstar, der für seine Rolle Chinesisch gelernt haben soll, ist in Shanghai um den neuen Film vorzustellen. Als Journalist stellen Sie Fragen für die Pressekonferenz zusammen. Übersetzen Sie die ersten fünf Fragen und fügen Sie drei weitere hinzu. Benutzen Sie die Hinweise in Klammern.

a. Wie lange bleiben Sie in Shanghai?
b. Waren Sie schon einmal in China?
c. Ist Chinesisch schwer zu lernen? Warum?
d. Welche chinesische Speise möchten Sie am liebsten probieren?
e. Können Sie uns mehr über die Rolle sagen [角色 **juésè** Rolle]?
f. ________________________________ (Zukunftspläne)
g. ________________________________ (die anderen Schauspieler)
h. ________________________________ (die Schauspielkarriere)

29
Ausdruck von Identifikation, Besitz und Existenz

1 Vervollständigen Sie die folgenden Sätze entsprechend der deutschen Übersetzung mit 是 **shì**, 有 **yǒu** oder 在 **zài** .

a. 北湖 _______ 公园里。
   北湖 _______ 公園裏。
   Běi Hú _______ gōngyuán lǐ.
   Der Nordsee befindet sich im Park.

b. 我家 _______ 五个人。
   我家 _______ 五個人。
   Wǒ jiā _______ wǔ gè rén.
   Meine Familie hat fünf Mitglieder.

c. 院子里都 _______ 花。
   院子裏都 _______ 花。
   Yuànzi lǐ dōu _______ huā.
   Der Hof ist voller Blumen.

d. 机场 _______ 城外。
   機場 _______ 城外。
   Jīchǎng _______ chéngwài.
   Der Flughafen befindet sich außerhalb der Stadt.

e. 他 _______ 张老师。
   他 _______ 張老師。
   Tā _______ Zhāng lǎoshī.
   Er ist Lehrer Zhang.

f. 万里长城 _______ 中国吗?
   萬里長城 _______ 中國嗎?
   Wànlǐ Chángchéng _______ Zhōngguó ma?
   Befindet sich die Große Mauer in China?

g. 城外 _______ 一个机场。
   城外 _______ 一個機場。
   Chéngwài _______ yī gè jīchǎng.
   Außerhalb der Stadt gibt es einen Flughafen.

h. 城西边 ________ 大学城。
城西邊 ________ 大學城。
Chéng xībian ________ dàxué chéng.
Westlich der Stadt befindet sich der Universitätsbezirk.

i. 那个大学 ________ 一万学生。
那個大學 ________ 一萬學生。
Nàge dàxué ________ yī wàn xuésheng.
Die Universität hat 10.000 Studenten.

j. 电影院 ________ 图书馆的对面。
電影院 ________ 圖書館的對面。
Diànyǐng yuàn ________ túshūguǎn de duìmiàn.
Das Kino ist gegenüber von der Bibliothek.

➪ 29.1, 29.2, 29.3

2 Übersetzen Sie die Wortgruppen ins Chinesische.

Beispiel: 爸爸做的饭 → Essen, das Vater gekocht hat
爸爸做的飯
bàba zuò de fàn

a. 我哥哥的女朋友
wǒ gēge de nǚ péngyou

b. 你的新车
你的新車
nǐ de xīn chē

c. 我们的外语老师
我們的外語老師
wǒmen de wàiyǔ lǎoshī

d. 孩子的妈妈
孩子的媽媽
háizi de māma

e. 我弟弟的同屋的朋友
wǒ dìdi de tóngwū de péngyou

f. 我朋友的同屋的弟弟
wǒ péngyou de tóngwū de dìdi

g. 张老师的妹妹的学生
張老師的妹妹的學生
Zhāng lǎoshī de mèimei de xuésheng

h. 张老师的学生的妹妹
張老師的學生的妹妹
Zhāng lǎoshī de xuésheng de mèimei

➪ 29.2.2

3 Bringen Sie die Wortgruppen entsprechend der deutschen Übersetzung in die richtige Reihenfolge.

a. 她的女孩子很的漂亮
tā de nǚ háizi hěn de piàoliang
ihre sehr hübsche Tochter

b. 课本的中文我
課本的中文我
kèběn de Zhōngwén wǒ
mein Chinesisch-Lehrbuch

c. 你的朋友外国
你的朋友外國
nǐ de péngyou wàiguó
deine ausländischen Freunde

d. 我房子城里的
我房子城裏的
wǒ fángzi chénglǐ de
meine Wohnung in der Stadt

e. 和气的朋友的她
和氣的朋友的她
héqi de péngyou de tā
ihr sehr netter Freund

f. 鞋子我的很舒服的
xiézi wǒ de hěn shūfu de
meine sehr bequemen Schuhe

➪ 29.2.2

4 Henry ist auf einer Geschäftsreise in China. Am Samstag hat er beschlossen, die Stadt auf eigene Faust zu erkunden. Der Portier im Hotel war sehr hilfsbereit und zeigte ihm die Umgebung auf einer Karte. Vervollständigen Sie den Dialog mit 有 **yǒu**, 是 **shì** oder 在 **zài**.

Portier: 您看，我们的旅馆 _______ 这儿。您想去哪儿？
您看，我們的旅館 _______ 這兒。您想去哪兒？
Nín kàn, women de lǚguǎn _______ zhèr. Nín xiǎng qù nǎr?
Sehen Sie, hier ist unser Hotel. Wohin möchten Sie gehen?

Henry: 听说附近 _______ 一个公园，现在 _______ 圣诞花灯展，我想去看看。
聽說附近 _______ 一个公園，現在 _______ 聖誕花燈展，我想去看看。
Tīngshuō fùjìn _______ yī ge gōngyuán, xiànzài _______ Shèngdàn huādēng zhǎn, wǒ xiǎng qù kànkan.
Ich habe gehört in der Nähe ist ein Park. Jetzt ist dort eine Weihnachtslichter-Show. Das möchte ich mir ansehen gehen.

Portier: 我知道，您说的 _______ 中山公园吧。中山公园 _______ 这儿，您可以坐六号车。车站就 _______ 对面。上车买票。

我知道，您說的 _______ 中山公園吧。中山公園 _______ 這兒，您可以坐六號車。車站就 _______ 對面。上車買票。
Wǒ zhīdào, nín shuō de _______ Zhōngshān gōngyuán ba. Zhōngshān gōngyuán _______ zhèr. Nín kěyǐ zuò liù hào chē. Chēzhàn jiù _______ duìmiàn. Shàng chē mǎi piào.
Ich weiß. Sie meinen wohl den Zhongshan –Park. Der Zhongshan-Park ist hier. Sie können den Bus Linie 6 nehmen. Die Bushaltestelle ist gegenüber. Fahrkarten kann man im Bus kaufen.

Henry: 车站附近 _______ 可以换零钱的地方吗？
车站附近 _______ 可以換零錢的地方嗎？
fùjìn _______ kěyǐ huàn língqián de dìfāng ma?
Ist in der Nähe der Haltestelle ein Ort, wo ich Kleingeld bekommen (wechseln) kann?

Portier: 车站旁边就 _______ 那家有名的早餐店，建议您可以去吃个早餐，顺便换钱。
車站旁邊就 _______ 那家有名的早餐店，建議您可以去吃個早餐，順便換錢。
Chēzhàn pángbiān jiù _______ nà jiā yǒumíng de zǎocān diàn, jiànyì nín kěyǐ qù chī ge zǎocān, shùnbiàn huàn qián.
Neben der Haltestelle ist ein berühmtes Frühstücksrestaurant. Ich schlage vor, Sie können dort Frühstück essen und nebenbei Kleingeld bekommen (wechseln).

Henry: 好，谢谢你，再见！
好，謝謝你，再見！
Hǎo, xièxie nǐ, zài jiàn!
Gut. Vielen Dank. Auf Wiedersehen!

Portier: 不客气，祝您玩得愉快！
不客氣，祝您玩得愉快！
Bù kèqi, zhù nín wán de yúkuài!
Keine Ursache. Viel Spaß!

5 Ihr Kommilitone beschreibt, wie unordentlich das Büro des Professors ist. Zeichen Sie auf Grundlage der Beschreibung ein Bild.

屋子里有一张大沙发。沙发靠着墙，就在窗户的下边。沙发上都是报纸。沙发的左边是老師的書桌，桌上放着很多书，还有好几个杯子。沙发右边有一个书架，书架旁边的墙上挂着一幅画。书架上只有两三本书，可是地上都是书。

屋子里有一張大沙發。沙發靠著牆，就在窗戶的下邊。沙發上都是報紙。沙發的左邊是老師的書桌，桌上放著很多書，還有好幾個杯子。沙發右邊有一個書架，書架旁邊的牆上掛著一幅畫。書架上只有兩三本書，可是地上都是書。

Wūzi li yǒu yī zhāng dà shāfā. Shāfā kàozhe qiáng, jiù zài chuānghu de xiàbian. Shāfā shàng dōu shì bàozhǐ. Shāfā de zuǒbian shì lǎoshī de shūzhuō, zhuōshàng fàngzhe hěn duō shū, hái yǒu hǎo jǐ gè bēizi. Shāfā yòubian yǒu yīgè shūjià, shūjià pángbiān de qiáng shàng guàzhe yī fú huà. Shūjià shàng zhǐ yǒu liǎng sān běn shū, kěshì dìshang dōu shì shū.

30 Personen, Orte und Dinge beschreiben

1 Beschreiben Sie 王明 **Wáng Míng** in vollständigen Sätzen.

a. 18 Jahre
b. Student
c. intelligent
d. groß
e. Kanadier

➪ 30.1, 30.2

2 Stellen Sie Fragen mit Fragewörtern zu 王明 **Wáng Míng.** Fragen Sie nach den unterstrichenen Satzteilen.

Beispiel: Er studiert <u>in China</u>. → 他在哪儿念书？
他在哪兒念書？
Tā zài nǎr niàn shū?

a. Er ist <u>18 Jahre alt</u>.
b. Er spricht <u>Chinesisch</u>.
c. Er ist <u>Kanadier</u>.
d. Er mag <u>ausländische</u> Filme.
e. Sein Geburtstag ist der <u>15. Juni</u>.
f. Er hat <u>zwei</u> jüngere Brüder.
g. Er fährt jedes Jahr nach <u>Frankreich</u>.
h. Er hat ein <u>chinesisches</u> Wörterbuch gekauft.

➪ 28.6, 30.4, 30.7

3 Erläutern Sie in vollständigen Sätzen, woraus die Dinge gemacht sind.

Beispiel: Eiscreme – Sahne → 冰淇淋是用奶油做的。
冰淇淋是用奶油做的。
Bīngqilín shì yòng nǎiyóu zuò de.

a. Bücher – Papier
b. Süßigkeiten [糖果 **táng guǒ**] – Zucker [糖 **táng**]
c. Mantou [馒头/饅頭 **mántou**] – Mehl [面粉/麵粉 **miànfěn**]

d. Eiswürfel [冰块/冰塊 **bīngkuài**] – Wasser

e. Häuser – Holz [木头/木頭 **mùtou**]

➪ 30.5

4 Sie sind Meteorologe. Beschreiben Sie das Wetter in den drei Städten in vollständigen Sätzen.

a. *New York*	b. *Beijing*	c. *Taipei*
kalt	teilweise bewölkt	sonnig
Schnee	windigy	feucht
15 °F	–2 °C	30 °C

➪ 30.8

5 Sie fühlen sich nicht wohl und gehen zum Arzt. Führen Sie das folgende Gespräch auf Chinesisch.

a. Sagen Sie dem Arzt, dass Sie sich nicht wohl fühlen, dass Sie Husten und Kopfschmerzen haben und Ihre Nase läuft.

b. Der Arzt fragt Sie, ob Sie Fieber haben.

c. Sagen Sie dem Arzt, dass Sie kein Fieber haben.

d. Der Arzt fragt Sie, ob Sie Durchfall haben.

e. Sagen Sie dem Arzt, dass Sie Durchfall haben.

f. Der Arzt fragt Sie, ob Sie Bauchschmerzen haben.

g. Sagen Sie, dass Sie keine Bauchschmerzen haben.

h. Der Arzt sagt Ihnen, dass Sie eine Erkältung haben. Er gibt Ihnen ein Rezept, Sie sollen die Medikamente alle vier Stunden nehmen. Sie sollen viel schlafen und viel Wasser trinken. Sie sollten am besten nichts Scharfes [辣的 **là de** scharf] essen. Sie werden sich in ein paar Tagen besser fühlen.

➪ 30.9, 50.1.3

6 Schreiben Sie eine Kontaktanzeige für Ihren besten Freund / Ihre beste Freundin auf Chinesisch. Schreiben Sie mindestens 50 Wörter. Beschreiben Sie seinen / ihren Werdegang, Persönlichkeit und Aussehen.

(*Keine Lösung vorgegeben.*)

7 Sie erzählen den Kindern des Nachbarn die Geschichte von Hänsel und Gretel. auf Chinesisch. Beschreiben Sie das Knusperhaus in Ihrer Geschichte. Zum Beispiel ‚Das Dach ist aus Keksen gemacht.'. Hier ist der Anfang der Geschichte.:

他们看到一个很奇怪的房子，____________________

他們看到一個很奇怪的房子，____________________

Tāmen kàndào yī ge hěn qíguài de fángzi, ____________________

Sie sehen ein merkwürdiges Haus, ____________________

(*Keine Lösung vorgegeben.*)

31
Beschreiben, wie Handlungen ausgeführt werden

1 Beschreiben Sie in vollständigen Sätzen, wie 唐玫玲 **Táng Méilíng** jede der folgenden Handlungen ausführt.

Beispiel: *langsam* gehen → 她走得很慢。
她走得很慢。
Tā zǒu de hěn màn.

a. *langsam* sprechen
b. *deutlich* schreiben
c. *viel* essen
d. *zu schnell* fahren
e. *zu wenig* lernen
f. *sehr schnell* rennen
g. *gut* kochen
h. *viel* singen

➪ 31.1

2 Beschreiben Sie in vollständigen Sätzen, wie 唐玫玲 **Táng Méilíng** jede der folgenden Handlungen ausführt. Achten Sie darauf, das Objekt jeweils in den Satz einzufügen.

Beispiel: *viel* schlafen → 她睡觉睡得很多。
她睡覺睡得很多。
Tā shuì jiào shuì de hěn duō.

a. *langsam* Japanisch sprechen
b. chinesische Schriftzeichen *deutlich* schreiben
c. *viel* Tee trinken
d. *zu schnell* Auto fahren
e. *zu wenig* Chinesisch lernen
f. *viel Tennis spielen* [打网球/打網球 **dǎ wǎngqiú** Tennis spielen]
g. *gut* Chinesisch kochen
h. *viel* Karaoke singen [卡拉 OK **kǎlā** OK Karaoke]

➪ 31.1.1, 31.1.2

3 王明 **Wáng Míng** möchte sich mit 高蕾 **Gāo Lěi** verabreden. Aber erst möchte er ein paar Dinge über sie wissen. Übersetzen Sie die Fragen ins Deutsche.

a. 她学得怎么样？
她學得怎麼樣？
Tā xué de zěnmeyàng?
b. 她做菜做得怎么样？
她做菜做得怎麼樣？
Tā zuò cài zuò de zěnmeyàng?
c. 她开车开得怎么样？
她開車開得怎麼樣？
Tā kāi chē kāi de zěnmeyàng?
d. 她唱歌儿唱得怎么样？
她唱歌兒唱得怎麼樣？
Tā chàng gēr chàng de zěnmeyàng?
e. 她跳舞跳得怎么样？
她跳舞跳得怎麼樣？
Tā tiào wǔ tiào de zěnmeyàng?
f. 她说英文说得怎么样？
她說英文說得怎麼樣？
Tā shuō Yīngwén shuō de zěnmeyàng?

➪ 31.2

4

Das erzählen Sie 王明 **Wáng Míng** über 高蕾 **Gāo Lěi**. Sagen Sie es auf Chinesisch.

a. Sie lernt gut.
b. Sie kocht äußerst gut.
c. Sie fährt etwas langsam (Auto).
d. Sie singt ganz gut. (Chinesisch: Sie singt nicht schlecht.)
e. Sie tanzt nicht so gut. (Chinesisch: Sie tanzt nicht (all)zu gut.)
f. Sie spricht Englisch besonders korrekt.

➪ 31.1

5

Setzen Sie die Adverbien in Klammern entsprechend der deutschen Bedeutung an die richtige Stelle im Satz ein.

Beispiel: 孩子在玩。(高高兴兴地)
孩子在玩。(高高興興地)
Háizi zài wán. (gāogāo xīngxīng de)
Die Kinder spielen. (fröhlich)
→
孩子在高高兴兴地玩。
孩子在高高興興地玩。
Háizi zài gāogāo xīngxīng de wán.
Die Kinder spielen fröhlich.

a. 唐玫玲把门开开了。
唐玫玲把門開開了。
Táng Méilíng bǎ mén kāikai le.
Tang Meiling hat die Tür langsam geöffnet. [慢慢地 **mànmān de**]

b. 唐玫玲把饭吃完了。
唐玫玲把飯吃完了。
Táng Méilíng bǎ fàn chīwán le.
Tang Meiling hat schnell aufgegessen. [快快地 **kuàikuāi de**]

c. 唐玫玲把同屋的光碟借走了。
Táng Méilíng bǎ tóngwū de guāngdié jiè zǒu le.
Tang Meiling hat sich heimlich CDs von ihrem Mitbewohner ausgeliehen. [偷偷儿地/偷偷兒地
tōutōur de]

d. 唐玫玲帮助了妹妹。
唐玫玲幫助了妹妹。
Táng Méilíng bāngzhù le mèimei.
Tang Meiling hat freiwillig ihrer jüngeren Schwester geholfen. [自愿地/自願地 **zìyuàn de**]

e. 唐玫玲洗了盘子。
唐玫玲洗了盤子。
Táng Méilíng xǐ le pánzi.
Tang Meiking hat eilig abgewaschen. [匆忙地/匆忙地 **cōngmáng de**]

f. 唐玫玲叫了朋友。
Táng Méilíng jiào le péngyou.
Tang Meiling hat ihre Freunde laut gegrüßt. [大声地/大聲地 **dàshēng de**]

g. 唐玫玲写了作文。
唐玫玲寫了作文。
Táng Méilíng xiě le zuòwén.
Tang Meiling hat gewissenhaft das Essay geschrieben. [用心地 **yòngxīn de**]

h. 唐玫玲听了报告。
唐玫玲聽了報告。
Táng Méilíng tīng le bàogào.
Tang Meiling hat aufmerksam auf die Ansage gehört. [认真地/認真地
rènzhēn de]

➪ 31.3

6 Sie sind der Agent von John Lee, einem aufstrebenden Schauspieler. Sie versuchen am Telefon ein Vorsprechen für ihn zu organisieren. Verwenden Sie seinen Lebenslauf um ihn anzupreisen.

....

a. spricht fließend Chinesisch, Französisch fürs Gespräch

b. regionaler Sieger beim Autorennen

c. Finalist im nationalen Tanzwettbewerb

d. zwei Jahre Ausbildung klassisches Klavier [弹钢琴/彈鋼琴 **tán gāngqín**]

....

7 Als Casting-Direktor wollen Sie wissen, ob es sich lohnt, den Schauspieler vorsprechen zu lassen. Finden Sie heraus, ob er die folgenden Fähigkeiten hat.

a. Läuft er schnell?

b. Hat er eine perfekte Handschrift?

c. Hat er eine schöne Stimme? (Ist seine Stimme gut anzuhören?)

d. Spricht er deutlich?

8 Fräulein Anne, eine Grundschullehrerin, bereitet ihre Schüler auf ein Treffen mit dem Autor Herrn Will vor. Ergänzen Sie die passenden Adverbien in ihrer Rede.

安安静静地 **ānān jìngjing de** ruhig, still, friedlich	急急忙忙地 **jíjí mángmáng de** eilig, hastig	大声地/大聲地 **dàshēng de** mit lauter Stimme	悄悄地 **qiǎoqiāo de** leise, still, unbemerkt	认真地/認真地 **rènzhēn de** gewissenhaft, ernsthaft

明天早上 9:50 我们就 _________ *排队*(anstellen)准备去*大礼堂*(Aula)。我知道你们都很兴奋，可是，可以 _________ 说话吗？(Schüler: 不可以！) 到了大礼堂坐下来，要 _________ 听 Mr. Will 说话。如果听到一半你需要去厕所，请你 _________ 告诉我，然后快去快回。结束以后，排好队慢慢地走回教室，可不可以 _________ 跑？(Schüler: 不可以！)

明天早上 9:50 我們就 _________ *排隊*(anstellen)準備去*大禮堂*(Aula)。我知道你們都很興奮，可是，可以 _________ 說話嗎？(Schüler: 不可以！) 到了大禮堂坐下來，要 _________ 聽 Mr. Will 說話。如果聽到一半你需要去廁所，請你 _________ 告訴我，然後快去快回。結束以後，排好隊慢慢地走回教室，可不可以 _________ 跑？(Schüler: 不可以！)

Míngtiān zǎoshang 9:50 wǒmen jiù _________ *páiduì*(anstellen) zhǔnbèi qù *dà lǐtáng*(Aula). Wǒ zhīdào nǐmen dōu hěn xīngfèn, kěshì, kěyǐ _________ shuō huà ma? (Schüler: **Bù kěyǐ!**) **Dào le dà lǐtáng zuò xialái, yào _________ tīng Mr. Will shuō huà. Rúguǒ tīngdào yībàn nǐ xūyào qù cèsuǒ, qǐng nǐ _________ gàosu wǒ, ránhòu kuài qù kuài huí. Jiéshù yǐhòu, páihǎo duì mànmànde zǒu huí jiàoshì, kě bù kěyǐ _________ pǎo?** (Schüler: **Bù kěyǐ!**)

32 Ergebnis, Abschluss, Möglichkeit und Ausmaß angeben

1 Fügen Sie das passende Resultativsuffix an das Verb an.

a. 我吃 _______ 了。
Wǒ chī _______ le.
Ich bin satt.

b. 我吃 _______ 了。
Wǒ chī _______ le.
Ich habe genug gegessen.

c. 我吃 _______ 了。
Wǒ chī _______ le.
Ich bin fertig mit Essen.

d. 我找 _______ 了。
Wǒ zhǎo _______ le.
Ich bin fertig mit Suchen.

e. 我找 _______ 了。
Wǒ zhǎo _______ le.
Ich habe es gefunden.

f. 我记 _______ 了。
我記 _______ 了。
Wǒ jì _______ le.
Ich habe es mir gemerkt.

g. 我看 _______ 了。
Wǒ kàn _______ le.
Ich habe es gesehen.

h. 我看 _______ 了。
Wǒ kàn _______ le.
Ich habe es falsch gelesen.

➪ 18.3, 32.1.1

2 Übersetzen Sie die Sätze ins Chinesische. Wählen Sie die passende Form des Resultativverbs aus.

a. Ich habe die Lektion gelernt. [学会/學會 **xuéhuì** *oder* 学得会/學得會 **xuédehuì**]
b. Ich kann mir diese Schriftzeichen nicht merken. [没记住/沒記住 **méi jìzhu** *oder* 记不住/記不住 **jìbuzhù**]
c. Ich habe das Geräusch nicht gehört. [没听见/沒聽見 **méi tīngjian** *oder* 听不见/聽不見 **tīngbujiàn**]
d. Ich konnte das Buch nicht kaufen. [没买到/沒買到 **méi mǎidào** *oder* 买不到/買不到 **mǎibùdào**]
e. Ich habe das Wörterbuch gekauft. [买到了/買到了 **mǎidào le** *oder* 买得到/買得到 **mǎidedào**]
f. Ich verstehe Chinesisch (durch Hören). [听懂了/聽懂了 **tīngdǒng le** *oder* 听得懂/聽得懂 **tīngdedǒng**]
g. Ich habe nicht verstanden (durch Hören). [没听懂/沒聽懂 **méi tīngdǒng** *oder* 听不懂/聽不懂 **tīngbudǒng**]
h. Ich kann das nicht aufessen. [没吃完 **méi chīwán** *oder* 吃不完 **chībùwán**]

➪ 32.1, 32.2, 32.3

3 Übersetzen Sie die Sätze ins Chinesische. Verwenden Sie das Verb in Klammern mit dem passenden Resultativsuffix.

a. Ich habe das falsche Buch gekauft. [买/買 **mǎi**]
b. Kannst du die U-Bahn-Station sehen? [地鐵站 **dìtiě zhàn**] [看 **kàn**]
c. Hast du das Buch gekauft? [买/買 **mǎi**]
d. Ich habe es gekauft. [买/買 **mǎi**]
e. Hast du es zu Ende gelesen? [看 **kàn**]
f. Nein, ich habe es nicht zu Ende gelesen. [看 **kàn**]
g. Verstehst du es (durch Lesen)? [看 **kàn**]
h. Ja (Ich verstehe es durch Lesen.) [看 **kàn**]

➪ 32.1.1, 32.1.2

4 In den folgenden Sätzen werden die Potentialsuffixe 得了 **deliǎo** und 不了 **buliǎo** verwendet. Übersetzen Sie die Sätze ins Deutsche.

a. 下雪了，我们走不了了。
下雪了，我們走不了了。
Xià xuě le, wǒmen zǒubuliǎo le.

b. 我的车坏了，开不了了。
我的車壞了，開不了了。
Wǒ de chē huài le, kāibuliǎo le.

c. 这么多饭，你吃得了吗？
這麼多飯，你吃得了嗎？
Zhème duō fàn, nǐ chīdeliǎo ma?

d. 他说他的手很疼，写不了字。
他說他的手很疼，寫不了字。
Tā shuō tā de shǒu hěn téng, xiěbùliǎo zì.

e. 你的花都冻死了，活不了了。[花 **huā** Blume, 冻/凍 **dòng** erfrieren]
你的花都凍死了，活不了了。
Nǐ de huā dōu dòngsǐle, huóbuliǎo le.

f. 你明天来得了吗？
你明天來得了嗎？
Nǐ míngtiān láideliǎo ma?

g. 听我的，一定错不了。
聽我的，一定錯不了。
Tīng wǒ de, yīdìng cuòbuliǎo.

h. 我今天有事，参加不了你们的晚会。
我今天有事，參加不了你們的晚會。
Wǒ jīntiān yǒu shì, cānjiābuliǎo nǐmen de wǎnhuì.

➪ 18.6.2, 32.4

5 Wählen Sie entsprechend der deutschen Bedeutung das passende Resultativ- oder Potentialkomplement aus.

a. 他 _______ 大学。[考不了 - 考不上]
他 _______ 大學。[考不了 - 考不上]
Tā _______ dàxué. [kǎobùliǎo – kǎobushàng]
Er kann die Hochschulzugangsprüfung nicht schaffen.

b. 我 _______ 新车。[买不了 - 买不起]
我 _______ 新車。[買不了 - 買不起]
Wǒ _______ xīnchē. [mǎibuliáo – mǎibuqǐ]
Ich kann mir kein neues Auto leisten.

c. 我 _______ 你。[忘不了 - 忘不掉]
Wǒ _______ nǐ. [wàngbuliǎo – wàngbudiào]
Ich kann dich nie vergessen.

d. 我们 _______ 看电影。[来不了 - 来不及]
我們 _______ 看電影。[來不了 - 來不及]
Wǒmen _______ kàn diànyǐng. [láibuliǎo – láibují]
Wir kommen nicht pünktlich zum Film.

e. 他已经把作业 _______ 了。[做得完 - 做完]
他已經把作業 _______ 了。[做得完 - 做完]
Tā yǐjing bǎ zuòyè _______ le. [zuòdewán – zuòwán]
Er hat seine Hausaufgaben schon fertig.

f. 我 _______ 那种事。[做不了 - 做不到]
我 _______ 那種事。[做不了 - 做不到]
Wǒ _______ nà zhǒng shì. [zuòbuliǎo – zuòbudào]
Ich kann die Sache nicht machen.

g. 普通的人 _______。[进不了 - 进不去]
普通的人 _______。[進不了 - 進不去]
Pǔtōng de rén _______. [jìnbuliǎo – jìnbuqù]
Normale Menschen können nicht hineingehen.

h. 你不应该 _______ 你的父母。[对得起 - 对不起]
你不應該 _______ 你的父母。[對得起 - 對不起]
Nǐ bù yīnggāi _______ nǐ de fùmǔ. [duìdeqǐ – duìbuqǐ]
Du darfst deine Eltern nicht enttäuschen.

➪ 32.2, 32.4

6 Verwenden Sie ein Resultativverb, um die folgenden Sätze zu vervollständigen.

Beispiel: 他怎么吃(也) → 他怎么吃也吃不饱。
他怎麽吃(也) 他怎麽吃也吃不飽。
Tā zěnme chī (yě) **Tā zěnme chī yě chī bùbǎo.**
Egal wie viel er isst, er kann nicht satt werden.

a. 我怎么吃(也)
我怎麽吃(也)
Wǒ zěnme chī (yě)
Egal wie viel ich esse, ich kann nicht aufessen.

b. 他怎么学(也)
他怎麽學(也)
Tā zěnme xué (yě)
Egal wie viel er lernt, er kann es nicht beherrschen.

c. 我怎么看(也)
我怎麽看(也)
Wǒ zěnme kàn (yě)
Egal wie ich es lese, ich kann es nicht verstehen.

d. 他怎么做(也)
他怎麽做(也)
Tā zěnme zuò (yě)
Egal was er macht, er macht es falsch.

e. 我怎么做(也)
我怎麽做(也)
Wǒ zěnme zuò (yě)
Egal wie ich es versuche, ich kann es nicht (machen).

f. 我怎么找(也)
我怎麽找(也)
Wǒ zěnme zhǎo (yě)
Egal wie ich suche, ich kann es nicht finden.

➪ 32.2.2.1

7 Vervollständigen Sie die Sätze. Verwenden Sie die vorgegebenen Wortgruppen, die ein Ergebnis oder Ausmaß der Situation kennzeichnen.

Beispiel: Er was so müde, dass er seinen Kopf nicht heben konnte.
[抬不起头来了/抬不起頭來了 **táibuqǐtóu lái**]
→
他累得抬不起头来了。
他累得抬不起頭來了。
Tā lèi de táibuqǐtóu lái le.

a. Er war so glücklich, dass er anfing zu singen.
[唱起歌儿来/唱起歌兒來 **chàng qǐ gēr lái**]

b. Ich war so müde, dass ich zwei Tage geschlafen habe.
[睡了两天/睡了兩天 **shuì le liǎng tiān**]

c. Sie waren so beschäftigt, dass sie vergessen haben zu essen.
[把吃饭都忘了/把吃飯都忘了 **bǎ chī fàn dōu wàng le**]

d. Er war so hungrig, dass er alle Jiaozi aufgegessen hat.
[把饺子都吃完了/把餃子都吃完了 **bǎ jiǎozi dōu chīwán le**]

e. Er hat so viel gesungen, dass er Halsschmerzen bekam.
[嗓子都疼了 **sǎngzi dōu téng le**]

f. Er ist so viel gelaufen, dass seine Beine geschwollen sind.
[腿都肿了/腿都腫了 **tuǐ dōu zhǒng le**]

g. Ich habe so viel gegessen, dass ich nicht gehen konnte.
[走不动了/走不動了 **zǒubudòng le**]

h. Das Buch war so interessant, dass ich es einfach nicht weglegen konnte.
[我简直放不下/我簡直放不下 **wǒ jiǎnzhí fàngbuxià**]

➪ 32.6

8 王明 **Wáng Míng** lernt fleißig für die Hochschulzugangsprüfung. Er berichtet seinen Eltern über die Fortschritte. Sagen Sie es auf Chinesisch.

a. Ich habe Mathematik schon fertig gelernt.

b. Ich habe Chemie noch nicht fertig gelernt.

c. Egal wie fleißig ich studiere, ich kann mir nicht alle chemischen Formeln merken. [记住/記住 **jìzhù** merken, 公式 **gōngshì** Formel]

d. Ich kann die englischen Gedichte nicht verstehen (durch Lesen).

e. Ich beherrsche alle Englisch-Vokabeln.
[词汇/詞彙 **cíhuì** Vokabeln]

f. Ich bin so nervös, dass ich nicht schlafen und essen kann.

g. Egal wie sehr ich versuche zu schlafen, ich kann nicht einschlafen.

h. Ich bin so müde, dass ich nicht mehr lernen kann.

➪ 32.1–32.6

9 Frau Peng sagt dem Kindermädchen, was erledigt werden muss, während sie weg ist. Lesen Sie den Text und geben Sie die Informationen auf Deutsch.

我们回来以前三个小孩都得做完功课、洗好澡。老大写了十个法文句子，你看一下，写错的地方让她重写。老二说她找不到她的字典。请你帮她找找看。找不到的话帮她上网买一本。我煮了一锅汤。如果没有喝完要放进冰箱里。吃完晚饭才可以看电视。老三今天穿的那件上衣弄脏了，你能不能帮她用水洗一下。洗不干净的话就丢进洗衣机里。我们大约十点到家。如果有事就给我打电话，要是我没听到你就留言吧。谢谢你。

我們回來以前三個小孩都得做完功課、洗好澡。老大寫了十個法文句子，你看一下，寫錯的地方讓她重寫。老二說她找不到她的字典。請你幫她找找看。找不到的話幫她上網買一本。我煮了一鍋湯。如果沒有喝完要放進冰箱里。吃完晚飯才可以看電視。老三今天穿的那件上衣弄臟了，你能不能幫她用水洗一下。洗不乾淨的話就丟進洗衣機里。我們大約十點到家。如果有事就給我打電話，要是我沒聽到你就留言吧。謝謝你。

Wǒmen huí lai yǐqián sān gè xiǎohái dōu děi zuòwán gōngkè, xǐhǎo zǎo. Lǎo dà xiěle shí gè Fǎwén jùzi, nǐ kàn yīxià, xiěcuò de dìfang ràng tā chóng xiě. Lǎo'èr shuō tā zhǎobudào tā de zìdiǎn. Qǐng nǐ bāng tā zhǎozhǎo kàn. Zhǎobudào de huà bāng tā shàng wǎng mǎi yī běn. Wǒ zhǔ le yī guō tang. Rúguǒ méi yǒu hē wán yào fàng jìn bīngxiāng lǐ. Chīwán wǎnfàn cái kěyǐ kàn diànshì. Lǎo sān jīntiān chuān de nà jiàn shàngyī nòngzāng le, nǐ néng bù néng bāng tā yòng shuǐ xǐ yīxià? Xǐ bù gānjìng de huà jiù diū jìn xǐyījī lǐ. Wǒmen dàyuē shídiǎn dào jiā. Rúguǒ yǒu shì jiù gěi wǒ dǎ diànhuà, yàoshi wǒ méi tīngdào nǐ jiù liúyán ba. Xièxie nǐ.

Dinge, die die Kinder machen müssen, bevor Herr und Frau Peng heute Abend zurückkommen:

a.

b.

c.

Dinge, um die sich das Kindermädchen kümmern muss:

d. 10 französische Sätze:

e. Wörterbuch:

f. T-Shirt:

g. Suppe:

h. Anruf:

33
Vergleiche

1 Vergleichen Sie 王明 **Wáng Míng** und 周利 **Zhōu Lì** in vollständigen Sätzen, verwenden Sie 比 **bǐ**, 没/沒有 **méi yǒu** oder 跟(和)…一様/一樣 **gēn (hé) . . . yīyàng**.

Beispiel: genauso fleißig → 王明跟周利一样用功。
王明跟周利一樣用功。
Wáng Míng gēn zhōulì yīyàng yònggōng.

	王明 **Wáng Míng**		周利 **Zhōu Lì**
a.		genauso groß	
b.	klüger [聪明/聰明 **cōngming**]		
c.			nicht so schnell
d.	besser aussehend [帅/帥 **shuài**]		
e.			nicht so fleißig [用功 **yònggōng**]
f.		genauso interessant [有意思 **yǒu yìsī**]	
g.	fauler [懒/懶 **lǎn**]		
h.			nicht so nett [和气/和氣 **héqi**]
i.	dünner [瘦 **shòu**]		
j.		genauso fröhlich	

➪ 33.1.3, 33.3.1, 33.4

2 Stellen Sie die folgenden Entscheidungsfragen über 王明 **Wáng Míng** und 周利 **Zhōu Lì**.

a. Sind Wang Ming und Zhou Li genauso klug?
b. Ist Zhou Li größer als Wang Ming?
c. Ist Wang Ming fauler als Zhou Li?
d. Sind Wang Ming und Zhou Li genauso interessant?
e. Sieht Wang Ming besser aus als Zhou Li?

➪ 28.1, 33.1–33.3

3 Sagen Sie in vollständigen Sätzen, dass 王明 **Wáng Míng** bei den folgenden Handlungen 周利 **Zhōu Lì** übertrifft. Fügen Sie das Objekt (des Vergleichs) jeweils in den Satz mit ein.

Beispiel: Prüfungen ablegen – besser → 王明比周利考试考得好。
王明比周利考試考得好。
Wáng Míng bǐ Zhōu Lì kǎo shì kǎo de hǎo.

a. Lieder singen – besser [唱歌兒 **chàng gēr**]
b. Chinesisch schreiben – besser
c. arbeiten – schneller [做事 **zuò shì**]
d. Essen kochen – besser [做菜 **zuò cài**]
e. Englisch sprechen – besser
f. tanzen – besser [跳舞 **tiào wǔ**]
g. lernen – mehr
h. Bücher lesen – mehr
i. mehr Filme sehen
j. Ball spielen – besser [打球 **dǎ qiú**]

➪ 33.3.5

4 Sagen Sie in vollständigen Sätzen, dass 周利 **Zhōu Lì** bei den Handlungen aus Übung (3) nicht so gut wie 王明 **Wáng Míng** ist. Fügen Sie das Objekt jeweils in den Satz mit ein.

Beispiel: Prüfung ablegen → 周利没有王明考试考得好。
周利沒有王明考試考得好。
Zhōu Lì méi yǒu Wáng Míng kǎo shì kǎo de hǎo.

➪ 33.4.3

5 Sagen Sie in vollständigen Sätzen, dass 王明 **Wáng Míng** und 周利 **Zhōu Lì** die Handlungen aus Übung (3) gleich ausführen. Fügen Sie das Objekt jeweils in den Satz mit ein. Sagen Sie bei Satz (5), dass sie gleich gut lernen.

Beispiel: Prüfung ablegen → 王明跟周利考试考得一样好。
王明跟周利考試考得一樣好。
Wáng Míng gēn Zhōu Lì kǎo shì kǎo de yīyàng hǎo.

➪ 33.1.6

6 Bringen Sie die einzelnen Satzteile in die richtige Reihenfolge.

a. 周利的薪水一倍多比王明的薪水。
Zhōu Lì de xīnshui yī bèi duō bǐ Wáng Míng de xīnshui.
Das Gehalt von Zhou Li ist doppelt so hoch wie das von Wang Ming.

b. 比周利的朋友得王明的朋友多多。
bǐ Zhōu Lì de péngyou de Wáng Míng de péngyou duō duō.
Zhou Li hat viel mehr Freunde als Wang Ming.

c. 周利高一点比王明。
周利高一點比王明。
Zhōu Lì gāo yīdiǎn bǐ Wáng Míng.
Zhou Li ist etwas größer als Wang Ming.

d. 林伟学更高比周利。
林偉學更高比周利。
Lín Wěixué gèng gāo bǐ Zhōu Lì.
Lin Weixue ist noch größer als Zhou Li.

e. 王明写得最写汉字漂亮。
王明寫得最寫漢字漂亮。
Wáng Míng xiě de zuì xiě Hàn zì piàoliang.
Wang Ming schreibt Schriftzeichen am schönsten (von allen).

➪ 33.3.4.1, 33.3.4.2, 33.3.4.3, 33.3.4.4, 33.5, 33.6

7 Übersetzen Sie die folgenden Sätze ins Deutsche.

a. 周利比王明大两岁。
周利比王明大兩歲。
Zhōu Lì bǐ Wáng Míng dà liǎng suì.

b. 周利的车比王明的车贵五千块钱。
周利的車比王明的車貴五千塊錢。
Zhōu Lì de chē bǐ Wáng Míng de chē guì wǔ qiān kuài qián.

c. 周利的车比王明的车大一点。
周利的車比王明的車大一點。
Zhōu Lì de chē bǐ Wáng Míng de chē dà yīdiǎn.

d. 林伟学的车更大。
林偉學的車更大。
Lín Wěixué de chē gèng dà.

e. 这本书比那本书贵得多。
這本書比那本書貴得多。
Zhè běn shū bǐ nà běn shū guì de duō.

f. 周利比王明吃得多得多。
Zhōu Lì bǐ Wáng Míng chī de duō de duō.

g. 林伟学吃饭吃得最多。
林偉學吃飯吃得最多。
Lín Wěixué chī fàn chī de zuì duō.

h. 王明写汉字写得没有周利那么漂亮。
王明寫漢字寫得沒有周利那麼漂亮。
Wáng Míng xiě Hàn zì xiě de méi yǒu Zhōu Lì nàme piàoliang.

➪ 33.3.4.1, 33.3.4.2, 33.3.4.3, 33.3.4.4, 33.5, 33.6

8 Übersetzen Sie die Sätze ins Chinesische. Die unterstrichenen Wörter sind in Klammern angegeben.

a. Mein jüngerer Bruder arbeitet viel schneller als ich. [做事 **zuò shì**]
b. Mein jüngerer Bruder isst viel mehr als ich.
c. Mein jüngerer Bruder verdient nicht so viel Geld wie ich. [赚钱/賺錢 **zhuàn qián**]
d. Ich verdiene viel mehr als er.
e. Ich bin 11 Jahre älter als mein jüngerer Bruder.
f. Dieser Film ist nicht so interessant wie jener. [有意思 **yǒu yìsī**]
g. Ich mag den Film am meisten.
h. Dieses Buch ist doppelt so teuer wie jenes.

➪ 6.6.5, 33.3.4.1, 33.3.4.2, 33.3.5, 33.4.1, 33.4.3, 33.6

9 Übersetzen Sie die folgenden Sätze mit 不如 **bùrú**, 比较/比較 **bǐjiào** und 相当/相當 **xiāngdāng** ins Deutsche.

a. 这课的生词相当多。
這課的生詞相當多。
Zhè kè de shēngcí xiāngdāng duō.

b. 这个学期我选的课都比较容易。
這個學期我選的課都比較容易。
Zhège xuéqī wǒ xuǎn de kè dōu bǐjiào róngyì.

c. 学日文不如学中文。
學日文不如學中文。
Xué Rìwén bùrú xué Zhōngwén.

d. 这种字典比较难买。
這種字典比較難買。
Zhè zhǒng zìdiǎn bǐjiào nán mǎi.

e. 他觉得所有的人都不如他。
他覺得所有的人都不如他。
Tā juédé suóyǒu de rén dōu bùrú tā.

f. 那个学生学得相当努力。
那個學生學得相當努力。
Nàge xuéshēng xué de xiāngdāng nǔlì.

➪ 33.4.2, 33.7

10 Sie wollen ein Haus in China kaufen und fragen einen chinesischen Freund um Rat. Sagen Sie das Folgende auf Chinesisch.

a. Fragen Sie Ihren Freund wie teuer Häuser in China sind.

b. Ihr Freund sagt Ihnen Folgendes:
   (i) Häuser außerhalb der Stadt sind weniger teuer als Häuser in der Stadt.
   (ii) Häuser außerhalb der Stadt sind auch viel größer als Häuser in der Stadt.
   (iii) Aber außerhalb der Stadt zu leben, ist nicht so praktisch wie in der Stadt zu leben.

c. Fragen Sie Ihren Freund, welche Häuser die billigsten sind, falls Sie eins in der Stadt kaufen.

d. Ihr Freund sagt Ihnen Folgendes:
   (i) Ein Haus, das nach Süden geht ist teurer als ein Haus, das nach Norden geht.
   (ii) Ein Haus, das nach Osten geht ist etwas billiger als ein Haus, das nach Westen geht.

➪ 33.3, 33.4, 47.3, 54.2

11 美如 **Měirú** und 美芸/美蕓 **Měiyún** sind Schwestern. Vergleichen Sie beide mit Hilfe der folgenden Informationen.

	Alter	*Größe*	*Fahrkünste*	*Zensuren*	*Ähnlichkeit mit den Eltern*
美如 **Měirú**	20	1,60 m	perfekt	Durchschnitt 2 +	wie die Mutter
美芸/美蕓 **Měiyún**	17	1,60 m	Strafzettel	1	wie der Vater

a. ________ 是姐姐，________ 是妹妹。姐姐比妹妹大 ________。
________ 是姐姐，________ 是妹妹。姐姐比妹妹大 ________。
________ **shì jiějie,** ________ **shì mèimei. Jiějie bǐ mèimei dà** ________.

b. ____ 高。
____ 高。
____ **gāo.**

c. 美如开车 ____。
美如開車 ____。
Měirú kāi chē ____.

d. 美如的成绩 ____。
美如的成績 ____。
Měirú de chéngjì ____.

e. 美芸不象 ________，跟爸爸 ________。
美蕓不像 ________，跟爸爸 ________。
Měiyún bù xiàng ________, **gēn bàba** ________.

12 Haben Sie Geschwister? Wenn ja, schreiben Sie einen kurzen Vergleich über sich und Ihre Geschwister. Wenn Sie keine Geschwister haben, vergleichen Sie sich mit einen Cousin /einer Cousine, Ihrem besten Freund usw.

34
Über die Gegenwart sprechen

1 Beschreiben Sie in vollständigen Sätzen, was 王明 **Wáng Míng** zu jeder der angegebenen Zeiten macht. Verwenden Sie die vorgegebenen Zeitangaben im Satz. Übersetzen Sie Ihre Sätze ins Deutsche.

Beispiel: heute –
买东西 → 王明今天买东西。
買東西 王明今天買東西。
mǎi dōngxi **Wáng Míng jīntiān mǎi dōngxi.**
Wang Ming kauft heute ein.

a. dieses Jahr – 学中文/學中文 **xué Zhōngwén**
b. diesen Monat – 放假 **fàng jià**
c. diese Woche – 在意大利旅行 **zài Yìdàlì lǚxíng**
d. jetzt – 跟朋友吃饭/跟朋友吃飯 **gēn péngyou chī fàn**
e. im Moment – 洗澡 **xǐ zǎo**

➪ 34.1

2 Was machen die folgenden Personen jetzt? Verwenden Sie 在 **zài** oder 正在 **zhèngzài**.

Beispiel: 高蕾 **Gāo Lěi** – schlafen → 高蕾在睡觉。
高蕾在睡覺。
Gāo Lěi zài shuì jiào.

a. 王明 **Wáng Míng** – fernsehen
b. 周利 **Zhōu Lì** – singen
c. 林伟学/林偉學 **Lín Wěixué** – Ball spielen
d. 唐玫玲 **Táng Méilíng** – einen Brief schreiben

➪ 17.2, 34.2

3 Übersetzen Sie die folgenden Sätze ins Deutsche.

a. 门外头站着一个人。
門外頭站著一個人。
Mén wàitou zhànzhe yī gè rén.
b. 桌子上放着很多书。
桌子上放著很多書。
Zhuōzi shàng fàngzhe hěn duō shū.

c. 孩子在床上躺着。
孩子在床上躺著。
Háizi zài chuángshàng tǎngzhe.

d. 医院里等着很多病人。
醫院裏等著很多病人。
Yīyuàn lǐ děngzhe hěn duō bìngrén.

e. 教室里坐着很多学生。
教室裏坐著很多學生。
Jiàoshì lǐ zuòzhe hěn duō xuésheng.

➪ 17.2, 34.4

4 Übersetzen Sie die folgenden Sätze ins Chinesische, um die Aktivitäten von 王明 **Wáng Míng** zu beschreiben. Geben Sie an, dass er alle Aktivitäten fortsetzen wird.

a. Wang Ming hat schon 30 Jiaozi gegessen. [饺子/餃子 **jiǎozi**]
b. Wang Ming ist schon 5 Meilen gelaufen.
c. Wang Ming hat schon 100 Schriftzeichen gelernt.
d. Wang Ming hat schon drei Lieder gesungen.
e. Wang Ming schläft schon seit zehn Stunden.

➪ 34.7

5 Sie sind ein chinesischer Student und bewerben sich an einer ausländischen Universität für das Promotionsprogramm Wirtschaft. Sie haben Ihren Entwurf auf Chinesisch verfasst, übersetzen Sie ihn ins Deutsche.

a. 我是大学四年级的学生。
我是大學四年級的學生。
Wǒ shì dàxué sì niánjí de xuésheng.

b. 我现在在写毕业论文，是有关现代中国经济环境的。
我現在在寫畢業論文，是有關現代中國經濟環境的。
Wǒ xiànzài zài xiě bìyè lùnwén, shì yǒuguān xiàndài Zhōngguó jīngjì huánjìng de.

c. 我在申请读贵校的经济学系的研究生。
我在申請讀貴校的經濟學系的研究生。
Wǒ zài shēnqǐng dú guì xiào de jīngjìxué xì de yánjiūshēng.

d. 我对经济特别感兴趣，希望能读博士学位。
我對經濟特別感興趣，希望能讀博士學位。
Wǒ duì jīngjì tèbié gǎn xìngqu, xīwàng néng dú bóshì xuéwèi.

e. 目前我正在为我的论文做市场调查。
目前我正在爲我的論文做市場調查。
Mùqián wǒ zhèngzài wéi wǒ de lùnwén zuò shìchǎng diàochá.

f. 同时我还在准备托福考试。
同時我還在準備托福考試。

Tóngshí wǒ hái zài zhǔnbèi tuōfú kǎoshì. [托福 **tuōfú** TOEFL]

g. 其他成功申请者应具备哪些条件请告知。
其他成功申請者應具備哪些條件請告知。
Qítā chénggōng shēnqǐng zhě yīng jùbèi nǎ xiē tiáojiàn qǐng gàozhī.

h. 另外，有关外国学生的经济资助等事宜亦请告知。
另外，有關外國學生的經濟資助等事宜亦請告知。
Lìngwài, yǒu guān wàiguó xuésheng de jīngjì zīzhù děng shìyí yì qǐng gàozhī.

➪ 9.2, 34

6 Sie veranstalten einen Tag der offenen Tür für eine neue Kunstgalerie in Chinatown. Hier ist eine Liste mit besonderen Gästen, die heute Abend kommen werden. Bereiten Sie sich darauf vor, sie auf Chinesisch vorzustellen.

a. Herr **Zhìmíng Liào** 廖志明:
- hat 30 Jahre in New York [纽约 **Niǔyuē**] gelebt
- ist selbst ein berühmter Maler [画家/畫家 **huàjiā**]
- besitzt jetzt drei Galerien [画廊/畫廊 **huàláng**] in New York

b. Professor Richard Yamaguchi:
- unterrichtet seit mehr als 20 Jahren chinesische Literatur [文学/文學 **wénxué**]
- lehrt derzeit an der NYU [纽约大学/紐約大學 **Niǔyuē Dàxué**].
- hat fünf Bücher über chinesische Kunst und Literatur geschrieben, arbeitet zur Zeit am sechsten Buch

c. Frau Catherine Simon:
- lernt seit mehr als sieben Jahren Chinesisch
- studiert zur Zeit Kunstgeschichte [艺术史/藝術史 **yìshù shǐ**] an der NYU

35
Über gewohnheitsmäßige Handlungen sprechen

1 Schreiben Sie die Sätze um. Verwenden Sie dabei das Adverb in Klammern.

Beispiel: 她在那个饭馆吃饭。 → 她平常在那个饭馆吃饭。
她在那個飯館吃飯。 她平常在那個飯館吃飯。
Tā zài nàge fànguǎn chī fàn. **Tā píngcháng zài nàge fànguǎn chī fàn.**
Sie isst im Restaurant. (oft)

a. 我早上跑步。
Wǒ zǎoshang pǎo bù.
Ich jogge am Morgen. (oft)

b. 他们吃中国饭。
他們吃中國飯。
Tāmen chī Zhōngguó fàn.
Sie essen Chinesisch. (oft)

c. 我七点钟吃晚饭。
我七點鐘吃晚飯。
Wǒ qīdiǎn zhōng chī wǎnfàn.
Ich esse um 19 Uhr zu Abend. (gewöhnlich)

d. 我们去法国旅行。
我們去法國旅行。
Wǒmen qù Fǎguó lǚxíng.
In der Vergangenheit waren wir in Frankreich im Urlaub. (immer)

e. 我早上喝咖啡。
Wǒ zǎoshang hē kāfēi.
Ich trinke morgens Kaffee. (immer)

f. 我们下班以后打网球。
我們下班以後打網球。
Wǒmen xià bān yǐhòu dǎ wǎngqiú.
Ich spiele nach der Arbeit Tennis. (oft)

g. 你在那个饭馆吃饭吗？
你在那個飯館吃飯嗎？

Nǐ zài nàge fànguǎn chī fàn ma?
Isst du in dem Restaurant? (häufig)

h. 我看那个电视节目。
我看那個電視節目。
Wǒ kàn nàge diànshì jiémù.
Ich sehe das Fernsehprogramm. (regelmäßig)

i. 我晚上遛狗。
Wǒ wǎnshang liù gǒu.
Ich gehe abends mit dem Hund raus. (immer)

j. 我看电影。
我看電影。
Wǒ kàn diànyǐng.
Ich sehe einen Film. (jede Woche)

➪ 35.3

2

Sie schreiben Ihrem chinesischen Brieffreund auf Chinesisch. Erzählen Sie, was Sie normalerweise machen.

a. Außer am Wochenende gehen Sie jeden Tag zum Unterricht.
b. Ihr Unterricht beginnt jeden Morgen um 8:30 Uhr.
c. Normalerweise haben Sie um 16 Uhr Unterrichtsschluss, aber am Freitag haben Sie um 13 Uhr Schluss.
d. Sie arbeiten jeden Freitagnachmittag im Krankenhaus.
e. Wenn das Wetter gut ist, gehen Sie normalerweise am Samstagnachmittag im Park spazieren.
f. Samstagabend gehen Sie immer mit Ihren Freunden ins Kino.
g. Sie haben früher am Sonntag immer mit Ihrer Familie in einem Restaurant gegessen.
h. Am Sonntag bleiben Sie oft im Wohnheim und machen Hausaufgaben.

➪ 35.1, 35.3

3

Sie sind Detektiv und arbeiten mit jemandem von Interpol zusammen, um einen Verdächtigen auf frischer Tat zu ertappen. Beschreiben Sie Ihrem neuen Partner die Alltagsroutinen des Verdächtigen, die auf Informationen beruhen, die Sie bisher gesammelt haben:

a. verlässt das Haus <u>jeden</u> Morgen um 7:30 Uhr
b. kauft <u>immer</u> eine Tasse Kaffee im Laden neben der Bushaltestelle
c. geht in der Mittagspause (mittags) <u>oft</u> ins Fitnessstudio [健身房/ **jiànshēnfáng**]
d. geht nach der Arbeit <u>immer</u> direkt nach Hause, geht <u>nie</u> mit Kollegen zum Abendessen
e. arbeitet <u>jeden</u> Samstag Teilzeit in einem Buchladen

➪ 35.1, 35.2, 35.3

4 Der Vater von Margit ist Millionär. Sie ist im Luxus aufgewachsen. Stellen Sie sich Ihren Lebensstil vor und vervollständigen Sie die Sätze.

a. Marge 从来不在 _______ 买东西，也从来没去过 _______。
Marge 從來不在 _______ 買東西，也從來沒去過 _______。
Marge cónglái bù zài _______ mǎi dōngxi, yě cónglái méi qùguò _______.

b. Marge 出门 _______ 有司机开车，_______ 坐过公共汽车。
Marge 出門 _______ 有司機開車，_______ 坐過公共汽車。
Marge chū mén _______ yǒu sījī kāi chē, _______ zuò guò gōnggòng qìchē.

c. Marge 跟朋友去吃饭，_______ 是她请客。
Marge 跟朋友去吃飯，_______ 是她請客。
Marge gēn péngyǒu qù chī fàn, _______ shì tā qǐng kè.

d. Marge 的爸爸 _______ 送她很贵的礼物。(regelmäßig)
Marge 的爸爸 _______ 送她很貴的禮物。
Marge de bàba _______ sòng tā hěn guì de lǐwù.

e. Marge 从来没自己 _______。
Marge 從來沒自己 _______。
Marge cónglái méi zìjǐ _______.

➪ 35.1, 35.2, 35.3

36 Über die Zukunft sprechen

1 Schreiben Sie die Sätze neu. Setzen Sie Zeitangabe an die passende Stelle. Übersetzen Sie Ihre Sätze ins Deutsche.

Beispiel: 我们打球。(明天) → 我们明天打球。
我們打球。(明天) 我們明天打球。
Wǒmen dǎ qiú. (míngtiān) **Wǒmen míngtiān dǎ qiú.**
Wir spielen morgen Ball.

a. 你要去哪儿跳舞？(今天)
你要去哪兒跳舞？(今天)
Nǐ yào qù nǎr tiào wǔ? (jīntiān)

b. 他一定会有很多钱。(将来)
他一定會有很多錢。(將來)
Tā yīdìng huì yǒu hěn duō qián. (jiānglái)

c. 我请你去看电影。(明天晚上)
我請你去看電影。(明天晚上)
Wǒ qǐng nǐ qù kàn diànyǐng. (míngtiān wǎnshang)

d. 谁去中国学习？(明年)
誰去中國學習？(明年)
Shéi qù Zhōngguó xuéxí? (míngnián)

e. 我们放假。(下个星期)
我們放假。(下個星期)
Wǒmen fàng jià. (xià gè xīngqī)

f. 我们打算去意大利旅行。(下个月)
我們打算去意大利旅行。(下個月)
Wǒmen dǎsuan qù Yìdàlì lǚxíng. (xià gè yuè)

g. 天气预报说会下雪。(后天)
天氣預報說會下雪。(後天)
Tiānqì yùbào shuō huì xià xuě. (hòutiān)

h. 我想给奶奶打电话。(明天早上)
我想給奶奶打電話。(明天早上)
Wǒ xiǎng gěi nǎinai dǎ diànhuà. (míngtiān zǎoshang)

➪ 36.1

2 Vervollständigen Sie die Sätze mit passenden Wörtern oder Wendungen.

a. 我 _______ 结婚了。
我 _______ 結婚了。
Wǒ _______ jiéhūn le.
Ich werde bald heiraten.

b. 请你明天 _______ 来。
請你明天 _______ 來。
Qǐng nǐ míngtiān lái.
Bitte komm morgen wieder.

c. 明天 _______ 下雨。
明天 _______ 下雨。
Míngtiān _______ xià yǔ.
Es regnet morgen vielleicht.

d. 他今天 _______ 不来上课了。
他今天 _______ 不來上課了。
Tā jīntiān _______ bù lái shàng kè le.
Er kommt heute wahrscheinlich nicht zum Unterricht.

e. 你 _______ 跟他结婚吗?
你 _______ 跟他結婚嗎?
Nǐ _______ gēn tā jiéhūn ma?
Willst du ihn heiraten?

f. 你 _______ 将来住在哪儿?
你 _______ 將來住在哪兒?
Nǐ _______ jiānglái zhù zài nǎr?
Wo willst du in der Zukunft leben?

g. 我 _______ 早一点下课。
我 _______ 早一點下課。
Wǒ _______ zǎo yīdiǎn xià kè.
Ich möchte den Unterricht heute etwas früher verlassen.

h. 我不要 _______ 看那个电影了。
我不要 _______ 看那個電影了。
Wǒ bù yào _______ kàn nàge diànyǐng le.
Ich möchte den Film nicht noch einmal sehen.

➪ 36.1, 36.2, 36.3, 36.4

3 王明 **Wáng Míng** hat eine Liste mit Dingen gemacht, die er erledigen muss. Schreiben Sie die Liste in vollständigen Sätzen auf.

Beispiel: heute Morgen: Freundin anrufen → 我今天早上要给我的女朋友打电话。
我今天早上要給我的女朋友打電話。
Wǒ jīntiān zǎoshang yào gěi wǒ de nǚ péngyou dǎ diànhuà.

a. heute Nachmittag: Geld vom Mitbewohner leihen
b. morgen früh: ein Geschenk für die Freundin kaufen
c. übermorgen: einen Tisch im Restaurant reservieren
d. nächste Woche: Geld dem Mitbewohner zurückzahlen
e. nächsten Dienstag: noch einmal Geld vom Mitbewohner leihen
f. nächsten Monat: unbedingt eine Arbeit suchen

➪ 36.1, 36.2, 36.4

4 Herr Wang bespricht mit seinem Assistenten Georg seine Termine. Übersetzen Sie ihr Gespräch, berücksichtigen die Termine von Herrn Wang.

5. Februar (heute)	6. Februar	7. Februar
12:30 Mittag mit Herrn Chen	9-11 Uhr Telefonkonferenz	13:30 Flug UA360 nach Tokio [UA 联合/聯合 **liánhé**]
14:30 Treffen mit Herrn Li	13-15 Uhr Treffen mit Marketing	
15:30 Treffen mit der Forschungsabteilung		
16:30 Treffen mit dem PR-Team	15-16 Uhr Telefonkonferenz	
18 Uhr Abendessen mit Direktor Cao		

Georg: 李先生 (a)_______ 会来跟您见面。
Herr Wang: 我不是上个星期才和他见面吗？怎么今天 (b)_______ 要见面了？
Georg: 他说他 (c)_______(vorhaben) 今天跟您讨论合作细节。
Herr Wang: 我中午有什么事？
Georg: 您今天中午 (d)_______。(e)_______ 开始连着有三个会。
Herr Wang: 给李先生打电话，说我中午有事，下午 (f)_______(wahrscheinlich) 回不来。问他 (g)_______ _______(bereit sein, gewillt sein) 改成 (h) _______(übermorgen) 见面。
Georg: 您 (i)_______ 的飞机去日本，只有 (j)_______ 有空。我可以给他打电话问问。如果不行，您明天 (k)_______ 以后就没有事了，那时候也可以吧？
Herr Wang: 好。让司机 (l)_______(vorbereiten) 车，我 (m)_______ 出去一下。
Georg: 我马上去。

Georg: 李先生(a)_______ 會來跟您見面。
Herr Wang: 我不是上個星期才和他見面嗎？怎麼今天 (b)_______ 要見面了？
Georg: 他說他 (c)_______(vorhaben) 今天跟您討論合作細節。
Herr Wang: 我中午有甚麼事？

Georg: 您今天中午 (d)________。(e)________ 開始連著有三個會。
Mr. Wang: 給李先生打電話，說我中午有事，下午 (f)________(wahrscheinlich) 回不來。問他 (g)________ ________(bereit sein, gewillt sein) 改成 (h)________(übermorgen) 見面。
George: 您 (i)________ 的飛機去日本，只有 (j)________ 有空。我可以給他打電話問問。如果不行，您明天 (k)________ 以後就沒有事了，那時候也可以吧?
Mr. Wang: 好。讓司機 (l)________(vorbereiten) 車，我 (m)________ 出去一下。
George: 我馬上去。

George: **Lǐ Xiānsheng** (a)________ **huì lái gēn nín jiàn miàn.**
Mr. Wang: **Wǒ bù shì shàng ge xīngqī cái gēn tā jiàn miàn? Zěnme jīntiān** (b)________ **yào jiàn miàn le?**
George: **Tā shuō tā** (c)________(vorhaben) **jīntiān gēn nín tǎolùn hézuò xìjié.**
Mr. Wang: **Wǒ zhōngwǔ yǒu shénme shì? Xiàwǔ ne?**
George: **Nín jīntiān zhōngwǔ** (d)________. (e)________ **kāishǐ lián zhe yǒu sān gè huì.**
Mr. Wang: **Gěi Lǐ Xiānsheng dǎ diànhuà, shuō wǒ zhōngwǔ yǒu shì, xiàwǔ** (f)________(wahrscheinlich) **huí bù lái. Wèn tā** (g)________(bereit sein, gewillt sein) **gǎi chéng** (h)________(übermorgen) **jiàn miàn.**
George: **Nín** (i)________ **de fēijī qù Rìbēn, zhǐ yǒu** (j)________ **yǒu kòng. Wǒ kěyǐ gěi tā dǎ diànhuà wènwen. Rúguǒ bù xíng, nín míngtiān** (k)________ **yǐhòu jiù méi yǒu shì le, nà shíhòu yě kěyǐ ba?**
Mr. Wang: **Hǎo. Ràng sījī** (l)________(vorbereiten) **chē, wǒ** (m)________ **chūqù yīxià.**
George: **Wǒ mashing qù.**

37 Einen Abschluss kennzeichnen und über die Vergangenheit sprechen

1 Beschreiben Sie die Party meines älteren Bruders. Achten Sie auf die Position der Zeit- und Ortsangaben im Satz.

a. Mein älterer Bruder hat letzten Monat ein Haus gekauft.
b. Letzte Woche hat er einige Freunde zum Abendessen nach Hause eingeladen.
c. Er hat fünf Gerichte gekocht.
d. Er hat außerdem eine Suppe gemacht.
e. Seine Freunde haben ihm eine Flasche Wein gegeben. [送…一瓶酒 **sòng . . . yīpíng jiǔ**]
f. Sie haben gegessen und den Wein getrunken.

➪ 17.1, 37.1

2 Beschreiben Sie die Abfolge der Ereignisse auf der Party. Verwenden Sie 了 **le**, 以后/以後 **yǐhòu** und 就 **jiù**.

Beispiel: Nachdem mein Bruder Arbeitsschluss hatte, ging er nach Hause. → 我哥哥下了班以后就回家了。 我哥哥下了班以後就回家了。 **Wǒ gēge xià le bān yǐhòu jiù huí jiā le.**

a. Nachdem die Gäste angekommen waren, hat mein älterer Bruder ihnen Tee angeboten.
b. Nachdem sie Tee getrunken hatten, hat mein älterer Bruder sie zum Essen gebeten.
c. Nach dem Essen haben sie alle ein paar Lieder gesungen.
d. Nachdem sie gesungen hatten, gingen sie nach Hause.
e. Nachdem sie gegangen waren, hat mein Bruder abgewaschen. [洗 **xǐ** waschen, 盘子/盤子 **pán zi** Geschirr]
f. Nachdem er abgewaschen hatte, ging er schlafen.

➪ 17.1.2, 37.2, 42.2

3 王明 **Wáng Míng** bereitet sich auf das neue Semester vor. Hier ist eine Liste von bereits erledigten und noch nicht erledigten Dingen. Übersetzen Sie ins Chinesische.

Beispiel: *erledigt* Computer kaufen → 王明已经买电脑了。 王明已經買電腦了。 **Wáng Míng yǐjing mǎi diànnǎo le.**

nicht erledigt Freunde treffen → 王明还没看他的朋友。 王明還沒看他的朋友。 **Wáng Míng hái méi kàn tā de péngyou.**

	Erledigt		*Nicht erledigt*
a.	Kurse auswählen [选课/選課 **xuǎn kè**]	d.	Lehrbücher kaufen
b.	Hefte kaufen	e.	Schriftzeichen wiederholen [复习汉字/復習漢字 **fùxí Hàn zì**]
c.	Studiengebühr bezahlen [付学费/付學費 **fù xuéfèi**]	f.	Unterrichtsraum finden [找教室 **zhǎo jiàoshì**]

➪ 17.1, 37.1, 37.3

4 Die Mutter von 王明 **Wáng Míng** fragt ihn, ob er die folgenden Dinge schon erledigt hat. Übersetzen Sie.

a. Hast du dein Zimmer aufgeräumt? [收拾屋子 **shōushí wūzi**]
b. Hast du deine Hausaufgaben gemacht? [做作业/做作業 **zuò zuòyè**]
c. Hast du deinen Aufsatz geschrieben? [写作文/寫作文 **xiě zuòwén**]
d. Hast du eine Arbeit gesucht? [找工作 **zhǎo gōngzuò**]
e. Hast du deine Kurse ausgewählt?
f. Hast du deine Lehrbücher gekauft?

➪ 17.1.1.2, 17.1.1.3, 37.4

5 Fügen Sie 又 **yòu** in die Sätze ein, um auszusagen, dass eine Handlung in der Vergangenheit wiederholt wurde. Übersetzen Sie Ihre Sätze ins Deutsche.

Beispiel:	我们昨天考试了。 我們昨天考試了。 **Wǒmen zuótiān kǎo shì le.** Wir hatten gestern eine Prüfung.	→	我们昨天又考试了。 我們昨天又考試了。 **Wǒmen zuótiān yòu kǎo shì le.** Wir hatten gestern wieder eine Prüfung.

a. 我父母去日本了。
Wǒ fùmǔ qù Rìběn le.
Meine Eltern sind nach Japan gefahren.

b. 你出错误了。
你出錯誤了。
Nǐ chū cuòwù le.
Du hast einen Fehler gemacht.

c. 我给了他二十块钱。
我給了他二十塊錢。
Wǒ gěi le tā èrshí kuài qián.
Ich habe ihm 20 Kuai gegeben.

d. 我跟朋友看了那个电影。
我跟朋友看了那個電影。
Wǒ gēn péngyou kàn le nàge diànyǐng.
Ich habe mit Freunden (im Kino) jenen Film gesehen.

e. 我打篮球了。
我打籃球了。
Wǒ dǎ lánqiú le.
Ich habe Basketball gespielt.

f. 我给她打电话了。
我給她打電話了。
Wǒ gěi tā dǎ diànhuà le.
Ich habe sie angerufen.

➪ 37.5

6

Beantworten Sie die Fragen in vollständigen Sätzen wie in Klammern vorgegeben.

Beispiel: 你吃过中国饭没有？(*nein*) → 我没吃过中国饭。
你吃過中國飯沒有？ 我沒吃過中國飯。
Nǐ chīguò Zhōngguó fàn méi yǒu? **Wǒ méi chīguò Zhōngguó fàn.**

a. 你看过没看过中国电影？(*ja*)
你看過沒看過中國電影？
Nǐ kànguo méi kànguo Zhōngguó diànyǐng?

b. 你今年检查过身体吗？(*nein*)
你今年檢查過身體嗎？
Nǐ jīnnián jiǎncháguo shēntǐ ma? [检查身体/檢查身體 **jiǎnchá shēntǐ** have a physical exam]

c. 你学过英文吗？(*ja*)
你學過英文嗎？
Nǐ xuéguo Yīngwén ma?

d. 我没吃过这个菜。你呢？(*niemals*)
我沒吃過這個菜。你呢？
Wǒ méi chīguo zhège cài. Nǐ ne?

e. 你看过这本书吗？(*nein*)
你看過這本書嗎？
Nǐ kànguò zhè běn shū ma?

f. 你学过经济学吗？[经济学/經濟學 **jīngjì xué** Wirtschaftswissenschaft] (*ja*)
你學過經濟學嗎？
Nǐ xuéguò jīngjìxué ma?

g. 你唱过卡拉OK吗？[卡拉 OK **kǎlā** OK Karaoke] (*noch nicht*)
你唱過卡拉OK嗎？
Nǐ chàngguo kǎlā OK ma?

h. 你吃过日本饭吗？(*ja*)
你吃過日本飯嗎？
Nǐ chīguò Rìběn fàn ma?

➪ 17.3, 37.6

7 Setzen Sie 过/過 **guo**, 了 **le** oder 过了/過了 **guo le** ein.

a. 我妹妹跟她朋友去 _______ 中国。
我妹妹跟她朋友去 _______ 中國。
Wǒ mèimei gēn tā péngyou qù _______ Zhōngguó.
Meine jüngere Schwester und ihr Freund sind nach China gefahren.

b. 我从来没去 _______ 日本，可是我哥哥在那儿住 _______ 两年。
我從來沒去 _______ 日本，可是我哥哥在那兒住 _______ 兩年。
Wǒ cónglái méi qù _______ Rìběn, kěshì wǒ gēge zài nàr zhù _______ liǎng nián.
Ich war noch nie in Japan, aber mein älterer Bruder hat dort zwei Jahre gelebt.

c. 你吃没吃 _______ 泰国饭？
你吃沒吃 _______ 泰國飯？
Nǐ chī méi chī _______ Tàiguó fàn?
Hast du schon mal Thailändisch gegessen?

d. 我们老师给我们介绍 _______ 以后就是好朋友 _______。
我們老師給我們介紹 _______ 以後就是好朋友 _______。
Wǒmen lǎoshī gěi wǒmen jièshào _______ yǐhòu jiù shì hǎo péngyou _______.
Nachdem unser Lehrer uns vorgestellt hat, sind wir gute Freunde geworden.

e. 我们以前都没有见 _______ 这个人。
我們以前都沒有見 _______ 這個人。
Wǒmen yǐqián dōu méi yǒu jiàn _______ zhège rén.
Niemand von uns hat diese Person jemals zuvor getroffen.

➪ 17.1, 17.3, 37.1, 37.3, 37.6, 37.7

8 Übersetzen Sie die Sätze ins Chinesische, verwenden Sie Adverbien, die einen Bezug zur Vergangenheit herstellen.

a. Er war mein Freund.
b. Ich habe früher jeden Morgen Kaffee getrunken.
c. Als ich jung war, habe ich gern viel geredet.
d. Benzin hat 1962 19 Cent pro Gallone gekostet. [加侖 **jiālún** Gallone]
e. Hier war mal ein Park.
f. Früher habe ich mich nicht für China interessiert.

➪ 37.8

9 Schreiben Sie die Sätze mit 是 **shì . . .** 的 **de** und heben Sie damit den unterstrichenen Satzteil hervor.

Beispiel: 我在上海长大。 → 我是在上海长大的。
我在上海長大。 我是在上海長大的。
Wǒ zài Shànghǎi zhǎngdà. **Wǒ shì zài Shànghǎi zhǎngdà de.**
Ich bin in Shanghai aufgewachsen.

a. 他们一九七零年结婚。
他們一九七零年結婚。
Tāmen yī jiǔ qī líng nián jiéhūn.
Sie haben 1970 geheiratet.

b. 我们在中国认识。
我們在中國認識。
Wǒmen zài Zhōngguó rènshi.
Wir haben uns in China kennengelernt.

c. 弟弟一九九八年毕业。
弟弟一九九八年畢業。
Dìdi yī jiǔ jiǔ bā nián bìyè.
Der jüngere Bruder hat 1998 seinen Abschluss gemacht.

d. 这件毛衣我父母给我买。
這件毛衣我父母給我買。
Zhè jiàn máoyī wǒ fùmǔ gěi wǒ mǎi.
Diesen Pullover haben mir meine Eltern gekauft.

e. 那本书王老师写。
那本書王老師寫。
Nà běn shū Wáng lǎoshī xiě.
Das Buch wurde von Professor Wang geschrieben.

f. 这本字典在书店买。
這本字典在書店買。
Zhè běn zìdiǎn zài shūdiàn mǎi.
Dieses Wörterbuch wurde in der Bibliothek gekauft.

g. 他告诉我。
Tā gàosu wǒ.
Er hat es mir gesagt.

h. 我坐公共汽车去。
我坐公共汽車去。
Wǒ zuò gōnggòng qìchē qù.
Ich bin mit dem Bus gefahren.

➪ 37.9

10 小张/小張 **Xiǎo Zhāng** und 小王 **Xiǎo Wáng** essen in Chinatown zu Abend. Vervollständigen Sie den Dialog mit den Angaben in Klammern. Überlegen Sie genau, wo sie 了 **le**, 过/過 **guò** oder 是…的 **shì . . . de** verwenden können.

小张：这儿的豆腐没有北京的好吃。服务员的中文，也没有北京人的中文好听。
小王：你好像知道很多北京的事，为什么？

a. 小张：因为 ________________________________。(Ich war in Peking.)
b. 小王：真的吗？你 ________________________________? (Wann warst du dort?)
c. 小张：________________________________。(Ich war 2004 dort, mit meiner Mutter.)
d. 小王：北京有意思吗？你们 ________________________? (Wo wart ihr (in Peking)?)
e. 小张：我们去 ____________ 很多地方，也吃 ____________ 很多好吃的东西。
我还买 ________________________________ 一些便宜的衣服。
f. 小王：你在北京 ____________________? (Wie lange wart ihr in Peking?)
g. 小张：两个月，然後我们 __________________。(Dann sind wir nach Shanghai gefahren.)
h. 小王：你们 ________________________________? (Wie seid ihr dort hin gefahren?)
小张：坐火车。
i. 小王：________________________________? (Wie lange hat die Zugfahrt gedauert?)
小张：我忘了，好象八个钟头吧。
j. 小王：我 ________________。(Ich war noch nie in China.) 你再多说一点儿吧。
k. 小张：当然！2010年，我们 __________________。(Wir waren noch mal in China.)

小張：這兒的豆腐沒有北京的好吃。服務員的中文，也沒有北京人的中文好聽。
小王：你好像知道很多北京的事，為甚麼？

a. 小張：因為 ________________________________。(Ich war in Peking.)
b. 小王：真的嗎？你 ________________________________? (Wann warst du dort?)
c. 小張：________________________________。(Ich war 2004 dort, mit meiner Mutter.)
d. 小王：北京有意思嗎？你們 ________________________? (Wo wart ihr (in Peking)?)
e. 小張：我們去 ____________ 很多地方，也吃 ____________ 很多好吃的東西。
我還買________________________________一些便宜的衣服。
f. 小王：你在北京 ____________________? (Wie lange wart ihr in Peking?)
g. 小張：兩個月，然後我們 __________________。(Dann sind wir nach Shanghai gefahren.)

h. 小王：你們 ______________________? (Wie seid ihr dort hin gefahren?)

小張：坐火車。

i. 小王：______________________? (Wie lange hat die Zugfahrt gedauert?)

小張：我忘了，好像八個鐘頭吧。

j. 小王：我 __________。(Ich war noch nie in China.) 你再多說一點兒吧！

k. 小張：當然！2010年，我們 __________。(Wir waren noch mal in China.)

Xiǎo Zhāng: Zhèr de dòufu méi yǒu Běijīng de hǎo chī. Fúwùyuán de Zhōngwén, yě méi yǒu Běijīngrén de Zhōngwén hǎo tīng

Xiǎo Wáng: Nǐ hǎoxiàng zhīdào hěnduō Běijīng de shì, wèishénme?

a. **Xiǎo Zhāng: Yīnwèi** ______________________. (Ich war in Peking.)

b. **Xiǎo Wáng: Zhēnde ma? Nǐ** ______________? (Wann warst du dort?)

c. **Xiǎo Zhāng:** ______________________. (Ich war 2004 dort, mit meiner Mutter.)

d. **Xiǎo Wáng: Běijing yǒu yìsi ma? Nǐmen** ________? (Wo wart ihr (in Peking)?)

e. **Xiǎo Zhāng: Wǒmen qù** ________ **hěn duō dìfāng, yě chī** ________ **hěn duō hǎo chī de dōngxi. Wǒ hái mǎi** ____________ **yī xiē piányi de yīfu.**

f. **Xiǎo Wáng: Nǐ zài Běijīng** ________? (Wie lange wart ihr in Peking?)

g. **Xiǎo Zhāng: Liǎng ge yuè. Ránhòu wǒmen** ______________________. (Dann sind wir nach Shanghai gefahren.)

h. **Xiǎo Wáng: Nǐmen** ______________________? (Wie seid ihr dort hin gefahren?)

Xiǎo Zhāng: Zuò huǒchē.

i. **Xiǎo Wáng:** ______________________? (Wie lange hat die Zugfahrt gedauert?)

Xiǎo Zhāng: Wǒ wàng le. Hǎoxiàng bā ge zhōngtou ba.

j. **Xiǎo Wáng: Wǒ** ______________________. (Ich war noch nie in China.)

Nǐ zài duō shuō yīdiǎr ba.

k. **Xiǎo Zhāng: Dāngrán! 2010 nián, wǒmen** ______________________. (Wir waren noch mal in China.)

38 Über Veränderungen, neue Situationen und sich ändernde Situationen sprechen

1 王小妹 **Wáng Xiǎomèi** trainiert für einen Marathon. Ihr Trainer spornt sie an. Bringen Sie die Satzteile in die richtige Reihenfolge. Die deutsche Übersetzung ist vorgegeben.

a. 你越越认真来。
   你越越認真來。
   nǐ yuè yuè rènzhēn lái.
   Du wirst zunehmend ernsthafter.

b. 你的身体强壮越来越。
   你的身體强壯越來越。
   nǐ de shēntǐ qiángzhuàng yuè lái yuè.
   Du wirst immer stärker..

c. 越你的技巧来越好。
   越你的技巧來越好。
   yuè nǐ de jìqiǎo lái yuè hǎo.
   Deine Technik wird immer besser.

d. 快比赛的日子了要到。
   快比賽的日子了要到。
   kuài bǐsài de rìzi le yào dào.
   Der Wettkampf ist bald.

e. 你得跑三个小时每天。
   你得跑三個小時每天。
   nǐ děi pǎo sān gè xiǎoshí měitiān.
   Du musst jeden Tag drei Stunden laufen.

f. 你越跑越快跑得。
   你越跑越快跑得。
   nǐ yuè pǎo yuè kuài pǎo de.
   Je mehr du läufst, desto schneller wirst du.

➪ 38.3

2

王小妹 **Wáng Xiǎomèi** freut sich über all die Dinge, die ihre kleine Schwester gelernt hat. Übersetzen Sie ihre Beschreibung ins Chinesische.

Beispiel: Sie kann jetzt singen. → 现在她会唱歌了。
現在她會唱歌了。
Xiànzài tā huì chàng gē le.

a. Sie kann jetzt laufen.
b. Sie kann jetzt ‚Mama' sagen.
c. Sie kann jetzt ihre älteren Brüder erkennen.
d. Sie hört jetzt gern Musik.
e. Sie kennt ihren eigenen Namen.

➪ 38.1

3

王小妹 **Wáng Xiǎomèi** hat sich einige gute Vorsätze fürs neue Jahr vorgenommen. Übersetzen Sie diese ins Chinesische.

Beispiel: Ich rauche nicht mehr. → 我不再抽煙了。
Wǒ bù zài chōu yān le.

a. Ich trinke kein Bier mehr.
b. Ich gehe nicht mehr auf Partys am Sonntagabend.
c. Ich werde jeden Tag im Park joggen. [跑步 **pǎo bù** joggen]
d. Ich werde meine Eltern einmal pro Woche anrufen.
e. Ich werde jeden Tag Chinesisch lernen.
f. Ich werde mich nicht mehr mit meiner jüngeren Schwester streiten. [吵架 **chǎo jià** streiten]

➪ 38.1

4

Die folgenden Sätze beschreiben Situationsänderungen. Drücken Sie diese auf Deutsch aus.

a. 天气越来越冷了。
天氣越來越冷了。
Tiānqì yuè lái yuè lěng le.

b. 中文越来越有意思了。
中文越來越有意思了。
Zhōngwén yuè lái yuè yǒu yìsī le.

c. 中国人的生活越来越好了。
中國人的生活越來越好了。
Zhōngguó rén de shēnghuó yuè lái yuè hǎo le.

d. 我们越来越喜欢吃中国饭了。
我們越來越喜歡吃中國飯了。
Wǒmen yuè lái yuè xǐhuan chī Zhōngguó fàn le.

e. 我越吃越胖，越胖越想吃。
Wǒ yuè chī yuè pàng, yuè pàng yuè xiǎng chī.

f. 你越学越懂。
你越學越懂。
Nǐ yuè xué yuè dǒng.

g. 我越学越要学。
我越學越要學。
Wǒ yuè xué yuè yào xué.

h. 汉字越写越容易。
漢字越寫越容易。
Hàn zì yuè xiě yuè róngyì.

i. 这本书，我越看越觉得有意思。
這本書，我越看越覺得有意思。
Zhè běn shū, wǒ yuè kàn yuè juéde yǒu yìsī.

➪ 38.3

5

Schreiben Sie einen kurzen Text über einen Frühlingstag. Verwenden Sie in jedem Satz 越来越/越來越 **yuè lái yuè**.

Beispiel: weather: gut → 天气越来越好了。
天氣越來越好了。
Tiānqì yuè lái yuè hǎo le.

a. Temperatur: wärmer
b. Tage: länger
c. Blumen: mehr
d. Himmel: blau
e. Menschen, die spazieren gehen: mehr

➪ 38.3.1

6

周莉 **Zhōu Lì** schreibt einen Brief nach Hause, in dem sie über ihre Fortschritte beim Chinesischlernen berichtet. Verwenden Sie 越…越 **yuè . . . yuè** um ihren Fortschritt auszudrücken.

Beispiel: lernen . . . interessiert → 我越读越有兴趣。
我越讀越有興趣。
Wǒ yuè dú yuè yǒu xìngqù.

a. Chinesisch hören . . . verstehen
b. Schriftzeichen schreiben . . . schön
c. sprechen . . . korrekt
d. lesen . . . schnell

➪ 38.3.2

7 Vervollständigen Sie die Sätze. Fügen Sie ein Nomen oder Verb ein, dass eine Veränderung ausdrückt.

a. 中国最近 _______ 很大。
中國最近 _______ 很大。
Zhōngguó zuì jìn _______ hěn dà.
China hat sich in der letzten Zeit sehr verändert.

b. 他想将来 _______ 一个科学家。
他想將來 _______ 一個科學家。
Tā xiǎng jiānglái _______ yī gè kēxuéjiā.
Er möchte in der Zukunft Wissenschaftler werden.

c. 这个总统能 _______ 人民的生活吗？
這個總統能 _______ 人民的生活嗎？
Zhège zóngtǒng néng _______ rénmín de shēnghuó ma?
Kann dieser Präsident das Leben des Volkes verbessern?

d. 天气热了。你回家 _______ 衣服吧！
天氣熱了。你回家 _______ 衣服吧！
Tiānqì rè le. Nǐ huí jiā _______ yīfu ba!
Es ist heiß geworden. Geh nach Hause und zieh dich um!

e. 请你帮我 _______ 我中文作文里的错误。
請你幫我 _______ 我中文作文裏的錯誤。
Qǐng nǐ bāng wǒ _______ wǒ Zhōngwén zuòwén lǐ de cuòwù.
Bitte hilf mir, die Fehler in meinem chinesischen Aufsatz zu korrigieren.

f. 这篇文章我已经 _______ 了很多次了。
這篇文章我已經 _______ 了很多次了。
Zhè piān wénzhāng wǒ yǐjing _______ le hěn duō cì le.
Ich habe diesen Aufsatz schon mehrmals umgeschrieben.

g. 几年不见，他 _______ 了一个很有礼貌的孩子。
幾年不見，他 _______ 了一個很有禮貌的孩子。
Jǐ nián bù jiàn, tā _______ le yī gè hěn yǒu lǐmào de háizi.
Ich habe ihn einige Jahre nicht gesehen, er ist ein sehr höfliches Kind geworden.

h. 几年不见，他 _______ 很有礼貌的学生。
幾年不見，他 _______ 很有禮貌的學生。
Jǐnián bù jiàn, tā _______ hěn yǒu lǐmào de xuésheng.
Ich habe ihn einige Jahre nicht gesehen, er ist ein sehr höflicher Student geworden.

i. 按照你的建议，他已经把文章里的错误 _______ 了。
按照你的建議，他已經把文章裏的錯誤 _______ 了。
Ànzhào nǐ de jiànyì, tā yǐjīng bǎ wénzhāng lǐ de cuòwù _______ le.
Anhand deines Vorschlags hat er schon die Fehler im Aufsatz korrigiert.

➪ 38.4

8 周利 **Zhōu Lì** schreibt seinem Chef einen Vermerk über die Geschäftsaussichten der Firma in China. Drücken Sie seine Anmerkungen auf Chinesisch aus.

a. Das Geschäftsklima in China hat sich verbessert.
b. Die Wirtschaft wird immer stärker.
c. Es gibt immer mehr ausländische Unternehmen in China.
d. Je mehr sie investieren, desto mehr Profit machen sie.
e. Chinesen haben immer mehr Geld.
f. Je mehr Geld sie haben, desto mehr kaufen sie.
g. Ich denke unserem Geschäft wird es in China immer besser gehen.

➪ 38.3, 38.4

9 Sie haben letztes Wochenende Ihr 10jähriges Klassentreffen versäumt. Ihr Freund 小王 hat ein Foto gemacht und erzählt Ihnen, wie es allen geht. Füllen Sie die Lücken.

那天大家都来了。你看，小刘 (a)__________(hat sich verlobt)。这是他的未婚妻 (Verlobte)。小高结婚得早，现在已经 (b)__________(hat drei Kinder)。去年我们见到小李的时候她还在工作，现在 (c)__________(arbeitet nicht mehr)，准备结婚。小周多年不见，(d)__________(wird immer schwerer)。小张 (e)__________(hat sich am meisten verändert)。以前跟女孩子说话都会脸红 (rot werden)，现在竟然 (f)__________(ist eine Berühmtheit geworden)，到处演讲！对了，那天除了你，就是小江没来。听说他毕了业就去了法国，已经在那儿住了快十年(g)__________。

那天大家都來了。你看，小劉 (a)__________ (hat sich verlobt)。這是他的未婚妻 (Verlobte)。小高結婚得早，現在已經 (b)__________ (hat drei Kinder)。去年我們見到小李的時候她還在工作，現在 (c)__________(arbeitet nicht mehr)，準備結婚。小周多年不見，(d)__________ (wird immer schwerer)。小張 (e)__________ (hat sich am meisten verändert)。以前跟女孩子說話都會臉紅 (rot werden)，現在竟然 (f)__________(ist eine Berühmtheit geworden)，到處演講！對了，那天除了你，就是小江沒來。聽說他畢了業就去了法國，已經在那兒住了快十年 (g)__________。

Nàtiān dàjiā dōu lái le. Nǐ kàn, Xiǎo Liú (a)__________(hat sich verlobt)**. Zhè shì tā de wèihūnfù (Verlobte). Xiǎo Gāo jiéhūn de zǎo, xiànzài yǐjīng** (b)__________ (hat drei Kinder)**. Qùnián women jiàndào Xiǎo Lǐ de shíhòu tā hái zài gōngzuò, xiànzài** (c)__________(arbeitet nicht mehr)**, zhǔnbèi jiéhūn. Xiǎo Zhōu duōnián bù jiàn,** (d)__________(wird immer schwerer)**. Xiǎo Zhāng** (e)__________(hat sich am meisten verändert)**. Yǐqián gēn nǚ háizi shuō huà dōu huì liǎnhóng** (rot werden)**, xiànzài jìngrán** (f)__________(ist eine Berühmtheit geworden)**, dàochù yǎnjiǎng! Duìle, nàtiān chúle nǐ, jiù shì Xiǎo Jiāng méi lái. Tīngshuō tā bì le yè jìu qù le Fǎguó, yǐjīng zài nàr zhù le kuài shí nián** (g)__________.

10 Waren Sie schon mal auf einem Klassentreffen? Schreiben Sie einige Sätze darüber, wie sich Ihre Freunde verändert haben.

____

____

____

39
Über Dauer und Häufigkeit sprechen

1 Ergänzen Sie in den folgenden Sätzen die Zeitdauer.

Beispiel: 我今天晚上想看电视。(一个小时)
我今天晚上想看電視。(一個小時)
Wǒ jīntiān wǎnshang xiǎng kàn diànshì. (yī gè xiǎoshí)
→
我今天晚上想看一个小时的电视。
我今天晚上想看一個小時的電視。
Wǒ jīntiān wǎnshang xiǎng kàn yī gè xiǎoshí de diànshì.

a. 我打算在中国学中国话。(一年)
我打算在中國學中國話。(一年)
Wǒ dǎsuan zài Zhōngguó xué Zhōngguó huà. (yī nián)
Ich will ein Jahr in China Chinesisch lernen.

b. 学生每天至少得学习。(三个钟头)
學生每天至少得學習。(三個鐘頭)
Xuésheng měitiān zhìshǎo děi xuéxí. (sān gè zhōngtóu)
Die Studenten sollten jeden Tag mindestens drei Stunden lernen.

c. 我已经等了他了。(二十分钟)
我已經等了他了。(二十分鐘)
Wǒ yǐjing děng le tā le. (èrshí fēn zhōng)
Ich warte schon seit 20 Minuten.

d. 昨天晚上，我就睡觉了。(两个钟头)
昨天晚上，我就睡覺了。(兩個鐘頭)
Zuótiān wǎnshang wǒ jiù shuì jiào le. (liǎng gè zhōngtóu)
Letzte Nacht habe ich nur sieben Stunden geschlafen.

e. 你每天晚上应该睡觉。(八个钟头)
你每天晚上應該睡覺。(八個鐘頭)
Nǐ měitiān wǎnshang yīnggāi shuì jiào. (bā gè zhōngtóu)
Du solltest jede Nacht acht Stunden schlafen.

f. 我每天看报。（一个半小时）
我每天看報。（一個半小時）
Wǒ měitiān kàn bào. (yī gè bàn xiǎoshí)
Ich lese jeden Tag anderthalb Stunden Zeitung.

g. 我每天晚上听音乐。（一个钟头）
我每天晚上聽音樂。（一個鐘頭）
Wǒ měitiān wǎnshang tīng yīnyuè. (yī gè zhōngtou)
Ich höre jeden Abend eine Stunde Musik.

➪ 39.1

2

Erklären Sie in vollständigen Sätzen, wie lange 王明 **Wáng Míng** die folgenden Dinge nicht mehr getan hat.

Beispiel: Wang Ming hat seit einem Monat nicht mehr Chinesisch gegessen. → 王明有一个月没吃中国饭。
王明有一個月沒吃中國飯。
Wáng Míng yǒu yī gè yuè méi chī Zhōngguó fàn.

a. einen Film sehen – ein Monat
b. nach Hause fahren – ein Jahr
c. zum Unterricht gehen – fünf Tage
d. sprechen – 45 Minuten
e. schlafen – 36 Stunden
f. Ball spielen – zwei Wochen

➪ 39.1.4

3

Schreiben Sie die Sätze um. Drücke Sie die Zeitdauer mit 有 **yǒu** aus.

Beispiel: 她看电视已经看了两个小时了。
她看電視已經看了兩個小時了。
Tā kàn diànshì yǐjing kàn le liǎng gè xiǎoshí le.
→ 她看电视已经有两个小时了。
她看電視已經有兩個小時了。
Tā kàn diànshì yǐjing yǒu liǎng gè xiǎoshí le.
Sie sieht schon seit zwei Stunden fern.

a. 她写作文已经写了一个月了。
她寫作文已經寫了一個月了。
Tā xiě zuòwén yǐjing xiě le yī gè yuè le.
Sie schreibt schon seit einem Monat an dem Aufsatz.

b. 他们打球打了三个小时。
他們打球打了三個小時。
Tāmen dǎ qiú dǎ le sān gè xiǎoshí.
Sie spielen seit drei Stunden Ball.

c. 他跟他的女朋友说话说了两个钟头了。
他跟他的女朋友說話說了兩個鐘頭了。
Tā gēn tā de nǚ péngyou shuō huà shuō le liǎng gè zhōngtóu le.
Er hat zwei Stunden mit seiner Freundin gesprochen.

d. 我等弟弟已经等了半个小时了。
我等弟弟已經等了半個小時了。
Wǒ děng dìdi yǐjing děng le bàn gè xiǎoshí le.
Ich warte schon seit einer halben Stunde auf meinen jüngeren Bruder.

e. 他已经在中国住了两年了。
他已經在中國住了兩年了。
Tā yǐjing zài Zhōngguó zhù le liǎng nián le.
Er lebt schon seit zwei Jahren in China.

f. 他教书教了十年了。
他教書教了十年了。
Tā jiāo shū jiāo le shí nián le.
Er unterrichtet seit zehn Jahren.

➪ 39.1.2

4

Die folgenden Sätze beschreiben Handlungen, die andauern. Übersetzen Sie sie ins Deutsche.

a. 妈妈在做饭呢。
媽媽在做飯呢。
Māma zài zuò fàn ne.

b. 你看！公园里有很多人在跳舞呢。
你看！公園裏有很多人在跳舞呢。
Nǐ kàn! Gōngyuán lǐ yǒu hěn duō rén zài tiào wǔ ne.

c. 请你在这儿等着我。
請你在這兒等著我。
Qǐng nǐ zài zhèr děngzhe wǒ.

d. 你孩子还在美国学习吗？
你孩子還在美國學習嗎？
Nǐ háizi hái zài Měiguó xuéxí ma?

e. 她到现在还没有结婚呢。
她到現在還沒有結婚呢。
Tā dào xiànzài hái méi yǒu jiéhūn ne.

➪ 17.2, 39.2.1

5 Die folgenden Sätze beschreiben Handlungen mit Begleithandlungen. Übersetzen Sie sie ins Deutsche.

a. 我们喜欢喝着茶谈话。
我們喜歡喝著茶談話。
Wǒmen xǐhuan hēzhe chá tán huà.

b. 学生喜欢听着音乐作功课。
學生喜歡聽著音樂作功課。
Xuésheng xǐhuan tīngzhe yīnyuè zuò gōngkè.

c. 你不可以吃着东西开车。
你不可以吃著東西開車。
Nǐ bù kéyǐ chīzhe dōngxi kāi chē.

d. 我不要你看着报吃早饭。
我不要你看著報吃早飯。
Wǒ bù yào nǐ kànzhe bào chī zǎofàn.

➪ 17.2.4, 39.3

6 Sagen Sie in vollständigen Sätzen, wie oftn 王明 **Wáng Míng** die folgenden Aktivitäten macht.

Beispiel: das Buch lesen – zweimal → 那本书她已经看过两次。
那本書她已經看過兩次。
Nà běn shū tā yǐjing kàn guò liǎng cì.

a. (im Flugzeug) fliegen [坐飞机/坐飛機 **zuò fēijī**] – fünfmal
b. Japanisch essen [吃日本饭/吃日本飯 **chī Rìběnfàn**] – zweimal
c. nach Paris fahren [去巴黎 **qù Bālí**] – einmal
d. Karaoke singen [唱卡拉 OK **chàng kǎlā** OK] – dreimal
e. Motorrad fahren [骑摩托车/騎摩托車 **qí mótuōchē**] – viermal
f. chinesische Filme sehen [看中国电影/看中國電影 **kàn Zhōngguó diànyǐng**] – sechsmal

➪ 39.4

7 Die Eltern von 家明 **Jiā Míng** haben ihn dieses Jahr auf ein strenges Internat geschickt. Heute kann er zum ersten Mal seine alten Freunde treffen. Verwenden Sie die folgenden Informationen, um 家明 **Jiā Míng**s Beschwerden über den strengen Stundenplan und die Regeln in seiner neuen Schule zu vervollständigen.

Tagesprogramm:
6:30 aufstehen
6:40–7:00 Morgenlauf
8:00–17:00 Unterricht (1 Stunde Mittagspause)
18:30–22:00 Hausaufgaben / lernen
22:00–22:30 zur freien Verfügung (5 Min. Zeit zum Duschen)
22:30 Licht aus / Schlafenszeit

Hausregeln:
2 Stunden fernsehen pro Woche
zweimal Ausgang pro Monat

我们每天 (a)__________ 就得起床，先 (b)__________，从八点开始上课，要上 (c)__________。每天晚上要做 (d)__________(Hausaufgaben)，洗澡只可以 (e)__________。十点上床。不可以 (f)__________(bei Licht schlafen)。老师都很严，如果忘了带东西，就 (g)__________(während des gesamten Unterrichts stehen bleiben)。一个星期只能 (h)__________(Fernsehen)，一个月只能 (i) __________。我没有自己的时间，已经 (j)__________(seit drei Wochen keine Videospiele gespielt: 打电动游戏)。

我們每天 (a)__________ 就得起床，先 (b)__________，從八點開始上課，要上 (c)__________。每天晚上要做 (d)__________(Hausaufgaben)，洗澡只可以 (e)__________。十點上床。不可以 (f)__________(bei Licht schlafen)。老師都很嚴，如果忘了帶東西，就 (g)__________(während des gesamten Unterrichts stehen bleiben)。一個星期只能 (h)__________(Fernsehen)，一個月只能 (i)__________。我沒有自己的時間，已經 (j)__________(seit drei Wochen keine Videospiele gespielt: 打電動遊戲)。

Wǒmen měitiān (a)__________ **jiù děi qǐchuáng, xiān** (b)__________**, cóng bā diǎn kāishǐ shàng kè, yào shàng** (c)__________**. Měitiān wǎnshang yào zuò** (d)__________(Hausaufgaben)**, Xǐzǎo zhǐ kěyǐ** (e)__________**. Shí diǎn shàng chuáng. Bù kěyǐ** (f)__________(bei Licht schlafen)**. Lǎoshī dōu hěn yán, rúguǒ wàng le dài dōngxi, jiù** (g)__________(während des gesamten Unterrichts stehen bleiben)**. Yī ge xīngqī zhǐ néng** (h)__________(Fernsehen)**. Yī ge yuè zhǐ néng** (i)__________**, Wǒ méi yǒu zìjǐ de shíjiān, yǐjīng** (j)__________(seit drei Wochen keine Videospiele gespielt: **dǎ diàndòng yóuxì**)**.**

40
Zusätzliche Informationen geben

1 Fügen Sie 也 **yě** ‚auch' an die richtige Stelle im Satz ein. Übersetzen Sie die Sätze.

Beispiel: 她喜欢喝咖啡。她喜欢喝茶。
她喜歡喝咖啡。她喜歡喝茶。
Tā xǐhuan hē kāfēi. Tā xǐhuan hē chá.
→
她喜欢喝咖啡也喜欢喝茶。
她喜歡喝咖啡也喜歡喝茶。
Tā xǐhuan hē kāfēi yě xǐhuan hē chá.
Sie trinkt gern Kaffee. Sie trinkt auch gern Tee.

a. 我这学期选了中文选了日文。
我這學期選了中文選了日文。
Wǒ zhè xuéqī xuǎn le Zhōngwén xuǎn le Rìwén.

b. 他喜欢吃美国饭喜欢吃泰国饭。
他喜歡吃美國飯喜歡吃泰國飯。
Tā xǐhuan chī Měiguó fàn xǐhuan chī Tàiguó fàn.

c. 张小英很漂亮很聪明。
張小英很漂亮很聰明。
Zhāng Xiǎoyīng hěn piàoliang hěn cōngming.

d. 林伟学是学生。唐玫玲是学生。
林偉學是學生。唐玫玲是學生。
Lín Wěixué shì xuésheng. Táng Méilíng shì xuésheng.

e. 我给弟弟打了电话。我给妹妹打了电话。
我給弟弟打了電話。我給妹妹打了電話。
Wǒ gěi dìdi dǎ le diànhuà. Wǒ gěi mèimei dǎ le diànhuà.

f. 我喜欢喝咖啡，喜欢喝茶。
我喜歡喝咖啡，喜歡喝茶。
Wǒ xǐhuan hē kāfēi, xǐhuan hē chá.

➪ 40.1

2 Schreiben Sie die Sätze neu. Fügen Sie das Wort in Klammern hinzu. Übersetzen Sie Ihre Sätze.

a. 这本字典送给你。我有一本。(还)
這本字典送給你。我有一本。(還)
Zhè běn zìdiǎn sònggěi nǐ. Wǒ yǒu yīběn. (hái)

b. 你有什么事情要告诉我吗？(还)
你有甚麼事情要告訴我嗎？(還)
Nǐ yǒu shénme shìqing yào gàosu wǒ ma? (hái)

c. 对不起。我不懂你的意思。(还)
對不起。我不懂你的意思。(還)
Duìbuqǐ. Wǒ bù dǒng nǐ de yìsi. (hái)

d. 你有多少钱？(还)
你有多少錢？(還)
Nǐ yǒu duōshao qián? (hái)

e. 学中文有意思，可以找到好的工作。(不但…并且)
學中文有意思，可以找到好的工作。(不但…并且)
Xué Zhōngwén yǒu yìsi, kěyǐ zhǎodào hǎo de gōngzuò. (bùdàn . . . bìngqiě)

f. 妹妹，我们都喜欢吃中国饭。(除了…以外)
妹妹，我們都喜歡吃中國飯。(除了…以外)
Mèimei, wǒmen dōu xǐhuan chī Zhōngguó fàn. (chúle . . . yǐwài)

g. 那个旅馆干净便宜。(又…又) [干净/乾淨 sauber]
那個旅館乾淨便宜。(又…又) [便宜 preisgünstig]
Nàge lǘguǎn gānjìng piányi. (yòu . . . yòu)

h. 妈妈上班，得照顾孩子。(不但…而且) [上班 go to work]
媽媽上班，得照顧孩子。(不但…而且) [照顾 take care of]
Māma shàng bān, děi zhàogù háizi. (bùdàn . . . érqiě)

➪ 40

3 高蕾 **Gāo Lěi** bittet einen ihrer Professoren um ein Empfehlungsschreiben. Schreiben Sie mit den folgenden Notizen des Professors einen Brief auf Chinesisch. Verwenden Sie die Wörter in Klammern.

a. klug und fleißig [又 **yòu**]
b. sehr zuverlässig [并且 **bìngqiě**]
c. bereitet die Hausaufgaben sorgfältig vor, legt Prüfungen gut ab [功课/功課 **gōngkè** Hausaufgaben, 准备/準備 **zhǔnbèi** vorbereiten, 仔细/仔細 **zǐxì** sorgfältig] [不但 **bùdàn . . .** 而且 **érqiě**]
d. aktiv in der Studentenorganisation [学生组织/學生組織 **xuéshēng zǔzhī** Studentenorganisation, 积极分子/積極分子 **jījí fēnzi** Aktivist] [还/還 **hái**]

e. gute Studentin, viele außerlehrplanmäßige Aktivitäten [课外活动/課外活動 **kè wài huódòng** außerlehrplanmäßige Aktivitäten] [除了 **chúle** . . . 以外 **yǐwài**]

f. sehr hilfsbereit gegenüber anderen [而且 **érqiě**]

g. gute Sprachkenntnisse, spricht gut Englisch [再说/再說 **zài shuō**]

➪ 40

4

Marie geht sechs Monate weg und will ihre Wohnung untervermieten. Verwenden Sie ihre Notizen, um eine aussagekräftige Anzeige auf Chinesisch zu schreiben. Verwenden Sie die folgenden Wendungen.

又…又	不但…而且	除了…以外
yòu . . . yòu . . .	**bùdàn . . . érqiě . . .**	**chúle . . . yǐwài . . .**

Wohnung zu vermieten. 1 Schlafzimmer/1 Bad. Groß und sauber. Möbliert (neu gekauft). Nahe der U-Bahn-Station. Restaurants und Geschäfte zu Fuß zu erreichen. 2000 Kuai/Monat. Einschließlich NK, mit Kabel-TV. Interessiert?
Melde dich bei Marie (987)6543321 / marie1980@gmail.com

房屋出租。一房一厅，________________________________

意者请洽 Marie (987) 654-3321 / marie1980@gmail.com

房屋出租。一房一廳，________________________________

意者請洽 Marie (987) 654-3321 / marie1980@gmail.com

Fángwū chūzū. Yī fang yī tīng, ____________________________

Yìzhě qǐng qià Marie (987) 654-3321 / marie1980@gmail.com

41
Gegensätze ausdrücken

1 王丽丽/王麗麗 **Wáng Lìlì** überlegt, ob sie mit 张伟/張偉 **Zhāng Wěi** ausgehen sollte. Sie macht eine Liste seiner positiven und negativen Eigenschaften. Schreiben Sie ihre Liste in vollständigen Sätzen auf. Verbinden Sie die positiven und negativen Eigenschaften mit Verbindungswörtern, die einen Gegensatz ausdrücken.

	Positive Eigenschaften	*Negative Eigenschaften*
a.	帅/帥 **shuài** [gut aussehend]	不高 **bù gāo**
b.	聪明/聰明 **cōngming** [klug]	懒/懶 **lǎn** [faul]
c.	有钱/有錢 **yǒu qián**	小气/小氣 **xiǎoqi** [geizig]
d.	跳舞跳得很好 **tiào wǔ tiào de hěn hǎo** [跳舞 **tiào wǔ** tanzen]	唱歌唱得不好 **chàng gē chàng de bù hǎo**
e.	有车/有車 **yǒu chē**	开车开得太快/開車開得太快 **kāi chē kāi de tài kuài**
f.	他很喜欢请客。 他很喜歡請客。 **Tā hěn xǐhuan qǐng kè.**	他喝酒喝得太多。 他喝酒喝得太多。 **Tā hē jiǔ hē de tài duō.**
g.	会说外语/會說外語 **huì shuō wàiyǔ**	不喜欢旅游/不喜歡旅游 **bù xǐhuan lǚyóu** [旅游 **lǚyóu** reisen]
h.	大学毕业了/大學畢業了 **dàxué bì yè le** [毕业/畢業 **bì yè** einen Abschluss machen]	没有工作 **méi yǒu gōngzuò**

➪ 41.1

2

张伟/張偉 **Zhāng Wěi** macht eine Führung auf dem Campus und erklärt die Universitätsregeln. Übersetzen Sie sie ins Chinesische, verwenden Sie in jedem Satz ein Verbindungswort, das einen Gegensatz ausdrückt.

Beispiel: Du darfst E-Mails schicken, aber keine Faxe.
→
你可以发电子邮件可是不可以发传真。
你可以發電子郵件可是不可以發傳真。
Nǐ kěyǐ fā diànzǐ yóujiàn kěshì bù kěyǐ fā chuánzhēn.

a. Du darfst im Wohnheim essen, aber nicht kochen.
b. Du darfst im Studienraum Kaffee trinken, aber nicht essen.
c. Du darfst eine Party im Wohnheim geben, aber keinen Alkohol trinken.
d. Du darfst in deinem Zimmer eine Mikrowelle benutzen, aber keinen Toaster.
e. Du darfst Sportschuhe in der Turnhalle tragen, aber keine Stiefel.
f. Du darfst in der Prüfung einen Taschenrechner benutzen, aber keinen Computer.
g. Du darfst Bilder an das Schwarze Brett heften, aber nicht an die Wand.
h. u darfst Bücher aus der Bibliothek ausleihen, aber keine Wörterbücher.
i. Du darfst im Sprachlabor Sprachübungen machen, aber keine E-Mails lesen.
j. Du darfst ein Mobiltelefon mit zum Unterricht bringen, aber du musst es ausschalten.

➪ 41.1

3

Verbinden Sie die Sätze mit 虽然/雖然 **suīrán . . .** 可是 **kěshì** [*oder* 虽然/雖然 **suīrán . . .** 但是 **dànshì**], um den Kontrast deutlich zu machen. Übersetzen Sie die Sätze ins Deutsche.

Beispiel: 那个孩子还很小。他已经懂事了。
那個孩子還很小。他已經懂事了。
Nàge háizi hái hěn xiǎo. Tā yǐjing dǒng shì le.
→
那个孩子虽然还很小可是他已经懂事了。
那個孩子雖然還很小可是他已經懂事了。
Nàge háizi suīrán hái hěn xiǎo kěshì tā yǐjing dǒng shì le.
Obwohl das Kind noch sehr jung ist, ist es schon sehr verständig.

a. 中文很难学。很有用。
中文很難學。很有用。
Zhōngwén hěn nán xué. Hěn yǒu yòng.

b. 他是中国人。他没去过中国。
他是中國人。他沒去過中國。
Tā shì Zhōngguórén. Tā méi qùguo Zhōngguó.

c. 我想去。没时间。
我想去。沒時間。
Wǒ xiǎng qù. Méi shíjiān.

d. 今天没下雪。非常冷。
Jīntiān méi xià xuě. Fēicháng lěng.

e. 今天考试，同学们都到了。老师还没来。
今天考試，同學們都到了。老師還沒來。
Jīntiān kǎoshì, tóngxuémen dōu dào le. Lǎoshī hái méi lái.

f. 他嘴上不说。心里很不高兴。[嘴 **zuǐ** mouth]
他嘴上不說。心裏很不高興。
Tā zuǐ shàng bù shuō. Xīnlǐ hěn bù gāoxìng.

g. 她是中国人。她不喜欢吃中国饭。
她是中國人。她不喜歡吃中國飯。
Tā shì Zhōngguó rén. Tā bù xǐhuan chī Zhōngguó fàn.

h. 学中文很花时间。我很喜欢学。
學中文很花時間。我很喜歡學。
Xué Zhōngwén hěn huā shíjiān. Wǒ hěn xǐhuan xué.

➪ 41.1

4 Fügen Sie 却/卻 **què** in Ihre Sätze aus Übung (3) ein.

➪ 41.2.1

5 Fügen Sie 反过来/反過來 **fǎnguòlái** oder 反而 **fǎn'ér** in die Sätze ein, um den Gegensatz am besten auszudrücken.

a. 难的汉字写对了。容易的写错了。
難的漢字寫對了。容易的寫錯了。
Nán de Hàn zì xiědui le. Róngyì de xiěcuò le.
Die schwierigen Schriftzeichen sind richtig geschrieben. Die leichten sind falsch geschrieben.

b. 认真的学生大家都喜欢。不认真的学生大家都不喜欢。
認真的學生大家都喜歡。不認真的學生大家都不喜歡。
Rènzhēn de xuésheng dàjiā dōu xǐhuan. Bù rènzhēn de xuésheng dàjiā dōu bù xǐhuan.
Alle mögen ernsthafte Studenten. Niemand mag Studenten, die nicht ernsthaft sind.

c. 天气热人们穿的衣服就少。天气冷人们穿的衣服就多。
天氣熱人們穿的衣服就少。天氣冷人們穿的衣服就多。
Tiānqì rè rénmen chuān de yīfu jiù shǎo. Tiānqì lěng rénmen chuān de yīfu jiù duō.
Wenn es heiß ist, tragen die Leute weniger Kleidung. Wenn es kalt ist, tragen die Leute mehr Kleidung.

d. 下星期要交的报告他已经写好了。明天的考试忘了准备了。
下星期要交的報告他已經寫好了。明天的考試忘了準備了。
Xià xīngqī yào jiāo de bàogào tā yǐjing xiěhǎole. Míngtiān de kǎoshì wàng le zhǔnbèi le.
Er hat den Aufsatz, den er nächste Woche abgeben muss, schon fertig geschrieben. Er hat vergessen, sich auf die Prüfung morgen vorzubereiten.

e. 中文不容易学。她学得很好。
中文不容易學。她學得很好。
Zhōngwén bù róngyì xué. Tā xué de hěn hǎo.
Chinesisch ist nicht leicht zu lernen. Sie lernt es gut.

f. 容易的课选的学生多。难的课选的学生少。
容易的課選的學生多。難的課選的學生少。
Róngyì de kè xuǎn de xuésheng duō. Nán de kè xuǎn de xuésheng shǎo.
Viele Studenten wählen leichte Kurse. Wenige Studenten wählen schwierige Kurse.

➪ 41.2.2

6

Eine Freundin erzählt Ihnen über einen Einkauf. Verwenden Sie das Muster AV (Adjektivverb) 是 **shì** AV oder SV (statisches Verb) 是 **shì** SV, um ihre Kommentare auszudrücken.

Beispiel: Der Film war gut, aber zu lang.
→
那个电影好是好可是太长。
那個電影好是好可是太長。
Nàge diànyǐng hǎo shì hǎo kěshì tài cháng.

a. Die Schuhe [鞋子 **xiézi**] waren ok, aber zu teuer.
b. Der Pullover [毛衣 **máoyī**] war hübsch, aber zu klein.
c. Die Preise [价钱/價錢 **jiàqian**] waren gut, aber die Waren [货/貨 **huò**] waren schlecht [差 **chà**].
d. Die Größe ist passend [大小 **dàxiǎo** – 合适/合適 **héshì**], aber die Farbe ist zu hell [颜色/顏色 **yánsè** – 淡 **dàn**].
e. Das Kaufhaus [百货公司/百貨公司 **bǎihuò gōngsī**] war groß, aber es waren zu viele Leute dort.

➪ 41.3

7 Wählen Sie auf Grund des Kontextes die korrekte Reaktion in jedem Dialog.

a. Zwei Freunde kaufen ein. 美美 probiert einen neuen Rock an.

美美：你觉得这条裙子怎么样？

美美：你覺得這條裙子怎麼樣？

Měiměi: Nǐ juéde zhè tiáo qúnzi zěnmeyang?

玲玲：你本人很瘦，可是這条裙子的花色不好，反而让你看起来 ________。

玲玲：你本人很瘦，可是這條裙子的花色不好，反而讓你看起來 ________。

Língling: Nǐ běnrén hěn shòu, kěshì zhè tiáo qúnzi de huāsè bù hǎo, fǎn'ér rang nǐ kànqǐlái ________.

i. 更瘦 **gèng shòu**

ii. 有点胖/有點胖 **yǒu diǎn pàng**

iii. 特别矮 **tèbié ǎi**

b. Frau Wang versucht ihren Sohn 王杰 davon abzubringen, einen Teilzeitjob anzunehmen.

王杰：这个工作薪水很高呢！

王傑：這個工作薪水很高呢！

Wáng Jié: Zhège gōngzuò xīnshuǐ hěn gāo ne!

王太太：薪水高是高，可是 ________。

Wáng Tàitai: Xīnshui gāo shì gāo, kěshì ________.

i. 我为你高兴 / 我為你高興 **wǒ wèi nǐ gāoxìng**

ii. 我觉得太危险了 / 我覺得太危險了 **wǒ juéde tài wéixiǎn le**

iii. 什么时候开始上班？/ 甚麼時候開始上班？ **shénme shíhou kāishǐ shàng bān?**

c. Herr und Frau Hu suchen eine neue Wohnung.

胡先生：我觉得这个房子有点小。

胡先生：我覺得這個房子有點小。

Hú xiānsheng: Wǒ juéde zhè ge fángzi yǒu diǎn xiǎo.

胡太太：的确是小了一点，不过 ________。

胡太太：的確是小了一點，不過 ________。

Hú tàitai: Díquè shì xiǎo le yī diǎn, bùguò, ________.

i. 我们应该找大一点的。/ 我們應該找大一點的。**Wǒmen yīnggāi zhǎo dà yī diǎn de**

ii. 地点也不合适。/ 地點也不合適。**dìdiǎn yě bù héshì**

iii. 价钱倒是很合理。/ 價錢倒是很合理。**jiàqián dǎoshì hěn hélǐ**

42
Eine Abfolge ausdrücken

1 Bringen Sie die einzelnen Satzteile in die richtige Reihenfolge, um zu beschreiben, was 小王 **Xiǎo Wáng** vor dem Unterricht gemacht hat.

a. 她以前上课早饭吃了。
   她以前上課早飯吃了。
   tā yǐqián shàng kè zǎofàn chī le.
   Bevor sie zum Unterricht gegangen ist, hat sie Frühstück gegessen.

b. 以前她上课了看报纸。
   以前她上課了看報紙。
   yǐqián tā shàng kè le kàn bàozhǐ.
   Bevor sie zum Unterricht gegangen ist, hat sie Zeitung gelesen.

c. 她上课了复习中文以前。[复习/復習 **fùxí** wiederholen]
   她上課了復習中文以前。
   tā shàng kè le fùxí Zhōngwén yǐqián.
   Bevor sie zum Unterricht gegangen ist, hat sie Chinesisch wiederholt.

d. 听了收音机她上课以前。[收音机/收音機 **shōuyīnjī** Radio]
   聽了收音機她上課以前。
   tīng le shōuyīnjī tā shàng kè yǐqián.
   Bevor sie zum Unterricht gegangen ist, hat sie Radio gehört.

e. 以前上课跑步了她在公园里。[跑步 **pǎo bù** joggen]
   以前上課跑步了她在公園裏。
   yǐqián shàng kè pǎo bù le tā zài gōngyuán lǐ.
   Bevor sie zum Unterricht gegangen ist, ist sie im Park gejoggt.

➪ 42.1

2 Schreiben Sie vollständige Sätze mit 以前 **yǐqián** ‚bevor' um ausdrücken, was 小王 **Xiǎo Wáng** jeden Abend vor dem Schlafengehen macht.

Beispiel: Zähne putzen → 小王睡觉以前刷牙。
小王睡覺以前刷牙。
Xiǎo Wáng shuì jiào yǐqián shuā yá.

Vor dem Schlafengehen:

a. Hausaufgaben machen
b. fernsehen
c. einen Freund anrufen
d. baden
e. E-Mails lesen

➪ 42.1

3

Schreiben Sie vollständige Sätze mit 以后/以後 **yǐhòu** ‚danach' und 了 **le** um ausdrücken, was 小王 **Xiǎo Wáng** nach der Prüfung vorhat.

Beispiel: Eis essen → 小王考了中文以后想吃冰淇淋。
小王考了中文以後想吃冰淇淋。
Xiǎo Wáng kǎo le Zhōngwén yǐhòu xiǎng chī bīngqilín.

a. einen Film sehen
b. Kaffee trinken
c. schlafen
d. mit Freunden lernen
e. Tennis spielen [打网球/打網球 **dǎ wǎngqiú**]

➪ 42.2

4

Schreiben Sie vollständige Sätze mit 以后/以後 **yǐhòu**, 就 **jiù** und 了 **le** um zu beschreiben, was die folgenden Personen nach dem Universitätsabschluss vorhaben.

Beispiel: 小王 **Xiǎo Wáng**: Französisch lernen → 小王毕了业以后就学法文。
小王畢了業以後就學法文。
Xiǎo Wáng bì le yè yǐhòu jiù xué Fǎwén.

a. 王鹏飞/王鵬飛 **Wáng Péngfēi**: reisen
b. 张苹/張蘋 **Zhāng Píng**: eine Arbeit suchen
c. 陈玫玲/陳玫玲 **Chén Méilíng**: heiraten
d. 徐乃康 **Xú Nǎikāng**: ein Masterstudium machen

➪ 42.2

5

Übersetzen Sie die Sätze ins Deutsche. Bringen Sie Bedeutung von 才 **cái** in jedem Satz zum Ausdruck.

a. 我昨天晚上十一点半才睡觉。
我昨天晚上十一點半才睡覺。
Wǒ zuótiān wǎnshang shíyī diǎn bàn cái shuì jiào.

b. 考试开始以后他才来。
考試開始以後他才來。
Kǎoshì kāishǐ yǐhòu tā cái lái.

c. 我们第二学期才开始学写汉字。
我們第二學期才開始學寫漢字。
Wǒmen dì èr xuéqī cái kāishǐ xué xiě Hàn zì.

d. 昨天晚上他看完电影才作功课。
昨天晚上他看完電影才作功課。
Zuótiān wǎnshang tā kànwán diànyǐng cái zuò gōngkè.

e. 两点上课，可是老师两点十分才来。
兩點上課，可是老師兩點十分才來。
Liǎng diǎn shàng kè, kěshì lǎoshī liǎng diǎn shí fēn cái lái.

⇨ 42.2.2.2

6

Verwenden Sie 先 **xiān . . .** 再 **zài** um den Plan von 陈玫玲/陳玫玲 **Chén Méilíng** zu beschreiben.

Beispiel: aufstehen . . . duschen → 陈玫玲先起床再洗澡。
陳玫玲先起床再洗澡。
Chén Méilíng xiān qǐ chuáng zài xǐ zǎo.

a. Frühstück essen . . . Zeitung lesen
b. Zeitung lesen . . . zum Unterricht gehen
c. nach Hause kommen . . . Hausaufgaben machen
d. Hausaufgaben machen . . . Tennis üben
e. Abendbrot essen . . . Freunde treffen

⇨ 42.3.1

7

Setzen Sie entsprechend der deutschen Übersetzung (以前 **yǐqián** bevor, 以后/後 **yǐhòu** danach, 先 **xiān . . .** 再 **zài** erst . . . dann, 才 **cái** nur wenn oder 就 **jiù** sobald) in die Lücken ein.

a. 下课 _______，你要作什么？
下課 _______，你要作甚麼？
Xià kè _______, nǐ yào zuò shénme?
Was machst du morgen nach dem Unterricht?

b. 我们看了电影 _______，_______ 去跳舞。
我們看了電影 _______，_______ 去跳舞。
Wǒmen kàn le diànyǐng _______, _______ qù tiào wǔ.
Nach dem Kino gehen wir tanzen.

c. 学生上课 _______ 得预备功课。
學生上課 _______ 得預備功課。
Xuéshēng shàng kè _______ děi yùbèi gōngkè.
Die Studenten müssen Hausaufgaben machen, bevor sie zum Unterricht gehen.

d. 我会说中文 ________ ________ 去中国旅游。
我會說中文 ________ ________ 去中國旅游。
Wǒ huì shuō Zhōngwén ________ ________ qù Zhōngguó lǚyóu.
Wenn ich Chinesisch sprechen kann, reise ich nach China.

e. 你得 ________ 买票 ________ 上公共汽车。
你得 ________ 買票 ________ 上公共汽車。
Nǐ děi ________ mǎi piào ________ shàng gōnggòng qìchē.
Bevor Sie in den Bus steigen, müssen Sie erst eine Fahrkarte kaufen.

f. 我一会说中文 ________ 去中国旅游。
我一會說中文 ________ 去中國旅游。
Wǒ yī huì shuō Zhōngwén ________ qù Zhōngguó lǚyóu.
Sobald ich Chinesisch sprechen kann, reise ich nach China.

42

Ihre Aufgabe für den Chinesischunterricht diese Woche ist es, ein Kochrezept für ein chinesisches Gericht zu schreiben. Frau Liu, Ihre Vermieterin, erklärt sich bereit, Ihnen zu zeigen, wie man 西红柿炒鸡蛋/西紅柿炒雞蛋 **xīhóngshì chǎo jīdàn** (gebratene Tomaten mit Ei) zubereitet. Während Sie Frau Liu zusehen, machen Sie die folgenden Notizen. Schreiben Sie auf deren Grundlage einen kurzen Text, verwenden Sie passende Wörter und Wortgruppen um die Reihenfolge der einzelnen Schritte auszudrücken.

a.	洗手	洗手	**xǐ shǒu**	Hände waschen
b.	西红柿切片	西紅柿切片	**xīhóngshì qiē piàn**	Tomaten in Scheiben schneiden
c.	打蛋 (打到起泡)	打蛋 (打到起泡)	**dǎ dàn (dǎ dào qǐ pào)**	Eier schlagen (bis sich Blasen bilden)
d.	加热油锅	加熱油鍋	**jiā rè yóu guō**	den Wok erhitzen
e.	倒油	倒油	**dào yóu**	Öl hinzugiessen
f.	把蛋倒进去	把蛋倒進去	**bǎ dàn dào jìnqù**	die Eier einfüllen
g.	翻炒	翻炒	**fān chǎo**	braten
h.	还没有全熟就拿出来	還沒有全熟就拿出來	**hái méi yǒu quán shóu jiù náchūlái**	herausnehmen, bevor sie vollständig gar sind
i.	炒西红柿	炒西紅柿	**chǎo xīhóngshì**	die Tomaten braten
j.	加糖	加糖	**jiā táng**	Zucker hinzufügen
k.	把蛋倒回去	把蛋倒回去	**bǎ dàn dào huíqù**	die Eier wieder hinzufügen
l.	加盐	加鹽	**jiā yán**	Satz hinzufügen
m.	起锅	起鍋	**qǐ guō**	herausnehmen

⇨ 42

43
Parallele Abläufe

1 Mein Mitbewohner 小李 **Xiǎo Lǐ** macht immer zwei Sachen gleichzeitig. Verwenden Sie die vorgegebenen Verben und die Konstruktion 的时候/的時候 **de shíhou** um ihn zu beschreiben.

Beispiel: 做功课/做功課 **zuò gōngkè** . . . 听音乐/聽音樂 **tīng yīnyuè**
→
小李做功课的时候，听音乐。
小李做功課的時候，聽音樂。
Xiǎo Lǐ zuò gōngkè de shíhòu, tīng yīnyuè.

a. 上课/上課 **shàng kè** — 跟同学说话/跟同學說話 **gēn tóngxué shuō huà**
b. 走路 **zǒu lù** — 听中文录音/聽中文錄音 **tīng Zhōngwén lùyīn**
c. 开车/開車 **kāi chē** — 听收音机/聽收音機 **tīng shōuyīnjī**
d. 吃饭/吃飯 **chī fàn** — 看电视/看電視 **kàn diànshì**
e. 跟朋友聊天 **gēn péngyou liáotiān** — 喝酒 **hē jiǔ**
f. 看电影/看電影 **kàn diànyǐng** — 吃东西/吃東西 **chī dōngxi**
g. 洗澡 **xǐ zǎo** — 唱歌 **chàng gē**
h. 跳舞 **tiào wǔ** — 唱歌 **chàng gē**

➪ 43.1

2 Übersetzen Sie die folgenden Sätze ins Chinesische, verwenden Sie 的时候/的時候 **de shíhou**.

a. Als ich jung war, bin ich nicht gern zur Schule gegangen.
b. Es war schon 22 Uhr, als er gestern Abend zurückkam.
c. Es regnete, als er ging.
d. Studenten dürfen während der Prüfung nicht sprechen.

e. Es ist besser während des Autofahrens kein Mobiltelefon zu benutzen.
f. Ich habe telefoniert, als du hereingekommen bist.
g. Bitte sprecht nicht zu laut, wenn ich schlafe.
h. Ich habe ihn kennengelernt als ich letztes Jahr in Peking war.

➪ 43.1

3

Beschreiben Sie 小李 **Xiǎo Lǐ** (Übung (1)) mit der Konstruktion
(Subjekt) 一边/邊 VP_1 一边/邊 VP_2
(Subjekt) **yībiān** VP_1 **yībiān** VP_2

Beispiel: 小李一边作功课，一边听音乐。
小李一邊作功課，一邊聽音樂。
Xiǎo Lǐ yībiān zuò gōngkè, yībiān tīng yīnyuè.

➪ 43.2

4

Nachfolgend finden Sie einen kurzen Text über meinen Freund. 小李 **Xiǎo Lǐ** ist genau das Gegenteil von meinem Freund. Nachdem Sie den Text gelesen haben, schreiben Sie einen kurzen Text über 小李 **Xiǎo Lǐ**. Verwenden Sie die Konstruktion 又 **yòu** $Verb_1$ 又 **yòu** $Verb_2$.

我的朋友又聪明，又用功。他说的中文又快又清楚。他写的汉字又好看，又整齐。他的宿舍又大又干净。他做的中国饭又好看又好吃。

我的朋友又聰明，又用功。他說的中文又快又清楚。他寫的漢字又好看，又整齊。他的宿舍又大又乾淨。他做的中國飯又好看又好吃。

Wǒ de péngyou yòu cōngming, yòu yònggōng. Tā shuō de Zhōngwén yòu kuài yòu qīngchu. Tā xiě de Hàn zì yòu hǎo kàn, yòu zhěngqí. Tā de sùshè yòu dà yòu gānjìng. Tā zuò de Zhōngguó fàn yòu hǎo kàn yòu hǎo chī.

➪ 43.3, 43.4

5

Bringen Sie die Satzteile in den folgenden Sätzen in die richtige Reihenfolge (a–g bilden einen Bericht).

a. 今天又又刮风下雨外边
今天又又颳風下雨外邊
jīntiān yòu yòu guā fēng xià yǔ wàibian
Heute war es (draussen) windig und regnerisch.

b. 的时候我进宿舍同屋的我做在功课
的時候我進宿舍同屋的我做在功課
de shíhou wǒ jìn sùshè tóngwū de wǒ zuò zài gōngkè
Als ich ins Wohnheimzimmer kam, hat mein Mitbewohner gerade Hausaufgaben gemacht.

c. 他听音乐着功课做
他聽音樂著功課做
tā tīng yīnyuè zhe gōngkè zuò
Er hat bei den Hausaufgaben Musik gehört.

d. 正我进屋子他在打电话的时候
正我進屋子他在打電話的時候
zhèng wǒ jìn wūzi tā zài dǎ diànhuà de shíhou
Als ich in das Zimmer kam, hat er gerade telefoniert.

e. 他一边一边打电话看电视
他一邊一邊打電話看電視
tā yībiān yībiān dǎ diànhuà kàn diànshì
Er hat telefoniert und ferngesehen.

f. 在看电脑上电信还同时
在看電腦上電信還同時
zài kàn diànnǎo shàng diànxìn hái tóngshí
Gleichzeitig hat er E-Mails am Computer gelesen.

g. 他打电话完了我等到已经睡着了
他打電話完了我等到已經睡著了
tā dǎ diànhuà wán le wǒ děngdào yǐjing shuìzháo le
Als er seinen Anruf beendet hatte, war ich schon eingeschlafen.

h. 一方面一方面那个国家要发展经济注重环保要
一方面一方面那個國家要發展經濟注重環保要
yīfāngmiàn yīfāngmiàn nàge guójiā yào fāzhǎn jīngjì zhùzhòng huán bǎo yào
Das Land möchte seine Wirtschaft entwickeln und dabei den Umweltschutz hervorheben.

➪ 43

6

Sie stellen sich für eine Stelle im Verkauf vor. Teil des Vorstellungsgespräches ist es zu sehen, wie schnell Ihnen ein Slogan einfällt um ein Produkt zu verkaufen. Entscheidend ist es dabei, die Funktionsweise und besten Eigenschaften von jedem Produkt hervorzuheben. Verwenden Sie jeweils die Konstruktion in Klammern.

a. Bluetooth-Kopfhörer:
有了这个蓝芽耳机，你就可以 ______________。(一边…一边…)
有了這個藍芽手機，你就可以 ______________。(一邊…一邊…)
Yǒu le zhège lán yá shǒujī, nǐ jiù kěyǐ ____________. (yībiān . . . yībiān . . .)

b. Daunenjacke:
这件羽绒夹克 ______________ (又…又…)，最适合旅行的时候带。
這件羽絨夾克 ______________ (又…又…)，最適合旅行的時候帶。
Zhè jiàn yǔróng jiākè ______________ (yòu . . . yòu . . .), zuì shìhé lǚxíng de shíhou dài.

c. Hybridauto [混合动力车/混合動力車 **hùnhé dònglì chē**]:
谁不想买混合动力车，这种车 ______________。（一方面…一方面…）
誰不想買混合動力車，這種車 ______________。（一方面…一方面…）
Shéi bù xiǎng mǎi hùnhé dònglì chē, zhèzhǒng chē ______________.
(yī fāngmiàn . . . yī fāngmiàn . . .)

d. Wii Sport:
这种电动游戏不但有趣，______________（同时），一举两得。
這種電動遊戲不但有趣，______________（同時），一舉兩得。
Zhè zhǒng diàndòng yóuxì bùdàn yǒuqù, ______________ (tóngshí), yī jǔ liǎng dé.

e. Lampe mit Bewegungssensor
这种灯方便的设计让你半夜 ______________（…的时候）不会绊倒(stolpern)。
這種燈方便的設計讓你半夜 ______________（…的時候）不會絆倒(stolpern)。
Zhè zhǒng dēng fāngbiàn de shèjì ràng nǐ bàn yè ______________ (. . . de shíhou) bù huì bàndǎo.

44

Ausdruck von Ursache und Wirkung oder Grund und Folge

1 Zwischen den jeweiligen Satzteilen besteht ein Verhältnis von Ursache und Wirkung. Verbinden Sie die Satzteile mit 因为/因爲 **yīnwéi . . .** 所以 **suǒyǐ**, um das Verhältnis deutlich zu machen.

Beispiel: 我喜欢看电影。我每个周末都去看电影。
我喜歡看電影。我每個週末都去看電影。
Wǒ xǐhuan kàn diànyǐng. Wǒ měi gè zhōumò dōu qù kàn diànyǐng.
→
因为我喜欢看电影，所以每个周末都去看。
因爲我喜歡看電影，所以每個週末都去看。
Yīnwei wǒ xǐhuan kàn diànyǐng, suǒyǐ měi gè zhōumò dōuqù kàn.

a. 我喜欢中国文化，在学中文。
我喜歡中國文化，在學中文。
Wǒ xǐhuan Zhōngguó wénhuà, zài xué Zhōngwén.
Ich mag die chinesische Kultur, deshalb lerne ich Chinesisch.

b. 我在学中文，找了一个中国同屋。
我在學中文，找了一個中國同屋。
Wǒ zài xué Zhōngwén, zhǎo le yī gè Zhōngguó tóngwū.
Weil ich Chinesisch lernen, habe ich einen chinesischen Mitbewohner gesucht.

c. 我昨天病了，没去上课。
我昨天病了，沒去上課。
Wǒ zuótiān bìng le, méi qù shàng kè.
Ich war gestern krank und bin deshalb nicht zum Unterricht gegangen.

d. 我昨天没去上课，不知道今天有考试。
我昨天沒去上課，不知道今天有考試。
Wǒ zuótian méi qù shàng kè, bù zhīdào jīntiān yǒu kǎoshì.
Weil ich gestern nicht beim Unterricht war, wusste ich nicht, dass heute eine Prüfung ist.

e. 我不知道今天有考试，没有准备。
我不知道今天有考試，沒有準備。
Wǒ bù zhīdào jīntiān yǒu kǎoshì, méi yǒu zhǔnbèi.
Weil ich nicht wusste, dass heute Prüfung ist, habe ich mich nicht vorbereitet.

f. 我没有准备，考得很不好。
我沒有準備，考得很不好。
Wǒ méi yǒu zhǔnbèi, kǎo de hěn bù hǎo.
Weil ich mich nicht vorbereitet habe, war meine Prüfung nicht gut.

g. 我考得很不好，很不高兴。
我考得很不好，很不高興。
Wǒ kǎo de hěn bù hǎo, hěn bù gāoxìng.
Weil ich nicht gut in der Prüfung war, war ich sehr unglücklich.

h. 我很不高兴，我的同屋今天晚上请我吃中国饭。
我很不高興，我的同屋今天晚上請我吃中國飯。
Wǒ hěn bù gāoxìng, wǒ de tóngwū jīntiān wǎnshang qǐng wǒ chī Zhōngguó fàn.
Weil ich sehr unglücklich war, hat mich mein Mitbewohner heute Abend zum Chinesisch-Essen eingeladen.

➪ 44.1

2

Übersetzen Sie die folgenden Sätze ins Deutsche.

a. 因为生病的关系，他已经三天没来上课了。
因爲生病的關係，他已經三天沒來上課了。
Yīnwéi shēng bìng de guānxì, tā yǐjīng sān tiān méi lái shàng kè le.

b. 他之所以要去中国留学是因为他对中国流行歌曲非常感兴趣。
他之所以要去中國留學是因爲他對中國流行歌曲非常感興趣。
Tā zhī suǒyǐ yào qù Zhōngguó liúxué shì yīnwéi tā duì Zhōngguó liúxíng gēqū fēicháng gǎn xīngqù.
[留学/留學 **liúxué** im Ausland studieren, 流行歌曲 **liú xíng gē qū** Popmusik, Schlager]

c. 我之所以请你吃饭是因为我要给你介绍一个中国朋友。
我之所以請你吃飯是因爲我要給你介紹一個中國朋友。
Wǒ zhī suǒyǐ qǐng nǐ chī fàn shì yīnwéi wǒ yào gěi nǐ jièshào yī gè Zhōngguó péngyǒu.

d. 因为想家的关系，他一直吃不下饭，睡不着觉。
因爲想家的關係，他一直吃不下飯，睡不著覺。
Yīnwéi xiǎng jiā de guānxì, tā yīzhí chībuxià fàn, shuìbuzháo jiào.

e. 因为下大雪的关系，晚上的课都不上了。
因爲下大雪的關係，晚上的課都不上了。
Yīnwéi xià dà xuě de guānxì, wǎnshàng de kè dōu bù shàng le.
[雪 **xuě** Schnee]

f. 我之所以没来参加考试是因为我不知道有考试。
我之所以沒來參加考試是因爲我不知道有考試。
Wǒ zhī suǒyǐ méi lái cānjiā kǎoshì shì yīnwéi wǒ bù zhīdào yǒu kǎoshì.

g. 我之所以没写完报告是因为我的电脑坏了。
我之所以沒寫完報告是因爲我的電腦壞了。
Wǒ zhī suǒyǐ méi xiěwán bàogào shì yīnwéi wǒ de diànnǎo huài le.
[报告/報告 **bàogào** Bericht, 电脑/電腦 **diànnǎo** Computer]

h. 因为考试的关系，最近几天学生喝酒喝得少了。
因爲考試的關係，最近幾天學生喝酒喝得少了。
Yīnwéi kǎoshì de guānxì, zuì jìn jǐ tiān xuéshēng hē jiǔ hē de shǎo le.

➪ 44.2

3

Schreiben Sie die folgenden Sätze mit 是为了/是爲了 **shì wèile** neu, um den Grund für die Handlung deutlich zu machen.

Beispiel: 他去中国学中文。
他去中國學中文。
Tā qù Zhōngguó xué Zhōngwén.
Er fährt nach China, um Chinesisch zu lernen.
→
他去中国是为了学中文。
他去中國是爲了學中文。
Tā qù Zhōngguó shì wèile xué Zhōngwén.

a. 我去台湾旅游。
我去臺灣旅游。
Wǒ qù Táiwān lǚyóu.
Ich fahre nach Taiwan zum Reisen.

b. 他去中国找工作。
他去中國找工作。
Tā qù Zhōngguó zhǎo gōngzuò.
Er fährt nach China, um eine Arbeit zu suchen.

c. 我们走路上学，锻炼身体。
我們走路上學，鍛煉身體。
Wǒmen zǒu lù shàng xué, duànliàn shēntǐ.
Wir laufen zu Schule, um uns zu bewegen.

d. 她跟中国人说话，练习口语。
她跟中國人說話，練習口語。
Tā gēn Zhōngguó rén shuō huà, liànxí kóuyǔ.
Sie spricht mit Chinesen, um die Umgangssprache zu üben.

e. 学生们每天听录音，提高听力。
学生們每天聽錄音，提高聽力。
Xuéshengmen měitiān tīng lùyīn, tígāo tīnglì.
Die Studenten hören jeden Tag Tonaufnahmen, um ihr Hörverständnis zu verbessern.

f. 我的同屋去图书馆准备明天的考试。
我的同屋去圖書館準備明天的考試。
Wǒ de tóngwū qù túshūguǎn zhǔnbèi míngtiān de kǎoshì.
Mein Mitbewohner geht in die Bibliothek, um sich auf die Klausur morgen vorzubereiten.

g. 他们看中国电影，了解中国文化。
他們看中國電影，了解中國文化。
Tāmen kàn Zhōngguó diànyǐng, liáojiě Zhōngguó wénhuà.
Sie sehen chinesische Filme, um die chinesische Kultur kennenzulernen.

h. 我找张老师请假。
我找張老師請假。
Wǒ zhǎo Zhāng lǎoshī qǐng jià.
Ich suche Lehrer Zhang, um mich beurlauben zu lassen.

➪ 44.2

4

王明 **Wáng Míng** hat versprochen 唐玫玲 **Táng Méilíng** im Café zu treffen, aber er hat es vergessen. Als er versuchte sich zu entschuldigen, war 唐玫玲 **Táng Méilíng** wütend. Übersetzen Sie ihre Sätze ins Deutsche.

a. 你为什么来找我？
你爲甚麼來找我？
Nǐ wéi shénme lái zhǎo wǒ?

b. 你怎么没来咖啡店？
你怎麼沒來咖啡店？
Nǐ zěnme méi lái kāfēi diàn?

c. 你为什么没给我打电话？
你爲甚麼沒給我打電話？
Nǐ wèi shénme méi gěi wǒ dǎ diànhuà?

d. 你怎么能忘了？
你怎麼能忘了？
Nǐ zěnme néng wàng le?

➪ 44.4

5 Sie loben Ihre Kollegen für die Zusammenarbeit [合作 **hézuò**], die zum erfolgreichen [成功 **chénggōng**]. Abschluss einer Aufgabe geführt hat. Drücken Sie das Lob auf fünf verschiedene Weisen aus, verwenden Sie die folgenden Wendungen.

a. 因为…的关系/因爲…的關係 **yīnwéi . . . de guānxi**
b. 之所以是因为/之所以是因爲 **zhī suǒyǐ shì yīnwéi**
c. 因为…所以/因爲…所以 **yīnwéi . . . suǒyǐ**
d. 由于/由于 **yóuyú**

➪ 44.1, 44.2

6 Drei Alumni wurden eingeladen, auf einer Veranstaltung für Studenten der Biologischen Fakultät über ihre Erfahrungen zu sprechen. Hier sind Hintergrundinformationen über sie. Vervollständigen Sie Ihre Antworten mit den vorgegebenen Konstruktionen. Sie dürfen Ihre eigene Interpretation hinzufügen, so lange sie nicht den Informationen in der Tabelle widerspricht.

	Grund für die Wahl von Biologie	während des Studiums	Beruf
Michael	wollte Arzt werden	hat fleißig gearbeitet, um Bestnoten zu bekommen	Arzt
Wilson	hat sich immer für Wissenschaft interessiert	hat viele Freunde gefunden	Patentanwalt
Greg	Eltern wollten das	hat Unterricht geschwänzt, um andere Dinge auszuprobieren	Berater in einer Schule

Frage Nr. 1: 你为什么选择生物系?
你為甚麼選擇生物系?
Nǐ wèi shénme xuǎnzé shēngwùxì?

Michael: [之所以 **zhī suǒyǐ**] ____________________

____

Wilson: [由于/由於 **yóuyú**] ____________________

____

Greg: [因为/因為 **yīnwèi**] ____________________

____

Frage #2: 大学的时候你花最多的时间做什么？为什么？
大學的時候你花最多的時間做甚麼？為甚麼？
Dàxué de shíhou nǐ huā zuì duō de shíjiān zuò shénme? Wèi shénme?

Michael: [为了/為了 **wèi le**] ______________________________

____

Wilson: [所以 **suǒyǐ**] ______________________________

____

Greg: [之所以 **zhī suǒyǐ**] ______________________________

____

Frage #3: 你现在的工作跟生物有关吗？你喜欢你的选择吗？
你現在的工作跟生物有關嗎？你喜歡你的選擇嗎？
Nǐ xiànzài de gōngzuò gēn shēngwù yǒuguān ma? Nǐ xǐhuān nǐ de xuǎnzé ma?

Michael: [因为/因為 **yīnwèi**] ______________________________

____

Wilson: [因为…的关系/因為…的關係 **yīnwèi . . . de guānxi**] ______________________________

____

Greg: [之所以 **zhī suǒyǐ**] ______________________________

____

7

An öffentlichen Orten muss es Sicherheitsvorschriften geben. Benutzen Sie Ihren gesunden Menschenverstand und vervollständigen Sie die Sicherheitsvorschriften.

a. Schwimmbad:
为了安全起见，______________________________。
為了安全起見，______________________________。
Wèi le ānquán qǐjiàn, ______________________________.

b. eine Achterbahn im Freizeitpark:
基于安全理由，______________________________。
基於安全理由，______________________________。
Jīyú ānquán lǐyóu, ______________________________.

c. eine kleine Ausstellungshalle in einer öffentlichen Bibliothek:
因为场地的关系，______________________________。
因為場地的關係，______________________________。
Yīnwèi chǎngdì de guānxi ______________________________.

45
Bedingungen ausdrücken

1 Vervollständigen Sie die Sätze entsprechend der deutschen Übersetzung mit einem der folgenden Wörter oder Wendungen.

就是 **jiù shì**, 只要 **zhǐ yào**, 除非 **chúfēi**, 要不然/要不然 **yàobùrán**, 否則 **fǒuzé**

a. 你最好让你弟弟吃早饭，他就会饿得上不了课了。
你最好讓你弟弟吃早飯，他就會餓得上不了課了。
Nǐ zuì hǎo ràng nǐ dìdi chī zǎofàn, tā jiù huì è de shàngbuliǎo kè le.
Du solltest deinen jüngeren Bruder zum Frühstückessen bewegen, sonst wird er so hungrig sein, dass er nicht zum Unterricht gehen kann.

b. 你请你弟弟看电影，他就会高兴。
你請你弟弟看電影，他就會高興。
Nǐ qǐng nǐ dìdi kàn diànyǐng, tā jiù huì gāoxìng.
So lange du deinen jüngeren Bruder ins Kino einlädst, wird er sich freuen.

c. 你帮你弟弟做作业，他做不完。
你幫你弟弟做作業，他做不完。
Nǐ bāng nǐ dìdi zuò zuòyè, tā zuòbuwán.
Außer du hilfst deinem jüngeren Bruder bei den Hausaufgaben, wird er sie nicht schaffen können.

d. 你最好帮你的弟弟做作业，他考不好。
你最好幫你的弟弟做作業，他考不好。
Nǐ zuìhǎo bāng nǐ de dìdì zuò zuòyè, tā kǎo bù hǎo.
Du solltest deinem jüngeren Bruder bei den Hausaufgaben helfen, sonst wird er in der Prüfung schlecht abschneiden.

e. 你用功，你一定考得上大学。
你用功，你一定考得上大學。
Nǐ yònggōng, nǐ yīdìng kǎodeshàng dàxué.
So lange du fleißig bist, wirst du sicher die Hochschulzugangsprüfung schaffen.

f. 你帮你的弟弟做作业，他也许还考得不好。
你幫你的弟弟做作業，他也許還考得不好。
Nǐ bāng nǐ de dìdi zuò zuòyè, tā yéxǔ hái kǎo de bù hǎo.
Selbst wenn du deinem jüngeren Bruder bei den Hausaufgaben hilfst, wird er vielleicht trotzdem in der Prüfung schlecht abschneiden.

g. 你帮你的弟弟作作业，他还不懂。
你幫你的弟弟作作業，他還不懂。
Nǐ bāng nǐ de dìdi zuò zuòyè, tā hái bù dǒng.
Selbst wenn du deinem jüngeren Bruder bei den Hausaufgaben hilfst, wird er es nicht verstehen.

➪ 45.2–45.5

2 Ich befinde mich in einer Zwickmühle und rede mit zwei Freunden darüber. Übersetzen Sie die Sätze ins Chinesische und verwenden Sie 要是 **yàoshi . . .** 就 **jiù . . . .**

a. Wenn ich Geld hätte, müsste ich nicht in der Bibliothek arbeiten.
b. Wenn ich nicht arbeiten würde, hätte ich mehr Zeit zum Studieren.
c. Wenn ich mehr Zeit zum Studieren hätte, wären meine Zensuren besser.
d. Wenn meine Zensuren besser wären, wären meine Eltern sehr froh.
e. Wenn meine Eltern froh wären, würden sie mir Geld geben.
f. Wenn sie mir Geld gäben, müsste ich nicht arbeiten.

➪ 45.1

3 Nachdem 小王 **Xiǎo Wáng** gehört hat, in welcher Zwickmühle ich mich befinde, gibt er mir seinen Rat. Übersetzen Sie die Sätze und verwenden Sie 如果 **rúguǒ . . .** 就 **jiù . . . .**

a. Wenn ich du wäre, würde ich mir zuerst Geld von einem Freund leihen.
b. Wenn ich mir Geld leihen könnte, müsste ich nicht arbeiten.
c. Wenn ich nicht arbeiten müsste, hätte ich mehr Zeit zum Studieren.
d. Wenn ich mehr Zeit zum Studieren hätte, wären meine Zensuren besser.
e. Wenn meine Zensuren besser wären, wären meine Eltern sehr froh.
f. Wenn meine Eltern froh wären, würden sie mir Geld geben.
g. Wenn sie mir Geld gäben, würde ich meinem Freund das Geld zurückgeben.

➪ 45.1

4 小张/小張 **Xiǎo Zhǎng** hat eine andere Meinung als 小王 **Xiǎo Wáng**. Er denkt, man sollte kein Geld von Freunden leihen. Hier ist sein Rat. Übersetzen Sie die Sätze und verwenden Sie 倘若 **tǎngruò . . .** 就 **jiù . . . .**

a. Wenn ich du wäre, würde ich mir zuerst Geld von meinen Eltern leihen.
b. Wenn sie mir Geld leihen könnten, müsste ich nicht arbeiten.
c. Wenn ich nicht arbeiten müsste, würde ich fleißiger studieren.
d. Wenn ich fleißiger studieren würde, wären meine Zensuren besser.
e. Wenn meine Zensuren besser wären, wären meine Eltern sehr froh.
f. Wenn meine Eltern froh wären, würden sie mir Geld geben.
g. Wenn sie mir Geld gäben, würde ich es ihnen zurückzahlen.

➪ 45.1

5 Einige Lehrer unterhalten sich im Lehrerzimmer über Dinge, die ihre Leben einfacher machen würden. Stellen Sie sich vor, Sie sind einer von ihnen und vervollständigen Sie die Sätze.

a. 如果教过的东西学生都能记住，____________________。
如果教過的東西學生都能記住，____________________。
Rúguǒ jiāoguo de dōngxi xuésheng dōu néng jìzhù, ____________.

b. 假使 ____________________，我就可以早点回家。
假使 ____________________，我就可以早點回家。
Jiǎshǐ ____________________, **wǒ jiù kěyǐ zǎodiǎn huí jiā.**

c. 要是暑假可以长一点的话，____________________。
要是暑假可以長一點的話，____________________。
Yàoshì shǔjià kěyǐ cháng yī diǎn de huà, ____________.

6 Am Tag der Erde hat jeder zwei Vorschläge zur Verbesserung der Welt aufgeschrieben und sie an einen Baum gehängt. Vervollständigen Sie die Vorschläge und fügen Sie einen eigenen hinzu.

a. 只要我们 ____________________，这个世界一定会更好。
只要我們 ____________________，這個世界一定會更好。
Zhǐyào wǒmen ____________, **zhège shìjiè yīdìng huì gèng hǎo.**

b. 除非 ____________________，要不然我们的地球会越来越糟糕。
除非 ____________________，要不然我們的地球會越來越糟糕。
Chúfēi ________, **yàobùrán wǒmen de dìqiú huì yuè lái yuè zāogāo.**

c. ____

46 Ausdruck von ‚beide', ‚alle', ‚jeder', ‚irgendeiner', ‚niemand', ‚kein' und ‚ganz gleich wie'

1 Bringen Sie die Satzteile in die richtige Reihenfolge.

a. 都 我们 学中文 喜欢。
都 我們 學中文 喜歡。
Dōu wǒmen xué Zhōngwén xǐhuan.
Wir alle lernen gern Chinesisch.

b. 我 买了 都 那些书。
我 買了 都 那些書。
Wǒ mǎi le dōu nà xiē shū.
Ich habe die Bücher alle gekauft.

c. 那些书 很贵 都。
那些書 很貴 都。
Nà xiē shū hěn guì dōu.
Alle diese Bücher sind teuer.

d. 没 学生们 去上课 都。
沒 學生們 去上課 都。
Méi xuéshengmen qù shàng kè dōu.
Keiner der Studenten ist zum Unterricht gegangen.

e. 我 学 都 中文日文。
我 學 都 中文日文。
Wǒ xué dōu Zhōngwén Rìwén.
Ich lerne beides, Chinesisch und Japanisch.

f. 我 做完了 都 所有的功课。
我 做完了 都 所有的功課。
Wǒ zuòwán le dōu suǒyǒu de gōngkè.
Ich habe alle Hausaufgaben fertig.

g. 都 他 不 会 写 一个字。
都 他 不 會 寫 一個字。
Dōu tā bù huì xiě yī gè zì.
Er kann nicht ein einziges Schriftzeichen schreiben.

h. 那个老师 都 不喜欢 我们。
那個老師 都 不喜歡 我們。
Nàge lǎoshī dōu bù xǐhuan wǒmen.
Keiner von uns mag den Lehrer.

➪ 46.1

2

Wählen Sie jeweils ein Fragewort aus der Liste aus, um die Sätze entsprechend der deutschen Übersetzung zu vervollständigen.

Fragewörter: 什么/甚麼 **shénme**
怎么/怎麼 **zěnme**
谁/誰 **shéi**
几/幾 **jǐ**
哪儿/哪兒 **nǎr?**

a. 你去图书馆了，可是我 _______ 都没去。
你去圖書館了，可是我 _______ 都沒去。
Nǐ qù túshūguǎn le, kěshì wǒ _______ dōu méi qù.
Du bist in die Bibliothek gegangen, aber ich bin nirgendwo hingegangen.

b. 你去图书馆了，可是我 _______ 地方都没去。
你去圖書館了，可是我 _______ 地方都沒去。
Nǐ qù túshūguǎn le, kěshì wǒ _______ dìfang dōu méi qù.
Du bist in die Bibliothek gegangen, aber ich bin nirgendwo hingegangen.

c. 你认识人，可是我 _______ 都不认识。
你認識人，可是我 _______ 都不認識。
Nǐ rènshi rén, kěshì wǒ _______ dōu bù rènshi.
Du kennst Leute, aber ich kenne niemanden.

d. 你认识人，可是我 _______ 人都不认识。
你認識人，可是我 _______ 人都不認識。
Nǐ rènshi rén, kěshì wǒ _______ rén dōu bù rènshi.
Du kennst Leute, aber ich kenne niemanden.

e. 你买书了，可是我 _______ 都没买。
你買書了，可是我 _______ 都沒買。
Nǐ mǎi shū le, kěshì wǒ _______ dōu méi mǎi.
Du hast Bücher gekauft, aber ich habe nichts gekauft.

f. 他三点来，可是你 _______ 时候来都可以。
他三點來，可是你 _______ 時候來都可以。
Tā sān diǎn lái, kěshì nǐ _______ shíhòu lái dōu kéyǐ.
Er kommt um 15 Uhr, aber du kannst jederzeit kommen.

g. 他三点来，你 ________ 点来都可以。
他三點來，你 ________ 點來都可以。
Tā sān diǎn lái, nǐ ________ diǎn lái dōu kéyǐ.
Er kommt um 15 Uhr, aber du kannst jederzeit kommen.

h. 他这样写，你 ________ 写都可以。
他這樣寫，你 ________ 寫都可以。
Tā zhè yàng xiě, nǐ ________ xiě dōu kéyǐ.
Er schreibt so, aber du kannst schreiben wie du willst.

➪ 46.4

3

Beantworten Sie die Fragen negativ. Verwenden Sie Fragewörter wie im Beispiel. Übersetzen Sie Ihre Sätze ins Deutsche.

Beispiel: A: 你想买什么？
你想買甚麼？
Nǐ xiǎng mǎi shénme?
Was möchtest du kaufen?

B: 我什么都不想买。
我甚麼都不想買。
Wǒ shénme dōu bù xiǎng mǎi.
Ich möchte nichts kaufen.

a. 你想看什么电影？
你想看甚麼電影？
Nǐ xiǎng kàn shénme diànyǐng?
Welchen Film möchtest du sehen?

b. 你想喝什么啤酒？
你想喝甚麼啤酒？
Nǐ xiǎng hē shénme píjiǔ?
Welches Bier möchtest du trinken?

c. 你认识谁？
你認識誰？
Nǐ rènshi shéi?
Wen kennst du?

d. 这件事你想告诉谁？
這件事你想告訴誰？
Zhè jiàn shì nǐ xiǎng gàosu shéi?
Wen möchtest du darüber informieren?

e. 谁要把钱借给你？
誰要把錢借給你？
Shéi yào bǎ qián jiègěi nǐ?
Wer will dir Geld borgen?

f. 你想跟我说什么？
你想跟我說甚麼？
Nǐ xiǎng gēn wǒ shuō shénme?
Was willst du mir sagen?

g. 你喜欢哪件毛衣？
你喜歡哪件毛衣？
Nǐ xǐhuan nǎ jiàn máoyī?
Welchen Pullover magst du?

h. 你放假去什么地方？
你放假去甚麼地方？
Nǐ fang jià qù shénme dìfang?
Wo willst du in den Ferien hinfahren?

➪ 46.4.2

4

周利 **Zhōu Lì** hat schlechte Erfahrungen mit der letzten Prüfung gemacht. Drücken Sie seine Erfahrungen mit 怎么/怎麼 **zěnme** und der passenden Form des vorgegebenen Resultativverbs aus.

Beispiel: Ganz gleich, wie ich die Lektionen wiederhole, ich bin bei Prüfungen nicht gut.
→
我怎么复习功课也考不好。
我怎麼復習功課也考不好。
Wǒ zěnme fùxí gōngkè yě kǎo bù hǎo.

a. Ganz gleich, wie ich gelernt habe, ich konnte (den Stoff) nicht beherrschen. [学会/學會 **xuéhuì**]
b. Ganz gleich, wie sehr ich versucht habe mir (Dinge) zu merken, ich konnte sie mir nicht merken. [记住/記住 **jìzhù**]
c. Ganz gleich, wie viel ich geschrieben habe, ich konnte (es) nicht fertig schreiben. [写完/寫完 **xiěwán**]
d. Ganz gleich, wie ich versucht habe zu raten, ich konnte es nicht erraten. [猜着/猜著 **cāizhāo**]
e. Ganz gleich, wie ich (es) gelesen habe, ich konnte es nicht verstehen. [看懂 **kàndǒng**]
f. Ganz gleich, wie ich darüber nachgedacht habe, ich konnte nicht auf die Antworten kommen. [想起来 **xiǎngqǐlai**, 答案 **dá'àn** answer]

➪ 32.1, 32.2, 46.4.3

5

小李 **Xiǎo Lǐ** findet es schwierig, mit seinem Mitbewohner zusammenzuwohnen. Beschreiben Sie das Verhalten de Mitbewohners mit den Wörtern in Klammern.

Beispiel: Er geht nirgends hin. (哪儿/哪兒 **nǎr**) → 他哪儿都不去。
他哪兒都不去。
Tā nǎr dōu bù qù.

a. Er mag niemanden. [谁/誰 **shéi**]
b. Er will nichts tun. [什么/甚麼 **shénme**]
c. Egal, wie viel du mit ihm sprichst, er hört nicht zu. [怎么/怎麼 **zěnme**]

d. Seine Sachen sind überall im Zimmer. (Im Zimmer sind überall seine Sachen.) [哪儿/哪兒 **nǎr**]
e. Ganz gleich, wie schmutzig seine Sachen sind, er wäscht sie nicht. [多么/多麽 **duóme**]
f. Am Abend sieht er immer fern. [什么时候/甚麼時候 **shénme shíhòu**]
g. Ganz gleich, wie du ihn bittest, er schaltet ihn nicht aus. [怎么/怎麽 **zěnme**]
h. Ganz gleich, wie du ihn weckst, er wacht morgens nicht auf [怎么/怎麽 **zěnme**]

➪ 46.4

6 MFrau Zhao macht sich Sorgen um ihren Sohn Jens, der bedrückt ist, seit ihn seine Freundin, mit der er fünf Jahre zusammen war, verlassen hat. Frau Zhao telefoniert mit ihrer besten Freundin Frau Guo. Frau Zhao klagt, dass ihr Sohn niemanden sehen möchte, nichts unternimmt, nirgendwo hingeht und auch nichts isst. Frau Guo sagt ihr, dass jeder Zeit zum Nachdenken braucht. Vervollständigen Sie anhand dieser Informationen das Gespräch.

赵太太：他已经把自己关在房间里三天了，____________________ 我担心死了。

趙太太：他已經把自己關在房間裡三天了，____________________ 我擔心死了。

Zhào tàitai: Tā yǐjīng bǎ zìjǐ guānzài fángjiān lǐ sāntiān le, ____________________ **Wǒ dānxīn sǐ le.**

郭太太：我知道你很担心，可是，遇到这种事，____________________。
郭太太：我知道你很擔心，可是，遇到這種事，____________________。
Guō tàitai: Wǒ zhīdào nǐ hěn dānxīn, kěshì, yùdào zhè zhǒng shì, ____________________.

7 Miranda hütet das Haus von Familie Jensen, die drei Wochen lang in Urlaub fährt. Heute trifft sich Miranda mit Frau Jensen, um zu besprechen, was von ihr erwartet wird. Übersetzen Sie die Aufgaben ins Chinesische.

a. Jeden Tag mit dem Hund Gassi gehen: einmal am Morgen, einmal am Abend.
[遛狗 **liù gǒu**]
b. Die Blumen alle zwei Tage gießen. [浇花/澆花 **jiāo huā**]
c. Die Post jede Woche holen. [拿信 **nà xìn**]

47

Ausdruck von Position und Entfernung

1 Hier ist eine Karte meiner Heimatstadt. Alles innerhalb der Umrandung befindet sich in der Stadt, alles außerhalb der Umrandung liegt außerhalb. Beantworten Sie die Fragen in vollständigen Sätzen auf Grundlage der Karte. [城 **chéng** Stadt]

中学/中學 **zhōngxué** Mittelschule	书店/書店 **shūdiàn** Buchladen	宿舍 **sùshè** Wohnheim	
		图书馆/圖書館 **túshūguǎn** Bibliothek	银行/銀行 **yínháng** bank
医院/醫院 **yīyuàn** Krankenhaus		火车站/火車站 **huǒchēzhàn** Bahnhof	体育馆/體育館 **tǐyùguǎn** Sporthalle
湖 **hú** See	公园/公園 **gōngyuán** Park		N W E S

Beantworten Sie die Fragen mit den Himmelsrichtungen.

Beispiel: Wo ist der See? → 湖在公园的西边。
湖在公園的西邊。
Hú zài gōngyuán de xībian.

a. Wo ist das Krankenhaus?
b. Wo ist die Mittelschule?
c. Wo ist der Bahnhof?
d. Wo ist die Bank?

Beantworten Sie die folgenden Fragen in vollständigen Sätzen.

e. Ist der Park links vom See oder rechts vom See?

f. Ist der Park in der Stadt oder außerhalb der Stadt?
g. Ist die Bank nördlich von der Sporthalle oder südlich von der Sporthalle?
h. Ist der Buchladen östlich der Mittelschule oder westlich der Mittelschule?
i. Was befindet sich zwischen Wohnheim und Mittelschule?
j. Was befindet sich neben dem Park?

➪ 47.1

2 Hier ist die Sitzordnung für den Chinesischunterricht heute. Beantworten Sie die Fragen in vollständigen Sätzen auf Grundlage dieser Sitzordnung.

王鹏飞/王鵬飛 **Wáng Péngfēi**	陈玫玲/陳玫玲 **Chén Méilíng**	徐乃康 **Xú Nǎikāng**	唐新花 **Táng Xīnhuā**
高蕾 **Gāo Lěi**	饶兴荣/饒興榮 **Ráo Xīngróng**	马嘉美/馬嘉美 **Mǎ Jiāměi**	林道余/林道餘 **Lín Dàoyú**

Beispiel: 马嘉美在林道余的哪边？
马嘉美在林道餘的哪邊？
Mǎ Jiāměi zài Lín Dàoyú de nǎbiān?
→
马嘉美在林道余的左边。
馬嘉美在林道餘的左邊。
Mǎ Jiāměi zài Lín Dàoyú de zuǒbian.

a. 高蕾的右边是谁？
高蕾的右邊是誰？
Gāo Lěi de yòubian shì shéi?
b. 林道余的后头是谁？
林道餘的後頭是誰？
Lín Dàoyú de hòutou shì shéi?
c. 谁在陈玫玲跟唐新花的中间？
誰在陳玫玲跟唐新花的中間？
Shéi zài Chén Méilíng gēn Táng Xīnhuā de zhōngjiān?
d. Wer ist links von Chen Meiling?
e. Wer ist vor Xu Naikang?
f. Wer ist rechts von Wang Pengfei?
g. Wer ist neben Lin Daoyu?

➪ 47.1

3 Übersetzen Sie die folgenden Wortgruppen ins Chinesische.

a. vor dem Haus
b. zwischen den zwei Autos
c. links vom Haus
d. vor der Person

e. die Bücher auf dem Tisch
f. das Haus rechts
g. der Bahnhof hinter der Schule
h. die Person, die sich vorn befindet
i. Die Katze ist auf dem Tisch. [猫/貓 **māo** Katze]
j. Der Hund ist hinter dem Haus. [狗 **gǒu** Hund]
k. Im Park gibt es Blumen.
l. Im Haus ist niemand.
m. In der Bibliothek sind Studenten.
n. Im Wohnheim sind keine Katzen.

➪ 47.1, 47.2, 47.3

4

Wenn ich mein Haus verlasse und nach Osten die Straße entlang gehen, gehe ich an folgenden Orten vorbei. So weit sind sie von meinem Haus entfernt.

公园/公園	火车站/火車站	大学/大學	飞机场/飛機場
gōngyuán	**huǒchēzhàn**	**dàxué**	**fēijī chǎng**
Park	Bahnhof	Universität	Flughafen
2 km	5 km	12 km	25 km

1-3 Kilometer sind für mich nah, 4-15 Kilometer weit und alles über 15 km ist sehr weit entfernt. Beantworten Sie auf Grund dieser Informationen die Fragen in vollständigen Sätzen.

Beispiel: 我家离公园有多远？ → 你家离公园有两公里。
我家離公園有多遠？ 你家離公園有兩公里。
Wǒ jiā lí gōngyuán yǒu duō yuǎn? **Nǐ jiā lí gōngyuán yǒu liǎng gōnglǐ.**

a. 我家离大学远吗？
我家離大學遠嗎？
Wǒ jiā lí dàxué yuǎn ma?
b. 我家离公园远不远？
我家離公園遠不遠？
Wǒ jiā lí gōngyuán yuǎn bù yuǎn?
c. Ist mein Zuhause weit vom Bahnhof entfernt?
d. Ist der Park weit von der Universität entfernt?
e. Ist mein Zuhause weit vom Flughafen entfernt?
f. 我家离大学有多远？
我家離大學有多遠？
Wǒ jiā lí dàxué yǒu duō yuǎn?
g. Wie weit ist es von meinem Zuhause zum Bahnhof?
h. Wie weit ist es vom Park zum Flughafen?
i. Wie weit ist es von der Universität zum Flughafen?
j. Wie weit ist es von meinem Zuhause zum Flughafen?

➪ 47.4, 47.5

48
Über Bewegungen, Richtungen und Transportmittel sprechen

1 Übersetzen Sie die Fragen ins Chinesische.

a. Wo ist die Universität?
b. Wie kommt man zur Universität?
c. Wie kommt man von hier zur Universität?
d. Wie kommt man vom Wohnheim zum Buchladen?
e. Muss ich nach links abbiegen?
f. Muss man nach links oder rechts abbiegen?
g. Ist die Bibliothek links oder rechts?
h. Weißt du wo der Buchladen ist?

➪ 48.1, 48.2

2 Ergänzen Sie entsprechend der deutschen Übersetzung passende Wörter.

a. 请问，(1)________ 这儿 (2)________ 中国大使馆 (3)________ 走？
请問，(1)________ 這兒 (2)________ 中國大使館 (3)________ 走？
Qǐng wèn, (1)________ **zhèr** (2)________ **Zhōngguó dàshǐguǎn** (3)________ **zǒu?**
Entschuldigung, wie kommt man von hier zur chinesischen Botschaft?

b. 对 (1)________，我 (2)________。
對 (1)________，我 (2)________。
Duì (1)________, **wǒ** (2)________.
Tut mit leid, das weiß ich nicht.

c. 劳驾，你 (1)________ 到中国大使馆 (2)________ 走吗？
勞駕，你 (1)________ 到中國大使館 (2)________ 走嗎？
Láojià, nǐ (1)________ **dào Zhōngguó dàshǐguǎn** (2)________ **zǒu ma?**
Entschuldigung, wissen Sie, wie man von hier zur chinesischen Botschaft kommt?

d. 知道。你 (1)________ 这儿一直 (2)________ 前走 (3)________ 两个红绿灯往右 (4)________，再 (5)________ 几分钟，(6)________ 边的一个大房子就是了。

知道。你 (1)________ 這兒一直 (2)________ 前走 (3)________ 兩個紅綠燈往右 (4)________，再 (5)________ 幾分鐘，(6)________ 邊的一個大房子就是了。

Zhīdào. Nǐ (1)________ **zhè ér yīzhí** (2)________ **qián zǒu** (3)________ **liǎng gè hónglǜ dēng wǎng yòu** (4)________, **zài** (5)________ **jǐ fēn zhōng,** (6)________ **biān de yī gè dà fángzi jiù shì le.**

Ja. Gehen Sie geradeaus, überqueren Sie zwei Ampeln, biegen Sie nach rechts ab, dann gehen Sie ein paar Minuten. Es ist das große Gebäude auf der linken Seite.

➪ 48.1, 48.2

3 Übersetzen Sie die Wegbeschreibung von meinem Zuhause zum Park ins Chinesische.

a. Geh nach Osten.
b. Geh auf der Zhongshan Straße nach Osten. [中山路 **Zhōngshān lù**]
c. Überquere eine Kreuzung.
d. Überquere die Parkstraße. [公园路/公園路 **gōngyuán lù**]
e. Geh weiter nach Osten.
f. Bieg an der Bibliotheksstraße nach rechts ab.
g. Geh weiter geradeaus.
h. Überquere zwei Kreuzungen.
i. Biege an der dritten Kreuzung nach rechts.
j. Das ist die Weiße See – Straße.
k. Der Park ist auf der rechten Seite.

➪ 48.1, 48.2, 48.3

4 Bringen Sie die Wörter in die richtige Reihenfolge.

a. 开去我们了进。
開去我們了進。
kāi qù wǒmen le jìn.
Wir sind hinein gefahren.

b. 了爬山去我们上。
了爬山去我們上。
le pá shān qù wǒmen shàng.
Wir sind den Berg hinauf gestiegen.

c. 来她了过跑。
來她了過跑。
lái tā le guò pǎo.
Sie kam herüber gelaufen.

d. 都他们了出走去。
都他們了出走去。
dōu tāmen le chū zǒu qù.
Sie sind alle hinaus gegangen.

e. 拿回我书了来把。
拿回我書了來把。
ná huí wǒ shū le lái bǎ.
Ich habe die Bücher (hierher) zurückgebracht.

➪ 48.8

5

Sagen Sie in vollständigen Sätzen, wie jede der Personen heute zur Universität gekommen ist. Verwenden Sie die 是…的 **shì . . . de**-Konstruktion, um das Verkehrsmittel hervorzuheben.

Beispiel: 小毛 **Xiǎo Máo**: Ich bin mit dem Boot gekommen. → 我是坐船来的。 我是坐船來的。 **Wǒ shì zuò chuán lái de.**

a. 周利 **Zhōu Lì**: Ich bin mit dem Bus gekommen.
b. 高蕾 **Gāo Lěi**: Ich bin mit dem Auto gekommen.
c. 王明 **Wáng Míng**: Ich bin mit dem Fahrrad gekommen.
d. 王小妹 **Wáng Xiǎomèi**: Ich bin zu Fuß gekommen.
e. 珠莉 **Zhū Lì**: Ich bin mit dem Motorrad gekommen.
f. 张苹/張苹 **Zhāng Píng**: Ich bin mit der U-Bahn gekommen.

➪ 48.5.2, 57.2.4

6

Sie telefonieren mit ihrer jüngeren Schwester, die in einer anderen Stadt studiert. Sie beschreibt Ihnen die Gegend, in der sie wohnt, um Sie auf Ihren Besuch nächste Woche vorzubereiten. Ordnen Sie jedem Gebäude auf Grundlage ihrer Beschreibung den richtigen Buchstaben zu.

我的宿舍旁边有一个咖啡馆。图书馆在宿舍和公园的中间。我的宿舍在东边，公园在西边。从我的宿舍到学校，先往北走，到路口往左拐，再往西走，一会儿就到了。学校在右边。银行在学校的后边。银行的左边有一个小书店。

我的宿舍旁邊有一個咖啡館。圖書館在宿舍和公園的中間。我的宿舍在東邊，公園在西邊。從我的宿舍到學校，先往北走，到路口往左拐，再往西走，一會兒就到了。學校在右邊。銀行在學校的後邊。銀行的左邊有一個小書店。

Wǒ de sùshè pángbiān yǒu yī gè kāfēiguǎn. Túshūguǎn zài sùshè hé gōngyuán de zhōngjiān. Wǒ de sùshè zài dōngbian, gōngyuán zài xībiān. Cóng wǒ de sùshè dào xuéxiào xiān wǎng běi zǒu, dào lùkǒu wǎng zuǒ guǎi, zài wǎng xī zǒu, yīhuìr jiù dàole. Xuéxiào zài yòubian. Yínháng zài xuéxiào de hòubian. Yínháng de zuǒbian yǒu yī gè xiǎo shūdiàn.

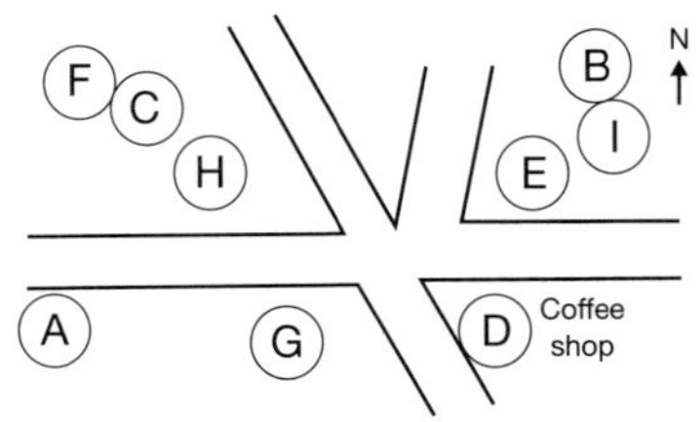

a. Wohnheim: ______________________________
b. Bibliothek: ______________________________
c. Park: ______________________________
d. Schule: ______________________________
e. Bank: ______________________________
f. Buchladen: ______________________________

49 Uhrzeit und Datumsangaben

1 Schreiben Sie die chinesischen Zeitangaben auf Deutsch und die deutschen Zeitangaben auf Chinesisch auf.

a. 11:30

b. 一点三刻/一點三刻 **yī diǎn sān kè**

c. 6:50 (verwenden Sie 差 **chà**)

d. 三点一刻/三點一刻 **sān diǎn yī kè**

e. 7:40

f. 两点二十/兩點二十 **liǎng diǎn èrshí**

g. 8:01 (verwenden Sie 过/過 **guò**)

h. 九点过二十五分/九點過二十五分 **jiǔdiǎn guò èrshíwǔ fēn**

i 5:55 (verwenden Sie 差 **chà**)

j. 12:12 (verwenden Sie 过/過 **guò**)

➪ 49.1

2 Übersetzen Sie die Zeitangaben ins Chinesische.

a. 2 Wochen

b. 2 Tage

c. 2 Stunden

d. 2 Semester

e. 2 Minuten

f. 2 1/2 Wochen

g. 2 1/2 Tage

h. 2 1/2 Minuten

i. 2 1/2 Monate

j. 2 1/2 Jahre

➪ 6.6.4, 49.1

3 Übersetzen Sie die deutschen Daten ins Chinesische und die chinesischen Daten ins Deutsche.

a. 1. Juli 1993

b. 一八八四年二月十六日 **yī bā bā sì nián èr yuè shíliù rì**

c. 23. Mai 2003

d. 二零零五年三月二十七日 **èr líng líng wǔ nián sān yuè èrshíqī rì**

e. 5. Oktober 1998

f. 二零零八年八月二十二号
二零零八年八月二十二號
èr líng líng bā nián bā yuè èrshí'èr hào

g. 1. Januar 2002

h. 一九一六年九月十九号
一九一六年九月十九號
yī jiǔ yī liù nián jiǔyuè shíjiǔ hào

➪ 49.2

Hier sind die Termine von 王小妹 **Wáng Xiǎomèi** Antworten Sie auf die Fragen in vollständigen Sätzen auf Grundlage dieser Informationen. Nehmen Sie den Beispielsatz als Muster.

	So	*Mo*	*Di*	*Mi*	*Do*	*Fr*	*Sa*
letzte Woche		A			B		
diese Woche	C			heute			D
nächste Woche	E		F			G	

A. 买飞机票/買飛機票 **mǎi fēijī piào** Flugticket kaufen
B. 游泳 **yóuyǒng** schwimmen
C. 回家 **huí jiā** nach Hause fahren
D. 考中文 **kǎo Zhōngwén** Chinesisch-Prüfung haben
E. 看电影/看電影 **kàn diànyǐng** ins Kino gehen
F. 听音乐会/聽音樂會 **tīng yīnyuè huì** auf ein Konzert gehen
G. 看朋友 **kàn péngyou** Freunde treffen

Beispiel: 王小妹什么时候看朋友?
王小妹甚麼時候看朋友?
Wáng Xiǎomèi shénme shíhòu kàn péngyou?
→
王小妹下星期五看朋友。
Wáng Xiǎomèi xià xīngqīwǔ kàn péngyou.

a. 王小妹什么时候买飞机票了?
王小妹甚麼時候買飛機票了?
Wáng Xiǎomèi shénme shíhòu mǎi fēijī piào le?

b. 王小妹什么时候游泳了?
王小妹甚麼時候游泳了?
Wáng Xiǎomèi shénme shíhòu yóuyǒng le?

c. 王小妹什么时候回家了？
王小妹甚麼時候回家了？
Wáng Xiǎomèi shénme shíhòu huí jiā le?

d. 王小妹什么时候考中文？
王小妹甚麼時候考中文？
Wáng Xiǎomèi shénme shíhòu kǎo Zhōngwén?

e. 王小妹什么时候看电影？
王小妹甚麼時候看電影？
Wáng Xiǎomèi shénme shíhòu kàn diànyǐng?

f. 王小妹什么时候听音乐会？
王小妹甚麼時候聽音樂會？
Wáng Xiǎomèi shénme shíhòu tīng yīnyuèhuì?

g. 王小妹什么时候看朋友？
王小妹甚麼時候看朋友？
Wáng Xiǎomèi shénme shíhòu kàn péngyou?

➪ 4.5, 49.2.3.2, 49.2.4.2

5 Benennen Sie Tag mit Bezug zu ‚heute'.

a. 12. März 大前天 **dàqiántiān** vor drei Tagen
b. 13. März
c. 14. März
d. 15. März 今天 **jīntiān** heute
e. 16. März
f. 17. März
g. 18. März

➪ 49.2.4.3

6 Nachfolgend finden Sie typische Flughafenansagen. Lesen Sie die Ansagen und beantworten Sie die Fragen.

Ansage 1

各位旅客请注意。原定六点钟从上海飞往青岛的405号班机因天气的关系，延迟一个半小时起飞。
各位旅客請注意。原定六點鐘從上海飛往青島的405號班機因天氣的關係，延遲一個半小時起飛。
Gèwèi lǚkè qǐng zhùyì. Yuándìng liù diǎn zhōng cóng Shànghǎi fēiwǎng Qīngdǎo de 405 hào bānjī yīn tiānqì de guānxi, yánchí yī gè bàn xiǎoshí qǐfēi.

Fragen

a. Wann sollte der Flug nach Qingdao planmäßig abfliegen?
b. Wie viel wird sich der Flug verspäten?
c. Was ist der Grund für die Verspätung?

Ansage 2

各位旅客请注意。从上海飞往东京的337号班机还有一刻钟就要起飞了。请还没有登机的旅客，马上登机。
各位旅客請注意。從上海飛往東京的337號班機還有一刻鐘就要起飛了。請還沒有登機的旅客，馬上登機。
Gèwèi lǚkè qǐng zhùyì. Cóng Shànghǎi fēiwǎng Dōngjīng de 337 hào bānjī hái yǒu yī kè zhōng jiù yào qǐfēi le. Qǐng hái méi yǒu dēngjī de lǚkè, mǎshàng dēngjī.

Fragen

d. Wie lautet die Flugnummer des Fluges von Shanghai nach Tokio?
e. Wann ist der Abflug des Fluges nach Tokio?
f. Was ist der Zweck der Ansage?

Ansage 3

原定在10号登机门登机，晚7点45分飞往伦敦的231号班机因故取消。请乘客到服务台办理换机手续。
原定在10號登機門登機，晚7點45分飛往倫敦的231號班機因故取消。請乘客到服務台辦理換機手續。
Yuándìng zài 10 hào dēng jī mén dēngjī, wǎn 7 diǎn 45 fēn fēiwǎng Lúndūn de 231 hào bānjī yīn gù qǔxiāo. Qǐng chéngkè dào fúwùtái bànlǐ huànjī shǒuxù.

Fragen

g. Wann sollte Flug 231 planmäßig fliegen?
h. Gibt es einen Grund für die Streichung?
i. Was sollen die Passagiere tun?

Ansage 4

从芝加哥到上海的飞机原定飞行时间十二个半小时。因为风向的关系，延迟一个小时到达。到达时间为晚九点。
從芝加哥到上海的飛機原定飛行時間十二個半小時。因爲風向的關係，延遲一個小時到達。到達時間爲晚九點。
Cóng Zhījiāgē dào Shànghǎi de fēijī yuándìng fēixíng shíjiān shí'èr gè bàn xiǎoshí. Yīnwei fēng xiàng de guānxi, yánchí yī gè xiǎoshí dàodá. Dàodá shíjiān wéi wǎn jiǔ diǎn.

Fragen

j. Wie lange dauert der Flug von Chicago nach Shanghai?
k. Wann sollte der Flug aus Chicago planmäßig in Shanghai landen?
l. Wie viel Verspätung hat der Flug?

Ansage 5

原定从香港起飞8点到达的666号班机已经到达。请迎接旅客的人到领取行李处接客。
原定從香港起飛8點到達的666號班機已經到達。請迎接旅客的人到領取行李處接客。
Yuándìng cóng Xiānggǎng qǐfēi 8 diǎn dàodá de 666 hào bānjī yǐjing dàodá. Qǐng yíngjiē lǚkè de rén dào lǐngqǔ xíngli chù jiē kè.

Fragen

m. Wie ist der Status von Flug 666?

n. Wohin sollen diejenigen gehen, die Passagiere von 666 abholen?

Ansage 6

本飞机场设有指定的吸烟区。请吸烟的旅客到指定的吸烟区吸烟。

本飛機場設有指定的吸煙區。請吸煙的旅客到指定的吸煙區吸煙。

Běn fēijīchǎng shèyǒu zhǐdìng de xī yān qū. Qǐng xī yān de lǚkè dào zhǐdìng de xīyān qū xī yān.

Frage

o. Darf man im Flughafen rauchen?

➪ 48, 49, 50.1, 50.2, 51.2

7

Sie sind ein professioneller Hochzeitsplaner. Heute treffen Sie die zukünftigen Herr und Frau Mo, um über ihre Hochzeitspläne zu reden. Sie wollen nächstes Jahr am 4. Juli heiraten, d. h. sie haben ein Jahr Vorbereitungszeit. Hier sind einige Dinge, die Teil der Vorbereitungen sind. Schreiben Sie auf Grund dieser Informationen den Plan von Herrn und Frau Mo auf. Zum Beispiel: 明年三月买戒指/明年三月買戒指/**míngnián sānyuè mǎi jièzhǐ**.

Dieses Jahr	
Juli–Sept.	Fotografen, Floristen, Make-up buchen 订摄影师、花店、化妆师/訂攝影師、花店、化妝師 **dìng shèyǐng shī, huādiàn, huàzhuāngshī**
Sept/Okt.	Gästeliste vorbereiten 决定请客名单/決定請客名單 **juédìng qǐngkè míngdān**
Okt.	Örtlichkeit reservieren 订场地/訂場地 **dìng chǎngdì**
Nov.	Hotel reservieren 订饭店/訂飯店 **dìng fàndiàn** Kleid kaufen 买礼服/買禮服 **mǎi lǐfú**
Dez.	Einladungen entwerfen 设计请帖/設計請帖 **shèjì qǐngtiě**
Nächstes Jahr	
Jan.	Geschenkeliste 注册礼物/註冊禮物 **zhùcè lǐwù**
Feb.	alle Reservierungen bestätigen 确认所有预约项目/確認所有預約項目 **quèrèn suǒyǒu yùyuē xiàngmù**
März	Ringe kaufen 买戒指/買戒指 **mǎi jièzhǐ**
Juni	Sitzordnung festlegen 决定座位/決定座位 **juédìng zuòwèi** Ablauf der Zeremonie festlegen 确定典礼流程/確定典禮流程 **quèdìng diǎnlǐ liúchéng**

50
Verpflichtungen und Verbote

1 Mutter bringt 小明 **Xiǎo Míng** zur Universität. Es ist das 1. Semester von 小明 **Xiǎo Míng** und Mutter ist besorgt. Übersetzen Sie, was sie zu sagt 小明 **Xiǎo Míng** sagt.

a. Wir müssen jetzt fahren.
b. Da du allein auf der Schule bist, musst du dich um dich selbst kümmern.
c. Du musst früh schlafen gehen und früh aufstehen.
d. Geh nicht zu spät ins Bett.
e. Du musst außerdem zum Unterricht gehen und deine Hausaufgaben pünktlich abgeben.
f. Sei nicht nervös, wenn du Prüfungen hast.
g. Wenn du Probleme hast, solltest du mit dem Dozenten sprechen.
h. Wenn du dich nicht wohl fühlst, solltest du sofort zum Arzt gehen.
i. Du musst uns außerdem jeden Tag anrufen.

⇨ 50.1, 50.2

2 Lesen Sie die Schilder. Was drückt ein Verbot aus, was die verbotene Handlung. Übersetzen Sie ins Deutsche.

a. 禁止随地吐痰。 *Verbot:*
禁止隨地吐痰。 *Verbotene Handlung:*
Jìnzhǐ suídì tǔtán.

b. 请勿停车。 *Verbot:*
請勿停車。 *Verbotene Handlung:*
Qǐng wù tíng chē.

c. 闲人免进。 *Verbot:*
閑人免進。 *Verbotene Handlung:*
Xián rén miǎn jìn.

d. 禁止拍照。 *Verbot:*
Jìnzhǐ pāi zhào. *Verbotene Handlung:*

e. 严禁酒后开车。 *Verbot:*
嚴禁酒後開車。 *Verbotene Handlung:*
Yán jìn jiǔ hòu kāi chē.

f. 请勿吸烟。 *Verbot:*
请勿吸煙。 *Verbotene Handlung:*
Qǐng wù xī yān.

⇨ 50.2.3

3 Formulieren Sie die Warnungen und Verbote aus Übung (2) umgangssprachlich.

⇨ 50.2

4 Sie helfen **Yao Qiang**, einem ausländischen Studenten, eine Wohnung in der Nähe des Campus zu finden. Heute will er den Mietvertrag unterschreiben. Helfen Sie ihm den Mietvertrag zu verstehen und übersetzen Sie die nachfolgenden Auszüge aus dem Mietvertrag ins Chinesische. Verwenden Sie die vorgegebenen Wörter.

Begriffe: Vermieter [房东/房東 **fángdōng**]; Mieter [房客 **fángkè**]

a. Miete: 1200 Kuai, muss bis zum 5. jedes Monats gezahlt werden. [应当/應當 **yīngdāng**]
b. Nebenkosten: Mieter muss für Kabelfernsehen selber zahlen, braucht aber nicht für Wasser / Strom zu zahlen. [必须 **bìxū**; 不必 **bùbì**]
c. Haustiere: Keine Haustiere erlaubt. [不许/不許 **bùxǔ**]
d. Hausregeln: Rauchen verboten, kein Lärm nach 0 Uhr. [禁止 **jìnzhǐ**]
e. Gäste: bei Gästen, die länger als 15 Tage bleiben, muss der Vermieter zustimmen. Gäste, die weniger als 15 Tage bleiben, brauchen keine Genehmigung. [必须 **bìxū**; 无须/無須 **wú xū**]

5 Geben Sie aus Ihrer eigenen Erfahrung **Yao Qiang** Tipps für das richtige Verhalten als Mieter.

HINWEIS Zusätzliche Übungen zu Verpflichtungen und Verboten siehe Kapitel 51.

51
Befehle und Erlaubnis

1 Schreiben Sie die folgenden Sätze, in denen eine Erlaubnis erteilt wird, als Befehle um.

Beispiel: 你可以骑自行车去。 → 骑自行车去吧！
你可以騎自行車去。 → 騎自行車去吧！
Nǐ kěyǐ qí zìxíngchē qù. → **Qí zìxíngchē qù ba!**
Du kannst mit dem Fahrrad fahren. → Fahr mit dem Fahrrad!

a. 你可以看电视。
你可以看電視。
Nǐ kěyǐ kàn diànshì.
Du kannst fernsehen.

b. 你可以给你的弟弟打电话。
你可以給你的弟弟打電話。
Nǐ kěyǐ gěi nǐ de dìdi dǎ diànhuà.
Du kannst deinen jüngeren Bruder anrufen.

c. 你可以吃饭。
你可以吃飯。
Nǐ kěyǐ chī fàn.
Du kannst essen.

d. 你可以去看奶奶。
Nǐ kěyǐ qù kàn nǎinai.
Du kannst Oma besuchen gehen.

e. 你可以说话。
你可以說話。
Nǐ kěyǐ shuō huà.
Du kannst sprechen.

f. 你可以睡觉。
你可以睡覺。
Nǐ kěyǐ shuì jiào.
Du kannst schlafen gehen.

g. 你可以回家。
Nǐ kěyǐ huí jiā.
Du kannst nach Hause gehen.

h. 你可以洗澡。
Nǐ kěyǐ xǐ zǎo.
Du kannst baden.

➪ 51.1.1, 51.2.1

2 Hier ist eine Liste mit Regeln für das Wohnheim von 周利 **Zhōu Lì**. Schreiben Sie die Regeln in vollständigen Sätzen auf Chinesisch auf.

Erlaubte Aktivitäten

a. Rauchen im Gemeinschaftsraum [公用的房间/公用的房間 **gōngyòng de fángjiān** Gemeinschaftsraum]
b. Kochen im Gemeinschaftsraum
c. im Zimmer fernsehen
d. Freunde aufs Zimmer einladen

Verbotene Aktivitäten

e. Rauchen im Zimmer
f. im Wohnheim Alkohol trinken
g. laut Musik hören
h. im Zimmer kochen

Obligatorische Aktivitäten

i. täglich Müll entsorgen [垃圾 **lājī** Müll, 扔掉 **rēngdiào** wegwerfen]
j. bis 22 Uhr ins Wohnheim zurückkehren
k. 23:30 Uhr Licht ausschalten [关灯/關燈 **guān dēng** Licht ausschalten]

➪ 50.2.1, 51.1.1, 51.2.1

3 Es ist Ihr erster Tag im Chinesischunterricht. Der Lehrer gibt die Regeln für den Unterricht bekannt. Übersetzen Sie sie ins Chinesische.

a. Kommen Sie nicht zu spät zum Unterricht.
b. Nicht während des Unterrichts essen.
c. Nicht während des Unterrichts trinken.
d. Vor Unterrichtsbeginn Mobiltelefone ausschalten.
e. Studenten dürfen während des Unterrichts keine SMS verschicken.
f. Studenten dürfen die Hausaufgaben nicht zu spät abgeben. [交作业/交作業 **jiāo zuòyè** Hausaufgaben abgeben]
g. Vor dem Unterricht die Lektion wiederholen.
h. Heben Sie die Hand, wenn Sie eine Frage habenn. [举手/舉手 **jǔshǒu** Hand heben]

➪ 50.2, 51.1, 51.2

4 小毛 **Xiǎo Máo** hat seinen ersten Chinesischunterricht versäumt. 小王 **Xiǎo Wáng** nennt ihm die Regeln. Schreiben Sie auf, was 小王 **Xiǎo Wáng** sagt. Beginnen Sie die Regeln a–f mit den folgenden Wendungen:

老师不让我们…

老師不讓我們…

Lǎoshī bù ràng women . . .

Der Lehrer lässt uns nicht . . .

Drücken Sie die Regeln g und h als starke Verpflichtungen mit 得 **děi**, 必得 **bìděi**, oder 必须/必須 **bìxū** ‚müssen' aus.

➪ 50.2, 51.1, 51.2.2

5 Der Kriminalbeamte Johnson verhört einen Verdächtigen, der nur Chinesisch spricht. Sie sind der Dolmetscher. Helfen Sie dem Kriminalbeamten und dolmetschen Sie für beide Seiten.

	Deutsch	Chinesisch
Kriminalbeamter	Setzen Sie sich!	
Kriminalbeamter	Sie sind **Jiāng Sōng**, richtig? (江松)	
Kriminalbeamter	Sagen Sie es, wer hat Ihnen gesagt, die Vase zu stehlen? [花瓶 **huāpíng** Vase]	
Verdächtiger		没人让我偷。 我可以抽烟吗？ 沒人讓我偷。 我可以抽煙嗎？ **Méirén rang wǒ tōu.** **Wǒ kěyǐ chōu yān ma?**
Kriminalbeamter	Rauchen verboten, aber Sie können ein Glas Wasser haben. Nehmen Sie!	

Später

Kriminalbeamter	Sind Sie bereit Ihr Geständnis zu schreiben? [自白 **zìbái** Geständnis] Schreiben Sie!	

52 Fähigkeit und Möglichkeit

1 Für die Arbeitssuche stellt 张小姐/張小姐 **Zhāng xiǎojie** eine Liste ihrer Qualifikationen zusammen. Beschreiben Sie ihre Fähigkeiten auf Chinesisch. Verwenden Sie das Modalverb 会/會 **huì** in Ihren Sätzen.

Beispiel: Auto fahren →	我会开车。	我不会开车。
	我會開車。	我不會開車。
	Wǒ huì kāi chē.	**Wǒ bù huì kāi chē.**
	Ich kann Auto fahren.	Ich kann nicht Auto fahren.

Ich kann

a. Japanisch sprechen
b. singen (sehr gut)
c. tanzen
d. Basketball spielen

Ich kann nicht

e. Chinesisch sprechen
f. Auto fahren
g. einen Computer benutzen

➪ 52.1

2 Bringen Sie die Satzteile entsprechend der deutschen Übersetzung in die richtige Reihenfolge.

a. 能　汉字　你一天　多少　学？
能　漢字　你一天　多少　學？
néng　Hàn zì　nǐ yītiān　duōshao　xué?
Wie viele Schriftzeichen kannst du an einem Tag lernen?

b. 考好　这次　我能　一定。
考好　這次　我能　一定。
kǎo hǎo　zhècì　wǒ néng　yīdìng.
Ich kann dieses Mal die Prüfung auf jeden Fall gut ablegen.

c. 同屋　我的　不能　病了　去上课。
同屋　我的　不能　病了　去上課。
tóngwū　wǒ de　bù néng　bìng le　qù shàng kè.
Mein Mitbewohner ist krank und kann nicht zum Unterricht gehen.

d. 没事 去看电影 我晚上 能跟你们。
没事 去看電影 我晚上 能跟你們。
méi shì qù kàn diànyǐng wǒ wǎnshang néng gēn nǐmen.
Ich habe heute Abend nichts vor, ich kann mit euch ins Kino gehen.

➪ 52.1

3

Zwei Studenten unterhalten sich, während sie auf einen Freund warten. Übersetzen Sie das Gespräch ins Deutsche.

A: 你觉得他今天晚上会来吗？
你覺得他今天晚上會來嗎？
Nǐ juéde tā jīntiān wǎnshang huì lái ma?

B: 我想他一定会来。
我想他一定會來。
Wǒ xiǎng tā yīdìng huì lái de.

A: 但是天气预报说今天晚上会下大雪。
但是天氣預報說今天晚上會下大雪。
Dànshì tiānqì yùbào shuō jīntiān wǎnshang huì xià dà xuě.

B: 如果下大雪他就不会来了。
如果下大雪他就不會來了。
Rúguǒ xià dà xuě tā jiù bù huì lái le.

➪ 52.1, 52.2

4

Lesen Sie den Text und beantworten Sie die Fragen auf Chinesisch in vollständigen Sätzen.

老王向来很能喝酒。可是最近身体不好，大夫说他不能再喝酒了。他只可以喝可乐，汽水，茶，什么的，就是不能喝酒。老王想他病一好就可以喝酒了。没想到，前两天他喝了一点酒就觉得很不舒服。后来，朋友请他喝酒，他就说‘我能喝酒可是我不可以喝酒了。’

老王向來很能喝酒。可是最近身體不好，大夫說他不能再喝酒了。他只可以喝可樂，汽水，茶，甚麼的，就是不能喝酒。老王想他病一好就可以喝酒了。沒想到，前兩天他喝了一點酒就覺得很不舒服。後來，朋友請他喝酒，他就說‘我能喝酒可是我不可以喝酒了。’

Lǎo Wáng xiànglái hěn néng hē jiǔ. Kěshì zuì jìn shēntǐ bù hǎo, dàifu shuō tā bù néng zài hē jiǔ le. Tā zhǐ kěyǐ hē kělè, qìshuǐ, chá, shénmede, jiù shì bù néng hē jiǔ. Lǎo Wáng xiǎng tā bìng yī hǎo jiù kěyǐ hē jiǔ le. Méi xiǎngdào, qián liǎng tiān tā hē le yīdiǎn jiǔ jiù juéde hěn bù shūfú. Hòulái, péngyou qǐng tā hē jiǔ, tā jiù shuō ‘wǒ néng hē jiǔ kěshì wǒ bù kěyǐ hē jiǔ le.’

a. 老王向来可以喝很多酒，对不对？
老王向來可以喝很多酒，對不對？
Lǎo Wáng xiànglái kěyǐ hē hěn duō jiǔ, duì bù duì?

b. 大夫为什么不让老王喝酒了？
大夫爲甚麼不讓老王喝酒了？
Dàifu wéi shénme bù ràng Lǎo Wáng hē jiǔ le?

c. 老王可以喝什么？
老王可以喝甚麼？
Lǎo Wáng kěyǐ hē shénme?

d. 老王认为他什么时候可以再喝酒？
老王認爲他甚麼時候可以再喝酒？
Lǎo Wáng rènwéi tā shénme shíhòu kěyǐ zài hē jiǔ?

e. 前两天他喝了酒以后觉得怎么样？
前兩天他喝了酒以後覺得怎麼樣？
Qián liǎng tiān tā hē le jiǔ yǐhòu juéde zěnmeyàng?

f. 后来朋友请他喝酒时他说什么？
後來朋友請他喝酒時他說甚麼？
Hòulái péngyou qǐng tā hē jiǔ tā shuō shénme?

➪ 52

5 Sie arbeiten in einer Bäckerei, die Glückskekse herstellt. Ihre Aufgabe ist es, ein paar neue, interessante Glückssprüche zu schreiben. Sie haben gerade a – d verfasst. Übersetzen Sie sie ins Chinesische und schreiben Sie zwei weitere.

a. Sie werden heute Abend eine schöne Frau treffen. Sie wird Ihnen ihre Telefonnummer geben.
b. Sprechen Sie Chinesisch? Wenn Sie Chinesisch gelernt haben, können Sie in China arbeiten.
c. Diesen Samstag lädt Sie jemand zum Abendessen ein.
d. Neben dem Restaurant ist ein kleines Geschäft. Gehen Sie nach dem Abendessen dorthin und kaufen Sie ein Los [乐透券/樂透券 **lètòuquàn**]. Sie werden gewinnen! [中奖/中獎 **zhòngjiǎng**]
e. (Ihr Satz) ______________________________
f. (Ihr Satz) ______________________________

53

Wünsche, Bedürfnisse, Vorlieben und Bereitschaft

1 Vervollständigen Sie die Sätze mit 希望 **xīwàng**, 要 **yào**, 愿意/願意 **yuànyì**, 宁可/寧可 **nìngkě**, 偏爱/偏愛 **piān'ài** oder 情愿/情願 **qíngyuàn**.

a. 我毕业以后一定 _______ 工作。
   我畢業以後一定 _______ 工作。
   Wǒ bìyè yǐhòu yīdìng _______ gōngzuò.

b. 我 _______ 能在政府工作。
   Wǒ _______ néng zài zhèngfǔ gōngzuò.

c. 我 _______ 作一个翻译。
   我 _______ 作一個翻譯。
   Wǒ _______ zuò yī gè fānyì yuán.

d. 要是他们 _______ 给我这个工作我就高兴极了。
   要是他們 _______ 給我這個工作我就高興極了。
   Yàoshi tāmen _______ gěi wǒ zhège gōngzuò wǒ jiù gāoxìngjíle.

e. 要是他们不要给我这个工作我 _______ 不在政府做事了。
   要是他們不要給我這個工作我 _______ 不在政府做事了。
   Yàoshi tāmen bù yào gěi wǒ zhège gōngzuò wǒ _______ bù zài zhèngfǔ zuòshì le.

f. 我 _______ 少赚钱也希望能在政府部门工作。
   我 _______ 少賺錢也希望能在政府部門工作。
   Wǒ _______ shǎo zhuànqián yě xīwàng néng zài zhèngfǔ bùmén gōngzuò.

g. 农村生活虽然艰苦，但我 _______ 到农村去工作。
   農村生活雖然艱苦，但我 _______ 到農村去工作。
   Nóngcūn shēnghuó suīrán jiānkǔ, dàn wǒ _______ dào nóngcūn qù gōngzuò.

➪ 53

2 Sie interviewen vier Studenten über ihre Pläne nach dem Studium. Schreiben Sie das Interview auf Chinesisch.

a. Sie: Fragen Sie die Studenten, was sie nach dem Abschluss machen wollen.
b. 王明 **Wáng Míng** sagt, dass er nach China gehen will um Arbeit zu suchen.
c. 唐玫玲 **Táng Méilíng** sagt, dass sie hofft promovieren zu können.
d. 周利 **Zhōu Lì** sagt, dass er eine Arbeit finden muss. Er sagt, er würde lieber im eigenen Land arbeiten [国内/國內 **guónèi**] und ist nicht bereit im Ausland zu arbeiten [国外/國外 **guówài**].

➪ 53

3 Sie sind mit einem Freund zum Abendessen in einem Restaurant. Vervollständigen Sie Ihren Teil des Gesprächs auf Chinesisch. Übersetzen Sie die Reaktionen des Kellners ins Deutsche.

a. Sie: Sie wollen im Nicht-Raucher-Teil Sitzen.
b. 服务员：对不起，我们没有无烟的座位。你愿意坐在那边吗？
服務員：對不起，我們沒有無煙的座位。你願意坐在那邊嗎？
Fúwùyuán: Duìbuqǐ, wǒmen méi yǒu wúyān de zuòwèi. Nǐ yuànyi zuò zài nàbiān ma?
c. Sie: Sagen Sie, dass Sie hoffen, dass niemand in diesem Bereich raucht. Sagen Sie, Sie würden lieber oben sitzen.
d. 服务员：没问题。楼上有座位。
服務員：沒問題。樓上有座位。
Fúwùyuán: Méi wèntí. Lóushàng yǒu zuòwèi.
e. 服务员：你们要什么菜？
服務員：你們要甚麼菜？
Fúwùyuán: Nǐmen yào shénme cài?
f. Sie: Sagen Sie, dass Sie zwei Gerichte und eine Suppe möchten. Sagen Sie, dass Sie hoffen, dass nicht zu viel Glutamat [味精 **wèijīng** Glutamat am Essen ist (nicht zu viel Glutamat zugefügt wird).]
g. 服务员：你们还需要一点什么？
服務員：你們還需要一點甚麼？
Fúwùyuán: Nǐmen hái xūyào yīdiǎn shénme?
h. Sie: Sagen Sie, dass Sie außerdem eine Flasche Bier möchten, sonst nichts weiter.

➪ 53

4 Familie Zhuang macht Frühjahrsputz. Frau Zhuang hat ihren fünf Kindern Aufgaben zugeteilt Tabelle A. Die Kinder tauschen die Aufgaben entsprechend ihren Vorlieben. Tabelle B enthält die endgültige Aufgabenverteilung. Vervollständigen Sie die Diskussion auf Grundlage dieser Informationen.

Tabelle A: ursprüngliche Aufgaben

老大	老二	老三	老四	老五
扫地	洗床单	擦窗户	洗碗	收拾房间
掃地	洗床單	擦窗戶	洗碗	收拾房間
sǎo dì	**xǐ chuángdān**	**cā chuānghù**	**xǐ wǎn**	**shōushí fángjiān**
fegen	Bettwäsche waschen	Fenster putzen	abwaschen	Zimmer aufräumen

Tabelle B: Aufgaben nach dem Tausch

老大	老二	老三	老四	老五
擦窗户	扫地	洗床单	zahlt 老五	洗碗+收拾房间
擦窗戶	掃地	洗床單	5 Kuai	洗碗+收拾房間
cā chuānghù	**sǎodì**	**xǐ chuángdān**		**xǐ wǎn + shōushí fángjiān**

老大： 我 ________________ 也不要 ________________。（宁可）
我 ________________ 也不要 ________________。（寧可）
lǎo dà: Wǒ ________________ yě bùyào ________________. (nìngkě)

老二： 我 ________________， ________________ 跟我交换？（愿意）
我 ________________， ________________ 跟我交換？（願意）
lǎo èr: Wǒ ________________, ________________ gēn wǒ jiāohuàn? (yuànyì)

老三： 我 ________________ 也不要 ________________。（情愿）
我 ________________ 也不要 ________________。（情願）
lǎo sān: Wǒ ________________ yě bùyào ________________. (qíngyuàn)

老四： 有没有人要帮我做？我今天 ________________，哪儿有时间洗碗！（得）
有沒有人要幫我做？我今天 ________________，哪兒有時間洗碗！（得）
lǎo sì: Yǒu méi yǒu rén yào bāng wǒ zuò? Wǒ jīntiān ________________, nǎr yǒu shíjiān xǐwǎn! (děi)

老五： 妈妈总是 ________________，老四的工作比较容易！（偏爱）
媽媽總是 ________________，老四的工作比較容易！（偏愛）
lǎo wǔ: Māma zǒngshì ________________. Lǎosì de gōngzuò bǐjiào róngyì! (piān'ài)

54
Wissen, Rat und Meinungen

1 Übersetzen Sie die folgenden Sätze. Verwenden Sie 会/會 **huì**, 认识/認識 **rènshi** oder 知道 **zhīdao**.

a. Ich kann etwas Japanisch sprechen.
b. Ich weiß, wo die Bibliothek ist.
c. Ich kenne die Person.
d. Keine Sorge. Ich kenne die Straße und kann sie finden.
e. Ich habe von ihm gehört, aber ich kenne ihn nicht (persönlich).
f. Ich kenne das Schriftzeichen, aber ich weiß nicht, wie man es schreibt.
g. Ich weiß, warum er nicht kommt.

➪ 54.1

2 Wählen Sie das jeweils passende Wort aus und vervollständigen Sie die Sätze: 想 **xiǎng**, 认为/認爲 **rènwéi**, 以为/以爲 **yǐwéi**, 看 **kàn**.

a. 下雨了。我 _______ 我们别出去吃饭了吧。
下雨了。我 _______ 我們別出去吃飯了吧。
Xià yǔ le. Wǒ _______ wǒmen bié chūqu chī fàn le ba.
Es regnet. Ich denke, wir sollten nicht zum Essen ausgehen.

b. 听说你病了，我 _______ 你不来上课了。怎么来了？
聽說你病了，我 _______ 你不來上課了。怎麼來了？
Tīngshuō nǐ bìng le, wǒ _______ nǐ bù lái shàng kè le. Zěnme lái le?
Ich habe gehört, du bist krank. Ich habe gedacht, du kommst nicht zum Unterricht. Wieso bist du gekommen?

c. 你 _______ 过他今天会来吗？
你 _______ 過他今天會來嗎？
Nǐ _______ guò tā jīntiān huì lái?
Hättest du jemals gedacht, er würde heute kommen?

d. 我不 _______ 这个老师很好。
我不 _______ 這個老師很好。
Wǒ bù _______ zhège lǎoshī hěn hǎo.
Ich glaube nicht, dass der Lehrer sehr gut ist.

e. 不要让学生 ________ 写字比说话重要。
不要讓學生 ________ 寫字比說話重要。
Bù yào ràng xuésheng ________ xiě zì bǐ shuō huà zhòngyào.
Lass die Studenten nicht glauben, Schriftzeichen schreiben sei wichtiger als sprechen.

f. 我个人 ________ 我们不应该这样做。
我個人 ________ 我們不應該這樣做。
Wǒ gèrén ________ wǒmen bù yīnggāi zhèyàng zuò.
Ich persönlich glaube, wir sollten es nicht so machen..

g. 你 ________ 只有你一个人认识这个字吗？
你 ________ 只有你一個人認識這個字嗎？
Nǐ ________ zhǐ yǒu nǐ yī gè rén rènshi zhège zì ma?
Denkst du, du bist der einzige, der dieses Schriftzeichen kennt?

54.2

3

Ihr Freund fragt Sie um Rat. Sagen Sie ihm, er kann es machen, wie er will.

Beispiel:	你想我应该喝什么？ 你想我應該喝甚麼？ **Nǐ xiǎng wǒ yīnggāi hē shénme?** Was denkst du sollte ich trinken?	→	你想喝什么就喝什么。 你想喝甚麼就喝甚麼。 **Nǐ xiǎng hē shénme jiù hē shénme.** Trink, was du willst.

a. 你想我应该问谁？
你想我應該問誰？
Nǐ xiǎng wǒ yīnggāi wèn shéi?
Was meinst du, wen sollte ich fragen?

b. 你想我应该去哪儿？
你想我應該去哪兒？
Nǐ xiǎng wǒ yīnggāi qù nǎr?
Was meinst du, wohin sollte ich gehen?

c. 你想我应该买哪个？
你想我應該買哪個？
Nǐ xiǎng wǒ yīnggāi mǎi nǎge?
Was meinst du, welches sollte ich kaufen?

d. 你想我应该吃什么？
你想我應該吃甚麼？
Nǐ xiǎng wǒ yīnggāi chī shénme?
Was meinst du, was sollte ich essen?

e. 你想我应该借多少？
你想我應該借多少？
Nǐ xiǎng wǒ yīnggāi jiè duōshǎo?
Wie viel, meinst du, sollte ich mir leihen?

f. 你想我应该怎么去？
你想我應該怎麼去？
Nǐ xiǎng wǒ yīnggāi zěnme qù?
Was meinst du, wie sollte ich gehen?

g. 你想我应该选哪门课？
你想我應該選哪門課？
Nǐ xiǎng wǒ yīnggāi xuǎn nǎ mén kè?
Was meinst du, welchen Kurs soll ich wählen?

h. 你想我应该看哪个电影？
你想我應該看哪個電影？
Nǐ xiǎng wǒ yīnggāi kàn nǎge diànyǐng?
Was meinst du, welchen Film sollte ich sehen?

➪ 54.2.4

4

Lesen Sie den Text und beantworten Sie die Fragen in vollständigen Sätzen auf Chinesisch.

我认为现在中国的私人汽车太多了。我认识的人都有车 。他们说因为交通不方便，只好买车。我觉得他们不应该买车。因为第一，我看他们不太会开车，第二，没有停车的地方。我以为汽油的价钱高了人就不买车了。没想到，他们不以为然，还认为有车才有面子。

我認爲現在中國的私人汽車太多了。我認識的人都有車 。他們說因爲交通不方便，只好買車。我覺得他們不應該買車。因爲第一，我看他們不太會開車，第二，沒有停車的地方。我以爲汽油的價錢高了人就不買車了。沒想到，他們不以爲然，還認爲有車才有面子。

Wǒ rènwéi xiànzài Zhōngguó de sīrén qìchē tài duō le. Wǒ rènshi de rén dōu yǒu chē. Tāmen shuō yīnwéi jiāotōng bù fāngbiàn, zhǐ hǎo mǎi chē. Wǒ juéde tāmen bù yīnggāi mǎi chē. Yīnwéi dì yī, wǒ kàn tāmen bù tài huì kāi chē, dì èr, méi yǒu tíng chē de dìfang. Wǒ yǐwéi qìyóu de jiàqian gāo le rén jiù bù mǎi chē le. Méi xiǎngdào, tāmen bùyǐwéirán, hái rènwéi yǒu chē cái yǒu miànzi.

a. Was ist nach Meinung des Autors der Hauptgrund dafür, dass man keine Autos kaufen sollte?
b. Welchen Grund geben Leute für den Kauf eines eigenen Autos an?
c. Was ist nach Meinung des Autors der Hauptgrund dafür, dass man ein eigenes Auto haben will?

d. Glauben Sie, dass der Autor ein Auto hat? Warum oder warum nicht?
e. Worüber ist der Autor erstaunt?
f. Welchen Rat gibt Ihrer Meinung der Autor einem Freund, der ein Auto kaufen möchte?

➪ 54.2

Was sagen Sie in den folgenden Situationen? Bringen Sie Ihre Meinung, Ihren Rat oder Ihre Frage mit den vorgegebenen Wörtern zum Ausdruck.

a. Ihre Mitbewohnerin fragt, ob ihre Kleidung für ein Vorstellungsgespräch heute angemessen ist. Sagen Sie ihr ehrlich, wenn sie diese Kleidung trägt, hält man sie für 40. Sagen Sie ihr, sie sollte das weiße Outfit tragen. [以为/**yǐwéi**; 应该/應該 **yīnggāi**]
b. Sagen Sie Ihrem Freund, dass Sie wahrscheinlich die Verabredung zum Abendessen morgen absagen müssen, da Sie Ihre Arbeit nicht rechtzeitig schaffen. [我看… **wǒ kàn . . .**]
c. Sie sind Journalist und schreiben einen Artikel zur chinesischen Geschichte. Sie rufen eine Professorin für chinesische Geschichte an, da Sie einige Fragen zur Geschichte haben, die Sie ihr gern stellen möchten. [请教/請教 **qǐngjiào**]
d. Ihre Freundin bittet Sie um Rat. Ihre Eltern wollen, dass sie Biologie studiert, aber sie hat sich schon immer für bildende Kunst interessiert. [最好 **zuì hǎo**]
e. Ihr jüngerer Bruder stört Sie den ganzen Morgen mit unwichtigen Fragen, während Sie versuchen für die Klausur morgen zu lernen. Als er in Ihr Zimmer kommt, um zu fragen, was Sie beide zu Mittag essen sollen, verlieren Sie die Geduld. Sie sagen ihm, er kann essen, was er will. Es ist Ihnen egal. [什么…就什么…/甚麼…就甚麼… **shénme . . . jiù shénme . . .**]

55 Angst, Besorgnis und Verunsicherung

1 Ihr Freud 小李 **Xiǎo Lǐ** hat Angst vor allem und macht sich über alles Sorgen. Sie müssen 小李 **Xiǎo Lǐ** ständig sagen, keine Angst zu haben. Was sagen Sie, wenn 小李 **Xiǎo Lǐ** das Folgende sagt?

Beispiel: 我怕狗。 → 别(不要)怕狗。
Wǒ pà gǒu. → **Bié (bù yào) pà gǒu.**
Ich habe Angst vor Hunden. → Hab keine Angst vor Hunden.

a. 我怕冷。
Wǒ pà lěng.
Ich habe Angst vor Kälte.

b. 我怕那个老师。
我怕那個老師。
Wǒ pà nàge lǎoshī.
Ich habe Angst vor dem Lehrer.

c. 我怕开车。
我怕開車。
Wǒ pà kāi chē.
Ich habe Angst Auto zu fahren.

d. 我怕没有人来。
我怕沒有人來。
Wǒ pà méi rén lái.
Ich fürchte, dass keiner kommen wird.

e. 我怕我学不会。
我怕我學不會。
Wǒ pà wǒ xuébuhuì.
Ich habe Angst, dass ich (es) nicht lernen kann.

f. 我怕黑天一个人走路。
我怕黑天一個人走路。
Wǒ pà hēitiān yī gè rén zǒu lù.
Ich habe Angst, allein in der Dunkelheit zu Fuß zu gehen.

g. 我很害怕考试。
我很害怕考試。
Wǒ hěn hàipà kǎoshì.
Ich habe große Angst vor Prüfungen.

h. 考试的时候我很紧张。
考試的時候我很緊張。
Kǎoshì de shíhou wǒ hěn jǐnzhāng.
Bei Prüfungen bin ich sehr nervös.

➪ 55.1

2

Füllen Sie die Lücken mit den passenden Wendungen aus der vorgegebenen Auswahl: 怕 **pà**, 恐怕 **kǒngpà**, 害怕 **hàipà**, 可怕 **kěpà**, 恐怖 **kǒngbù**, 吓/嚇 **xià**, 怕死 **pàsǐ**, 紧张/緊張 **jǐnzhāng**, 着急 **zháojí**, 恐惧/恐懼 **kǒngjù**.

我认为 (a)________ 鬼的人最可笑。世界上本来没有鬼。他们 (b)________ 这个世界不乱。一定要找一个没有的东西来 (c)________ 自己。把鬼说得多么 (d)________，一听见‘鬼’这个字，就 (e)________，就 (f)________，就 (g)________ 得不得了。

我認爲 (a)________ 鬼的人最可笑。世界上本來沒有鬼。他們 (b)________ 這個世界不亂。一定要找一個沒有的東西來 (c)________ 自己。把鬼說得多麽 (d)________，一聽見‘鬼’這個字，就 (e)________，就 (f)________，就 (g)________ 得不得了。

Wǒ rènwéi (a)________ **guǐ de rén zuì kěxiào. Shìjiè shàng běnlái méi yǒu guǐ. Tāmen** (b)________ **zhège shìjiè bù luàn. Yīdìng yào zhǎo yī gè méi yǒu de dōngxi lái** (c)________ **zìjǐ. Bǎ guǐ shuō de duōme** (d)________**, yī tīngjiàn ‘guǐ’ zhège zì, jiù** (e)________**, jiù** (f)________**, jiù** (g)________ **de bùdeliǎo.**

➪ 55.1–55.5

3

Sie sind Therapeut und betreuen eine Angst-Selbsthilfegruppe. Heute ist das erste Treffen. Alle Teilnehmer nennen ihre Ängste. Vervollständigen Sie die Sätze.

Teilnehmer 1: 我 __________ 跟人说话。(Angst haben)
我 __________ 跟人說話。
Wǒ __________ gēn rén shuō huà.

Teilnehmer 2: 一想到要去人多的地方，我心里就 __________。(voller Angst)
一想到要去人多的地方，我心裏就 __________。
Yī xiǎng dào yào qù rén duō de dìfang, wǒ xīnlǐ jiù __________.

Teilnehmer 3: 我常常 __________ 别人在看我。 (sich Sorgen machen)
Wǒ chángcháng __________ biérén zài kàn wǒ.

Teilnehmer 4: 我觉得人多的地方很 __________。(beängstigend)
我覺得人多的地方很 __________。
Wǒ juéde rén duō de dìfang hěn __________.

Teilnehmer 5: 不管我要参加什么活动，一两个星期以前我就开始 __________。(nervös)
不管我要參加甚麼活動，一兩個星期以前我就開始 __________。
Bù guǎn wǒ yào cānjiā shénme huódòng, yī liǎng ge xīngqī yǐqián wǒ jiù kāishǐ __________.

56 Die Einstellung und Sichtweise des Sprechers ausdrücken

1 Fügen Sie eine passende Interjektion ein.

a. _______，他们怎么还没来啊？
_______，他們怎麼還沒來啊？
_______, **tāmen zěnme hái méi lái a?**
Wieso sind sie immer noch nicht hier?

b. _______，你真的不去啦！
_______, **nǐ zhēnde bù qù la!**
Es stimmt, dass du nicht (hin)gehst!

c. _______，还是得听我的吧！
_______，還是得聽我的吧！
_______, **háishi děi tīng wǒ de ba!**
Letztendlich musst du auf mich hören!

d. _______，电影就要开始了。我们得进去了。
_______，電影就要開始了。我們得進去了。
_______, **diànyǐng jiù yào kāishǐ le. Wǒmen děi jìnqu le.**
Der Film fängt gleich an. Wir müssen rein gehen.

e. _______，你可来了。都把我想死了。
_______，你可來了。都把我想死了。
_______, **nǐ kě lái le. Dōu bǎ wǒ xiǎngsǐ le.**
Du bist endlich da. Ich habe dich so vermisst.

f. _______，跟你说了多少回了。你怎么就记不住呢？
_______，跟你說了多少回了。你怎麼就記不住呢？
_______, **gēn nǐ shuō le duōshǎo huí le. Nǐ zěnme jiù jìbuzhù ne?**
Ich habe es dir so oft gesagt. Wieso kannst du dich nicht erinnern?

g. _______，原来你们以前见过。
_______，原來你們以前見過。
_______, **yuánlái nǐmen yǐqián jiànguò.**
Ihr habt euch doch tatsächlich schon früher getroffen.

h. ________，我的手机找不着了。
________，我的手機找不著了。
________, wǒ de shǒujī zhǎobuzháo le.
Ich kann mein Mobiltelefon nicht finden.

➪ 56.1

2

Fügen Sie in jeden Satz eine passende Satzschlusspartikel ein.

a. 考试前当然要认真准备 ________。
考試前當然要認真準備 ________。
Kǎoshì qián dāngrán yào rènzhēn zhǔnbèi ________.
Selbstverständlich muss du dich vor der Prüfung gründlich vorbereiten.

b. 请你不要再麻烦我 ________！
請你不要再麻煩我 ________！
Qǐng nǐ bù yào zài máfan wǒ ________!
Bitte belästige mich nicht mehr!

c. 你要早一点儿睡觉 ________！
你要早一點兒睡覺 ________！
Nǐ yào zǎo yīdiǎr shuì jiào ________!
Du musst eher schlafen gehen!

d. 你别再喝 ________！
Nǐ bié zài hē ________!
Du solltest nicht mehr trinken!

➪ 56.2

57 Thema, Hervorhebung und Betonung

1 Schreiben Sie die folgenden Sätze neu. heben Sie die unterstrichenen Satzteile hervor, betonen Sie sie oder verwenden Sie sie als Satzthema.

Beispiel:		→	
	我不喜欢外国电影。		外国电影，我不喜欢。
	我不喜歡外國電影。		外國電影，我不喜歡。
	Wǒ bù xǐhuan wàiguó diànyǐng.		**Wàiguó diànyǐng, wǒ bù xǐhuan.**
	Ich mag keine ausländischen Filme.		Ausländische Filme mag ich nicht.

a. 我不喜欢那个饭馆。
我不喜歡那個飯館。
Wǒ bù xǐhuan nàge fànguǎn.
Ich mag das Restaurant nicht.

b. 我觉得中文课很有意思。
我覺得中文課很有意思。
Wǒ juéde Zhōngwén kè hěn yǒu yìsī.
Ich finde Chinesischunterricht sehr interessant.

c. 我没看过那个电影。
我沒看過那個電影。
Wǒ méi kànguò nàge diànyǐng.
Ich habe den Film nicht gesehen.

d. 听说这次考试很容易。
聽說這次考試很容易。
Tīngshuō zhè cì kǎoshì hěn róngyì.
Ich habe gehört, dass die Prüfung dieses Mal leicht ist.

e. 我没吃过日本饭。
我沒吃過日本飯。
Wǒ méi chīguò Rìběn fàn.
Ich habe noch nicht Japanisch gegessen.

f. 我每天都写汉字。
我每天都寫漢字。
Wǒ měitiān dōu xiě Hàn zì.
Ich schreibe jeden Tag Schriftzeichen.

g. 我不太清楚中国的经济情况。
我不太清楚中國的經濟情況。
Wǒ bù tài qīngchu Zhōngguó de jīngjì qíngkuàng.
Ich kenne die wirtschaftliche Situation in China nicht genau.

h. 请你不要管别人的事。
請你不要管別人的事。
Qǐng nǐ bù yào guǎn biéren de shì.
Kümmere dich nicht um die Angelegenheiten von anderen Leuten.

➪ 57.1

2 张苹/張苹 **Zhāng Píng** organisiert eine Party zum Chinesischen Neujahr und gibt ihren Freunden Anweisungen. Sie verwendet in allen Sätzen 把 **bǎ**. Schreiben Sie Ihre Anweisungen auf.

a. Zuerst tragen wir alle Stühle aus dem Klassenzimmer.
b. Dann stellen wir die Tische hinten ins Klassenzimmer.
c. 小陈/小陳 **Xiǎo Chén**, stell Essen und Trinken auf die Tische.
d. 小王 **Xiǎo Wáng**, feg den Boden sauber. [扫干净/掃乾淨 **sǎo gānjìng** sauber fegen]
e. 小李 **Xiǎo Lǐ**, wisch die Tafel ab. [擦干净/擦乾淨 **cā gānjìng** (sauber) abwischen]
f. 小毛 **Xiǎo Máo**, bereite die Musik vor. [准备音乐/準備音樂 **zhǔnbèi yīnyuè** Musik vorbereiten]
g. Ihr beide schreibt '春节好/春節好 **chūnjié hǎo**' auf die Tafel. [春节好/春節好 **chūnjié hǎo** Frohes Neues Jahr]
h. Ihr drei hängt diese zwei chinesischen Bilder an die Wand. [挂/挂 **guà** aufhängen]

➪ 18, 19, 20, 32.1, 57.2.1

3 Schreiben Sie die folgenden Sätze neu. Verwenden Sie 除了 **chúle . . .** 以外 **yǐwài**. Fügen Sie außerdem 都 **dōu**, 也 **yě** oder 还/還 **hái** ein.

Beispiel: 我哥哥喜欢看美国电影。他不喜欢看别的电影。
我哥哥喜歡看美國電影。他不喜歡看別的電影。
Wǒ gēge xǐhuan kàn Měiguó diànyǐng. Tā bù xǐhuan kàn bié de diànyǐng.
Außer amerikanische Filme sieht mein älterer Bruder nicht gern Filme.
→
除了美国电影以外，我哥哥不喜欢看别的电影。
除了美國電影以外，我哥哥不喜歡看別的電影。
Chúle Měiguó diànyǐng yǐwài, wǒ gēge bù xǐhuan kàn biéde diànyǐng.

a. 我不喜欢上中文课。别的同学喜欢上中文课。
我不喜歡上中文課。別的同學喜歡上中文課。
Wǒ bù xǐhuan shàng Zhōngwén kè. Bié de tóngxué xǐhuan shàng Zhōngwén kè.
Außer mir gehen alle anderen Studenten gern zum Chinesischunterricht.

b. 我去看电影了。他们去看电影了。
我去看電影了。他們去看電影了。
Wǒ qù kàn diànyǐng le. Tāmen qù kàn diànyǐng le.
Außer mir sind sie auch ins Kino gegangen.

c. 我和我的同学都去过中国。
我和我的同學都去過中國。
Wǒ hé wǒ de tóngxué dōu qùguò Zhōngguó.
Außer mir waren meine Kommilitonen auch alle in China.

d. 我学中文，也学中国文学和中国历史。
我學中文，也學中國文學和中國歷史。
Wǒ xué Zhōngwén, yě xué Zhōngguó wénxué hé Zhōngguó lìshǐ.
Außer Chinesisch studiere ich auch chinesische Literatur und chinesische Geschichte.

e. 他星期一到星期六都工作。只有星期日不工作。
Tā xīngqīyī dào xīngqīliù dōu gōngzuò. Zhǐ yǒu xīngqīrì bù gōngzuò.
Er arbeitet jeden Tag außer sonntags.

f. 我的同屋就喜欢足球。别的运动他不喜欢。
我的同屋就喜歡足球。別的運動他不喜歡。
Wǒ de tóngwū jiù xǐhuan zúqiú. Biéde yùndòng tā bù xǐhuan.
Außer Fußball mag mein Mitbewohner keinen Sport.

g. 我每天都练习写汉字，也听录音，复习语法并且念课文。
我每天都練習寫漢字，也聽錄音，復習語法幷且念課文。
Wǒ měitiān dōu liànxí xiě Hàn zì, yě tīng lùyīn, fùxí yǔfǎ bìngqiě niàn kèwén.
Außer, dass ich jeden Tag Schriftzeichen schreiben übe, höre ich auch Tonaufnahmen, wiederhole die Grammatik und lese die Texte laut.

h. 这个学校，就是餐厅的饭不太好吃，别的都很好。
這個學校，就是餐廳的飯不太好吃，別的都很好。
Zhège xuéxiào, jiùshì cāntīng de fàn bù tài hǎo chī, bié de dōu hěn hǎo.
An dieser Schule ist alles gut, außer das Essen in der Cafeteria.

➪ 46, 57.2.2

4 Schreiben Sie die Sätze entsprechend der deutschen Übersetzung mit 连/連 **lián** neu. Fügen Sie auch jeweils 都 **dōu** oder 也 **yě** hinzu. Das, was hinter 连/連 **lián** stehen und hervorgehoben soll, ist unterstrichen.

Beispiel: 我哥哥不喜欢看电影。他不喜欢看美国电影。
我哥哥不喜歡看電影。他不喜歡看美國電影。
Wǒ gēge bù xǐhuan kàn diànyǐng. Tā bù xǐhuan kàn Měiguó diànyǐng.
Mein älterer Bruder sieht nicht gern Filme. Er sieht nicht gern amerikanische Filme.
→
他连美国电影都 [oder 也] 不喜欢看。
他連美國電影都 [oder 也] 不喜歡看。
Tā lián Měiguó diànyǐng dōu [or yě] bù xǐhuan kàn.
Selbst amerikanische Filme sieht er nicht gern.

a. 这个字一定很难。老师不认识。
這個字一定很難。老師不認識。
Zhège zì yīdìng hěn nán. Lǎoshī bù rènshí.
Dieses Schriftzeichen ist sicher sehr schwer. Selbst der Lehrer kennt es nicht.

b. 这个字很容易。一年级的学生认识。
這個字很容易。一年級的學生認識。
Zhège zì hěn róngyì. Yīniánjí de xuésheng rènshi.
Dieses Schriftzeichen ist sehr einfach. Selbst Erstsemester-Studenten kennen es.

c. 我没有一个中国朋友。
我沒有一個中國朋友。
Wǒ méi yǒu yī gè Zhōngguó péngyou.
Ich habe nicht mal einen chinesischen Freund.

d. 他不念书。他没去过图书馆。
他不念書。他沒去過圖書館。
Tā bù niàn shū. Tā méi qùguò túshūguǎn.
Er studiert nicht. Er war noch nicht einmal in der Bibliothek.

e. 他不会写字。他不会写他自己的名字。
他不會寫字。他不會寫他自己的名字。
Tā bù huì xiě zì. Tā bù huì xiě tā zìjǐ de míngzi.
Er kann keine Schriftzeichen schreiben. Er kann nicht mal seinen eigenen Namen schreiben.

f. 小王不喜欢美国饭。他不喜欢汉堡包。
小王不喜歡美國飯。他不喜歡漢堡包。
Xiǎo Wáng bù xǐhuan Měiguó fàn. Tā bù xǐhuan hànbǎobāo.
Xiao Wang mag kein amerikanisches Essen. Er mag nicht mal Hamburger.

g. 我不会做饭。我不会炒鸡蛋。
我不會做飯。我不會炒鷄蛋。
Wǒ bù huì zuò fàn. Wǒ bù huì chǎo jīdàn.
Ich kann nicht kochen. Ich kann nicht mal ein Ei braten.

h. 他每天都工作。星期天工作。
Tā měitiān dōu gōngzuò. Xīngqītiān gōngzuò.
Er arbeitet jeden Tag. Er arbeitet selbst sonntags.

➪ 57.2.3

5 Heute ist der erste Tag eines Chinesischkurses. Jeder Student soll sich kurz auf Chinesisch vorstellen. 王明 **Wáng Míng** gibt die folgenden Informationen. Schrieben Sie seine Selbstvorstellung auf, verwenden Sie in jedem Satz 是 **shì . . .** 的 **de** um den unterstrichenen Satzteil hervorzuheben.

Beispiel: Ich wurde in Boston geboren. → 我是在波士顿生的。
我是在波士頓生的。
Wǒ shì zài Bōshìdùn shēng de.

a. Ich bin in Boston aufgewachsen.
b. Ich bin erst gestern Abend zurück zur Uni gekommen.
c. Ich bin mit meinem Mitbewohner zurückgekommen.
d. Wir sind mit dem Auto gekommen.
e. Mein Mitbewohner ist aus China gekommen.
f. Er kam vor zwei Jahren.
g. Er ist mit dem Flugzeug gekommen.
h. Wir haben uns auf einer Party kennengelernt.
i. Es war er, der mit gesagt hat, ich solle Chinesisch lernen.
j. Es war letzte Nacht, dass ich zusammen mit meinem Mitbewohner mit dem Auto aus Boston zurück zur Schulegekommen bin.
k. Es war vor zwei Jahren, dass er aus China in die USA gekommen ist.
l. Es war vor zwei Jahren, dass er mit dem Flugzeug aus China in die USA gekommen ist.

➪ 57.2.4

6 Laura will heiraten. Auf ihrer Brautparty wollen ihre Freundinnen alles über ihren Verlobten und ihre Pläne wissen. Vervollständigen Sie die folgenden Fragen und Antworten.

Stellen Sie Fragen auf Chinesisch um herauszufinden –

a. Wie sich kennengelernt haben:
   i. wann: ______________________
   ii. wo: ______________________
   iii. wer sie einander vorgestellt hat: ______________________
b. Der Heiratsantrag [求婚 **qiúhūn**]:
   i. Wo hat den Ring gekauft? [戒指 **jièzhǐ**]
   ____
   ii. Wie hat er den Antrag gemacht?
   ____

Laura gibt noch weitere Informationen. Helfen Sie ihr dabei, diese auf Chinesisch auszudrücken.

c. Hochzeitsgäste: Familie und 50 Freunde sind eingeladen.
除了 ____________________
Chúle ____________________

d. Zukunft: Hochzeit im Dezember, nächstes Jahr ein Haus kaufen; im Jahr danach ein Kind bekommen.
关于未来，我们打算 ____________________
關於未來，我們打算 ____________________
Guānyú wèilái, wǒmen dǎsuàn ____________________

58
Gast und Gastgeber

1 Ihre Gäste sind gerade eingetroffen. Sagen Sie das Folgende auf Chinesisch:

a. Heißen Sie die Gäste an der Tür willkommen.
b. Bitten Sie die Gäste herein.
c. Bitten Sie die Gäste sich zu setzen.
d. Bieten Sie den Gästen etwas zu trinken an (Tee oder Kaffee stehen zur Wahl).
e. Am Ende des Besuchs bitten Sie die Gäste wiederzukommen, wenn sie Zeit haben.
f. Wünschen Sie den Gästen an der Tür einen guten Heimweg.

➪ 58.1–58.4

2 Die folgenden Wendungen werden gewöhnlich auf Dinnerpartys verwendet. Entscheiden Sie, ob der Gast oder der Gastgeber sie sagt.

a. 欢迎、欢迎 / 歡迎、歡迎 **huānyíng, huānyíng**
b. 这是一点小礼物送给你们/這是一點小禮物送給你們 **Zhè shì yī diǎn xiǎo lǐwù sònggěi nǐmen**
c. 请进。/ 請進。**Qǐng jìn.**
d. 请坐，喝点什么？茶还是咖啡？
請坐，喝點甚麼？茶還是咖啡？
Qǐng zuò, hē diǎn shénme? Chá háishì kāfēi?
e. 哪里哪里，这房子很旧了。
哪裏哪裏，這房子很舊了。
Nǎlǐ, nǎlǐ, zhè fángzi hěn jiù le.
f. 多吃点，别客气。/ 多吃點，別客氣。**Duō chī diǎn, bié kèqì.**
g. 太好吃了，我从来没吃过这么好吃的菜。
太好吃了，我從來沒吃過這麼好吃的菜。
Tài hǎo chī le, wǒ cónglái méi chīguò zhème hǎo chī de cài.
h. 你家布置得真漂亮。/ 你家佈置得真漂亮。**Nǐ jiā bùzhì de zhēn piàoliang.**
i. 谢谢你的邀请 / 謝謝你的邀請 **Xièxie nǐ de yāoqǐng.**
j. 请留步 / 請留步 **Qǐng liú bù.**
k. 慢走，有空再来。/ 慢走，有空再來。**Màn zǒu, yǒu kòng zài lái.**

59 Komplimente machen und darauf reagieren

1 Reagieren Sie in angemessener Weise auf die folgenden Komplimente. Es kann mehr als eine Möglichkeit geben.

a. 你的中文说得很好。
你的中文說得很好。
Nǐ de Zhōngwén shuō de hěn hǎo.
Du sprichst sehr gut Chinesisch.

b. 您做的饭太好吃了。
您做的飯太好吃了。
Nín zuò de fàn tài hǎo chī le.
Das Essen, das Sie gekocht haben, schmeckt sehr gut.

c. 你的毛衣很漂亮。
Nǐ de máoyī hěn piàoliang.
Dein Pullover ist hübsch.

d. 你的歌儿唱得真是好听极了。
你的歌兒唱得真是好聽極了。
Nǐ de gēr chàng de zhēn shì hǎo tīngjíle.
Du singst äußerst gut.

e. 这是你画的吗？真漂亮。
這是你畫的嗎？真漂亮。
Zhè shì nǐ huà de ma? Zhēn piàoliang.
Hast du das gemalt? Es ist wirklich schön.

f. 你今天穿的裙子真好看！
Nǐ jīntiān chuān de qúnzi zhēn hǎo kàn!
Der Rock, den du heute trägst, ist sehr hübsch.

g. 您今天讲得非常精采。
您今天講得非常精采。
Nín jīntiān jiǎng de fēicháng jīngcǎi.
Du hast heute vorzüglich gesprochen.

h. 这么多菜！太丰盛了！
這麽多菜！太豐盛了！
Zhème duō cài! Tài fēngshèng le!
So viele Gerichte. Was für ein Überfluss!

➪ 59.2, 59.3

2 高蕾 **Gāo Lěi** hat einen Vortrag vor der Klasse gehalten 王明 **Wáng Míng** möchte sie loben. Drücken Sie ihr Gespräch auf Chinesisch aus.

a. 王明 **Wáng Míng** sagt 高蕾 **Gāo Lěi** dass er ihren Aufsatz gelesen hat und großartig findet.
b. 高蕾 **Gāo Lěi** lenkt das Lob auf 王明 **Wáng Míng** und sagt, dass sie viel von ihm lernen kann.
c. 王明 **Wáng Míng** sagt 高蕾 **Gāo Lěi**, dass er denkt, dass ihr Vortrag [描述 **miáoshù**] brillant [高明 **gāomíng**] war.
d. 高蕾 **Gāo Lěi** sagt, dass er übertreibt und dass ihr Vortrag nichts Besonderes war.
e. 王明 **Wáng Míng** sagt, dass ihre Beispiele und Erläuterungen [实例说明/實例說明 **shílì shuōmíng**] besonders gut waren und dass er denkt, dass sie wirklich talentiert ist. [有才气/有才氣 **yǒu cáiqì** Talent haben]
f. 高蕾 **Gāo Lěi** sagt, dass sie mittelmäßig waren, bestimmt nichts Besonderes.

➪ 59.1, 59.2, 59.3

3 Was sagen sie in den folgenden Situationen?

A. Nach einem Klavierkonzert loben 刘太太/劉太太 Frau Liu und 张太太/張太太 Frau Zhang jeweils die Kinder der anderen. Vervollständigen Sie ihre Sätze mit passenden Komplimenten und Reaktionen.

Vokabeln: 钢琴/鋼琴 **gāngqín** Klavier; 弹琴/彈琴 **tán qín** Klavier spielen / Tasteninstrument spielen

刘太太： 你儿子弹琴弹得 (a)______________________________!
劉太太： 你兒子彈琴彈得 (a)______________________________!
Liú tàitai: **Nǐ érzi tán qín tán de** (a)______________________________!
Frau Liu: Ihr Sohn spielt Klavier ______________________________!

张太太： (b)______________________________，你儿子弹得才好呢！
張太太： (b)______________________________，你兒子彈得才好呢！
Zhāng tàitai: (b)______________________________, **nǐ érzi tán de cái hǎo ne!**
Frau Zhang: ______________________________, Ihr Sohn spielt am besten.

刘太太： (c)______________________________，是老师教得好。
劉太太： (c)______________________________，是老師教得好。
Liú tàitai: (c)______________________________, **shì lǎoshī jiāo de hǎo.**
Frau Liu: ______________________________, der Lehrer hat gut unterrichtet.

B. Auf der Jahresendfeier der Firma wird 赵先生/趙先生 Herr Zhao Verkäufer des Jahres. Er schreibt diesen Erfolg seinem Manager 白先生 Herrn Bai wegen dessen Betreuung zu. 白先生 Herr Bai weist das Kompliment höflich zurück.

赵先生：我能够有今天的成就，都是白经理的功劳。
趙先生：我能夠有今天的成就，都是白經理的功勞。
Zhào xiānsheng: Wǒ nénggòu yǒu jīntiān de chéngjiù, dōu shì Bái jīnglǐ de gōngláo.
Herr Zhao: Meine Erfolge heute wurden durch die harte Arbeit von Manager Bai möglich.

白先生：(a)________________________，这是他自己的努力。
白先生：(a)________________________，這是他自己的努力。
Bái xiānsheng: (a)________________________, zhè shì tā zìjǐ de nǔlì.
Herr Bai: ________________________, das beruht alles auf seinen eigenen Anstrengungen.

60 Zufriedenheit und Unzufriedenheit

1 Antworten Sie auf die Fragen und geben Sie den Grad Ihrer Zufriedenheit an. ‚10' ist der höchste Grad, ‚1' der geringste. Wörter, die den Grad der Zufriedenheit angeben, finden Sie in Kapitel 60 der *Grammatik des Modernen Chinesisch*.

a. 你们学校怎么样？喜欢吗？(3)
你們學校怎麼樣？喜歡嗎？
Nǐmen xuéxiào zěnmeyàng? Xǐhuan ma?
Wie ist deine Schule? Gefällt sie dir?

b. 这里的菜味道还好吧？(10)
這裏的菜味道還好吧？
Zhèlǐ de cài wèidao hái hǎo ba?
Das Essen hier schmeckt gut, oder?

c. 那个饭馆的服务怎么样？(5)
那個飯館的服務怎麼樣？
Nàge fànguǎn de fúwù zěnmeyàng?
Wie ist der Service in diesem Restaurant?

d. 这门课怎么样？(8)
這門課怎麼樣？
Zhè mén kè zěnmeyàng?
Wie ist dieser Kurs?

e. 你住的地方还可以吗？(1)
你住的地方還可以嗎？
Nǐ zhù de dìfāng hái kěyǐ ma?
Ist der Ort, an dem du wohnst in Ordnung?

f. 那个电影怎么样？(3)
那個電影怎麼樣？
Nàge diànyǐng zěnme yàng?
Wie ist der Film?

➪ 60.1

2 Antworten Sie auf die Fragen und geben Sie den Grad Ihrer Unzufriedenheit an. ‚10' ist der höchste Grad, ‚1' der geringste. Wörter, die den Grad der Unzufriedenheit angeben, finden Sie in Kapitel 60 der *Grammatik des Modernen Chinesisch*.

a. 这个饭馆的饭怎么样？(10)
这個飯館的飯怎麼樣？
Zhège fànguǎn de fàn zěnmeyàng?

b. 那个城市的治安好不好？(3) [治安 **zhì'ān** öffentliche Sicherheit]
那個城市的治安好不好？
Nàge chéngshì de zhì'ān hǎo bù hǎo?

c. 最近的天气怎么样？(5)
最近的天氣怎麼樣？
Zuì jìn de tiānqì zěnmeyàng?

d. 那本书怎么样？(7)
那本書怎麼樣？
Nà běn shū zěnmeyàng?

e. 那个医院怎么样？(4)
那個醫院怎麼樣？
Nàge yīyuàn zěnmeyàng?

f. 你的车子怎么样？(1)
你的車子怎麼樣？
Nǐ de chēzi zěnmeyàng?

⇨ 60.2

3 Einer Ihrer Freunde fragt Sie, wie Sie sich an das Leben in China gewöhnt haben Übersetzen Sie die Fragen ins Deutsche und die Antworten ins Chinesische.

a. Freund: 你的宿舍怎么样？
你的宿舍怎麼樣？
Nǐ de sùshè zěnmeyàng?

b. Sie: Es ist in Ordnung.

c. Freund: 卫生间干净不干净？
衛生間乾淨不乾淨？
Wèishēngjiān gānjìng bù gānjìng?

d. Sie: Am Morgen geht es. Abend ist es nicht mehr sauber.

e. Freund: 你习惯了吗？
你習慣了嗎？
Nǐ xíguàn le ma?

f. Sie: Ja. Nach einer Weile gewöhnt man sich daran.

g. Freund: 食堂的饭怎么样？
食堂的飯怎麽樣？
Shítáng de fàn zěnmeyàng?

h. Sie: Geht so, so lala.

i. Freund: 食堂的服务好不好？
食堂的服務好不好？
Shítáng de fúwù hǎo bù hǎo?

j. Sie: (Er ist) nichts besonderes.

➪ 60.1, 60.2

4

Das neu eröffnete China-Restaurant *Furong Garten* vergibt 25 Kuai-Gutscheine an ausgewählte Gäste, die eine Zufriedenheitsumfrage [意见表/意見表 **yìjiàn biǎo**] nach dem Essen ausgefüllt haben. Helfen Sie dabei, die Umfrage ins Chinesische zu übersetzen.

Vielen Dank, dass Sie sich an der Umfrage beteiligen. Ihr Feedback hilft uns dabei, einen besseren Service und ein besseres Esserlebnis [用餐经验/用餐經驗 **yòngcān jīngyàn**] zu bieten. Um unseren Dank auszudrücken, vergeben wir jede Woche fünf 25 Kuai-Gutscheine an ausgewählte Gäste.

___

___

___

___

Bitte sagen Sie uns, was Sie denken:

___

	exzellent	gut	akzeptabel	schlecht	unakzeptabel
Ambiente					
Essen					
Service					
Gesamteindruck					

Würden Sie unser Restaurant einem Freund empfehlen? ☐ Ja ☐ Nein

___

Bemerkungen:

___:

Kontaktinformationen:
Name ___ / E-mail: ___

61

Ausdruck von Dankbarkeit und Reaktion darauf

1 Reagieren Sie angemessen auf den Dank. Es kann mehr als eine Möglichkeit geben.

a. 非常感谢你的帮助。
非常感謝你的幫助。
Fēicháng gǎnxiè nǐ de bāngzhù.
Vielen Dank für Ihre Hilfe.

b. 太麻烦你了。
太麻煩你了。
Tài máfan nǐ le.
Ich habe Ihnen viele Unannehmlichkeiten bereitet.

c. 真不好意思。
Zhēn bù hǎoyìsi.
Es ist mir wirklich unangenehm.

d. 谢谢您给我们的建议。
謝謝您給我們的建議。
Xièxie nín gěi wǒmen de jiànyì.
Vielen Dank für Ihren Vorschlag.

e. 我代表全体同学向您表示感谢。
我代表全體同學向您表示感謝。
Wǒ dàibiǎo quántǐ tóngxué xiàng nín biǎoshì gǎnxiè.
Im Namen aller Studenten möchte ich Ihnen danken.

f. 我代表学校向你道谢。
我代表學校向你道謝。
Wǒ dàibiǎo xuéxiào xiàng nǐ dàoxiè.
Ich danke Ihnen im Namen der Schule.

➪ 61.1, 61.2

2 Sie bereiten Ihre Rede zum Studienabschluss vor. Sie wollen Ihre Dankbarkeit gegenüber den Lehrern, Kommilitonen und Familienmitgliedern zum Ausdruck bringen. Drücken Sie das Folgende auf Chinesisch aus.

a. Danken Sir zuerst Ihren Eltern für deren anhaltende Unterstützung. [支持 **zhīchí** Unterstützung]

b. Bedanken Sie sich für die Opfer, die sie gebracht haben, damit Sie eine gute Ausbildung genießen können. [良好的教育 **liánghǎo de jiàoyù** gute Ausbildung, 牺牲/犧牲 **xīshēng** Opfer]

c. Gleichzeitig danken Sie Ihren Lehrern für deren Anleitung und Unterweisung. [指导和教诲/指導和教誨 **zhídǎo hé jiàohuì** Anleitung und Unterweisung]

d. Sagen Sie, dass sie Ihnen nicht nur Wissen gegeben haben, sondern Sie auch zu einer aufrichtigen Person erzogen haben. [知识/知識 **zhīshi** Wissen, 正直的人 **zhèngzhí de rén** aufrichtige Person]

e. Schließlich danken Sie Ihren Kommilitonen und Freunden für Ihre Freundschaft und Hilfe.. [友情 **yǒuqíng** Freundschaft]

f. Sagen Sie, dass es schwer vorstellbar ist, wie Sie die Zeit an der Uni ohne sie überstanden hätten. [想像 **xiǎngxiàng** vorstellen, 渡过/渡過 **dùguò** durchstehen, 大学时光/大學時光 **dàxué shíguāng** Studienzeit]

g. Sagen Sie, dass der Studienabschluss der Beginn eines neuen Lebens ist. Sie werden noch fleißiger arbeiten und studieren und niemanden enttäuschen (.. werde euch nicht enttäuschen). [辜负/辜負 **gūfù** jn. enttäuschen, (Hoffnungen/Erwartungen) nicht gerecht werden]

➪ 25.11, 61.1

3 Setzen Sie passende Wendungen zum Ausdruck von Dankbarkeit und Reaktionen darauf in die Mini-Dialoge ein.

a. Der Assistent gibt dem Manger das Protokoll einer Sitzung, wie vom Manager erbeten.

Assistent: 这是您要的会议记录。/ 這是您要的會議記錄。
Zhè shì nín yào de huìyì jìlù.

Manager: 谢谢/謝謝，________ 你了。
Xièxie, ________ nǐ le.

b. Der Wachmann hilft Fräulein Guān ihre Einkaufstaschen nach oben zu bringen.

Fräulein Guān: 太感谢你了，每次都 (i)________ 你，真 (ii)________。
太感謝你了，每次都 (i)________ 你，真 (ii)________。
Tài gǎnxiè nǐ le, měi cì dōu (i)________ nǐ, zhēn (ii)________.

Wachmann: (iii)________！这是我应该做的。
(iii)________！這是我應該做的。
(iii)________**! Zhè shì wǒ yīnggāi zuò de.**

c. Herr Jiang besucht seinen alten Chef, Herrn Wu, um ihn um Rat zu bitten. Er hat ein Geschenk für Herrn Wu mitgebracht.

Herr Jiang: 感谢您百忙之中跟我见面。这点小礼物请 (i)________。
感謝您百忙之中跟我見面。這點小禮物請 (i)________。
Gǎnxiè nín bǎimáng zhīzhōng gēn wǒ jiànmiàn. Zhè diǎn xiǎo lǐwù qǐng (i)________.

Herr Wu: 你太 (ii)________ 了，怎么还带东西来呢？
你太 (ii)________ 了，怎麼還帶東西來呢？
Nǐ tài (ii)________ **le, zěnme hái dài dōngxi lái ne?**

62

Einladungen, Bitten und Ablehnungen

1 Nehmen Sie die folgenden Einladungen an. Es kann mehr als eine Antwortmöglichkeit geben.

a. 周末我请你看电影，好吗？
周末我請你看電影，好嗎？
Zhōumò wǒ qǐng nǐ kàn diànyǐng, hǎo ma?
Ich lade dich am Wochenende ins Kino ein, in Ordnung?

b. 一起喝杯咖啡，怎么样？
一起喝杯咖啡，怎麼樣？
Yīqǐ hē bēi kāfēi, zěnmeyàng?
Wie wäre es, wenn wir zusammen einen Kaffee trinken?

c. 一块儿吃个便饭吧，我请客。
一塊兒吃個便飯吧，我請客。
Yīkuàr chī gè biànfàn ba, wǒ qǐng kè.
Lass uns zusammen etwas essen, ich lade ein.

d. 晚上跟我去听音乐会吧，我有两张票。
晚上跟我去聽音樂會吧，我有兩張票。
Wǎnshang gēn wǒ qù tīng yīnyuèhuì ba, wǒ yǒu liǎng zhāng piào.
Komm mit mir heute Abend ins Konzert, ich habe zwei Karten.

e. 下星期我请你看足球赛，好吗？
下星期我請你看足球賽，好嗎？
Xià xīngqī wǒ qǐng nǐ kàn zúqiú sài, hǎo ma?
Ich lade dich zum Fußballspiel nächste Woche ein, okay?

➪ 62.1.2

2 Lehnen Sie die folgenden Einladungen und Bitten ‚gesichstwahrend' ab. Verwenden Sie den Hinweis in Klammern.

a. 周末我请你看电影，好吗？ (Der Einlader braucht nicht so höflich zu sein.)
週末我請你看電影，好嗎？
Zhōumò wǒ qǐng nǐ kàn diànyǐng, hǎo ma?
Ich lade dich am Wochenende ins Kino ein, in Ordnung?

b. 一起喝杯咖啡，怎么样？(Der Einlader braucht nicht so höflich zu sein.)
一起喝杯咖啡，怎麽樣？
Yīqǐ hē bēi kāfēi, zěnmeyàng?
Wie wäre es, wenn wir zusammen einen Kaffee trinken?

c. 你能帮我买书吗？(versprechen Sie, es zu versuchen)
你能幫我買書嗎？
Nǐ néng bāng wǒ mǎi shū ma?
Kannst du mir helfen ein Buch zu kaufen?

d. 请你送我去飞机场，可以吗？(einen zeitlichen Konflikt geltend machen)
請你送我去飛機場，可以嗎？
Qǐng nǐ sòng wǒ qù fēijīchǎng, kěyǐ ma?
Kannst du mich bitte zum Flughafen bringen?

e. 我有几个问题，要向您请教。(einen zeitlichen Konflikt in diesem Moment geltend machen)
我有幾個問題，要向您請教。
Wǒ yǒu jǐ gè wèntí, yào xiàng nín qǐngjiào.
Ich habe einige Fragen, die ich Ihnen gern stellen würde.

f. 你能不能帮我找工作？(Unfähigkeit zu helfen geltend machen)
你能不能幫我找工作？
Nǐ néng bu néng bāng wǒ zhǎo gōngzuò?
Kannst du mir helfen eine Arbeit zu finden?

➪ 62.3

3

Lehnen Sie die folgenden Bitten ab. Verwenden Sie den Hinweis in Klammern.

a. 你能帮我买书吗？(Unmöglichkeit - gehe nicht in den Buchladen)
你能幫我買書嗎？
Nǐ néng bāng wǒ mǎi shū ma?
Kannst du mir helfen ein Buch zu kaufen?

b. 请你送我去飞机场，可以吗？(Zeitkonflikt – habe andere Pläne)
請你送我去飛機場，可以嗎？
Qǐng nǐ sòng wǒ qù fēijīchǎng, kěyǐ ma?
Kannst du mich bitte zum Flughafen bringen?

c. 带我去图书馆，行吗？(Zeitkonflikt – ich muss zum Unterricht gehen)
帶我去圖書館，行嗎？
Dài wǒ qù túshūguǎn, xíng ma?
Nimm mich mit zur Bibliothek, ok?

d. 你能不能帮我买两张电影票？(Unmöglichkeit – keine Zeit zur Kinokasse zu gehen)
你能不能幫我買兩張電影票？
Nǐ néng bu néng bāng wǒ mǎi liǎng zhāng diànyǐng piào?
Kannst du mir helfen zwei Kinokarten zu kaufen?

e. 我有几个问题，要向您请教。(Zeitkonflikt – muss zu einer Besprechung)
我有幾個問題，要向您請教。
Wǒ yǒu jǐ gè wèntí, yào xiàng nín qǐngjiào.
Ich habe einige Fragen, die ich Ihnen gern stellen würde.

f. 我可以借用一下您的电话吗？(Unmöglichkeit – Telefon ist kaputt)
我可以借用一下您的電話嗎？
Wǒ kěyǐ jièyòng yīxià nín de diànhuà ma?
Kann ich mal dein Telefon benutzen?

➪ 62.3

Kelly trinkt mit ihren Freundinnen Kaffee, als sie eine SMS von einem Mann erhält, den sie neulich getroffen hat. Er möchte sie nächste Woche zum Abendessen in ein thailändisches Restaurant einladen. Sie möchte nicht hingehen und bittet ihre Freundinnen um Rat, wie sie ablehnen kann. Übersetzen Sie die Ratschläge:

Abby: Sag ihm du magst kein thailändisches Essen.

____

Cathy: Sag, du bist in letzter Zeit sehr beschäftigt und fürchtest, dass du keine Zeit haben wirst.

____

Emily: Sag, dass du darüber nachdenkst und dass es im Moment ungünstig ist, zu telefonieren.

____

Stellen Sie sich vor, Sie sind eine von Kellys Freundinnen. Welchen Rat würden Sie ihr geben?

____

63 Entschuldigungen, Bedauern, Mitgefühl und schlechte Nachrichten

1 Ergänzen Sie die kurzen Dialoge mit einer passenden Entschuldigung.

a. A: ________。我来晚了。
________。我來晚了。
________. Wǒ lái wán le.
________. Ich bin zu spät gekommen.

B: 没关系。
沒關係。
Méi guānxi.
Macht nichts.

b. A: ________。我没听懂。请再说一次。
________。我沒聽懂。請再說一次。
________. Wǒ méi tīngdǒng. Qǐng zài shuō yīcì.
________. Ich habe es nicht verstanden. Bitte sag es noch einmal.

B: 没关系。我可以再说一次。
沒關係。我可以再說一次。
Méi guānxi. Wǒ kéyǐ zàishuō yīcì.
Kein Problem. Ich kann es noch einmal sagen.

c. A: ________。我听不见。请大点声。
________。我聽不見。請大點聲。
________. Wǒ tīngbujiàn. Qīng dà diǎn shēng.
________. Ich kann es nicht hören. Bitte sag es lauter.

B: 好。
Hǎo.
In Ordnung.

d. A: 让您久等了。________。
讓您久等了。________。
Ràng nín jiǔ děng le. ________.
Ich habe dich lange warten lassen. ________

B: 没事。
Méi shì.
Macht nichts.

e. A: ________。是我没说清楚。
________。是我沒說清楚。
________. Shì wǒ méi shuō qīngchu.
________. Ich war es, der es nicht klar gesagt hat.
B: 没关系。慢慢说。
沒關係。慢慢說。
Méi guānxi. Mànmàn shuō.
Das macht nichts. Lass dir Zeit.

➪ 63.1.1–63.1.3

2

Drücken Sie Ihr Mitgefühl aus, um einen Freund zu trösten, wenn er Ihnen von seine schlechten Nachrichten erzählt.

a. 我昨天刚买的字典，今天就丢了。
我昨天剛買的字典，今天就丟了。
Wǒ zuótiān gāng mǎi de zìdiǎn, jīntiān jiù diū le.
Das Wörterbuch, das ich erst gestern gekauft habe, habe ich heute verloren.

b. 我住了十几天医院，昨天刚出院。
我住了十幾天醫院，昨天剛出院。
Wǒ zhù le shí jǐ tiān yīyuàn, zuótiān gāng chūyuàn.
Ich war mehr als zehn Tage im Krankenhaus und wurde erst gestern entlassen.

c. 我这次考试考得很不好。
我這次考試考得很不好。
Wǒ zhè cì kǎoshì kǎo de hěn bù hǎo.
Ich war dieses Mal wirklich schlecht in der Prüfung.

d. 这个实验很不成功。
這個實驗很不成功。
Zhège shíyàn hěn bù chénggōng.
Das Experiment war nicht erfolgreich.

e. 听说老王的孩子没有考上大学。
聽說老王的孩子沒有考上大學。
Tīngshuō lǎo Wáng de háizi méi yǒu kǎoshàng dàxué.
Ich habe gehört, dass das Kind von Lao Wang die Hochschulzugangsprüfung nicht geschafft hat.

f. 我最近太忙。身体也不太舒服。
我最近太忙。身體也不太舒服。
Wǒ zuì jìn tài máng. Shēntǐ yě bù tài shūfu.
Ich habe in letzter Zeit zu viel zu tun. Es geht mir auch gesundheitlich nicht so gut.

➪ 63.2

3

Wählen Sie die passende Reaktion für jeden Mini-Dialog.

A. Michael entschuldigt sich bei James für die Verzögerung bei ihrem Projekt. James sagt, dass es nicht so schlimm ist.

Michael: _______，是我耽误了大家 / _______，是我耽誤了大家。
_______, shì wǒ dānwù le dàjiā.

James: 没关系，我们还有时间 / 沒關係，我們還有時間。
Méi guānxi, wǒmen hái yǒu shíjiān.

a 百岁 / 百歲 **Bǎisuì**
b. 真可惜 **Zhēn kěxí**
c. 抱歉 **Bàoqiàn**

B. Ben besucht seinen Freund Neal im Krankenhaus.

Ben: 我给你带了一些水果。_________。/ 我給你帶了一些水果。_________。
Wǒ gěi nǐ dài le yī xiē shuǐguǒ. _________.

Neal: 怎么这么客气，谢谢你。/ 怎麼這麼客氣？謝謝你。
Zěnme zhème kèqì? Xièxie nǐ.

a. 希望你早日康复 / 希望你早日康復 **xīwàng nǐ zǎorì kāngfù**
b. 真可惜 **zhēn kěxí**
c. 请原谅我 / 請原諒我 **qǐng yuánliàng wǒ**

C. James sagt seinem Chef, dass sich das Projekt verzögert und sie mehr Zeit benötigen.

James: 对不起，这个计划 _______ 不能如期完成。
對不起，這個計劃 _______ 不能如期完成。
Duìbuqǐ, zhège jìhuà _______ bù néng rúqī wánchéng.

Chef: 那，你还需要多少时间？那，你還需要多少時間？
Nà, nǐ hái xūyào duōshǎo shíjiān?

a. 可怕 **kěpà**
b. 恐怕 **kǒngpà**
c. 抱歉 **bàoqiàn**

D. Debbie lädt Linda ein, mit ihr und einigen Kollegen heute nach der Arbeit ins Kino gehen.

Debbie: 今天下班以后要不要一起去看电影？
今天下班以後要不要一起去看電影？
Jīntiān xià bān yǐhòu yào bù yào yīqǐ qù kàn diànyǐng?

Linda: _______，今天晚上我有事，你们自己去吧。
_______，今天晚上我有事，你們自己去吧。
_______, jīntiān wǎnshang wǒ yǒu shì, nǐmen zìjǐ qù ba.

a. 不要紧 / 不要緊 **Bù yàojǐn**
b. 不好意思 **Bùhǎo yìsi**
c. 请原谅我 / 請原諒我 **Qǐng yuánliàng wǒ**

64
Glückwünsche und gute Wünsche

1 Äußern Sie passende Glückwünsche und gute Wünsche in den folgenden Situationen.

a. Sie treffen Weihnachten einen Kollegen.
b. Sie sehen an Neujahr einen Nachbarn.
c. Sie treffen während des Frühlingsfestes einen alten Freund.
d. Ihre Freunde haben gerade geheiratet.
e. Ihr Freund hat gerade ein Restaurant eröffnet.
f. Ihr Cousin ist gerade 15 geworden.
g. Ihr Großvater ist gerade 70 geworden.
h. Ihr Neffe hat gerade die Universität abgeschlossen.
i. Ihr Onkel und Ihre Tante feiern ihr Hochzeitsjubiläum.

➪ 64.1, 64.2

2 Sie schreiben Freunden einen Glückwunsch zur Hochzeit. Welche der folgenden Wendungen sind passend? Geben Sie jeweils ‚ja' oder ‚nein' an.

a. 祝生意兴隆！
祝生意興隆！
Zhù shēngyi xīnglóng!

b. 庆祝结婚纪念。
慶祝結婚紀念。
Qìngzhù jiéhūn jìniàn.

c. 天作之合！
Tiān zuò zhī hé!

d. 寿比南山
壽比南山
Shòu bǐ nánshān

e. 百年好合！
Bǎi nián hǎo hé!

f. 恭贺新禧
恭賀新禧
Gōnghè xīnxǐ

g. 福如东海
福如東海
Fú rú dōng hǎi

h. 祝贺毕业！
祝賀畢業！
Zhùhé bì yè.

i. 鹏程万里。
鵬程萬里。
Péngchéng wànlǐ.

j. 庆祝新婚。
慶祝新婚。
Qìngzhù xīn hūn.

k. 长命百岁！
長命百歲！
Cháng mìng bǎi suì!

l. 恭喜！
Gōngxǐ!

m. 前途无量
前途無量
Qiántú wú liàng

n. 高风亮节！
高風亮節！
Gāo fēng liàng jié!

o. 白头偕老！
白頭偕老！
Bái tóu xié lǎo!

p. 恭喜发财！
恭喜發財！
Gōngxǐ fācái!

➪ 64.1, 64.2

3

In dieser Übung finden Sie zusätzliche Wendungen zum Ausdruck von Glückwünschen und guten Wünschen. Lesen Sie die Situationen und entscheiden Sie, welche Wendungen jeweils passend sind. Wenn nötig, verwenden Sie ein Wörterbuch.

A. Jamie geht zur Hochzeit ihrer Mitbewohnerin. Welche der folgenden Wendungen, darf <u>NICHT</u> auf ihrer Karte stehen?:
   a. 天赐良缘/天賜良緣 **tiān cì liángyuán** Eine himmlische Verbindung
   b. 永结同心/永結同心 **yǒngjié tóngxīn** Für immer vereint sein ein Herz und eine Seele sein
   c. 作育英才 **zuòyù yīngcái** Das Talent fördern.

B. Um Dr. Yan dafür zu danken, dass er durch seine Fähigkeiten das Leben seiner Frau gerettet hat, gibt Herr Li eine Schriftrolle in Auftrag:
   a. 近悦远来/近悦遠來 **jìnyuè yuǎnlái** Sein Bestes geben, um alle Menschen nah und fern zufriedenzustellen
   b. 妙手回春 **miàoshǒu huíchūn** Eine Wunderheilung bewirkt haben
   c. 琴瑟和鸣/琴瑟和鳴 **qínsè hémíng** Mit den besten Wünschen für eine harmonische Ehe

C. Um Herrn Wang zur Geschäftseröffnung zu gratulieren, lässt Herr Zhou ihm ein Blumenarrangement mit einer Karte liefern:
   a. 鸿图大展/鴻圖大展 **hóngtú dàzhǎn** Möge Ihr Geschäft florieren
   b. 金榜题名/金榜題名 **jīnbǎng tímíng** Die besten Wünsche für akademische / schulische Erfolge
   c. 松柏长春/松柏長春 **sōngbǎi chángchūn** Pinien und Zypressen sind immergrün (Wünsche für ein langes Leben)

D. Herr Huang, ein berühmter Kalligraf, soll etwas für die Eröffnung einer Kunstgalerie schreiben. Welchen Spruch wird er wahrscheinlich wählen:
   a. 步步高升 **bùbù gāoshēng** Schritt für Schritt aufsteigen
   b. 财源广进/財源廣進 **cáiyuán guǎngjìn** Mit den besten Wünschen für großen Reichtum
   c. 巧夺天工/巧奪天工 **qiǎo duó tiāngōng** Kunstfertigkeit übertrifft die Natur

Lösungsschlüssel

A Strukturen

1 Überblick über die Aussprache und Pinyin-Transkription

1 a. **xiān** b. **bié** c. **xuǎn** d. **yuè** e. **tóu** f. **huài** g. **chuī** h. **zǎo**

2 a. **Xiáo Lǐ** b. **wú bá yǐzi** c. **Ní yóu gǒu ma?** d. **Wó hén hǎo.** e. **Tā yé xiáng mái bǐ.** f. **Wó xiáng mǎi shū.** g. **Tā yóu jiǔ gè péngyou.** h. **wǔshíwú běn shū**

3 a. **kuai** b. **wan** c. **pengyou** d. **qian** e. **duo** f. **yue** g. **xuesheng** h. **zhongguo** i. **xiao** j. **yao**

2 Silbe, Bedeutung und Wort

1 a. **yì tiáo lù** b. **bú tài guì** c. **yí kuài qián** d. **yì mén kè** e. **yì suǒ fángzi** f. **yí gè rén** g. **yí shù huār** h. **yì háng** i. **yí bù diànyǐng** j. **bú cuò**

3 Das chinesische Schriftsystem: Ein Überblick

1 a. 女 b. 亻 c. 言 d. ⺮ e. 糸 f. 金 g. 辶 h. 氵 i. 彳

2 a. 辶 b. 户 c. 门 d. 忄 e. 攵 f. 寸 g. 木 h. 耳 i. 氵

3 a. 门 b. 车 c. 纟 d. 饣 e. 马 f. 贝 g. 钅 h. 鱼

4 a. D b. F c. G d. C e. B f. E g. H h. A

5 a. 講 → 讲 b. 塊 → 块 c. 樣 → 样 d. 蘭 → 兰 e. 連 → 连 f. 歐 → 欧 g. 學 → 学 h. 認 → 认 i. 聽 → 听 j. 曆 → 历

6

Gruppe 1 **ba**	*Gruppe 2* **zhan**	*Gruppe 3* **gang**	*Gruppe 4* **dong**	*Gruppe 5* **cheng**
爸 吧 把	站 占 战	綱 剛 鋼	東 棟 凍	城 誠 成

7 a. 4 b. 7 c. 5 d. 11 e. 7 f. 15 g. 5

4 Die Wortfolge im chinesischen Satz

1 a. [我]昨天跟朋友吃[午饭]了。
[我]昨天跟朋友吃[午飯]了。
[Wǒ] zuótiān gēn péngyou chī [wǔfàn] le.
[Ich] habe gestern mit Freunden [Mittag] gegessen.

b. 我的[弟弟]每天看[电视]。
我的[弟弟]每天看[電視]。
Wǒ de [dìdi] měitiān kàn [diànshì].
Mein [jüngerer Bruder] schaut jeden Tag [Fernsehen].

c. 中国的[大学生]也上[网]吗？
中國的[大學生]也上[網]嗎？
Zhōngguó de [dàxuéshēng] yě shàng [wǎng] ma?
Surfen Chinesische [Studenten] auch im [Internet]?

d. 城里的[书店]有很多[外国书]。
城裏的[書店]有很多[外國書]。
Chéng lǐ de [shūdiàn] yǒu hěn duō [wàiguó shū].
Der [Buchladen] in der Stadt hat viele [ausländische Bücher].

e. [我]今天下午在公园的[门口]等[你]。
[我]今天下午在公園的[門口]等[你]。
[Wǒ] jīntiān xiàwǔ zài gōngyuán de [ménkǒu] děng [nǐ].
[Ich] warte heute Nachmittag am [Eingang] des Parks auf [dich].

2 a. 我给奶奶写信了。
我給奶奶寫信了。
Wǒ gěi nǎinai xiě xìn le.
Ich habe einen Brief an Oma geschrieben.

b. 我对心理学很有兴趣。
我對心理學很有興趣。
Wǒ duì xīnlǐxué hěn yǒu xìngqù.
Ich interessiere mich sehr für Psychologie.

c. 我很喜欢跟朋友去玩。
我很喜歡跟朋友去玩。
Wǒ hěn xǐhuan gēn péngyou qù wán.
Ich gehe gern mit meinen Freunden aus.

d. 要是你忙，我可以替你作这件事。
要是你忙，我可以替你作這件事。
Yàoshi nǐ máng, wǒ kěyǐ tì nǐ zuò zhè jiàn shì.
Wenn du beschäftigt bist, kann ich das für dich erledigen.

e. 你什么时候到我家来？
你甚麼時候到我家來？
Nǐ shénme shíhòu dào wǒ jiā lái?
Wann kommst du zu mir nach Hause?

3

a. 我去年在中国学中文了。
我去年在中國學中文了。
Wǒ qùnián zài Zhōngguó xué Zhōngwén le.

b. 我每天都在学生中心碰到他。
我每天都在學生中心碰到他。
Wǒ měitiān dōu zài xuésheng zhōngxīn pèngdào tā.

c. 你想将来跟什么样的人结婚？
你想將來跟甚麼樣的人結婚？
Nǐ xiǎng jiānglái gēn shénme yàng de rén jiéhūn?

d. 他昨天晚上给我打电话了。
他昨天晚上給我打電話了。
Tā zuótiān wǎnshang gěi wǒ dǎ diànhuà le.

e. 他请我礼拜六跟他去看电影。
他請我禮拜六跟他去看電影。
Tā qǐng wǒ lǐbài liù gēn tā qù kàn diànyǐng.

4

a. 我在日本住了五年。
Wǒ zài Rìběn zhùle wǔ nián.

b. 我也喜欢看电影。
我也喜歡看電影。
Wǒ yě xǐhuān kàn diànyǐng.

c. 我每个周末都回家。
我每個週末都回家。
Wǒ měi gè zhōumò dōu huí jiā.

d. 我在图书馆工作。
我在圖書館工作。
Wǒ zài túshūguǎn gōngzuò.

e. 你要不要跟我去看电影？
你要不要跟我去看電影？
Nǐ yào bù yào gēn wǒ qù kàn diànyǐng?

f. 我对外国电影没有兴趣。
我對外國電影沒有興趣。
Wǒ duì wàiguó diànyǐng méi yǒu xìngqù.

5

a. 我不喜欢吃臭豆腐。
我不喜歡吃臭豆腐。
Wǒ bù xǐhuān chī chòu dòufu.

b. 我们不想跟你一起去看电影。
我們不想跟你一起去看電影。
Wǒmen bù xiǎng gēn nǐ yīqǐ qù kàn diànyǐng.

c. 他不在餐厅工作，他在宿舍工作。
他不在餐廳工作，他在宿舍工作。
Tā bù zài cāntīng gōngzuò, tā zài sùshè gōngzuò.

d. 他没给我打电话。
他沒給我打電話。
Tā méi gěi wǒ dǎ diànhuà.

e. 他不在法国念书，他在德国念书。
他不在法國唸書，他在德國唸書。
Tā bù zài Fǎguó niànshū, tā zài Déguó niànshū.

5 Nomen

1 a. 我们/我們 **wǒmen** *oder* 咱们/咱們 **zánmen** b. 我们/我們 **wǒmen** _______ 你 **nǐ** *oder* 你们/你們 **nǐmen** c. 他们/他們 **tāmen** *oder* 她们/她們 **tāmen** d. 我 **wǒ** _______ 他们/他們 **tāmen** *or* 她们/她們 **tāmen** e. 我 **wǒ** _______ 他 **tā** _______ 她 **tā**

2 a. 她的 **tā de** b. 我的 **wǒ de** c. 我的 **wǒ de** *oder* 我 **wǒ** d. 你的 **nǐ de**; 我们的/我們的 **wǒmen de** e. 你的 **nǐ de**

3 a. 他们/他們 **tāmen**, 我 **wǒ**, 我们/我們 **wǒmen**
b. 她 **tā**, 她 **tā**, 我 **wǒ**, 她 **tā**, 你 **nǐ**
c. 我 **wǒ**, 你 **nǐ**, 我 **wǒ** / 我 **wǒ**, 自己 **zìjǐ**

6 Zahlen

1 a. 六 **liù** b. 十五 **shíwǔ** c. 十一 **shíyī** d. 三十六 **sānshíliù** e. 二十三 **èrshísān** f. 八十四 **bāshísì** g. 五十五 **wǔshíwǔ** h. 九十七 **jiǔshíqī**

2 a. 六五零五七八二三 **liù wǔ líng wǔ qī bā èr sān** b. 七八一二八三二一九一 **qī bā yī èr bā sān èr yī jiǔ yī** c. 九一一 **jiǔ yī yī (jiǔ yāo yāo)** d. 零三二四五七七六三九 **líng sān èr sì wǔ qī qī liù sān jiǔ** e. 八五二二六零九五四九八 **bā wǔ èr èr liù líng jiǔ wǔ sì jiǔ bā** f. 八五二九六六八八 **bā wǔ èr jiǔ liù liù bā bā**

3 a. 两/兩 **liǎng** b. 二 **èr** c. 二 **èr** d. 两/兩 **liǎng** e. 两/兩 **liǎng** f. 两/兩 **liǎng** g. 两/兩 **liǎng** h. 两/兩 **liǎng** i. 二 **èr** j. 二 **èr** *or* 两/兩 **liǎng**

4

	Arabische Zahl	*Chinesische Zahl*
a.	1276	一千二百七十六 **yī qiān èr bǎi qīshí liù**
b.	35’634	三万五千六百三十四 三萬五千六百三十四 **sānwàn wǔqiān liùbǎi sānshísì**
c.	256’758	二十五万六千七百五十八 二十五萬六千七百五十八 **èrshí wǔ wàn liù qiān qī bǎi wǔshí bā**

	Arabische Zahl	*Chinesische Zahl*
d.	9'600'000	九百六十万 九百六十萬 **jiŭbăi liù shí wàn**
e.	1'893'683	一百八十九万三千六百八十三 一百八十九萬三千六百八十三 **yī băi bāshí jiŭ wàn sān qiān liù băi bāshísān**
f.	3027	三千零二十七 **sān qiān líng èrshí qī**
g.	370'035	三十七万零三十五 三十七萬零三十五 **sānshí qī wàn líng sānshí wŭ**
h.	279'005	二十七万九千零五 二十七萬九千零五 **èrshí qī wàn jiŭ qiān líng wŭ**
i.	3'079'001	三百零七万九千零一 三百零七萬九千零一 **sānbăi líng qī wàn jiŭqiān líng yī**
j.	66'209'380	六千六百二十万九千三百八十 六千六百二十萬九千三百八十 **liùqiān liùbăi èrshí wàn jiŭqiān sānbăi bāshí**

5

	Deutsche Ordnungszahl	*Chinesische Ordnungszahl*
a.	20.	第二十 **dì èrshí**
b.	9.	第九 **dì jiŭ**
c.	3.	第三 **dì sān**
d.	17.	第十七 **dì shíqī**
e.	1.	第一 **dì yī**
f.	12.	第十二 **dì shí'èr**
g.	48.	第四十八 **dì sìshí bā**
h.	36.	第三十六 **dì sānshíliù**

6

	Deutsch	*Chinesisch*
a.	circa 50	五十左右 **wŭshí zuŏyòu**
b.	weniger als 200	两百以下 兩百以下 **liăng băi yĭxià**
c.	fast 100	差不多一百 **chàbuduō yī băi**

	Deutsch	*Chinesisch*
d.	zwei oder drei Studenten	两三个学生 兩三個學生 **liăng sān gè xuésheng**
e.	neun oder zehn Studenten	九个十个学生 九個十個學生 **jiŭ gè shí gè xuésheng**
f.	weniger als 10	十以下 **shí yĭxià**
g.	mehr als 50	五十以上 **wŭshí yĭshàng**
h.	mehr als ein Monat	一个多月/一個多月 **yī gè duō yuè**

7

	Deutsch	*Chinesisch*
a.	5/8	八分之五 **bā fēn zhī wŭ**
b.	1/3	三分之一 **sān fēn zhīyī**
c.	0,75	零点七五/零點七五 **líng diăn qī wŭ**
d.	30%	百分之三十 **băi fēn zhī sānshí**
e.	8,33	八点三三/八點三三 **bā diăn sān sān**
f.	0,003	零点零零三/零點零零三 **líng diăn líng líng sān**
g.	4/5	五分之四 **wŭ fēn zhī sì**
h.	1/7	七分之一 **qī fēn zhī yī**

8

a.	$9\frac{1}{2}$ Stunden	九个半钟头/九個半鐘頭 **jiŭ gè bàn zhōngtóu**
b.	$1\frac{1}{2}$ Tassen Kaffee	一杯半咖啡/一盃半咖啡 **yī bēi bàn kāfēi**
c.	ein halber Monat	半个月/半個月 **bàn gè yuè**
d.	$1\frac{1}{2}$ Monate	一个半月/一個半月 **yī gè bàn yuè**
e.	$\frac{1}{2}$ Jahre	半年 **bàn nián**
f.	$3\frac{1}{2}$ Jahre	三年半 **sān nián bàn**

g. ein halbes Buch — 半本书/半本書 **bàn běn shū**

h. 2½ Semester — 两个半学期/兩個半學期 **liǎng gè bàn xuéqī**

i. 3½ Schalen Reis — 三碗半饭/三碗半飯 **sān wǎn bàn fàn**

j. ein halbes Glas Bier — 半杯啤酒/半盃啤酒 **bàn bēi píjiǔ**

9 a. 打七折 **dǎ qīzhé** b. 打九折 **dǎ jiǔzhé** c. 打五折 **dǎ wǔzhé**
d. 打七点五折/打七點五折 **dǎ qī diǎn wǔzhé**

10 a. 27 元 **yuán** b. 128 元 **yuán** c. 40 元 **yuán** d. 100 元 **yuán** e. 750 元 **yuán** f. 14400 元 **yuán**

7 Demonstrativpronomen

1 a. 这/這 **zhè**, 那 **nà** b. 哪儿/哪兒 **nǎr** *or* 哪里/哪裏 **nǎli** c. 哪儿/哪兒 **nǎr** *oder* 哪里/哪裏 **nǎli** d. 这/這 **zhè** e. 哪儿/哪兒 **nǎr** *oder* 哪里/哪裏 **nǎli** f. 那儿/那兒 **nàr** *oder* 那里/那裏 **nàlǐ** g. 这儿/這兒 **zhèr** *or* 这里/這裏 **zhèlǐ** h. 这/這 **zhè**, 这儿/這兒 **zhèr** *oder* 这里/這裏 **zhèlǐ** i. 那儿/那兒 **nàr** *oder* 那里/那裏 **nàlǐ**, 这儿/這兒 **zhèr** *oder* 这里/這裏 **zhèlǐ**, 那儿/那兒 **nàr** *oder* 那里/那裏 **nàlǐ** j. 哪儿/哪兒 **nǎr** *oder* 哪里/哪裏 **nǎli**, 这儿/這兒 **zhèr** *oder* 这里/這裏 **zhèlǐ**

2 a. 哪儿/哪兒 **nǎr** *oder* 哪里/哪裏 **nǎli**, b. 这儿/這兒 **zhèr** *oder* 这里/這裏 **zhèlǐ**, c. 那儿/那兒 **nàr** *oder* 那里/那裏 **nàlǐ**, d. 那 **nà**, e. 哪儿/哪兒 **nǎr** *oder* 哪里/哪裏 **nǎli**, f. 这儿/這兒 **zhèr** *oder* 这里/這裏 **zhèlǐ**, g. 那 **nà**, h. 这/這 **zhè**, i. 那儿/那兒 **nàr** *oder* 那里/那裏 **nàlǐ**, j. 这儿/這兒 **zhèr** *oder* 这里/這裏 **zhèlǐ**, k. 那 **nà**, l. 哪 **nǎ**, m. 那 **nà**

8 Zählwörter

1 a. 这两张桌子
這兩張桌子
zhè liǎng zhāng zhuōzi

b. 这三位教授
這三位教授
zhè sān wèi jiàoshòu

c. 那两双鞋子
那兩雙鞋子
nà liǎng shuāng xiézi

d. 那四瓶啤酒
nà sì píng píjiǔ

e. 那三本中文书
那三本中文書
nà sān běn Zhōngwén shū

f. 这两件毛衣
這兩件毛衣
zhè liǎng jiàn máoyī

g. 这两个英国学生
這兩個英國學生
zhè liǎng gè Yīngguó xuésheng

h. 那四门文学课
那四門文學課
nà sì mén wénxué kè

2

a. 那十个学生/那十個學生 **nà shí gè xuésheng**
b. 这三天/這三天 **zhè sān tiān**
c. 那个手机/那個手機 **nàge shǒujī**
d. 那五张照片/那五張照片 **nà wǔ zhāng zhàopiàn**
e. 这杯咖啡/這杯咖啡 **zhè bēi kāfēi**
f. 那张纸/那張紙 **nà zhāng zhǐ**

3

Dialog 1

A. a. 枝 **zhī** b. 本 **běn** c. 个/個 **gè** d. 件 **jiàn** e. 条/條 **tiáo** f. 张/張 **zhāng**

B. Übersetzung:

Jan: Das neue Semester wird bald beginnen. Ich gehe einige Sachen für die Schule kaufen. Schau, die Sachen in diesem Geschäft sind wirklich preiswert: Ich habe zehn Bleistifte, zwei Wörterbücher, einen Rucksack, zwei Kleidungsstücke, eine Hose gekauft, insgesamt (für) nur 35 Kuai. Ihr Papier ist noch preiswerter, 500 Blatt (für) nur 4,50 Kuai.

Dialog 2

A. a. 条/條 **tiáo** b. 瓶 **píng** c. 个/個 **gè** d. 张/張 **zhāng** e. 把 **bǎ**
f. 张/張 **zhāng** g. 瓶 **píng** h. 条/條 **tiáo** i. 件 **jiàn**

B. Übersetzung:

Tina: Sind die Tische und Stühle alle bereit? Ich habe die fünf Laibe Brot und vier Flaschen Wein, die du wolltest, alle gekauft.

Lili: Es sind insgesamt zehn Personen, die haben vielleicht nicht alle Platz. Wir brauchen noch einen (zusätzlichen) Tisch. Bring zusätzlich noch drei Stühle herüber. Ausserdem muss auf jeden Tisch eine Vase mit Blumen gestellt werden.

Tina: OK. Was trägst du heute abend? Ich möchte meinen roten Rock anziehen.

Lili: Ich habe vor, meinen neugekauften Rock anzuziehen, er passt sehr gut zu dem weissen Oberteil.

4

a. 一万三千四百五十九块
一萬三千四百五十九塊
yī wàn sān qiān sì bǎi wǔshí jiǔ kuài

b. 两千八百五十块
兩千八百五十塊
liǎng qiān bā bǎi wǔshí kuài

c. 七毛五(分)
qī máo wǔ (fēn)

d. 四百五十块零二分
四百五十塊零二分
sì bǎi wǔshí kuài líng èr fēn

e. 一千二百二十二块
一千二百二十二塊
yī qiān èr bǎi èrshí'èr kuài

f. 九万六千四百五十七块四毛五(分)
九萬六千四百五十七塊四毛五(分)
jiǔ wàn liù qiān sì bǎi wǔ shí qī kuài sì máo wǔ (fēn)

5

a. $93.81 b. $45.03 c. $8.1 d. $2,703 e. $6.09 f. $0.66

9 Nominalphrasen

1

a. 的 **de** kann innerhalb dieser Nominalphrase nicht verwendet werden

b. 五本很有意思的小说
五本很有意思的小說
wǔ běn hěn yǒu yìsī de xiǎoshuō

c. 五张很便宜的飞机票
五張很便宜的飛機票
wǔ zhāng hěn piányi de fēijī piào

d. 那条蓝色的裤子
那條藍色的褲子
nà tiáo lánsè de kùzi

e. 那门中文(的)课
那門中文(的)課
nà mén Zhōngwén (de) kè

f. 那六把很漂亮的椅子
nà liù bǎ hěn piàoliang de yǐzi

g. 一瓶五十块钱的葡萄酒
一瓶五十塊錢的葡萄酒
yī píng wǔshí kuài qián de pútao jiǔ

2

a. 我的五枝铅笔
我的五枝鉛筆
wǒ de wǔ zhī qiānbǐ

b. 我的一个朋友
我的一個朋友
wǒ de yī gè péngyou

c. 他的两个同学
他的兩個同學
tā de liǎng gè tóngxué

d. 我们的三位老师
我們的三位老師
wǒmen de sān wèi lǎoshī

e. 我的四本书
我的四本書
wǒ de sì běn shū

f. 他的那把椅子
tā de nà bǎ yǐzi

g. 喜欢旅游的女孩子
喜歡旅游的女孩子
xǐhuan lǚyóu de nǚháizi

h. 两张很贵的飞机票
兩張很貴的飛機票
liǎng zhāng hěn guì de fēijī piào

i. 那位很高的德文老师
那位很高的德文老師
nà wèi hěn gāo de Déwén lǎoshī

j. 我的很好的朋友
wǒ de hěn hǎo de péngyou

k. 一件黄颜色的毛衣
一件黃顏色的毛衣
yī jiàn huáng yánsè de máoyī

l. 一块钱的中国地图
一塊錢的中國地圖
yī kuài qián de Zhōngguó dìtú

3 a. Wessen chinesisches Buch? b. Ein vom wem geschriebenes chinesisches Buch? c. Ein chinesisches Buch, das du wann gekauft hast? d. ein chinesisches Buch, das du wo gekauft hast? e. Welches von Professor Ma geschriebenes Buch? f. Welches Buch, das du magst? g. Ein Buch, das wieviel Geld (kostet)?

4 a. 这三本书
這三本書
zhè sān běn shū

b. 那两个学生
那兩個學生
nà liǎng gè xuésheng

c. 那五枝笔
那五枝筆
nà wǔ zhī bǐ

d. 这十个本子 *oder* 这十本本子
這十個本子 *oder* 這十本本子
zhè shí gè běnzi *oder* **zhè shí běn běnzi**

e. 这张纸
這張紙
zhè zhāng zhǐ

f. 这些报纸
這些報紙
zhè xiē bàozhǐ

g. 这条裤子
這條褲子
zhè tiáo kùzi

h. 这三把椅子
這三把椅子
zhè sān bǎ yǐzi

i. 那五张桌子
那五張桌子
nà wǔ zhāng zhuōzi

j. 那个人
那個人
nàge rén

5

a. 三个学中文的人
三個學中文的人
sān gè xué Zhōngwén de rén

b. 我昨天看的电影
我昨天看的電影
wǒ zuótiān kàn de diànyǐng

c. 我会写的汉字
我會寫的漢字
wǒ huì xiě de Hàn zì

d. 跟你谈话的那位先生
跟你談話的那位先生
gēn nǐ tánhuà de nà wèi xiānsheng

e. 今天早上跟你谈话的那位先生
今天早上跟你談話的那位先生
jīntiān zǎoshang gēn nǐ tánhuà de nà wèi xiānsheng

f. 今天早上在餐厅跟你谈话的那位先生
今天早上在餐廳跟你談話的那位先生
jīntiān zǎoshang zài cāntīng gēn nǐ tánhuà de nà wèi xiānsheng

g. 我买的鞋子
我買的鞋子
wǒ mǎi de xiézi

h. 我在意大利买的鞋子
我在意大利買的鞋子
wǒ zài Yìdàlì mǎi de xiézi

6

a. '图书馆' 是看书借书的地方。'圖書館' 是看書借書的地方。**'Túshūguǎn' shì kàn shū jiè shū de dìfang.**

b. '同屋' 是跟你一起住的人。**'Tóngwū' shì gēn nǐ yīqǐ zhù de rén.**

c. '厨师' 是做菜的人。'廚師' 是做菜的人。**'Chúshī' shì zuò cài de rén.**

d. '医生' 是看病的人。'醫生' 是看病的人。**'Yīshēng' shì kàn bìng de rén.**

e. '学校' 是跟同学学习的地方。'學校' 是跟同學學習的地方。**'Xuéxiào' shì gēn tóngxué xuéxí de dìfang.**

10 Adjektivverben

1

a. 他忙不忙？
Tā máng bù máng?
oder 他忙吗？
他忙嗎？
Tā máng ma?

b. 那本书有意思没有？
那本書有意思沒有？
Nà běn shū yǒu yìsi méi yǒu?
oder 那本书有意思吗？
那本書有意思嗎？
Nà běn shū yǒu yìsi ma?

c. 飞机票贵不贵？
飛機票貴不貴？
Fēijī piào guì bù guì?
oder 飞机票贵吗？
飛機票貴嗎？
Fēijī piào guì ma?

d. 那件事情复杂不复杂？
那件事情複雜不複雜？
Nà jiàn shìqing fùzá bù fùzá?
oder 那件事情复杂吗？
那件事情複雜嗎？
Nà jiàn shìqing fùzá ma?

e. 她的男朋友好看不好看？
Tā de nán péngyou hǎo kàn bù hǎo kàn?
oder 她的男朋友好看吗？
她的男朋友好看嗎？
Tā de nán péngyou hǎo kàn ma?

f. 他们用功不用功？
他們用功不用功？
Tāmen yònggōng bù yònggōng?
oder 他们用功吗？
他們用功嗎？
Tāmen yònggōng ma?

g. 他有钱没有？
他有錢沒有？
Tā yǒu qián méi yǒu?
oder 他有钱吗？
他有錢嗎？
Tā yǒu qián ma?

h. 那辆车快不快？
那輛車快不快？
Nà liàng chē kuài bù kuài?
oder 那辆车快吗？
那輛車快嗎？
Nà liàng chē kuài ma?

2

a. 他不忙。
Tā bù máng.

b. 那本书没有意思。
那本書沒有意思。
Nà běn shū méi yǒu yìsi.

c. 飞机票不贵。
飛機票不貴。
Fēijī piào bù guì.

d. 那件事情不复杂。
那件事情不複雜。
Nà jiàn shìqing bù fùzá.

e. 她的男朋友不好看。
Tā de nán péngyou bù hǎokàn.

f. 他们不用功。
他們不用功。
Tāmen bù yònggōng.

g. 他没有钱。
他沒有錢。
Tā méi yǒu qián.

h. 那辆车不快。
那輛車不快。
Nà liàng chē bù kuài.

3

a. 他很高。
Tā hěn gāo.

b. 他非常帅。
他非常帥。
Tā fēicháng shuài.

c. 他相当聪明。
他相當聰明。
Tā xiāngdāng cōngming.

d. 他太胖。
Tā tài pàng.

e. 他很客气。
他很客氣。
Tā hěn kèqi.

f. 他真有意思。
Tā zhēn yǒu yìsi.

4

a. 王明很聪明。周利更聪明。
王明很聰明。周利更聰明。
Wáng Míng hěn cōngming. Zhōu Lì gèng cōngming.

b. 王明有本事。周利更有本事。
Wáng Míng yǒu běnshi. Zhōu Lì gèng yǒu běnshi.
c. 王明很帅。周利更帅。
王明很帥。周利更帥。
Wáng Míng hěn shuaì. Zhōu Lì gèng shuài.
d. 王明很和气。周利更和气。
王明很和氣。周利更和氣。
Wáng Míng hěn héqi. Zhōu Lì gèng héqi.

5
a. 一样/一样 **yīyàng**
b. 更 **gèng**
c. 远/远 **yuǎn**
d. 小 **xiǎo**
e. 李家同的房间和张天一的房间/李家同的房间和张天一的房间 **Lǐ Jiātóng de fángjiān hé Zhāng Tiānyī de fángjiān**

11 Statische Verben

1
a. 他不想吃中国饭。
他不想吃中國飯。
Tā bù xiǎng chī Zhōngguó fàn.
b. 他不怕陌生人。
Tā bù pà mòshēng rén.
c. 我不懂他的意思。
Wǒ bù dǒng tā de yìsi.
d. 我不爱他。我不愿意嫁给他。
我不愛他。我不願意嫁給他。
Wǒ bù ài tā. Wǒ bù yuànyi jià gěi tā.
e. 他不像他爷爷。
他不像他爺爺。
Tā bù xiàng tā yéye.

2
a. 她姓张。
她姓張。
Tā xìng Zhāng.
b. 她叫小春。
Tā jiào Xiǎo Chūn.
c. 她今年十八岁。
她今年十八歲。
Tā jīnnián shíbā suī.
d. 她是大学生。
她是大學生。
Tā shì dàxuéshēng.

e. 她没有汽车。她有一只猫。
她沒有汽車。她有一隻猫。
Tā meí yǒu qìchē. Tā yǒu yī zhī māo.

f. 她很喜欢历史。
她很喜歡歷史。
Tā hěn xǐhuan lìshǐ.

g. 她怕狗。
Tā pà gǒu.

h. 她非常想去中国。
她非常想去中國。
Tā fēicháng xiǎng qù Zhōngguó.

3 a. 在 **zài** b. 有 **yǒu** c. 姓 **xìng** d. 是 **shì** e. 在 **zài** f. 有 **yǒu** g. 是 **shì . . .** 有 **yǒu**

4 a. 养狗，对吗？你的房子就在学校的旁边。还有，你很喜欢化学和历史。
養狗，對嗎？你的房子就在學校的旁邊。還有，你很喜歡化學和歷史。
yǎng gǒu, duì ma? Nǐ de fángzi jiù zài xuéxiào de pángbiān. Hái yǒu, nǐ hěn xǐhuān huàxué hé lìshǐ.

b. 最怕开车。/ 最怕開車。**zuì pà kāi chē.**

c. 不怕了。**bù pà le.**

12 Modalverben

1 a. 会/會 **huì** b. 会/會 **huì** c. 能 **néng** d. 会/會 **huì**, 能 **néng**, *oder* 可以 **kěyǐ** e. 能 **néng** *oder* 可以 **kěyǐ** f. 能 **néng** *oder* 可以 **kěyǐ** g. 可以 **kěyǐ** h. 会/會 **huì**, 能 **néng**, *oder* 可以 **kěyǐ**

2 a. 不必 **bù bì** b. 应该/應該 **yīnggāi** *oder* 应当/應當 **yīngdāng** c. 不应该/不應該 **bù yīnggāi** d. 必须/必須 **bìxū** *oder* 得 **děi** e. 必须/必須 **bìxū** *oder* 得 **děi** f. 不必 **bù bì** g. 不许/不許 **bù xǔ** h. 不许/不許 **bù xǔ**

3 a. 你应该对老师客气。
你應該對老師客氣。
Nǐ yīnggāi duì lǎoshī kèqi.

b. 你必得每天上课。
你必得每天上課。
Nǐ bìděi měitiān shàng kè.

c. 你应该每天晚上学中文。
你應該每天晚上學中文。
Nǐ yīnggāi měitiān wǎnshang xué Zhōngwén.

d. 你必须买一本中文字典。
你必須買一本中文字典。
Nǐ bìxū mǎi yī běn Zhōngwén zìdiǎn.

e. 你不必看那个电影。
你不必看那個電影。
Nǐ bù bì kàn nàge diànyǐng.

4 a. 你应该每天早上吃早饭。
你應該每天早上吃早飯。
Nǐ yīnggāi měitiān zǎoshang chī zǎofàn.
b. 你得锁门。
你得鎖門。
Nǐ děi suǒ mén.
c. 你不应该喝太多咖啡。
你不應該喝太多咖啡。
Nǐ bù yīnggāi hē tài duō kāfēi.
d. 你不应该看别人的信。
你不應該看別人的信。
Nǐ bù yīnggāi kàn biéren de xìn.
e. 你不必等我。
Nǐ bù bì děng wǒ.
f. 你(必)得找工作。
Nǐ (bì) děi zhǎo gōngzuò.
g. 你不必早回家。
Nǐ bù bì zǎo huí jiā.
h. 你不许在医院里抽烟。
你不許在醫院裏抽煙。
Nǐ bù xǔ zài yīyuàn lǐ chōu yān.

5 a. 得 **děi**
b. 不许/不許 **bùxǔ**
c. 别 **bié**
d. 不可以 **bù kěyǐ**
e. 可以 **kěyǐ**
f. 会/會 **huì**

6 a. 不能 **bù néng** b. 不应该/不应该 **bù yīnggāi** c. 不让/不让 **bù ràng**

13 Handlungsverben

1 a. 过/過 **guo . . .** 过/過 **guo** b. 过/過 **guo** c. 了 **le** d. 过/過 **guo** e. 了 **le**
f. 过/過 **guo** g. 了 **le**

2 a. 他没吃早饭。
他沒吃早飯。
Tā méi chī zǎofàn.

b. 他上课了。
他上課了。
Tā shàng kè le.

c. 他在图书馆学习了。
他在圖書館學習了。
Tā zài túshūguǎn xuéxí le.

d. 他吃中饭了。
他吃中飯了。
Tā chī zhōngfàn le.

e. 他没看他的女朋友。
他沒看他的女朋友。
Tā méi kàn tā de nǚ péngyou.

f. 他看了一个电影。
他看了一個電影。
Tā kàn le yī gè diànyǐng.

g. 他去书店了。
他去書店了。
Tā qù shūdiàn le.

h. 他没买书。
他沒買書。
Tā méi mǎi shū.

3

a. 我看书了。
我看書了。
Wǒ kàn shū le.

b. 我跟朋友唱歌儿了。
我跟朋友唱歌兒了。
Wǒ gēn péngyou chàng gēr le.

c. 我在图书馆念书了。（我在图书馆学习了。）
我在圖書館念書了。（我在圖書館學習了。）
Wǒ zài túshūguǎn niàn shū le. (Wǒ zài túshūguǎn xuéxí le.)

d. 我画了两张画儿。
我畫了兩張畫兒。
Wǒ huàle liǎng zhāng huàr.

e. 我看电视看了两个钟头。
我看電視看了兩個鐘頭。
Wǒ kàn diànshì kànle liǎng gè zhōngtóu.

4

(Freie Antwort.)

5

Amy 站着吃饭。
Amy 站著吃飯。
Amy zhàn zhe chī fàn.

Elisabeth 开着门睡觉。
Elisabeth 開著門睡覺。
Elisabeth kāizhe mén shuì jiào.

Carmen 卧室的墙上挂着一件长大衣。
Carmen 臥室的牆上掛著一件長大衣。
Carmen Wòshì de qiáng shang guàzhe yī jiàn cháng dàyī.

Derek 的书桌上放 / 摆着十二个石狮子。
Derek 的書桌上放 / 擺著十二個石獅子。
Derek de shūzhuō shàng fàng/bǎi zhe shí'èr ge shí shīzi.

Emilie 只能坐着唱歌。
Emilie 只能坐著唱歌。
Emilie zhǐ néng zuòzhe chàng gē.

Frank 只穿着睡衣去学校。
Frank 只穿著睡衣去學校。
Frank zhǐ chuānzhe shuìyī qù xúexiào.

14 Präpositionen und Präpositionalphrasen

1 a. 替 **tì** b. 往 **wǎng** c. 对/對 **duì** d. 跟 **gēn** e. 对/對 **duì** f. 在 **zài** ______ 到 **dào** g. 跟 **gēn** *oder* 对/對 **duì** h. 往 **wǎng**

2 a. 我给我的朋友打电话了。
我給我的朋友打電話了。
Wǒ gěi wǒ de péngyou dǎ diànhuà le.

b. 她请我到她家来吃饭。
她請我到她家來吃飯。
Tā qǐng wǒ dào tā jiā lái chī fàn.

c. 我在图书馆念书了。
我在圖書館念書了。
Wǒ zài túshūguǎn niàn shū le.

d. 我从图书馆到她家去了。
我從圖書館到她家去了。
Wǒ cóng túshūguǎn dào tā jiā qù le.

e. 我给他买了糖。
我給她買了糖。
Wǒ gěi tā mǎi le táng.

f. 她给我介绍她的父母。
她給我介紹她的父母。
Tā gěi wǒ jièshào tā de fùmǔ.

g. 后来，我跟她看电影了。
後來，我跟她看電影了。
Hòulái, wǒ gēn tā kàn diànyǐng le.

h. 我们在书房(里)看电影了。
我們在書房(裏)看電影了。
Wǒmen zài shūfáng (lǐ) kàn diànyǐng le.

3

a. 这位是我们新来的老师。
這位是我們新來的老師。
Zhè wèi shì wǒmen xīn lái de lǎoshī.

b. 我给你们介绍介绍。
我給你們介紹介紹。
Wǒ gěi nǐmen jièshào jièshào.

c. 他刚从美国来。
他剛從美國來。
Tā gāng cóng Měiguó lái.

d. 他今年在我们学校教英文。
他今年在我們學校教英文。
Tā jīnnián zài wǒmen xuéxiào jiào Yīngwén.

e. 他对中国文化很有兴趣。
他對中國文化很有興趣。
Tā duì Zhōngguó wénhuà hěn yǒu xìngqù.

f. 他希望到各地去旅行。
Tā xīwàng dào gè dì qù lǚxíng.

g. 也希望多跟中国人来往。
也希望多跟中國人來往。
Yě xīwàng duō gēn Zhōngguó rén láiwǎng.

4

a. 下课以后我不给你打电话。
下課以後我不給你打電話。
Xià kè yǐhòu wǒ bù gěi nǐ dǎ diànhuà.

b. 我不把书还给图书馆。
我不把書還給圖書館。
Wǒ bù bǎ shū hái gěi túshūguǎn.

c. 我不跟老师说你病了。
我不跟老師說你病了。
Wǒ bù gēn lǎoshī shuō nǐ bìng le.

d. 我不在餐厅等你。
我不在餐廳等你。
Wǒ bù zài cāntīng děng nǐ.

e. 我不把我的书拿走。
我不把我的書拿走。
Wǒ bù bǎ wǒ de shū názǒu.

f. 我不给你买午饭。
我不給你買午飯。
Wǒ bù gěi nǐ mǎi wǔfàn.

15 Adverbien

1 a. 也 **yě** b. 还/還 **hái** c. 只 **zhǐ** [就 **jiù**] d. 都 **dōu** e. 也 **yě** f. 只 **zhǐ** g. 只 **zhǐ** h. 就 **jiù** i. 才 **cái** j. 都 **dōu**

2 小李 **Xiǎo Lǐs** Antworten:

a. 我学英文，也学日文。
我學英文，也學日文。
Wǒ xué Yīngwén, yě xué Rìwén.

b. 我只[就][才]十六岁。
我只[就][才]十六歲。
Wǒ zhǐ [jiù] [cái] shíliù suì.

c. 还没有。我还没出过国。
還沒有。我還沒出過國。
Hái méi yǒu. Wǒ hái méi chūguo guó.

d. 想。我毕业了以后才有机会出国。
想。我畢業了以後才有機會出國。
Xiǎng. Wǒ bìyè le yǐhòu cái yǒu jīhuì chū guó.

e. 我想去英国，也想去美国。
我想去英國，也想去美國。
Wǒ xiǎng qù Yīngguó, yě xiǎng qù Měiguó.

f. 我去了英国，美国以后就想去日本。
我去了英國，美國以後就想去日本。
Wǒ qù le Yīngguó, Měiguó yǐhòu jiù xiǎng qù Rìběn.

Die Interviewfragen:

a. 你学哪个外语？（你学什么外语？）
你學哪個外語？（你學甚麽外語？）
Nǐ xué nǎge wàiyǔ? (Nǐ xué shénme wàiyǔ?)

b. 你多大年纪？
你多大年紀？
Nǐ duō dà niánjì?

c. 你去过外国吗？（你出过国没有？）
你去過外國嗎？（你出過國沒有？）
Nǐ qùguo wàiguó ma? (Nǐ chūguo guó méiyou?)

d. 你想出国吗？
你想出國嗎？
Nǐ xiǎng chū guó ma?

e. 你想去哪儿[哪里]？（你想到哪儿去？）
你想去哪兒[哪裏]？（你想到哪兒去？）
Nǐ xiǎng qù nǎr [nǎli]? (Nǐ xiǎng dào nǎr qù?)

f. 你也想去日本吗？
你也想去日本嗎？
Nǐ yě xiǎng qù Rìběn ma?

3 A: 昨天刚开学，明天中文课就有小考，真让人受不了。
昨天剛開學，明天中文課就有小考，真讓人受不了。
Zuótiān gāng kāi xué, míngtiān Zhōngwén kè jiù yǒu xiǎokǎo, zhēn ràng rén shòubùliǎo.

B: 刚开学你就受不了了，你还学不学了？
剛開學你就受不了了，你還學不學了？
Gāng kāi xué nǐ jiù shòubùliǎo le, nǐ hái xué bù xué le?

A: 学还要学，我只抱怨一下而已。
學還要學，我只抱怨一下而已。
Xué hái yào xué, wǒ zhǐ bàoyuàn yīxià éryǐ.

B: 抱怨有什么用，只能让你自己不高兴。
抱怨有甚麼用，只能讓你自己不高興。
Bàoyuàn yǒu shénme yòng, zhǐ néng ràng nǐ zìjǐ bù gāoxìng.

A: 你也常常抱怨呀。
Nǐ yě chángcháng bàoyuàn ya.

B: 我只抱怨你抱怨得太多。
Wǒ zhǐ bàoyuàn nǐ bàoyuàn de tài dūo.

16 Konjunktionen

1 a. 和 **hé**/跟 **gēn** b. 还是/還是 **háishi** c. 或者 **huòzhě** d. 还是/還是 **háishi**
e. 和 **hé**/跟 **gēn** f. 和 **hé**/跟 **gēn** g. 和 **hé**/跟 **gēn** h. 或者 **huòzhě**

2 小李：我不知道选中文课好还是选中国历史课好。
我不知道選中文課好還是選中國歷史課好。
Wǒ bù zhīdào xuǎn Zhōngwén kè hǎo háishi xuǎn Zhōngguó lìshǐ kè hǎo.

小王：中文课和中国历史课你更喜欢哪个？
中文課和中國歷史課你更喜歡哪個？
Zhōngwén kè hé Zhōngguó lìshǐ kè nǐ gèng xǐhuān nǎ ge?

小李：中文课和中国历史课我都喜欢。
中文課和中國歷史課我都喜歡。
Zhōngwén kè hé Zhōngguó lìshǐ kè wǒ dōu xǐhuān.

小王：那你就选中文课和中国历史课。
那你就選中文課和中國歷史課。
Nà nǐ jiù xuǎn Zhōngwén kè hé Zhōngguó lìshǐ kè.

小李：我没有那么多时间。
我沒有那麼多時間。
Wǒ méi yǒu nàme duō shíjiān.

小王：那你就选中文课或者中国历史课。
那你就選中文課或者中國歷史課。
Nà nǐ jiù xuǎn Zhōngwén kè huòzhě Zhōngguó lìshǐ kè.

小李：你也不知道我应该选中文课还是选中国历史课。
你也不知道我應該選中文課還是選中國歷史課。
Nǐ yě bù zhīdào wǒ yīnggāi xuǎn Zhōngwén kè háishi Zhōngguó lìshǐ kè.
小王：我当然不知道，因为跟我没关系。
我當然不知道，因為跟我沒關係。
Wǒ dāngrán bù zhīdào, yīnwèi gēn wǒ méi guānxi.
小李：多谢！
多謝！
Duō xiè!

17 Aspekte

1

a. 小李昨天看了两本书。
小李昨天看了兩本書。
Xiǎo Lǐ zuótiān kànle liǎng běn shū.
b. 小李昨天和朋友喝咖啡了。
Xiǎo Lǐ zuótiān hé péngyou hē kāfēi le.
c. 小李昨天看电视看了一个钟头。
小李昨天看電視看了一個鐘頭。
Xiǎo Lǐ zuótiān kàn diànshì kànle yī ge zhōngtou.
小李昨天看了一个钟头的电视。
小李昨天看了一個鐘頭的電視。
Xiǎo Lǐ zuótiān kàn le yī ge zhōngtou de diànshì.
d. 小李昨天和同屋去买东西了。
小李昨天和同屋去買東西了。
Xiǎo Lǐ zuótiān hé tóngwū qù mǎi dōngxi le.
e. 小李昨天买了一双很贵的运动鞋。
小李昨天買了一雙很貴的運動鞋。
Xiǎo Lǐ zuótiān mǎile yī shuāng hěn guì de yùndòng xié.

2

a. 学校没开学。
學校沒開學。
Xuéxiào méi kāi xué.
Die Schule hat nicht angefangen.
b. 我没买课本。
我沒買課本。
Wǒ méi mǎi kèběn.
Ich habe keine Lehrbücher gekauft.
c. 我没买中文书。
我沒買中文書。
Wǒ méi mǎi Zhōngwén shū.
Ich habe keine chinesischen Bücher gekauft.

d. 我没做功课。
我沒做功課。
Wǒ méi zuò gōngkè.
Ich habe meine Hausaufgaben nicht gemacht.

e. 我的同屋白天不睡觉。
我的同屋白天不睡覺。
Wǒ de tóngwū báitiān bù shuì jiào.
Mein Mitbewohner schläft nicht tagsüber.

f. 我没学过中文。
我沒學過中文。
Wǒ méi xuéguo Zhōngwén.
Ich habe noch nicht Chinesisch gelernt.

g. 我没在中国学过中文。
我沒在中國學過中文。
Wǒ méi zài Zhōngguó xuéguo Zhōngwén.
Ich habe noch nicht in China Chinesisch gelernt.

h. 我妹妹不学中文。
我妹妹不學中文。
Wǒ mèimei bù xué Zhōngwén.
Meine jüngere Schwester lernt nicht Chinesisch.

i. 我没跟朋友去买东西。
我沒跟朋友去買東西。
Wǒ méi gēn péngyou qù mǎi dōngxi.
Ich bin nicht mit Freunden einkaufen gegangen.

3

a. 你这个星期看了电影[吗/没有]？
你這個星期看了電影[嗎/沒有]？
Nǐ zhège xīngqī kànle diànyǐng [ma/méi yǒu]?

b. 你星期五晚上和爸爸妈妈吃晚饭了[吗/没有]？
你星期五晚上和爸爸媽媽吃晚飯了[嗎/沒有]？
Nǐ xīngqīwǔ wǎnshang hé bàba māma chī wǎnfàn le [ma/méi yǒu]?

c. 你去了那个新的咖啡馆[吗/没有]？
你去了那個新的咖啡館[嗎/沒有]？
Nǐ qùle nàge xīn de kāfēiguǎn [ma/méi yǒu]?

d. 你买了新的外套[吗/没有]？
你買了新的外套[嗎/沒有]？
Nǐ mǎile xīn de wàitào [ma/méi yǒu]?

e. 你看完了那本历史书[吗/没有]？
你看完了那本歷史書[嗎/沒有]？
Nǐ kànwánle nà běn lìshǐ shū [ma/méi yǒu]?

4

a. 小李在做功课呢。
小李在做功課呢。
Xiǎo Lǐ zài zuò gōngkè ne.

b. 小李在穿衣服呢。
小李在穿衣服呢。
Xiǎo Lǐ zài chuān yīfú ne.

c. 小李正在收拾屋子呢。
小李正在收拾屋子呢。
Xiǎo Lǐ zhèngzài shōushi wūzi ne.

d. 小李在开(着)车呢。
小李在開(著)車呢。
Xiǎo Lǐ zài kāi(zhe) chē ne.

e. 小李在吃(着)饭呢。
小李在吃(著)飯呢。
Xiǎo Lǐ zài chī(zhe) fàn ne.

5

a. 了 **le**
b. 了 **le**
c. 着/著 **zhe**
d. 在 **zài**
e. 了 **le**
f. 了 **le**
g. 了 **le**
h. 了 **le**
i. 了 **le**
j. 了 **le**
k. 了 **le**
l. 着/著 **zhe**

6

Antwortbeispiel:

Thomas 没登过长城。他也没去过圆明园。饺子他吃过很多次，可是他没吃过北京烤鸭。他没看过京剧，可是他说他没有兴趣看。他逛过胡同，可是他说他还想再去一次。

Thomas 沒登過長城。他也沒去過圓明園。餃子他吃過很多次，可是他沒吃過北京烤鴨。他沒看過京劇，可是他說他沒有興趣看。他逛過胡同，可是他說他還想再去一次。

Thomas méi dēngguo Chángchéng. Tā yě méi qùguo Yuánmíngyuán. Jiǎozi tā chīguo hěn duō cì, kěshì tā méi chīguo Běijīng Kǎoyā. Tā méi kànguo Jīngjù, kěshì tā shuō ta méi yǒu xìngqù kàn. Tā guàngguo hútòng, kěshì tā shuō tā hái xiǎng zài qù yī cì.

7

Antwortbeispiel:

对不起，王先生正在开会，不能接电话。他开完会就给你打电话。
對不起，王先生正在開會，不能接電話。他開完會就給你打電話。
**Duìbuqǐ, Wáng xiānsheng zhèngzài kāi huì, bù néng jiē diànhuà.
Tā kāiwán huì jiù gěi nǐ dǎ diànhuà.**

8 Antwortbeispiel:

我家门上挂着一个花圈，门口放着一盆花。
我家門上掛著一個花圈，門口放著一盆花。
Wǒ jiā mén shàng guàzhe yī ge huāquān, ménkǒu fàngzhe yī pén huā.

9 Antwortbeispiel:

不好意思我今天晚上不去了。我累死了，今天写了五页汉字，洗了很多碗，还整理了三个书架。

不好意思我今天晚上不去了。我累死了，今天寫了五頁漢字，洗了很多碗，還整理了三個書架。

Bùhǎoyìsi, wǒ jīntiān wǎnshang bù qù le. Wǒ lèisǐle. Jīntiān xiěle wǔ gè Hànzì, xǐle hěn duō wǎn, hái zhěnglǐ le sān gè shūjià.

18 Resultativverben

1
a. 我听懂了。/ 我聽懂了。**Wǒ tingdǒng le.**
b. 功课做完了。/ 功課做完了。**Gōngkè zuòwán le.**
c. 那本书我找到 / 着了。/ 那本書我找到 / 著了。
Nà běn shū wǒ zhǎodào/zháo le.
d. 那本书我还没有看完。/ 那本書我還沒有看完。**Nà běn shū wǒ hái méi kànwán.**
e. 现在我能看懂中国电影了。/ 現在我能看懂中國電影了。
Xiànzài wǒ néng kàndǒng Zhōngguó diànyǐng le.
f. 我的手机在路上丢掉了。真麻烦。/ 我的手機在路上丟掉了。真麻煩。
Wǒ de shǒujī zài lùshang diūdiào le. Zhēn máfan.
g. 饭做好了，可以吃了。/ 飯做好了，可以吃了。**Fàn zuòhǎo le, kěyǐ chī le.**
h. 他每个字都写错了。/ 他每個字都寫錯了。**Tā měi gè zì dōu xiěcuò le.**

2
a. 我记不住他的名字。/ 我記不住他的名字。
Wǒ jìbuzhù tā de míngzi.
b. 我们已经做完了今天的功课。我們已經做完了今天的功課。
Wǒmen yǐjing zuòwánle jīntiān de gōngkè.
c. 今天的功课，你一个钟头做得完做不完？
今天的功課，你一個鐘頭做得完做不完？
Jīntiān de gōngkè, nǐ yī ge zhōngtou zuòde wán zuò bù wán?
d. 一个钟头做不完。一個鐘頭做不完。**Yīge zhōngtou zuòbuwán.**
e. 我打不开窗户。你打得开吗？
我打不開窗戶。你打得開嗎？
Wǒ dǎbukāi chuānghu. Nǐ dǎdekāi ma?
f. 我还没洗完衣服。（我还没把衣服洗完。）
我還沒洗完衣服。（我還沒把衣服洗完。）
Wǒ hái méi xǐwán yīfu. (Wǒ hái méi bǎ yīfu xǐwán.)

g. 这件衬衫很脏。你想你洗得干净吗？
这件襯衫很髒。你想你洗得乾淨嗎？
Zhè jiàn chènshān hěn zāng. Nǐ xiǎng nǐ xǐde gānjìng ma?

h. 你刚说的话我没有听清楚。
你剛說的話我沒有聽清楚。
Nǐ gāng shuō de huà wǒ méi yǒu tīng qīngchu.

i. 我听不懂老师说的话。
我聽不懂老師說的話。
Wǒ tīngbudǒng lǎoshī shuō de huà.

j. 倪买得起买不起飞机票？
你買得起買不起飛機票？
Nǐ mǎideqǐ mǎibuqǐ fēijīpiào?

3

a. 你来得及来不及？/ 你來得及來不及？**Nǐ láidejí láibují?**

b. 这些书你拿得动拿不动？/ 這些書你拿得動拿不動？**Zhè xiē shū nǐ nádedòng nábudòng?**

c. 你找到了工作没有？/ 你找到了工作沒有？**Nǐ zhǎodào le gōngzuò méi yǒu?**

d. 你看得见看不见？/ 你看得見看不見？**Nǐ kàndejiàn kànbujiàn?**

4

a. 找不到 **zhǎobudào**

b. 吃完 **chīwán**

c. 吃完 **chīwán**

d. 买不到/買不到 **mǎibùdào**; 卖完/賣完 **màiwán**

5

a. 会/會 **huì**

b. 完 **wán**

c. 饱/飽 **bǎo**

d. 住 **zhù**

e. 掉 **diào**

f. 到 **dào**

6

a. 他吃不了东西。/ 他吃不了東西。**Tā chībuliǎo dōngxi.**

b. 他每天要做的事情都记不住。他每天要做的事情都記不住。
Tā měitiān yào zuò de shìqing dōu jìbuzhù.

c. 他看不清楚。他看不清楚。**Tā kànbùqīngchu.**

d. 他找不到手机。他找不到手機。**Tā zhǎobudào shǒujī.**

e. 别人说的话他听不懂。別人說的話他聽不懂。**Biéren shuō de huà tā tīngbudǒng.**

7

a. 我找到鞋子就来。我找到鞋子就來。**Wǒ zhǎodào xiézi jiù lái.**

b. 我洗了澡就来。我洗了澡就來。**Wǒ xǐ le zǎo jiù lái.**

c. 我买到书就来。我買到書就來。**Wǒ mǎidàoshū jiù lái.**

d. 我扔掉衣服就来。我扔掉衣服就來。**Wǒ rēngdiào yīfu jiù lái.**

e. 我把闹钟修好就来。我把鬧鐘修好就來。**Wǒ bǎ nàozhōng xiūhǎo jiù lái.**

19 Richtungsverben

1
a. Steh auf (站)起来/(站)起來 **(zhàn) qǐlái**
b. Geh hinein 进去/進去 **jìnqù**
c. Komm heraus 出来/出來 **chūlái**
d. Leg dich hin 躺下 **tǎngxià**
e. Leg dich auf den Bauch 趴下 **pāxià**
f. Spring darüber 跳过去/跳過去 **tiào guòqù**
g. Komm her 过来/過來 **guòlái**

2
a. Leg dich nicht hin! 不可以躺下 **bù kěyǐ tǎngxià**
b. Renn nicht hinaus! 不可以跑出去 **bù kěyǐ pǎo chūqù**
c. Klettere nicht hoch! 不可以爬上去 **bù kěyǐ pá shàngqù**
d. Spring nicht herunter! 不可以跳下来/不可以跳下來 **bù kěyǐ tiào xiàlái**

3
a. 起来/起來 **qǐlái**
b. 起来/起來 **qǐlái**
c. 下去 **xiàqù**
d. 下去 **xiàqù**
e. 起来/起來 **qǐlái**; 起来/起來 **qǐlái**
f. 起来/起來 **qǐlái**

4
a. 起来/起來 **qǐlái**
b. 出来/出來 **chūlái**
c. 下去 **xiàqù**
d. 起来/起來 **qǐlái**
e. 起来/起來 **qǐlái**
f. 起来/起來 **qǐlái**
g. 上去 **shàngqù**
h. 下去 **xiàqù**
i. 出来/出來 **chūlái**
j. 起来/起來 **qǐlái** *oder* 下来/下來 **xiàlái**

5
a. 我跑回学校来。
我跑回學校來。
Wǒ pǎohuí xuéxiào lái.
Ich komme zur Schule zurückgelaufen.
b. 我跑回家来。
我跑回家來。
Wǒ pǎohuí jiā lái.
Ich komme nach Hause zurückgelaufen.
c. 我跑下楼来。
我跑下樓來。
Wǒ pǎo xià lóu lái.
Ich komme (im Gebäude) nach unten gelaufen.

d. 我跑上山来。
我跑上山來。
Wŏ păoshàng shān lái.
Ich komme den Berg hochgelaufen.

e. 我跑出图书馆来。
我跑出圖書館來。
Wŏ păochū túshūguăn lái.
Ich komme aus der Bibliothek herausgelaufen.

f. 我跑回宿舍来。
我跑回宿舍來。
Wŏ păohuí sùshè lái.
Ich komme ins Wohnheim zurückgelaufen.

g. 我跑进教室来。
我跑進教室來。
Wŏ păojìn jiàoshì lái.
Ich laufe ins Klassenzimmer zurück.

h. 我跑过马路来。
我跑過馬路來。
Wŏ păoguò mălù lái.
Ich komme über die Strasse gelaufen.

20 把 bă-Sätze: Die Konstruktion, die über das Objekt ‚verfügt'

1

a. 小王把书还给图书馆了。
小王把書還給圖書館了。
Xiăo Wàng bă shū huán gĕi túshūguăn le.
Xiao Wang hat das Buch an die Bibliothek zurückgegeben.

b. 大伟把车开回家了。
大偉把車開回家了。
Dà Wĕi bă chē kāi huí jiā le.
David hat das Auto nach Hause zurück gefahren.

c. 小李把衣服洗干净了。
小李把衣服洗乾淨了。
Xiăo Lĭ bă yīfu xĭ gānjing le.
Xiao Li hat die Wäsche sauber gewaschen.

d. 老师把窗户开开了。
老師把窗戶開開了。
Lăoshī bă chuānghu kāikāi le.
Der Lehrer hat das Fenster geöffnet.

e. 我把课本买到了。
我把課本買到了
Wŏ bă kèbĕn măidào le.
Ich habe es geschafft, das Lehrbuch zu kaufen.

f. 弟弟把功课做完了。
弟弟把功課做完了。
Dìdi bǎ gōngkè zuòwán le.
Der jüngere Bruder hat die Hausaufgaben fertig gemacht.

g. 张明把我的电脑用坏了。
張明把我的電腦用壞了。
Zhāng Míng bǎ wǒ de diànnǎo yòng huài le.
Zhang Ming hat meinen Computer ruiniert (benutzt, bis er kaputt ging).

h. 他把他的汽车卖了。
他把他的汽車賣了。
Ta bǎ tā de qìchē mài le.
Er hat sein Auto verkauft.

2

小王没把书还给图书馆。
小王沒把書還給圖書館。
Xiǎo Wàng méi bǎ shū huán gěi túshūguǎn.
Xiao Wang hat das Buch nicht an die Bibliothek zurückgegeben.

b. 大伟没把车开回家。
大偉沒把車開回家。
Dà Wěi méi bǎ chē kāi huí jiā.
David hat das Auto nicht nach Hause zurück gefahren.

c. 小李没把衣服洗干净。
小李沒把衣服洗乾淨。
Xiǎo Lǐ méi bǎ yīfu xǐ gānjing.
Xiao Li hat die Wäsche nicht sauber gewaschen.

d. 老师没把窗户开开。
老師沒把窗戶開開。
Lǎoshī méi bǎ chuānghu kāikāi.
Der Lehrer hat das Fenster nicht geöffnet.

e. 我没把课本买到。
我沒把課本買到。
Wǒ méi bǎ kèběn mǎidào.
Ich habe es nicht geschafft, das Lehrbuch zu kaufen.

f. 弟弟没把功课做完了。
弟弟沒把功課做完了。
Dìdi méi bǎ gōngkè zuòwán.
Der jüngere Bruder hat die Hausaufgaben nicht fertig gemacht.

g. 张明没把我的电脑用坏。
張明沒把我的電腦用壞。
Zhāng Míng méi bǎ wǒ de diànnǎo yòng huài le.
Zhang Ming hat meinen Computer (bei der Benutzung) nicht kaputt gemacht.

h. 他没把他的汽车卖了。
他沒把他的汽車賣了。
Ta méi bǎ tā de qìchē mài le.
Er hat sein Auto nicht verkauft.

3

a. 他把我的书借走了。
他把我的書借走了。
Tā bǎ wǒ de shū jièzǒu le.
Er hat mein Buch ausgeliehen.

b. 他把饺子吃完了。
他把餃子吃完了。
Tā bǎ jiǎozi chīwán le.
Er hat die Jiaozi aufgegessen.

c. 我把手机忘在教室了。
我把手機忘在教室了。
Wǒ bǎ shǒujī wàngzài jiāoshì le.
Ich habe mein Mobiltelefon im Klassenzimmer vergessen.

d. 我把电脑带来了。
我把電腦帶來了。
Wǒ bǎ diànnǎo dàilái le.
Ich habe den Computer mitgenommen.

e. 学生们把电影看完了。
學生們把電影看完了。
Xuéshēngmen bǎ diànyǐng kànwán le.
Die Schüler haben den Film zu Ende gesehen.

f. 我的同屋把宿舍整理好了。
我的同屋把宿舍整理好了。
Wǒ de tóngwū bǎ sùshè zhěnglǐhǎo le.
Mein Mitbewohner hat (unser) Wohnheimzimmer aufgeräumt.

g. 妈妈把我的衣服给洗干净了。
媽媽把我的衣服給洗乾淨了。
Māma bǎ wǒde yīfú gěi xǐgānjìng le.
Mutter hat meine Kleidung (sauber) gewaschen.

h. 我把你的椅子给搬到门外边去了。
我把你的椅子給搬到門外邊去了。
Wǒ bǎ nǐde yǐzi gěi bāndào mén wàibiān qù le.
Ich habe deinen Stuhl vor die Tür gestellt.

4

a. 不可以把这里的书拿走。
不可以把這裡的書拿走。
Bù kěyǐ bǎ zhèlǐ de shū ná zǒu.
Du darfst die Bücher von hier nicht mitnehmen.

b. 他们都把外套穿好了。
他們都把外套穿好了。
Tāmen dōu bǎ wàitào chuān hǎo le.
Sie alle haben ihre Jacken angezogen.

c. 我把所有的功课都写好了。
我把所有的功課都寫好了。
Wǒ bǎ suǒyǒu de gōngkè dōu xiě hǎo le.
Ich habe sämtliche Hausaufgaben alle gemacht.

d. 不要把水果吃光。
Bù yào bǎ shuǐguǒ chī guāng.
Du sollst / Ihr sollt nicht alles Obst aufessen. (Iss/Esst nicht alles Obst auf.)

e. 明天得把雨伞带着。
明天得把雨傘帶著。
Míngtiān děi bǎ yǔsǎn dàizhe.
Morgen musst du (müsst ihr) einen Regenschirm mitnehmen.

5

把床单洗一洗，把垃圾丢掉/拿出去。把冬天的衣服收起来，把鞋子都放回鞋柜去，顺便把鞋柜整理整理/整理一下。再把晚餐的材料准备好。对了，如果你有时间，可以帮我把裙子改短一点吗？我把裙子放在床上了。你走之前，别忘了把钥匙留下。

把床單洗一洗，把垃圾丟掉/拿出去。把冬天的衣服收起來，把鞋子都放回鞋櫃去，順便把鞋櫃整理整理/整理一下。再把晚餐的材料準備好。對了，如果你有時間，可以幫我把裙子改短一點嗎？我把裙子放在床上了。你走之前，別忘了把鑰匙留下。

Bǎ chuángdān xǐ yī xǐ, bǎ lājī diūdiào/náchūqù. Bǎ dōngtiān de yīfu shōu qǐlái, bǎ xiézi dōu fàng huí xiéguì qù, shùnbiàn bǎ xiéguì zhěnglǐ zhěnglǐ/zhěnglǐ yīxià. Zài bǎ wǎncān de cáiliào zhǔnbèi hǎo. Duì le, rúguǒ nǐ yǒu shíjiān, kěyǐ bāng wǒ bǎ qúnzi gǎi duǎn yīdiǎn ma? Wǒ bǎ qúnzi fàng zài chuángshàng le. Nǐ zǒu zhīqián, bié wàngle bǎ yàoshi liúxia.

6

a. 他把我最喜欢的花瓶打破了。
他把我最喜歡的花瓶打破了。
Tā bǎ wǒ zuì xǐhuān de huāpíng dǎpò le.

b. 他把我的功课放进洗衣机里了。
他把我的功課放進洗衣機裡了。
Tā bǎ wǒ de gōngkè fang jìn xǐyījī lǐ le.

c. 他把我的饼干都吃掉/吃光了。
他把我的餅乾都吃掉/吃光了。
Tā bǎ wǒ de bǐnggān dōu chīdiào/chīguāng le.

21 Das Passiv

1

a. 台灯被他的同屋打破了。
臺燈被他的同屋打破了。
Táidēng bèi tā de tóngwū dǎpò le.
Die Tischlampe wurde von seinem Mitbewohner zerbrochen.

b. 他的电脑被小偷偷走了。
他的電腦被小偷偷走了。
Tā de diànnǎo bèi xiǎotōu tōuzǒu le.
Sein Computer wurde von einem Dieb gestohlen.

c. 他的钥匙让他的朋友弄丢了。
他的鑰匙讓他的朋友弄丟了。
Tā de yàoshi ràng tā de péngyou nòngdiū le.
Seine Schlüssel sind von seinem Freund verloren worden.

d. 他的三明治让他的狗吃掉了。
他的三明治讓他的狗吃掉了。
Tā de sānmíngzhì ràng tā de gǒu chīdiào le.
Sein Sandwich wurde von seinem Hund aufgefressen.

e. 字典被他用坏了。
字典被他用壞了。
Zìdiǎn bèi tā yònghuài le.
Sein Wörterbuch fiel ihm auseinander. (. . . wurde durch ihn benutzt, bis es kaputt war)

f. 他的自行车让人家碰坏了。
他的自行車讓人家碰壞了。
Tā de zìxíngchē ràng rénjiā pènghuài le.
Sein Fahrrad wurde von jemandem gestossen und (dabei) zerstört.

g. 他让他的教练骂了。
他讓他的教練罵了。
Tā ràng tā de jiàoliàn mà le.
Er wurde von seinem Trainer ausgeschimpft.

h. 他的衣服让猫撕破了。
他的衣服讓貓撕破了。
Tā de yīfu ràng māo sīpò le.
Seine Kleidung wurde von der Katze zerrissen.

2

a. 他的同屋把台灯打破了。
他的同屋把臺燈打破了。
Tā de tóngwū bǎ táidēng dǎpò le.
Sein Mitbewohner zerbrach seine Lampe.

b. 小偷把他的电脑偷走了。
小偷把他的電腦偷走了。
Xiǎotōu bǎ tā de diànnǎo tōuzǒu le.
Ein Dieb stahl seinen Computer.

c. 他的朋友把他的钥匙弄丢了。
他的朋友把他的鑰匙弄丟了。
Tā de péngyou bǎ tā de yàoshi nòngdiū le.
Sein Freund verlor seine Schlüssel.

d. 他的狗把他的三明治吃掉了。
Tā de gǒu bǎ tā de sānmíngzhì chīdiào le.
Sein Hund frass sein Sandwich auf.

e. 他把字典用坏了。
他把字典用壞了。
Tā bǎ zìdiǎn yònghuài le.
Er benutzte das Wörterbuch, bis es auseinander gefallen (kaputt) war.

f. 人家把他的自行车碰坏了。
人家把他的自行車碰壞了。
Rénjiā bǎ tā de zìxíngchē pènghuài le.
Jemand prallte auf sein Fahrrad und zerstörte es (dabei).

g. 他的教练把他骂了。
他的教練把他罵了。
Tā de jiàoliàn bǎ tā mà le.
Sein Trainer schimpfte ihn aus.

h. 猫把他的衣服撕破了。
貓把他的衣服撕破了。
Māo bǎ tā de yīfu sīpò le.
Die Katze zerriss seine Kleidung.

3

a. 我被解雇了。
Wǒ bèi jiěgù le.

b. 我的房子被火烧了。
我的房子被火燒了。
Wǒ de fángzi bèi huǒ shāo le.

c. 我的窗户被打破了。
Wǒ de chuānghù bèi dǎ pò le.

d. 我来的时候被抢了。
我來的時候被搶了。
Wǒ lái de shíhou bèi qiǎng le.

B Situationen und Funktionen

22 Namen, Verwandtschaftsbezeichnungen, Titel und Anredeformen

1

a. (i) 赵先生/趙先生 **Zhào xiānsheng**
(ii) 赵小姐/趙小姐 **Zhào xiǎojie**
(iii) 赵太太/趙太太 **Zhào tàitai**

b. 老赵/老趙 **Lǎo Zhào**

c. 西杰 **Xījié**

d. (i) 姐姐 **jiějie**
(ii) 哥哥 **gēge**

e. 我家有六口人，爸爸，妈妈，哥哥，妹妹，弟弟和我。我爸爸 45 岁。妈妈 43 岁。哥哥 20 岁。妹妹 16 岁。弟弟 14 岁。我 18 岁。
我家有六口人，爸爸，媽媽，哥哥，妹妹，弟弟和我。我爸爸 45 歲。媽媽 43 歲。哥哥 20 歲。妹妹 16 歲。弟弟 14 歲。我 18 歲。
Wǒ jiā yǒu liù kǒu rén, bàba, māma, gēge, mèimei, dìdi hé wǒ. Wǒ bàba 45 suì. Māma 43 suì. Gēge 20 suì. Mèimei 16 suì. Dìdi 14 suì. Wǒ 18 suì.

f. 我有一个哥哥，一个姐姐和一个弟弟。我哥哥 20 岁，他叫赵明智。
姐姐 18 岁，她叫赵西杰。弟弟 14 岁，他叫赵明义。
我有一個哥哥，一個姐姐和一個弟弟。我哥哥 20 歲，他叫趙明智。
姐姐 18 歲，她叫趙西杰。弟弟 14 歲，他叫趙明義。
Wǒ yǒu yī gè gēgē, yīgè jiějie hé yī gè dìdi. Wǒ gēgē 20 suì, tā jiào Zhào Míngzhì. Jiějie 18 suì, tā jiào Zhào Xījié. Dìdi 14 suì, tā jiào Zhào Míngyì.

g. 我有一个哥哥，两个姐姐。哥哥 20 岁，他叫赵明智。大姐 18 岁，
她叫赵西杰。二姐 16 岁，她叫赵西清。我 14 岁，我叫赵明义。
我有一個哥哥，兩個姐姐。哥哥 20 歲，他叫趙明智。大姐 18 歲，
她叫趙西杰。二姐 16 歲，她叫趙西清。我 14 歲，我叫趙明義。
Wǒ yǒu yī gè gēgē, liǎng gè jiějie. Gēgē 20 suì, tā jiào Zhào Míngzhì. Dàjie 18 suì, tā jiào Zhào Xījié. Èrjiě 16 suì, tā jiào Zhào Xīqīng. Wǒ 14 suì, wǒ jiào Zhào Míngyì.

h. 叔叔是爸爸的弟弟。
Shūshu shì bàbà de dìdi. Männlich, die selbe Generation wie Ihr Vater.

i. 奶奶是爸爸的妈妈。
Nǎinai shì bàba de māma. Weiblich, gehört der selben Generation wie die Grossmutter des Kindes an.

j. (i) 请问，您贵姓？
請問，您貴姓？
Qǐng wèn, nín guìxìng?
(ii) 我姓赵。
我姓趙。
Wǒ xìng Zhào.
(iii) 你叫什么名字？
你叫甚麼名字？
Nǐ jiào shénme míngzì?
(iv) 我应该怎么称呼你？
我應該怎麽稱呼你？
Wǒ yīnggāi zěnme chēnghu nǐ?

2 a. Guo Mingzhi b. 010-65666557（手机：13196118888) c. Goldener Berg Internationaler Garten d. 010-6566555

23 Vorstellung

1 你： 周利，这位是王明，我的同学。他是学经济的。他会说英文。王明，这位是周利，也是学生。他是我的堂弟，是学语言学的。他会说日文。
你： 周利，這位是王明，我的同學。他是學經濟的。他會說英文。王明，這位是周利，也是學生。他是我的堂弟，是學語言學的。他會說日文。
Nǐ: **Zhōu Lì, zhè wèi shì Wáng Míng, wǒ de tóngxué. Tā shì xué jīngjì de. Tā huì shuō Yīngwén. Wáng Míng, zhè wèi shì Zhōu Lì, yě shì xuésheng. Tā shì wǒ de tángdì, shì xué yǔyánxué de. Tā huì shuō Rìwén.**
王 **Wáng:** 你好。**Nǐ hǎo.**

周 **Zhōu:** 你好。**Nǐ hǎo.**

2 你： 我给你们介绍介绍。这位是林教授。这位是张医生。
你： 我給你們介紹介紹。這位是林教授。這位是張醫生。
Nǐ: **Wǒ gěi nǐmen jièshào jièshào. Zhè wèi shì Lín jiàoshòu. Zhè wèi shì Zhāng yīshēng.**
林教授： 久闻大名。
林教授： 久聞大名。
Lín jiàoshòu: **Jiǔ wén dà míng.**
张医生： 彼此，彼此。
張醫生： 彼此，彼此。
Zhāng yīshēng: **Bícǐ, bícǐ.**

3 a. 你好。我是周利，是山东人。
你好。我是周利，是山東人。
Nǐ hǎo. Wǒ shì Zhōu Lì, shì Shāndōng rén.
b. 我很高兴认识你。希望我们今年能合作，互相帮助。
我很高興認識你。希望我們今年能合作，互相幫助。
Wǒ hěn gāoxìng rènshi nǐ. Xīwàng wǒmen jīnnián néng hézuò, hùxiāng bāngzhù.
c. 我是学化学的。
我是學化學的。
Wǒ shì xué huàxué de.
d. 真巧！
Zhēn qiǎo!

24 Begrüßung und Verabschiedung

1 a. 4 b. 7 c. 5 d. 2 e. 1 f. 6 g. 3

2 a. 再见。/再見。**Zài jiàn.** b. 一会儿见。/一會兒見。**Yīhuìr jiàn.**
c. 回头见。/回頭見。**Huí tóu jiàn.** d. 明天见。/明天見。**Míngtiān jiàn.**
e. 下星期见。/下星期見。**Xià xīngqī jiàn.**

3 a. *Begrüßung:* 伟强兄如晤：
偉强兄如晤：
Wěiqiáng xiōng rúwù:
Schluss: 新年快乐。弟，绪武。
新年快樂。弟，緒武。
Xīnnián kuàilè. Dì, Xùwǔ.
b. *Begrüßung:* 唐老师惠鉴：
唐老師惠鑒：
Táng lǎoshī huìjiàn:
Schluss: 敬颂夏安。学生张晓春谨禀。
敬頌夏安。學生張曉春謹禀。
Jìngsòng xià ān. Xuésheng Zhāng Xiǎochūn jǐnbǐng.

4

a. 我找王明。
Wǒ zhǎo Wáng Míng.
b. 王明，好久不见。你最近忙什么呢？
王明，好久不見。你最近忙甚麼呢？
Wáng Míng, hǎo jiǔ bù jiàn. Nǐ zuì jìn máng shénme ne?
c. 你去澳大利亚吗？一路顺风。
你去澳大利亞嗎？一路順風。
Nǐ qù Aòdàlìyà ma? Yī lù shùn fēng.
d. 回来再见。
回來再見。
Huí lai zài jiàn.

25 Grundlegende Kommunikationsstrategien

1

a. 4 b. 6 c. 8 d. 1 e. 7 f. 9 g. 3 h. 2 i. 5

2

a. 司机，麻烦你。王府井离这儿远吗？
司機，麻煩你。王府井離這兒遠嗎？
Sījī, máfan nǐ. Wángfǔjǐng lí zhèr yuǎn ma?
b. 对不起，我不懂。请你再说。
對不起，我不懂。請你再說。
Duìbuqǐ, wǒ bù dǒng. Qǐng nǐ zài shuō.
c. 真对不起。请你说慢一点。
真對不起。請你說慢一點。
Zhēn duìbuqǐ. Qǐng nǐ shuō màn yīdiǎn.
d. 懂了，懂了。谢谢你。
懂了，懂了。謝謝你。
Dǒng le, dǒng le. Xièxie nǐ.

3

a. 弟 b. 氵 c. 李 d. 章 e. 陈/陳 f. 王

4

首先；还有；比方说；至于；总而言之
首先；還有；比方說；至於；總而言之
shǒuxiān; háiyǒu; bǐfāngshuō; zhìyú; zǒngéryánzhī

5

(Freie Antwort.)

26 Telekommunikation und E-Kommunikation: Telefone, Internet und Faxe

1

a. 六二一九一〇七四
liù èr yī jiǔ yī líng qī sì
b. 一三六五一二八一一八〇
yī sān liù wǔ yī èr bā yī yī bā líng

c. 六七一七九四六九
liù qī yī qī jiǔ sì liù jiǔ

2 *Dialog A*

Sie: 我找王明。**Wǒ zhǎo Wáng Míng.**

Sie: 请他给我回电话。我的手机号码是一三五〇一三二七八〇六。
請他給我回電話。我的手機號碼是一三五〇一三二七八〇六。
Qǐng tā gěi wǒ huí diànhuà. Wǒ de shǒujī hàomǎ shì yī sān wǔ líng yī sān èr qī bā líng liù.

Dialog B

Sie: 王明在吗？/ 王明在嗎？**Wáng Míng zài ma?**

Sie: 请他给我发电子信（电子邮件）。
請他給我發電子信（電子郵件）。
Qǐng tā gěi wǒ fā diànzǐ xìn (diànzǐ yóujiàn).

Dialog C

Sie: 请王明讲话。/ 請王明講話。**Qǐng Wáng Míng jiǎng huà.**

Sie: 好，我会给他发个短信。
好，我會給他發個短信。
Hǎo, wǒ huì gěi tā fā gè duǎnxìn.

3 a. 请你再拨一次。
請你再撥一次。
Qǐng nǐ zài bō yī cì.

b. 请你留言。
請你留言。
Qǐng nǐ liú yán.

c. 去网吧上网。
去網吧上網。
Qù wǎngbā shàng wǎng.

d. 给我发个短信。
給我發個短信。
Gěi wǒ fā gè duǎnxìn.

e. 请打他的手机。
請打他的手機。
Qǐng dǎ tā de shǒujī.

f. 打开附加件。
打開附加件。
Dǎkāi fùjiājiàn.

g. 进行视频通话。
進行視頻通話。
Jìnxíng shìpín tōnghuà.

4 发/發 **fā**，打 **dǎ**，发/發 **fā**

5 附加件 **fùjiā jiàn**, 在 **zài**, 留话/留話 **liú huà**, 发/發 **fā**, 输入/輸入 **shūrù**

27 Informationen negieren

1
a. 我不要跟他们吃饭。
我不要跟他們吃飯。
Wǒ bù yào gēn tāmen chī fàn.
b. 我听不懂他的话。
我聽不懂他的話。
Wǒ tīngbùdǒng tā de huà.
c. 我不愿意跟他结婚。
我不願意跟他結婚。
Wǒ bù yuànyi gēn tā jiéhūn.
d. 我还没决定买什么。
我還沒决定買甚麼。
Wǒ hái méi juédìng mǎi shénme.
e. 我不常来这里。
我不常來這裏。
Wǒ bù cháng lái zhèlǐ.
f. 我根本没有钱。
我根本沒有錢。
Wǒ gēnběn méi yǒu qián.
g. 我不在餐厅吃饭。
我不在餐廳吃飯。
Wǒ bù zài cāntīng chī fàn.
h. 我们都不会说广东话。
我們都不會說廣東話。
Wǒmen dōu bù huì shuō Guǎngdōng huà.
i. 我没听懂他的话。
我沒聽懂他的話。
Wǒ méi tīngdǒng tā de huà.

2
a. 我不喜欢面条。
我不喜歡麵條。
Wǒ bù xǐhuan miàntiáo.
b. 我没有朋友。
Wǒ méi yǒu péngyou.
c. 我没做功课。
我沒做功課。
Wǒ méi zuò gōngkè.

d. 我不高。
Wǒ bù gāo.
e. 我昨天不忙。
Wǒ zuótiān bù máng.
f. 我从来没听过那首歌。
我從來沒聽過那首歌。
Wǒ cónglái méi tīngguo nà shǒu gē.
g. 家里没人。
家裏沒人。
Jiāli méi rén.
h. 昨天没下雨。
Zuótiān méi xià yǔ.
i. 我不会开车。
我不會開車。
Wǒ bù huì kāi chē.
j. 我大学还没毕业。
我大學還沒畢業。
Wǒ dàxué hái méi bìyè.

3 a. 3 b. 4 c. 5 d. 1 e. 2 f. 7 g. 6

4 Tom: 我没有女朋友。我不认识任何女孩子。
我沒有女朋友。我不認識任何女孩子。
Wǒ méi yǒu nǚ péngyou. Wǒ bù rènshi rènhé nǚ háizi.
Klaus: 我从来没去过 / 参加过舞会。
我從來沒去過 / 參加過舞會。
Wǒ cónglái méi qùguò / cānjiāguò wǔhuì.
Jan: 我今年三十五岁，可是我不会开车。
我今年三十五歲，可是我不會開車。
Wǒ jīnnián sānshíwǔ suì, kěshì wǒ bù huì kāi chē.
Anne: 我已经学中文学了两年了，可是我根本听不懂老师说什么。
我已經學中文學了兩年了，可是我根本聽不懂老師說甚麼。
Wǒ yǐjīng xué Zhōngwén xuéle liǎng nián le, kěshì wǒ gēnběn tīngbùdǒng lǎoshī shuō shénme.
Dennis: 我没钱了。毫无疑问，我应该得到那个布朗尼。
我沒錢了。毫無疑問，我應該得到那個布朗尼。
Wǒ méi qián le. Háowú yíwèn, wǒ yīnggāi dédào nà ge bùlǎngní.
Sophia: 我四十二岁，没有工作，还跟父母住在一起。无论如何我都应该得到那个布朗尼。
我四十二歲，沒有工作，還跟父母住在一起。無論如何我都應該得到那個布朗尼。
Wǒ sìshí'èr suì, méi yǒu gōngzuò, hái gēn fùmǔ zhù zài yīqǐ. Wúlùn rúhé wǒ dōu yīnggāi dédào nàge bùlǎngní.
Sie:

28 Fragen stellen und darauf antworten

1

a. 你想去中国吗？
你想去中國嗎？
Nǐ xiǎng qù Zhōngguó ma?
Willst du nach China fahren?

b. 她有男朋友吗？
Tā yǒu nán péngyou ma?
Hat sie einen Freund?

c. 你吃过生鱼片吗？
你吃過生魚片嗎？
Nǐ chīguò shēngyúpiàn ma?
Hast du schon mal Sashimi gegessen?

d. 他们会说中国话吗？
他們會說中國話嗎？
Tāmen huì shuō Zhōngguó huà ma?
Können Sie Chinesisch sprechen?

e. 他是英国人吗？
他是英國人嗎？
Tā shì Yīngguó rén ma?
Ist er Brite?

f. 你喜欢旅行吗？
你喜歡旅行嗎？
Nǐ xǐhuan lǚxíng ma?
Reist du gerne?

g. 中国人爱唱歌儿吗？
中國人愛唱歌兒嗎？
Zhōngguó rén ài chàng gēr ma?
Singen Chinesen gern?

h. 他每天在公园跑步吗？
他每天在公園跑步嗎？
Tā měitiān zài gōngyuán pǎo bù ma?
Joggt er jeden Tag im Park?

2

a. 你想不想去中国？
你想不想去中國？
Nǐ xiǎng bù xiǎng qù Zhōngguó?

b. 她有没有男朋友？
Tā yǒu méi yǒu nán péngyou?

c. 你吃过没吃过生鱼片？
你吃過沒吃過生魚片？
Nǐ chīguò méi chīguò shēngyúpiàn?

d. 他们会不会说中国话？
他們會不會說中國話？
Tāmen huì bù huì shuō Zhōngguó huà?
e. 他是不是英国人？
他是不是英國人？
Tā shì bù shì Yīngguó rén?
f. 你喜欢不喜欢旅行？
你喜歡不喜歡旅行？
Nǐ xǐhuan bù xǐhuan lǚxíng?
g. 中国人爱不爱唱歌儿？
中國人愛不愛唱歌兒？
Zhōngguó rén ài bù ài chàng gēr?
h. 他每天在不在公园跑步？
他每天在不在公園跑步？
Tā měitiān zài bù zài gōngyuán pǎo bù? (Ist es im Park, wo er joggt?)
oder
他每天在公园跑不跑步？
他每天在公園跑不跑步？
Tā měitiān zài gōngyuán pǎo bù pǎo bù? (Ist es Joggen, was er im Park macht?)

3

a. 你是否想去中国？
你是否想去中國？
Nǐ shìfǒu xiǎng qù Zhōngguó?
b. 她是否有男朋友？
Tā shìfǒu yǒu nán péngyou?
c. 你是否吃过生鱼片？
你是否吃過生魚片？
Nǐ shìfǒu chīguò shēngyúpiàn?
d. 他们是否会说中国话？
他們是否會說中國話？
Tāmen shìfǒu huì shuō Zhōngguó huà?
e. 他是否是英国人？
他是否是英國人？
Tā shìfǒu shì Yīngguó rén?
f. 你是否喜欢旅行？
你是否喜歡旅行？
Nǐ shìfǒu xǐhuan lǚxíng?
g. 中国人是否爱唱歌儿？
中國人是否愛唱歌兒？
Zhōngguó rén shìfǒu ài chàng gēr?
h. 他每天是否在公园跑步？
他每天是否在公園跑步？
Tā měitiān shìfǒu zài gōngyuán pǎo bù?

4

a. 是。我是学生。
是。我是學生。
Shì. Wǒ shì xuésheng.
Ja, ich bin Student.

b. 会。我会开车。
會。我會開車。
Huì. Wǒ huì kāi chē.
Ja, ich kann Auto fahren.

c. 喝过。我喝过中国茶。
喝過。我喝過中國茶。
Hēguò. Wǒ hēguò Zhōngguó chá.
Ja, ich habe schon mal chinesischen Tee getrunken.

d. 吃过。我吃过北京烤鸭。
吃過。我吃過北京烤鴨。
Chīguò. Wǒ chīguò Běijīng kǎoyā.
Ja, ich habe schon mal Peking Ente gegessen.

e. 喜欢。我喜欢看电影。
喜歡。我喜歡看電影。
Xǐhuan. Wǒ xǐhuan kàn diànyǐng.
Ja, ich sehe gern Filme.

f. 有。台北有地铁。
有。臺北有地鐵。
Yǒu. Táiběi yǒu dìtiě.
Ja, es gibt in Taipei eine U-Bahn.

g. 漂亮。桂林的山水很漂亮。
Piàoliang. Guìlín de shānshuǐ hěn piàoliang.
Ja, die Landschaft in Guilin ist schön.

h. 用。我用筷子吃饭。
用。我用筷子吃飯。
Yòng. Wǒ yòng kuàizi chī fàn.
Ja, ich esse mit Essstäbchen.

5

a. 不是。我不是学生。
不是。我不是學生。
Bù shì. Wǒ bù shì xuésheng.
Nein, ich bin nicht Student.

b. 不会。我不会开车。
不會。我不會開車。
Bù huì. Wǒ bù huì kāi chē.
Nein, ich kann nicht Auto fahren.

c. 没喝过。我没喝过中国茶。
沒喝過。我沒喝過中國茶。
Méi hēguò. Wǒ méi hēguò Zhōngguó chá.
Nein, ich habe noch nie chinesischen Tee getrunken.

d. 没吃过。我没吃过北京烤鸭。
沒吃過。我沒吃過北京烤鴨。
Méi chīguò. Wǒ méi chīguò Běijīng kǎoyā.
Nein, ich habe noch nicht Peking Ente gegessen.

e. 不喜欢。我不喜欢看电影。
不喜歡。我不喜歡看電影。
Bù xǐhuan. Wǒ bù xǐhuan kàn diànyǐng.
Nein, ich sehe nicht gern Filme.

f. 没有。台北没有地铁。
沒有。臺北沒有地鐵。
Méi yǒu. Táiběi méi yǒu dìtiě.
Nein, es gibt in Taipei keine U-Bahn.

g. 不漂亮。桂林的山水不漂亮。
Bù piàoliang. Guìlín de shānshuǐ bù piàoliang.
Nein, die Landschaft in Guilin ist nicht schön.

h. 不用。我不用筷子吃饭。
不用。我不用筷子吃飯。
Bù yòng. Wǒ bù yòng kuàizi chī fàn.
Nein, ich esse nicht mit Essstäbchen.

6

a. 你喜欢吃中餐还是西餐？
你喜歡吃中餐還是西餐？
Nǐ xǐhuan chī Zhōngcān háishi xīcān?
Magst du chinesisches oder westliches Essen?

b. 你是学生还是老师？
你是學生還是老師？
Nǐ shì xuésheng háishi lǎoshī?
Bist du Schüler oder Lehrer?

c. 你学中国文学还是学英国文学？
你學中國文學還是學英國文學？
Nǐ xué Zhōngguó wénxué háishi xué Yīngguó wénxué?
Studierst du chinesische Literatur oder englische Literatur?

d. 你是二十一岁还是二十二岁？
你是二十一歲還是二十二歲？
Nǐ shì èrshíyī suì háishi èrshíèr suì?
Bist du 21 oder 22 Jahre alt?

e. 你喜欢看电视还是喜欢听收音机？
你喜歡看電視還是喜歡聽收音機？
Nǐ xǐhuan kàn diànshì háishi xǐhuan tīng shōuyīnjī?
Schaust du gerne Fernsehen oder hörst du gerne Radio?

f. 你上高中还是上大学？
你上高中還是上大學？
Nǐ shàng gāozhōng háishi shàng dàxué?
Besucht du die Oberstufe (z.B. des Gymnasiums) oder besuchst du die Universität?

7

a. 我喜欢吃西餐。你喜欢吃西餐吗？
我喜歡吃西餐。你喜歡吃西餐嗎？
Wǒ xǐhuan chī xīcān. Nǐ xǐhuan chī xīcān ma?

b. 我是学生。你是学生吗？
我是學生。你是學生嗎？
Wǒ shì xuésheng. Nǐ shì xuésheng ma?

c. 我学中国文学。你学中国文学吗？
我學中國文學。你學中國文學嗎？
Wǒ xué Zhōngguó wénxué. Nǐ xué Zhōngguó wénxué ma?

d. 我喜欢看电视。你喜欢看电视吗？
我喜歡看電視。你喜歡看電視嗎？
Wǒ xǐhuan kàn diànshì. Nǐ xǐhuan kàn diànshì ma?

e. 我上大学。你上大学吗？
我上大學。你上大學嗎？
Wǒ shàng dàxué. Nǐ shàng dàxué ma?

f. 我爱看中国电影。你爱看中国电影吗？
我愛看中國電影。你愛看中國電影嗎？
Wǒ ài kàn Zhōngguó diànyǐng. Nǐ ài kàn Zhōngguó diànyǐng ma?

g. 我不抽烟。你抽烟吗？
我不抽煙。你抽煙嗎？
Wǒ bù chōu yān. Nǐ chōu yān ma?

h. 我去过中国。你去过中国吗？
我去過中國。你去過中國嗎？
Wǒ qùguò Zhōngguó. Nǐ qùguò Zhōngguó ma?

8

a. 地铁票多少钱？
地鐵票多少錢？
Dìtiě piào duōshao qián?
Wieviel kostet eine U-Bahn-Fahrkarte?

b. 哥哥特别喜欢吃什么？
哥哥特別喜歡吃甚麼？
Gēgē tèbié xǐhuan chī shénme?
Was isst der ältere Bruder besonders gern?

c. 现在几点钟？
現在幾點鐘？
Xiànzài jǐdiǎn zhōng?
Wieviel Uhr ist es jetzt?

d. 他在美国住了多久？
他在美國住了多久？
Tā zài Měiguó zhù le duō jiǔ?
Wie lange hat er in den USA gelebt?

e. 她是哪国人？
她是哪國人？
Tā shì nǎguó rén?
Aus welchem Land kommt er / Welche Nationalität hat er?

f. 北海公园在哪儿？
北海公園在哪兒？
Běihǎi gōngyuán zài nǎr?
Wo ist der Beihai Park?

g. 你有几个同屋？
你有幾個同屋？
Nǐ yǒu jǐge tóngwū?
Wieviele Mitbewohner hast du?

h. 你跟谁一起租一个房子？
你跟誰一起租一個房子？
Nǐ gēn shéi yīqǐ zū yīgè fángzi?
Mit wem zusammen mietest du eine Wohnung?

9

a. 你为什么不愿意穿高跟鞋？
你爲甚麽不願意穿高跟鞋？
Nǐ wèishénme bù yuànyì chuān gāogēnxié?

b. 你昨天晚上几点钟回家的？
你昨天晚上幾點鐘回家的？
Nǐ zuótiān wǎnshang jǐdiǎn zhōng huí jiā de?

c. 你在哪儿上大学？
你在哪兒上大學？
Nǐ zài nǎr shàng dàxué?

d. 你的中文班有多少学生？
你的中文班有多少學生？
Nǐ de Zhōngwén bān yǒu duōshao xuésheng?

e. 你每天在什么地方停车？
你每天在甚麽地方停車？
Nǐ měitiān zài shénme dìfang tíng chē?

f. 巴黎离伦敦有多远？
巴黎離倫敦有多遠？
Bālí lí Lúndūn yǒu duō yuǎn?

g. 这个车能坐几个人？
這個車能坐幾個人？
Zhège chē néng zuò jǐ gè rén?

h. 今天是几月几号？
今天是幾月幾號？
Jīntiān shì jǐ yuè jǐ hào?

10 a. 你在哪儿学中文?
你在哪兒學中文?
Nǐ zài nǎr xué Zhōngwén?
b. 你什么时候吃晚饭?
你甚麼時候吃晚飯?
Nǐ shènme shíhòu chī wǎnfàn?
c. 这个商店几点开门?
這個商店幾點開門?
Zhège shāngdiàn jǐdiǎn kāi mén?
d. 你学了多长时间的中文了? *or* 你学中文学了多长时间?
你學了多長時間的中文了? *or* 你學中文學了多長時間?
Nǐ xué le duō cháng shíjiān de Zhōngwén le? *oder*
Nǐ xué Zhōngwén xuéle duō cháng shíjiān?
e. 你请了几个人吃晚饭?
你請了幾個人吃晚飯?
Nǐ qǐng le jǐ ge rén chī wǎnfàn?
f. 你认识谁?
你認識誰?
Nǐ rènshi shéi?
g. 你为什么想看那个电影?
你爲甚麼想看那個電影?
Nǐ wéishénme xiǎng kàn nàge diànyǐng?
h. 他们有几个孩子?
他們有幾個孩子?
Tāmen yǒu jǐ ge háizi?

11 a. 你要在上海待多久? **Nǐ yào zài Shànghǎi dāi duōjiǔ?**
b. 你来过中国吗? / 你來過中國嗎? **Nǐ lái guo Zhōngguó ma?**
c. 中文难学吗? 为什么? / 中文難學嗎? 為什麼? **Zhōngwén nán xué ma? Wèishénme?**
d. 你最想吃什么中国菜? / 你最想吃什麼中國菜? **Nǐ zuì xiǎng chī shénme Zhōngguó cài?**
e. 你能不能多告诉我们一点关于这个角色的事情? / 你能不能多告訴我們一點關於這個角色的事情? **Nǐ néng bù néng duō gàosu wǒmen yī diǎn guānyú zhège juésè de shìqing?**

29 Ausdruck von Identifikation, Besitz und Existenz

1 a. 在 **zài** b. 有 **yǒu** c. 是 **shì** d. 在 **zài** e. 是 **shì** f. 在 **zài** g. 有 **yǒu** h. 是 **shì** i. 有 **yǒu** j. 在 **zài**

2 a. die Freundin meines älteren Bruders b. dein neues Auto c. unser Fremdsprachenlehrer d. die Mutter des Kindes e. der Freund des Mitbewohners meines jüngeren Bruders f. der jüngere Bruder des Mitbewohners meines Freundes g. der Schüler der jüngeren Schwester von Lehrer Zhang h. die jüngere Schwester des Schülers von Lehrer Zhang

3 a. 她的很漂亮的女孩子
tā de hěn piàoliang de nǚ háizi
b. 我的中文课本
我的中文課本
wǒ de Zhōngwén kèběn
c. 你的外国朋友
你的外國朋友
nǐ de wàiguó péngyou
d. 我城里的房子
我城裏的房子
wǒ chénglǐ de fángzi
e. 她的和气的朋友
她的和氣的朋友
tā de héqì de péngyou
f. 我的很舒服的鞋子
wǒ de hěn shūfu de xiézi

4 在 **zài**; 有 **yǒu**; 有 **yǒu**; 是 **shì**; 在 **zài**; 在 **zài**; 有 **yǒu**; 是 **shì**

5 (Freie Antwort.)

30 Personen, Orte und Dinge beschreiben

1 a. 王明十八岁。
王明十八歲。
Wáng Míng shíbā suì.
b. 王明是学生。
王明是學生。
Wáng Míng shì xuésheng.
c. 王明很聪明。
王明很聰明。
Wáng Míng hěn cōngming.
d. 王明很高。
Wáng Míng hěn gāo.
e. 王明是加拿大人。
Wáng Míng shì Jiānádà rén.

2 a. 他多大？
Tā duō dà?
b. 他说哪国话？
他說哪國話？
Tā shuō nǎguó huà?

c. 他是哪国人？
他是哪國人？
Tā shì nǎguó rén?
d. 他喜欢什么电影？
他喜歡甚麽電影？
Tā xǐhuan shénme diànyǐng?
e. 他的生日是几月几号？
他的生日是幾月幾號？
Tā de shēngri shì jǐ yuè jǐ hào?
f. 他有几个弟弟？
他有幾個弟弟？
Tā yǒu jǐ gè dìdi?
g. 他每年去哪儿？
他每年去哪兒？
Tā měinián qù nǎr?
h. 他买了一本什么字典？
他買了一本甚麽字典？
Tā mǎi le yī běn shénme zìdiǎn?

3

a. 书是用纸做的。
書是用紙做的。
Shū shì yòng zhǐ zuò de.
b. 糖果是用糖做的。
Tángguǒ shì yòng táng zuò de.
c. 馒头是用面粉做的。
饅頭是用麪粉做的。
Mántou shì yòng miànfěn zuò de.
d. 冰块是用水做的。
冰塊是用水做的。
Bīngkuài shì yòng shuǐ zuò de.
e. 房子是用木头做的。
房子是用木頭做的。
Fángzi shì yòng mùtou zuò de.

4

a. 纽约冷，下雪，气温华氏15度。
紐約冷，下雪，氣溫華氏15度。
Niǔyuē lěng, xià xuě, qìwēn huáshì 15 dù.
b. 北京多云，刮风，气温摄氏零下2度。
北京多雲，颳風，氣溫攝氏零下2度。
Běijīng duō yún, guā fēng, qìwēn shèshì língxià 2 dù.
c. 台北晴，潮湿，气温摄氏30度。
臺北晴，潮濕，氣溫攝氏30度。
Táiběi qíng, cháoshī, qìwēn shèshì 30 dù.

5 你： 医生，我不舒服。咳嗽，头很疼，也流鼻涕。
你： 醫生，我不舒服。咳嗽，頭很疼，也流鼻涕。
Nǐ: Yīshēng, wǒ bù shūfu. Késou, tóu hěn téng, yě liú bíti.
医生： 你发不发烧？
醫生： 你發不發燒？
Yīshēng: Nǐ fā bù fā shāo?
你： 不发烧。
你： 不發燒。
Nǐ: Bù fā shāo.
医生： 你拉稀吗？
醫生： 你拉稀嗎？
Yīshēng: Nǐ lā xī ma?
你： 拉稀。
Nǐ: Lā xī.
医生： 你的肚子疼不疼？
醫生： 你的肚子疼不疼？
Yīshēng: Nǐ de dùzi téng bù téng?
你： 不疼。
Nǐ: Bù téng.
医生： 你感冒了。我给你开一个药方，每四个钟头吃一次。多睡觉，多喝水，最好不要吃辣的。过几天你就会好了。
醫生： 你感冒了。我給你開一個藥方，每四個鐘頭吃一次。多睡覺，多喝水，最好不吃辣的。過幾天你就會好了。
Yīshēng: Nǐ gǎnmào le. Wǒ gěi nǐ kāi yī gè yàofāng, měi sì gè zhōngtóu chī yī cì. Duō shuì jiào, duō hē shuǐ, zuì hǎo bù yào chī là de. Guò jǐtiān nǐ jiù huì hǎo le.

31 Beschreiben, wie Handlungen ausgeführt werden

1

a. 唐玫玲说得很慢。
唐玫玲說得很慢。
Táng Méilíng shuō de hěn màn.

b. 唐玫玲写得很清楚。
唐玫玲寫得很清楚。
Táng Méilíng xiě de hěn qīngchu.

c. 唐玫玲吃得很多。
Táng Méilíng chī de hěn duō.

d. 唐玫玲（开车）开得太快。
唐玫玲（開車）開得太快。
Táng Méilíng (kāi chē) kāi de tài kuài.

e. 唐玫玲学得太少。
唐玫玲學得太少。
Táng Méilíng xué de tài shǎo.

f. 唐玫玲（跑步）跑得很快。
Táng Méilíng (pǎo bù) pǎo de hěn kuài.

g. 唐玫玲做饭做得很好。
唐玫玲做飯做得很好。
Táng Méilíng zuò fàn zuò de hěn hǎo.

h. 唐玫玲（唱歌）唱得很多。
Táng Méilíng (chàng gē) chàng de hěn duō.

2

a. 唐玫玲说日本话说得很慢。
唐玫玲說日本話說得很慢。
Táng Méilíng shuō Rìběn huà shuō de hěn màn.

b. 唐玫玲写汉字写得很清楚。
唐玫玲寫漢字寫得很清楚。
Táng Méilíng xiě Hàn zì xiě de hěn qīngchu.

c. 唐玫玲喝茶喝得很多。
Táng Méilíng hē chá hē de hěn duō.

d. 唐玫玲开车开得太快。
唐玫玲開車開得太快。
Táng Měilíng kāi chē kāi de tài kuài.

e. 唐玫玲学中文学得太少。
唐玫玲學中文學得太少。
Táng Méilíng xué Zhōngwén xué de tài shǎo.

f. 唐玫玲打网球打得很多。
唐玫玲打網球打得很多。
Táng Méilíng dǎ wǎngqiú dǎ de hěn duō.

g. 唐玫玲做中国饭做得很好。
唐玫玲做中國飯做得很好。
Táng Méilíng zuò Zhōngguó fàn zuò de hěn hǎo.

h. 唐玫玲唱卡拉OK唱得很多。
Táng Méilíng chàng kǎ lā OK chàng de hěn duō.

3

a. Wie lernt sie? b. Wie kocht sie? c. Wie fährt sie Auto?
d. Wie singt sie? e. Wie tanzt sie? f. Wie spricht sie Englisch?

4

a. 她学得很好。
她學得很好。
Tā xué de hěn hǎo.

b. 她做菜做得非常好。
Tā zuò cài zuò de fēicháng hǎo.

c. 她开车开得有一点慢。
她開車開得有一點慢。
Tā kāi chē kāi de yǒu yīdiǎn màn.

d. 她唱歌儿唱得不错。
她唱歌兒唱得不錯。
Tā chàng gēr chàng de bù cuò.

e. 她跳舞跳得不太好。
Tā tiào wǔ tiào dé bù tài hǎo.

f. 她说英国话说得特别准。
她說英國話說得特別准。
Tā shuō Yīngguó huà shuō de tèbié zhǔn.

5

a. 唐玫玲慢慢地把门开开了。
唐玫玲慢慢地把門開開了。
Táng Méilíng mànmàn de bǎ mén kāikai le.

b. 唐玫玲快快地吃完了晚饭。
唐玫玲快快地吃完了晚飯。
Táng Méilíng kuàikuài de chīwán le wǎnfàn.

c. 唐玫玲偷偷地把同屋的光碟借走了。
Táng Méilíng tōutōu de bǎ tóngwū de guāngdié jièzǒu le.

d. 唐玫玲自愿地帮助了妹妹。
唐玫玲自願地幫助了妹妹。
Táng Méilíng zìyuàn de bāngzhù le mèimei.

e. 唐玫玲匆忙地洗了盘子。
唐玫玲匆忙地洗了盤子。
Táng Méilíng cōngmáng de xǐ le pánzi.

f. 唐玫玲大声地叫了朋友。
唐玫玲大聲地叫了朋友。
Táng Méilíng dàshēng de jiào le péngyou.

g. 唐玫玲用心地写了论文。
唐玫玲用心地寫了論文。
Táng Méilíng yòngxīn de xiě le lùnwén.

h. 唐玫玲认真地听了报告。
唐玫玲認真地聽了報告。
Táng Méilíng rènzhēn de tīng le bàogào.

6

a. 他说中文说得很好。法文也说得不错。/ 他說中文說得很好。法文也說得不錯。**Tā shuō Zhōngwén shuō de hěn hǎo, Fǎwén yě shuō de bù cuò.**
b. 他开车开得很好。/ 他開車開得很好。**Tā kāi chē kāi de hěn hǎo.**
c. 他跳舞跳得很好。/ 他跳舞跳得很好。**Tā tiào wǔ tiào de hěn hǎo.**
d. 他弹钢琴弹得不错。/ 他彈鋼琴彈得不錯。 **Tā tán gāngqín tán de bù cuò.**

7

a. 他跑步跑得快不快？/ 他跑步跑得快不快？**Tā pǎo bù pǎo de kuài bù kuài?**
b. 他写字写得漂亮吗？/ 他寫字寫得漂亮嗎？**Tā xiě zì xiě de piàoliang ma?**
c. 他唱歌唱得怎么样？/ 他唱歌唱得怎麼樣？**Tā chàng gē chàng de zěnmeyàng?**
d. 他说话说得清楚不清楚？/ 他說話說得清楚不清楚？**Tā shuō huà shuō de qīngchu bù qīngchu?**

8 安安静静地 **ān'ān jìngjing de**
大声地/大聲地 **dàshēng de**
认真地/認真地 **rènzhēn de**
悄悄地 **qiǎoqiǎo de**
急急忙忙地 **jíjí mángmáng de**

32 Ergebnis, Abschluss, Möglichkeit und Ausmaß angeben

1 a. 饱/飽 **bǎo** b. 够 **gòu** c. 完 **wán** d. 完 **wán** e. 到 **dào** *oder* 着/著 **zháo** f. 住 **zhù** g. 见/見 **jiàn** h. 错/錯 **cuò**

2 a. 这课我学会了。
这課我學會了。
Zhè kè wǒ xuéhuì le.

b. 这些字我记不住。
這些字我記不住。
Zhè xiē zì wǒ jìbuzhù.

c. 我没听见。
我沒聽見。
Wǒ méi tīngjian.

d. 那本书我买不到。
那本書我買不到。
Nà běn shū wǒ mǎibudào.

e. 字典我买到了。
字典我買到了。
Zìdiǎn wǒ mǎidào le.

f. 我听得懂中文。
我聽得懂中文。
Wǒ tīngdedǒng Zhōngwén.

g. 我没听懂。
我沒聽懂。
Wǒ méi tīngdǒng.

h. 我吃不完。
Wǒ chībùwán.

3 a. 我买错了书。
我買錯了書。
Wǒ mǎicuò le shū.

b. 你看得见地铁站吗？
你看得見地鐵站嗎？
Nǐ kàndejiàn dìtiě zhàn ma?

c. 那本书你买到了吗？
那本書你買到了嗎？
Nà běn shū nǐ mǎidào le ma?

d. 我买到了。
我買到了。
Wǒ mǎidào le.

e. 你看完了嗎？
Nǐ kànwán le ma?

f. 没有，我还没看完呢。
沒有，我還沒看完呢。
Méi yǒu, wǒ hái méi kànwán ne.

g. 你看得懂吗？
你看得懂嗎？
Nǐ kàndedǒng ma?

h. 我看得懂。
Wǒ kàndedǒng.

4 a. Es schneit. Wir können nicht gehen. b. Mein Auto ist kaputt. Ich kann nicht (damit) fahren. c. So viel Essen. Kannst du das essen? d. Er sagt, dass seine Hand schmerzt und dass er nicht schreiben kann. e. Deine Blumen sind alle erfroren, das können sie nicht überleben. f. Ist es dir möglich, morgen zu kommen? g. Hör auf mich und es kann nichts schiefgehen. h. Ich bin heute beschäftigt, es ist mir nicht möglich, an eurer Abendveranstaltung teilzunehmen.

5 a. 考不上 **kǎobushàng** b. 买不起/買不起 **mǎibuqǐ** c. 忘不了 **wàngbuliǎo**
d. 来不及/來不及 **láibují** e. 做完 **zuòwán** f. 做不了 **zuòbuliǎo**
g. 进不去/進不去 **jìnbuqù** h. 对不起/對不起 **duìbuqǐ**

6 a. 吃不完 **chībuwán** b. 学不会/學不會 **xuébuhuì** c. 看不懂 **kànbudǒng**
d. 做不对/做不對 **zuòbuduì** e. 做不了 **zuòbuliǎo** f. 找不着/找不著 **zhǎobuzháo**

7 a. 他高兴得唱起歌儿来了。
他高興得唱起歌兒來了。
Tā gāoxìng de chàng qǐ gēr lái le.

b. 我累得睡了两天。
我累得睡了兩天。
Wǒ lèi de shuì le liǎng tiān.

c. 他们忙得把吃饭都忘了。
他們忙得把吃飯都忘了。
Tāmen máng de bǎ chī fàn dōu wàng le.

d. 他饿得把饺子都吃完了。
他餓得把餃子都吃完了。
Tā è de bǎ jiǎozi dōu chīwán le.

e. 他唱得嗓子都疼了。
Tā chàng de sǎngzi dōu téng le.

f. 他走得腿都肿了。
他走得腿都腫了。
Tā zǒu de tuǐ dōu zhǒng le.

g. 他吃得都走不動了。
他吃得都走不动了。
Tā chī de dōu zǒubudòng le.

h. 这本书有意思得我简直都放不下。
這本書有意思得我簡直都放不下。
Zhè běn shū yǒu yì sī de wǒ jiǎnzhí dōu fàngbùxià.

8

a. 我数学已经复习完了。
我數學已經復習完了。
Wǒ shùxué yǐjing fùxí wán le.

b. 我化学还没学完。
我化學還沒學完。
Wǒ huàxué hái méi xuéwán.

c. 化学公式，我怎么记也记不住。
化學公式，我怎麼記也記不住。
Huàxué gōngshì, wǒ zěnme jì yě jìbuzhù.

d. 英文诗我看不懂。
英文詩我看不懂。
Yīngwén shī wǒ kànbudǒng.

e. 我已经把英文词汇都学会了。
我已經把英文詞彙都學會了。
Wǒ yǐjing bǎ Yīngwén cíhuì dōu xuéhuì le.

f. 我紧张得睡不着也吃不下。
我緊張得睡不著也吃不下。
Wǒ jǐnzhāng de shuìbuzháo yě chībuxià.

g. 我怎么睡也睡不着。
我怎麼睡也睡不著。
Wǒ zěnme shuì yě shuì bùzháo.

h. 我累得都学不了了。
我累得都學不了了。
Wǒ lèi de dōu xuébuliǎo le.

9

a. Hausaufgaben
b. Bad
c. Abendessen
d. 10 französische Sätze: Prüfen Sie die Sätze. Bei Fehlern muss Lao Da sie erneut schreiben.
e. Wörterbuch: Suchen Sie für Lao Er nach seinem Wörterbuch. Wenn Sie es nicht finden können, bestellen sie ein Wörterbuch im Internet.
f. T-Shirt: Waschen Sie es zuerst von Hand. Wenn es nicht sauber wird, werfen Sie das T-Shirt in die Waschmaschine.

g. Suppe: Wenn Suppe übrigbleibt, stellen Sie sie in den Kühlschrank.
h. Anruf: Rufen Sie bei Fragen/Problemen/für alle Angelegenheiten Frau Peng an. Wenn Frau Peng dass Telefon nicht abnimmt, hinterlassen Sie eine Nachricht.

33 Vergleiche

1

a. 王明跟周利一样高。
王明跟周利一樣高。
Wáng Míng gēn Zhōu Lì yīyàng gāo.
b. 王明比周利聪明。
王明比周利聰明。
Wáng Míng bǐ Zhōu Lì cōngming.
c. 周利沒有王明快。
Zhōu Lì méi yǒu Wáng Míng kuài.
d. 王明比周利帅。
王明比周利帥。
Wáng Míng bǐ Zhōu Lì shuài.
e. 周利沒有王明用功。
Zhōu Lì méi yǒu Wáng Míng yònggōng.
f. 王明跟周利一样有意思。
王明跟周利一樣有意思。
Wáng Míng gēn Zhōu Lì yīyàng yǒu yìsi.
g. 王明比周利懒。
王明比周利懶。
Wáng Míng bǐ Zhōu Lì lǎn.
h. 周利沒有王明和气。
周利沒有王明和氣。
Zhōu Lì méi yǒu Wáng Míng héqì.
i. 王明比周利瘦。
Wáng Míng bǐ Zhōu Lì shòu.
j. 王明跟周利一样高兴。
王明跟周利一樣高興。
Wáng Míng gēn Zhōu Lì yīyàng gāoxìng.

2

a. 王明跟周利一样聪明吗？
王明跟周利一樣聰明嗎？
Wáng Míng gēn Zhōu Lì yīyàng cōngming ma?
b. 周利比王明高吗？
周利比王明高嗎？
Zhōu Lì bǐ Wáng Míng gāo ma?
c. 王明比周利懒吗？
王明比周利懶嗎？
Wáng Míng bǐ Zhōu Lì lǎn ma?

d. 王明跟周利一样有意思吗？
王明跟周利一樣有意思嗎？
Wáng Míng gēn Zhōu Lì yīyàng yǒu yìsī ma?

e. 王明比周利帅吗？
王明比周利帥嗎？
Wáng Míng bǐ Zhōu Lì shuài ma?

3

a. 王明比周利唱歌唱得好。
Wáng Míng bǐ Zhōu Lì chàng gē chàng de hǎo.

b. 王明比周利写汉字写得好。
王明比周利寫漢字寫得好。
Wáng Míng bǐ Zhōu Lì xiě Hàn zì xiě de hǎo.

c. 王明比周利做事做得快。
Wáng Míng bǐ Zhōu Lì zuò shì zuò de kuài.

d. 王明比周利做菜做得好。
Wáng Míng bǐ Zhōu Lì zuò cài zuò de hǎo.

e. 王明比周利说英国话说得好。
王明比周利說英國話說得好。
Wáng Míng bǐ Zhōu Lì shuō Yīngguó huà shuō de hǎo.

f. 王明比周利跳舞跳得好。
Wáng Míng bǐ Zhōu Lì tiào wǔ tiào de hǎo.

g. 王明比周利学得多。
王明比周利學得多。
Wáng Míng bǐ Zhōu Lì xué de duō.

h. 王明比周利看书看得多。
王明比周利看書看得多。
Wáng Míng bǐ Zhōu Lì kàn shū kàn de duō.

i. 王明比周利看电影看得多。
王明比周利看電影看得多。
Wáng Míng bǐ Zhōu Lì kàn diànyǐng kàn de duō.

j. 王明比周利打球打得好。
Wáng Míng bǐ Zhōu Lì dǎ qiú dǎ de hǎo.

4

a. 周利没有王明唱歌唱得好。
Zhōu Lì méi yǒu Wáng Míng chàng gē chàng de hǎo.

b. 周利没有王明写汉字写得好。
周利沒有王明寫漢字寫得好。
Zhōu Lì méi yǒu Wáng Míng xiě Hàn zì xiě de hǎo.

c. 周利没有王明做事做得快。
Zhōu Lì méi yǒu Wáng Míng zuò shì zuò de kuài.

d. 周利没有王明做菜做得好。
Zhōu Lì méi yǒu Wáng Míng zuò cài zuò de hǎo.

e. 周利没有王明说英国话说得好。
周利沒有王明說英國話說得好。
Zhōu Lì méi yǒu Wáng Míng shuō Yīngguó huà shuō de hǎo.

f. 周利没有王明跳舞跳得好。
Zhōu Lì méi yǒu Wáng Míng tiào wǔ tiào de hǎo.

g. 周利没有王明学得多。
周利沒有王明學得多。
Zhōu Lì méi yǒu Wáng Míng xué de duō.

h. 周利没有王明看书看得多。
周利沒有王明看書看得多。
Zhōu Lì méi yǒu Wáng Míng kàn shū kàn de duō.

i. 周利没有王明看电影看得多。
周利沒有王明看電影看得多。
Zhōu Lì méi yǒu Wáng Míng kàn diànyǐng kàn de duō.

j. 周利没有王明打球打得好。
Zhōu Lì méi yǒu Wáng Míng dǎ qiú dǎ de hǎo.

5

a. 王明跟周利唱歌唱得一样好。
王明跟周利唱歌唱得一樣好。
Wáng Míng gēn Zhōu Lì chàng gē chàng de yīyàng hǎo.

b. 王明跟周利写汉字写得一样好。
王明跟周利寫漢字寫得一樣好。
Wáng Míng gēn Zhōu Lì xiě Hàn zì xiě de yīyàng hǎo.

c. 王明跟周利做事做得一样快。
王明跟周利做事做得一樣快。
Wáng Míng gēn Zhōu Lì zuò shì zuò de yīyàng kuài.

d. 王明跟周利做菜做得一样好。
王明跟周利做菜做得一樣好。
Wáng Míng gēn Zhōu Lì zuò cài zuò de yīyàng hǎo.

e. 王明跟周利说英文说得一样好。
王明跟周利說英文說得一樣好。
Wáng Míng gēn Zhōu Lì shuō Yīngwén shuō de yīyàng hǎo.

f. 王明跟周利跳舞跳得一样好。
王明跟周利跳舞跳得一樣好。
Wáng Míng gēn Zhōu Lì tiàowǔ tiào de yīyàng hǎo.

g. 王明跟周利学得一样好。
王明跟周利學得一樣好。
Wáng Míng gēn Zhōu Lì xué de yīyàng hǎo.

h. 王明跟周利看书看得一样多。
王明跟周利看書看得一樣多。
Wáng Míng gēn Zhōu Lì kàn shū kàn de yīyàng duō.

i. 王明跟周利看电影看得一样多。
王明跟周利看電影看得一樣多。
Wáng Míng gēn Zhōu Lì kàn diànyǐng kàn de yīyàng duō.

j. 王明跟周利打球打得一样好。
王明跟周利打球打得一樣好。
Wáng Míng gēn Zhōu Lì dǎ qiú dǎ de yīyàng hǎo.

6

a. 周利的薪水比王明的薪水多一倍。
Zhōu Lì de xīnshui bǐ Wáng Míng de xīnshui duō yībèi.

b. 周利的朋友比王明的朋友多得多。
Zhōu Lì de péngyou bǐ Wáng Míng de péngyou duō de duō.

c. 周利比王明高一点。
周利比王明高一點。
Zhōu Lì bǐ Wáng Míng gāo yīdiǎn.

d. 林伟学比周利更高。
林偉學比周利更高。
Lín Wěixué bǐ Zhōu Lì gèng gāo.

e. 王明写汉字写得最漂亮。
王明寫漢字寫得最漂亮。
Wáng Míng xiě Hàn zì xiě de zuì piàoliang.

7

a. Zhou Li ist zwei Jahre älter als Wang Ming. b. Zhou Lis Auto ist 5000 Kuai teurer als Wang Mings Auto. c. Zhou Lis Auto ist etwas größer als Wang Mings Auto. d. Lin Weixues Auto ist noch größer. e. Dieses Buch ist viel teurer als jenes. f. Zhou Li isst viel mehr als Wang Ming. g. Lin Weixue isst am meisten. h. Wang Ming schreibt Schriftzeichen nicht so schön wie Zhou Li.

8

a. 我弟弟做事比我做得快。
我弟弟做事比我做得快。
Wǒ dìdi zuò shì bǐ wǒ zuò de kuài.

b. 我弟弟吃饭比我吃得多得多。
我弟弟吃飯比我吃得多得多。
Wǒ dìdi chī fàn bǐ wǒ chī de duō de duō.

c. 我弟弟赚钱赚得比我少。
我弟弟賺錢賺得比我少。
Wǒ dìdi zhuàn qián zhuàn de bǐ wǒ shǎo.

d. 我赚的钱比他多得多。
我賺的錢比他多得多。
Wǒ zhuàn de qián bǐ tā duō de duō.

e. 我比我弟弟大十一岁。
我比我弟弟大十一歲。
Wǒ bǐ wǒ dìdi dà shíyī suì.

f. 这个电影没有那个电影有意思。
這個電影沒有那個電影有意思。
Zhège diànyǐng méi yǒu nèige diànyǐng yǒu yìsi.

g. 我最喜欢那个电影。
我最喜歡那個電影。
Wǒ zuì xǐhuan nèige diànyǐng.

h. 这本书比那本贵一倍。
這本書比那本貴一倍。
Zhè běn shū bǐ nà běn guì yī bèi.

9

a. Es gibt ziemlich viele neue Vokabeln in dieser Lektion. b. Alle Kurse, die ich in diesem Semester belegt habe, sind relativ einfach. c. Japanisch lernen ist nicht so gut wie Chinesisch lernen./Es ist besser, Chinesisch zu lernen, als Japanisch zu lernen. d. Diese Art von Wörterbuch ist relativ schwer erhältlich. e. Er denkt, niemand sei so gut wie er. f. Jener Student lernt ziemlich fleissig.

10

a. 中国的房子多少钱？
中國的房子多少錢？
Zhōngguó de fángzi duōshǎo qián?

b. (i) 城外头的房子没有城里头的房子贵。
城外頭的房子沒有城裏頭的房子貴。
Chéng wàitou de fángzi méi yǒu chéng lǐtou de fángzi guì.

(ii) 城外头的房子也比城里头的房子大。
城外頭的房子也比城裏頭的房子大。
Chéng wàitou de fángzi yě bǐ chéng lǐtou de fángzi dà.

(iii) 不过，住在城外头没有住在城里头那么方便。
不過，住在城外頭沒有住在城裏頭那麼方便。
Bùguò, zhù zài chéng wàitou méi yǒu zhù zài chéng lǐtou nàme fāngbiàn.

c. 要是我买城里的房子，哪种房子是最便宜的？
要是我買城裏的房子，哪種房子是最便宜的？
Yàoshi wǒ mǎi chéng lǐ de fángzi, nǎ zhǒng fángzi shì zuì piányi de?

d. (i) 朝南的房子比朝北的房子贵。
朝南的房子比朝北的房子貴。
Cháo nán de fángzi bǐ cháo běi de fángzi guì.

(ii) 朝东的房子比朝西的房子便宜一点。
朝東的房子比朝西的房子便宜一點。
Cháo dōng de fángzi bǐ cháo xī de fángzi piányi yīdiǎn.

11

a. 美如 **Měirú**; 美芸/美蕓 **Měiyún**; 三岁/三歲 **sān suì**
b. 美如和美芸一样高。/ 美如和美蕓一樣高。/ **Měirú hé Měiyún yīyang gāo.**
c. 美如开车开得比美芸好多了 / 美如開車開得比美蕓好多了 / **Měirú kāi chē kāi de bǐ Měiyún hǎo duō le.**
d. 美如的成绩没有美芸好 / 美如的成績沒有美蕓好 / **Měirú de chéngjì méi yǒu Měiyún hǎo.**
e. 美芸不象妈妈，跟爸爸比较象。/ 美蕓不像媽媽，跟爸爸比較像。/ **Měiyún bù xiàng māma, gēn bàba bǐjiào xiàng.**

12

(Freie Antwort.)

34 Über die Gegenwart sprechen

1

a. 王明今年学中文。
王明今年學中文。
Wáng Míng jīnnián xué Zhōngwén.
Wang Ming lernt dieses Jahr Chinesisch.

b. 王明这个月放假。
王明這個月放假。
Wáng Míng zhège yuè fang jià.
Wang Ming macht diesen Monat Ferien.

c. 王明这个星期在意大利旅行。
王明這個星期在意大利旅行。
Wáng Míng zhège xīngqī zài Yìdàlì lǚxíng.
Wang Ming reist diese Woche in Italien.

d. 王明现在跟朋友吃饭。
王明現在跟朋友吃飯。
Wáng Míng xiànzài gēn péng yǒu chī fàn.
Wang Ming ist jetzt (gerade) mit seinen Freunden beim Essen.

e. 王明现在在洗澡。
王明現在在洗澡。
Wáng Míng xiànzài zài xǐ zǎo.
Wang Ming badet im Moment (gerade).

2

a. 王明在看电视。
王明在看電視。
Wáng Míng zài kàn diànshì.

b. 周利在唱歌。
Zhōu Lì zài chàng gē.

c. 林伟学在打球。
林偉學在打球。
Lín Wěixué zài dǎ qiú.

d. 唐玫玲在写信。
唐玫玲在寫信。
Táng Méilíng zài xiě xìn.

3

a. Vor der Tür steht jemand. b. Auf dem Tisch liegen viele Bücher (sind ... gestellt). c. Das Kind liegt im Bett. d. Viele Patienten warten im Krankenhaus. e. Viele Schüler sitzen im Klassenzimmer.

4

a. 王明已经吃了三十个饺子了。
王明已經吃了三十個餃子了。
Wáng Míng yǐjing chī le sānshí gè jiǎozi le.

b. 王明已经走了五里路了。
王明已經走了五里路了。
Wáng Míng yǐjing zǒu le wǔ lǐ lù le.

c. 王明已经学了一百个汉字了。
王明已經學了一百個漢字了。
Wáng Míng yǐjing xué le yībǎi gè Hàn zì le.
d. 王明已经唱了三首歌了。
王明已經唱了三首歌了。
Wáng Míng yǐjing chàng le sān shǒu gē le.
e. 王明已经睡了十个小时了。
王明已經睡了十個小時了。
Wáng Míng yǐjing shuì le shí gè xiǎoshí le.

5 a. Ich bin Student im vierten Studienjahr (an der Universität). b. Ich schreibe gegenwärtig meine Masterarbeit, sie bezieht sich auf die wirtschaftliche Situation im modernen China. c. Ich bewerbe mich am Institut für Wirtschaftswissenschaftet Ihrer Universität um eine Doktorandenstelle/ Postgraduiertenstelle. d. Ich interessiere mich sehr für Wirtschaft und hoffe, bis zum Masterabschluss weiterstudieren zu können. e. Gegenwärtig betreibe ich Marktforschung für meine Masterarbeit. f. Gleichzeitig bereite ich mich noch auf die TOEFL-Prüfung vor. g. Bitte informieren Sie mich darüber, über welche Voraussetzungen erfolgreiche Kandidaten verfügen müssen. h. Ausserdem bitte ich Sie darum, mich über Stipendienmöglichkeiten für ausländische Studenten im Aufbaustudium zu informieren.

6 a. 廖先生在纽约住了三十年了。他自己是一个有名的画家。现在是纽约三个画廊的老板。
廖先生在紐約住了三十年了。他自己是一個有名的畫家。現在是紐約三個畫廊的老闆。
Liào xiānsheng zài Niǔyuē zhù le sānshí nián le. Tā zìjǐ shì yī ge yǒumíng de huàjiā. Xiànzài shì Niǔyuē sān ge huàláng de lǎobǎn.
b. Yamaguchi 教授教中国文学已经教了二十多年了。目前在纽约大学教书。他写了五本关于中国文学和历史的书，现在正在写第六本。
Yamaguchi 教授教中國文學已經教了二十多年了。目前在紐約大學教書。他寫了五本關於中國文學和歷史的書，現在正在寫第六本。
Yamaguchi jiàoshòu jiāo Zhōngguó wénxué yǐjīng jiāo le èrshíduō nián le. Mùqián zài Niǔyuē Dàxué jiāoshū. Tā xiě le wǔ běn guānyú Zhōngguó wénxué hé lìshǐ de shū, xiànzài zhèngzài xiě dì liù běn.
c. Simon 小姐学了七年多的中文了。目前正在纽约大学学习艺术史。
Simon 小姐學了七年多的中文了。目前正在紐約大學學習藝術史。
Simon xiǎojie xué le qī nián duō Zhōngwén le. Mùqián zhèngzài Niǔyuē Dàxué xuéxí yìshù shǐ.

35 Über gewohnheitsmäßige Handlungen sprechen

1 a. 我常常早上跑步。
Wǒ chángcháng zǎoshang pǎo bù.

b. 他们经常吃中国饭。
他們經常吃中國飯。
Tāmen jīngcháng chī Zhōngguó fàn.

c. 我平常七点钟吃晚饭。
我平常七點鐘吃晚飯。
Wǒ píngcháng qīdiǎn zhōng chī wǎnfàn.

d. 以前我们总是去法国旅行。
以前我們總是去法國旅行。
Yǐqián wǒmen zǒngshì qù Fǎguó lǚxíng.

e. 我总是早上喝咖啡。
我總是早上喝咖啡。
Wǒ zǒngshì zǎoshang hē kāfēi.

f. 我们常常下班以后打网球。
我們常常下班以後打網球。
Wǒmen chángcháng xià bān yǐhòu dǎ wǎngqiú.

g. 你常常在那个饭馆吃饭吗？
你常常在那個飯館吃飯嗎？
Nǐ chángcháng zài nàge fànguǎn chī fàn ma?

h. 我经常看那个电视节目。
我經常看那個電視節目。
Wǒ jīngcháng kàn nàge diànshì jiémù.

i. 我老晚上遛狗。
Wǒ lǎo wǎnshang liù gǒu.

j. 我每星期都看电影。
我每星期都看電影。
Wǒ měi xīngqī dōu kàn diànyǐng.

2

a. 除了周末以外我每天都上课。
除了週末以外我每天都上課。
Chúle zhōumò yǐwài wǒ měitiān dōu shàng kè.

b. 每天早晨八点半上课。
每天早晨八點半上課。
Měitiān zǎochén bādiǎn bàn shàng kè.

c. 我们平常下午四点下课，可是星期五一点就下课。
我們平常下午四點下課，可是星期五一點就下課。
Wǒmen píngcháng xiàwǔ sìdiǎn xià kè, kěshì xīngqī wǔ yīdiǎn jiù xià kè.

d. 每个星期五下午我在医院里工作。
每個星期五下午我在醫院裏工作。
Měi gè xīngqīwǔ xiàwǔ wǒ zài yīyuàn lǐ gōngzuò.

e. 星期六下午天气好的时候，我经常在公园里散步。
星期六下午天氣好的時候，我經常在公園裏散步。
Xīngqī liù xiàwǔ tiānqì hǎo de shíhou, wǒ jīngcháng zài gōngyuán lǐ sàn bù.

f. 星期六晚上我都跟朋友去看电影。
星期六晚上我都跟朋友去看電影。
Xīngqī liù wǎnshang wǒ dōu gēn péngyou qù kàn diànyǐng.
g. 我星期天一向跟家里人到饭馆去吃饭。
我星期天一向跟家裏人到飯館去吃飯。
Wǒ xīngqī tiān yīxiàng gēn jiālǐ rén dào fànguǎn qù chī fàn.
h. 星期日我常常留在宿舍作功课。
星期日我常常留在宿舍作功課。
Xīngqīrì wǒ chángcháng liú zài sùshè zuò gōngkè.

3

a. 他每天早上七点半出门。
他每天早上七點半出門。
Tā měitiān zǎoshang qīdiǎn bàn chū mén.
b. 他总是先在公共汽车站旁边的店买一杯咖啡。
他總是先在公共汽車站旁邊的店買一杯咖啡。
Tā zǒngshì zài gōnggòng qìchē zhàn pángbiān de diàn mǎi yī bēi kāfēi.
c. 他常常中午去健身房。
他常常中午去健身房。
Tā chángcháng zhōngwǔ qù jiànshēnfáng.
d. 他下班以后总是直接回家，从来不跟同事去吃饭。
他下班以後總是直接回家，從來不跟同事去吃飯。
Tā xià bān yǐhòu zǒngshì zhíjiē huí jiā, cónglái bù gēn tóngshì qù chī fàn.
e. 他每个星期天都去一家书店打工。
他每個星期天都去一家書店打工。
Tā měi ge xīngqītiān dōu qù yī jiā shūdiàn dǎ gōng.

4

a. (Freie Antwort.)
b. 总是/一向/向来/都；从来没
總是/一向/向來/都；從來沒
zǒngshì/yīxiàng/xiànglái/dōu; cónglái méi
c. 老/一向/向来/都
老/一向/向來/都
lǎo/yīxiàng/xiànglái/dōu
d. 经常/时常
經常/時常
jīngcháng/shícháng
e. (Freie Antwort.)

36 Über die Zukunft sprechen

1

a. 你今天要去哪儿跳舞？
你今天要去哪兒跳舞？
Nǐ jīntiān yào qù nǎr tiào wǔ?
Wohin willst du heute zum Tanzen gehen?

b. 他将来一定会有很多钱。
他將來一定會有很多錢。
Tā jiānglái yīdìng huì yǒu hěn duō qián.
Er wird in der Zukunft bestimmt sehr viel Geld haben.

c. 我明天晚上请你去看电影。
我明天晚上請你去看電影。
Wǒ míngtiān wǎnshang qǐng nǐ qù kàn diànyǐng.
Ich lade dich für morgen abend ins Kino ein.

d. 谁明年去中国学习？
誰明年去中國學習？
Shéi míngnián qù Zhōngguó xuéxí?
Wer geht nächstes Jahr zum Studium nach China?

e. 我们下个星期放假。
我們下個星期放假。
Wǒmen xià gè xīngqī fàng jià.
Wir haben nächste Woche Ferien.

f. 我们打算下个月去意大利旅行。
我們打算下個月去意大利旅行。
Wǒmen dǎsuan xià gè yuè qù Yìdàlì lǚxíng.
Wir planen, nächsten Monat nach Italien zu reisen.

g. 天气预报说后天会下雪。
天氣預報說後天會下雪。
Tiānqì yùbào shuō hòutiān huì xià xuě.
Laut Wettervorhersage wird es übermorgen schneien.

h. 我想明天早上给奶奶打电话。
我想明天早上給奶奶打電話。
Wǒ xiǎng míngtiān zǎoshang gěi nǎinai dǎ diànhuà.
Ich möchte morgen früh meine Grossmutter anrufen.

2

a. 快 **kuài** b. 再 **zài** c. 可能 **kěnéng** d. 可能 **kěnéng** e. 愿意/願意 **yuànyì** f. 打算 **dǎsuan** g. 想 **xiǎng** h. 再 **zài**

3

a. 我今天下午要跟我的同屋借钱。
我今天下午要跟我的同屋借錢。
Wǒ jīntiān xiàwǔ yào gēn wǒ de tóngwū jiè qián.

b. 明天早上我要给我的女朋友买生日礼物。
明天早上我要給我的女朋友買生日禮物。
Míngtiān zǎoshang wǒ yào gěi wǒ de nǚ péngyou mǎi shēngri lǐwù.

c. 后天我要在饭馆定位子。
後天我要在飯館定位子。
Hòutiān wǒ yào zài fànguǎn dìng wèizi.

d. 下星期我要还同屋的钱。
下星期我要還同屋的錢。
Xià xīngqī wǒ yào huán tóngwū de qián.

e. 我下星期二要再跟同屋借钱。
   我下星期二要再跟同屋借錢。
   Wŏ xià xīngqī'èr yào zài gēn tóngwū jiè qián.
f. 我下个月一定得找工作。
   我下個月一定得找工作。
   Wŏ xià gè yuè yīdìng děi zhăo gōngzuò.

4
a. 今天下午两点半/今天下午兩點半 **jīntiān xiàwŭ liăngdiăn bàn**
b. 又 **yòu**
c. 打算 **dăsuàn**
d. 跟陈先生吃午饭。/跟陳先生吃午飯。**Gēn Chén xiānsheng chī wŭfàn.**
e. 下午两点半/下午兩點半 **xiàwŭ liăng diăn bàn**
f. 可能 **kěnéng**
g. 愿意不愿意/願意不願意 **yuànyì bù yuànyì**
h. 后天/後天 **hòutiān**
i. 后天下午一点半/後天下午一點半 **hòutiān xiàwŭ yī diăn bàn**
j. 上午 **shàngwŭ**
k. 下午四点/下午四點 **xiàwŭ sìdiăn**
l. 准备/準備 **zhŭnbèi**
m. 要 **yào**

37 Einen Abschluss kennzeichnen und über die Vergangenheit sprechen

1
a. 我哥哥上个月买了一栋房子。
   我哥哥上個月買了一棟房子。
   Wŏ gēgē shàng gè yuè măi le yī dòng fángzi.
b. 上个星期他请了一些朋友来他家吃晚饭。
   上個星期他請了一些朋友來他家吃晚飯。
   Shàng gè xīngqī tā qĭng le yī xiē péngyou lái tā jiā chī wănfàn.
c. 他做了五个菜。
   他做了五個菜。
   Tā zuò le wŭ gè cài.
d. 他也做了一个汤。
   他也做了一個湯。
   Tā yě zuò le yī gè tāng.
e. 他的朋友送給他一瓶酒。
   Tā de péngyou sòng gěi tā yī píng jiŭ.
f. 他们把饭吃了，把酒喝了。
   他們把飯吃了，把酒喝了。
   Tāmen bă fàn chī le, bă jiŭ hē le.

2

a. 客人到了以后，我哥哥就请他们喝茶。
客人到了以後，我哥哥就請他們喝茶。
Kèren dào le yǐhòu, wǒ gēgē jiù qǐng tāmen hē chá.

b. 他们喝了茶以后，我哥哥就请他们吃晚饭。
他們喝了茶以後，我哥哥就請他們吃晚飯。
Tāmen hē le chá yǐhòu, wǒ gēgē jiù qǐng tāmen chī wǎnfàn.

c. 吃了晚饭以后，他们都唱了一些歌。
吃了晚飯以後，他們都唱了一些歌。
Chī le wǎnfàn yǐhòu, tāmen dōu chàng le yī xiē gē.

d. 唱了歌以后，他们就回家了。
唱了歌以後，他們就回家了。
Chàng le gē yǐhòu, tāmen jiù huí jiā le.

e. 他们离开了以后，哥哥就开始洗盘子。
他們離開了以後，哥哥就開始洗盤子。
Tāmen líkāi le yǐhòu, gēgē jiù kāishǐ xǐ pánzi.

f. 洗了盘子以后，他就去睡觉了。
洗了盤子以後，他就去睡覺了。
Xǐ le pánzi yǐhòu, tā jiù qù shuì jiào le.

3

a. 王明已经选课了。
王明已經選課了。
Wáng Míng yǐjing xuǎn kè le.

b. 王明已经买练习本了。
王明已經買練習本了。
Wáng Míng yǐjing mǎi liànxíběn le.

c. 王明已经付学费了。
王明已經付學費了。
Wáng Míng yǐjing fù xuéfèi le.

d. 王明还没买课本呢。
王明還沒買課本呢。
Wáng Míng hái méi mǎi kèběn ne.

e. 王明还没复习汉字呢。
王明還沒復習漢字呢。
Wáng Míng hái méi fùxí Hàn zì ne.

f. 王明还没找教室呢。
王明還沒找教室呢。
Wáng Míng hái méi zhǎo jiàoshì ne.

4

a. 你收拾屋子了吗？
你收拾屋子了嗎？
Nǐ shōushi wūzi le ma?

b. 你做作业了吗？
你做作業了嗎？
Nǐ zuò zuòyè le ma?

c. 你写完作文了吗？
你寫完作文了嗎？
Nǐ xiě wán zuòwén le ma?

d. 你找工作了吗？
你找工作了嗎？
Nǐ zhǎo gōngzuò le ma?

e. 你选课了吗？
你選課了嗎？
Nǐ xuǎn kè le ma?

f. 你买课本了吗？
你買課本了嗎？
Nǐ mǎi kèběn le ma?

5

a. 我父母又去日本了。
Wǒ fùmǔ yòu qù Rìběn le.
Meine Eltern sind erneut nach Japan gefahren.

b. 你又出错误了。
你又出錯誤了。
Nǐ yòu chū cuòwù le.
Du hast wieder einen Fehler gemacht.

c. 我又给了他二十块钱。
我又給了他二十塊錢。
Wǒ yòu gěi le tā èrshí kuài qián.
Ich habe ihm nochmals 20 Kuai gegeben.

d. 我又跟朋友看了那个电影。
我又跟朋友看了那個電影。
Wǒ yòu gēn péngyou kàn le nàge diànyǐng.
Ich habe mit Freunden (im Kino) jenen Film nochmals gesehen.

e. 我又打篮球了。
我又打籃球了。
Wǒ yòu dǎ lánqiú le.
Ich habe wieder Basketball gespielt.

f. 我又给她打电话了。
我又給她打電話了。
Wǒ yòu gěi tā dǎ diànhuà le.
Ich habe sie erneut angerufen.

6

a. 我没有看过中国电影。
我沒有看過中國電影。
Wǒ méi yǒu kànguò Zhōngguó diànyǐng.

b. 我今年没有检查过身体。
我今年沒有檢查過身體。
Wǒ jīnnián méi yǒu jiǎncháguò shēntǐ.

c. (我)学过(英文)。
(我)學過(英文)。
(Wǒ) xuéguò (Yīngwén).

d. 我也从来没吃过这个菜。
我也從來沒吃過這個菜。
Wǒ yě cónglái méi chīguò zhège cài.

e. 我没有看过这本书。
我沒有看過這本書。
Wǒ méi yǒu kànguo zhè běn shū.

f. 我学过经济学。
我學過經濟學。
Wǒ xuéguò jīngjìxué.

g. 我还没唱过卡拉 OK。
我還沒唱過卡拉 OK。
Wǒ hái méi chàngguo kǎlā OK.

h. 我吃过日本饭。
我吃過日本飯。
Wǒ chīguò Rìběn fàn.

7

a. 过/過 **guo** *oder* 了 **le** b. 过/過 **guo**, 了 **le** c. 过/過 **guo** d. 了 **le** [过了/過了 **guo le**], 了 **le** e. 过/過 **guo**

8

a. 他以前(从前/從前)是我的男朋友。
Tā yǐqián (cóngqián) shì wǒ de nán péngyou.

b. 我以前(从前/從前)每天早上都喝咖啡。
Wǒ yǐqián (cóngqián) měitiān zǎoshang dōu hē kāfēi.

c. 我小的时候很喜欢说话。
我小的時候很喜歡說話。
Wǒ xiǎo de shíhou hěn xǐhuan shuō huà.

d. 一九六二年的时候，汽油一毛九一加仑。
一九六二年的時候，汽油一毛九一加侖。
Yī jiǔ liù èr nián de shíhou, qìyóu yī máo jiǔ yī jiālún.

e. 以前(从前)这里是公园。
以前(從前)這裏是公園。
Yǐqián (cóngqián) zhèli shì gōngyuán.

f. 以前(从前)我对中国不感兴趣。
以前(從前)我對中國不感興趣。
Yǐqián (cóngqián) wǒ duì Zhōngguó bù gǎn xìngqù.

9

a. 他们是一九七零年结的婚。
他們是一九七零年結的婚。
Tāmen shì yī jiǔ qī líng nián jié de hūn.

b. 我们是在中国认识的。
我們是在中國認識的。
Wǒmen shì zài Zhōngguó rènshi de.

c. 弟弟是一九九八年毕业的。
弟弟是一九九八年畢業的。
Dìdi shì yī jiǔ jiǔ bā nián bìyè de.
d. 这件毛衣是我父母给我买的。
這件毛衣是我父母給我買的。
Zhè jiàn máoyī shì wǒ fùmǔ gěi wǒ mǎi de.
e. 那本书是王老师写的。
那本書是王老師寫的。
Nà běn shū shì Wáng lǎoshī xiě de.
f. 这本字典是在书店买的。
這本字典是在書店買的。
Zhè běn zìdiǎn shì zài shūdiàn mǎi de.
g. 是他告訴我的。
Shì tā gàosu wǒ de.
h. 我是坐公共汽车去的。
我是坐公共汽車去的。
Wǒ shì zuò gōnggòng qìchē qù de.

10

a. 我去过北京。/ 我去過北京。**Wǒ qù guò Běijīng.**
b. 是什么时候去的/是甚麼時候去的 **shì shénme shíhou qù de**
c. 我是2004年跟我妈妈去的/我是2004年跟我媽媽去的 **Wǒ shì 2004 nián gēn wǒ māma qù de**
d. 去了什么地方/去了甚麼地方 **qù le shénme dìfāng**
e. 了 **le**; 了 **le**; 了 **le**
f. 住了多久 **zhù le duō jiǔ**
g. 去了上海 **qù le Shànghǎi**
h. 是怎么去的/是怎麼去的 **shì zěnme qù de**
i. 坐了多久 **zuò le duō jiǔ**
j. 没去过中国/沒去過中國 **méi qùguò Zhōngguó**
k. 又去了(一次)中国/又去了(一次)中國 **yòu qù le yī cì Zhōngguó**

38 Über Veränderungen, neue Situationen und sich ändernde Situationen sprechen

1

a. 你越来越认真。
你越來越認真。
Nǐ yuè lái yuè rènzhēn.
b. 你的身体越来越强壮。
你的身體越來越强壯。
Nǐ de shēntǐ yuè lái yuè qiángzhuàng.
c. 你的技巧越来越好。
你的技巧越來越好。
Nǐ de jìqiǎo yuè lái yuè hǎo.

d. 比赛的日子快要到了。
比賽的日子快要到了。
Bǐsài de rìzi kuài yào dào le.

e. 你每天得跑三个小时。
你每天得跑三個小時。
Nǐ měitiān děi pǎo sān gè xiǎoshí.

f. 你越跑，越跑得快。
Nǐ yuè pǎo, yuè pǎo de kuài.

2

a. 现在她会走路了。
現在她會走路了。
Xiànzài tā huì zǒu lù le.

b. 现在她会叫‘妈妈’了。
現在她會叫‘媽媽’了。
Xiànzài tā huì jiào māma le.

c. 现在她可以认出他的哥哥了。
現在她可以認出他的哥哥了。
Xiànzài tā kěyǐ rènchū tā de gēgē le.

d. 现在她喜欢听音乐了。
現在她喜歡聽音樂了。
Xiànzài tā xǐhuan tīng yīnyuè le.

e. 现在她知道她自己的名字了。
現在她知道她自己的名字了。
Xiànzài tā zhīdao tā zìjǐ de míngzì le.

3

a. 我不再喝啤酒了。
Wǒ bù zài hē píjiǔ le.

b. 我星期日晚上不再去参加晚会了。
我星期日晚上不再去參加晚會了。
Wǒ xīngqīrì wǎnshàng bù zài qù cānjiā wǎnhuì le.

c. 我每天都要在公园跑步。
我每天都要在公園跑步。
Wǒ měitiān dōu yào zài gōngyuán pǎo bù.

d. 我每个星期都要给我的父母打一次电话。
我每個星期都要給我的父母打一次電話。
Wǒ měi gè xīngqī dōu yào gěi wǒ de fùmǔ dǎ yī cì diànhuà.

e. 我每天都要学中文。
我每天都要學中文。
Wǒ měitiān dōu yào xué Zhōngwén.

f. 我不再跟我的妹妹吵架了。
Wǒ bù zài gēn wǒ de mèimei chǎo jià le.

4 a. Das Wetter wird immer kälter. b. Chinesisch wird immer interessanter. c. Das Leben der Chinesen wird immer besser. d. Wir mögen chinesisches Essen immer mehr. e. Je mehr ich esse, umso dicker werde ich. Je dicker ich werde, umso mehr möchte ich essen. f. Je mehr du lernst, umso mehr verstehst du. g. Je mehr ich lerne, umso mehr möchte ich lernen. h. Je mehr chinesische Schriftzeichen (du) schreibst, umso leichter wird es. i. Je mehr ich in diesem Buch lese, desto interessanter finde ich es.

5
a. 春天到了。天气越来越暖和，
春天到了。天氣越來越暖和，
Chūntiān dào le. Tiānqì yuè lái yuè nuǎnhuo,
b. 白天越来越长，
白天越來越長，
báitiān yuè lái yuè cháng,
c. 花越来越多，
花越來越多，
huā yuè lái yuè duō,
d. 天空越来越蓝，
天空越來越藍，
tiānkōng yuè lái yuè lán,
e. 在外边散步的人越来越多。
在外邊散步的人越來越多。
zài wàibian sànbù de rén yuè lái yuè duō.

6
a. 中文我越听越懂。
中文我越聽越懂。
Zhōngwén wǒ yuè tīng yuè dǒng.
b. 汉字我越写越好看。
漢字我越寫越好看。
Hàn zì wǒ yuè xiě yuè hǎo kàn.
c. 我越说越准，
我越說越準，
Wǒ yuè shuō yuè zhǔn,
d. 我越读越快。
我越讀越快。
Wǒ yuè dú yuè kuài.

7 a. 变化/變化 **biànhuà** b. 成为/成爲 **chéngwéi** c. 改善 **gǎishàn** d. 换/換 **huàn** e. 改 **gǎi** f. 改写/改寫 **gǎi xiě** g. 变成/變成 **biànchéng** h. 变成/變成 **biànchéng** i. 改正 **gǎizhèng**

8
a. 中国的商业环境有所改进。
中國的商業環境有所改進。
Zhōngguó de shāngyè huánjìng yǒu suǒ gǎijìn.

b. 经济越来越强大。
经濟越來越强大。
Jīngjì yuè lái yuè qiángdà.
c. 在中国的外国企业越来越多。
在中國的外國企業越來越多。
Zài Zhōngguó de wàiguó qǐyè yuè lái yuè duō.
d. 投资越多，赚的钱就越多。
投資越多，賺的錢就越多。
Tóuzī yuè duō, zhuàn de qián jiù yuè duō.
e. 中国人越来越有钱。
中國人越來越有錢。
Zhōngguórén yuè lái yuè yǒu qián.
f. 他们钱越多，买的东西越多。
他們錢越多，買的東西越多。
Tāmen qián yuè duō, mǎi de dōngxī yuè duō.
g. 我认为我们在中国的生意会越来越好。
我認爲我們在中國的生意會越來越好。
Wǒ rènwéi wǒmen zài Zhōngguó de shēngyì huì yuè lái yuè hǎo.

9
a. 订婚了/訂婚了 **dìnghūn le**
b. 有三个孩子了/有三個孩子了 **yǒu sān gè háizi le**
c. 不工作了/不工作了 **bù gōngzuò le**
d. 越来越胖/越來越胖 **yuè lái yuè pàng**
e. 变化最大/變化最大 **biànhuà zuì dà**
f. 成了名人 **chéng le míngrén**
g. 了 **le**

10
(Freie Antwort.)

39 Über Dauer und Häufigkeit sprechen

1
a. 我打算在中国学一年的中国话。
我打算在中國學一年的中國話。
Wǒ dǎsuan zài Zhōngguó xué yī nián de Zhōngguóhuà.
b. 学生每天至少得学习三个钟头。
學生每天至少得學習三個鐘頭。
Xuésheng měitiān zhìshǎo děi xuéxí sān gè zhōngtóu.
c. 我已经等了他二十分钟了。
我已經等了他二十分鐘了。
Wǒ yǐjing děng le tā èrshí fēn zhōng le.
d. 昨天晚上，我就睡了两个钟头的觉。
昨天晚上，我就睡了兩個鐘頭的覺。
Zuótiān wǎnshang, wǒ jiù shuì le liǎng gè zhōngtóu de jiào.

e. 你每天晚上应该睡八个钟头的觉。
你每天晚上應該睡八個鐘頭的覺。
Nǐ měitiān wǎnshang yīnggāi shuì bā gè zhōngtóu de jiào.

f. 我每天看一个半小时的报。
我每天看一個半小時的報。
Wǒ měitiān kàn yī gè bàn xiǎoshí de bào.

g. 我每天晚上听一个钟头的音乐。
我每天晚上聽一個鐘頭的音樂。
Wǒ měitiān wǎnshang tīng yī ge zhōngtou de yīnyuè.

2

a. 王明有一个月没看电影。
王明有一個月沒看電影。
Wáng Míng yǒu yī gè yuè méi kàn diànyǐng.

b. 王明有一年没回家。
Wáng Míng yǒu yī nián méi huí jiā.

c. 王明有五天没上课。
王明有五天沒上課。
Wáng Míng yǒu wǔ tiān méi shàng kè.

d. 王明有四十五分钟没说话。
王明有四十五分鐘沒說話。
Wáng Míng yǒu sìshíwǔ fēn zhōng méi shuō huà.

e. 王明有三十六个小时没睡觉。
王明有三十六個小時沒睡覺。
Wáng Míng yǒu sānshíliù gè xiǎoshí méi shuì jiào.

f. 王明有两个星期没打球。
王明有兩個星期沒打球。
Wáng Míng yǒu liǎng gè xīngqī méi dǎ qiú.

3

a. 她写作文已经写了有一个月了。
她寫作文已經寫了有一個月了。
Tā xiě zuòwén yǐjing xiě le yǒu yī gè yuè le.

b. 他们打球打了有三个小时。
他們打球打了有三個小時。
Tāmen dǎ qiú dǎ le yǒu sān gè xiǎoshí.

c. 他跟他的女朋友说话说了有两个钟头了。
他跟他的女朋友說話說了有兩個鐘頭了。
Tā gēn tā de nǚ péngyǒu shuō huà shuō le yǒu liǎng gè zhōngtóu le.

d. 我等弟弟已经等了有半个小时了。
我等弟弟已經等了有半個小時了。
Wǒ děng dìdi yǐjing děng le yǒu bàn gè xiǎoshí le.

e. 他已经在中国住了有两年了。
他已經在中國住了有兩年了。
Tā yǐjing zài Zhōngguó zhù le yǒu liǎng nián le.

f. 他教书教了有十年了。
他教書教了有十年了。
Tā jiāo shū jiāo le yǒu shí nián le.

4 a. Mutter ist beim Kochen. b. Schau! Im Park tanzen gerade viele Leute. c. Bitte warte hier auf mich. d. Studiert dein Kind immer noch in den USA? e. Sie ist bis jetzt noch nicht verheiratet.

5 a. Wir trinken gerne Tee, während wir uns unterhalten. b. Studenten hören beim Hausaufgaben machen gerne Musik. c. Du darfst nicht beim Autofahren essen. d. Ich will nicht, dass du beim Frühstücken Zeitung liest.

6 a. 王明坐过五次飞机。
王明坐過五次飛機。
Wáng Míng zuò guò wǔ cì fēijī.
b. 王明吃过两次日本饭。
王明吃過兩次日本飯。
Wáng Míng chī guò liǎng cì Rìběn fàn.
c. 王明去过一次巴黎。
Wáng Míng qù guò yī cì Bālí.
d. 王明唱過三次卡拉 OK。
Wáng Míng chàng guò sān cì kǎlā OK.
e. 王明骑过四次摩托车。
王明騎過四次摩托車。
Wáng Míng qí guò sì cì mótuōchē.
f. 王明看过六次中国电影。
王明看過六次中國電影。
Wáng Míng kàn guò liù cì Zhōngguó diànyǐng.

7 a. 早上六点半/早上六點半 **zǎoshang liù diǎn bàn**
b. 跑步跑二十分钟/跑步跑二十分鐘 **pǎobù pǎo èrshí fēn zhōng**
c. 八个钟头/八個鐘頭 **bā ge zhōngtou**
d. 三个半小时的功课/三個半小時的功課 **sān ge bàn xiǎoshí de gōngkè**
e. 洗五分钟/洗五分鐘 **xǐ wǔ fēn zhōng**
f. 开着灯睡觉/開著燈睡覺 **kāi zhe dēng shuì jiào**
g. 站着上课/站著上課 **zhàn zhe shàng kè**
h. 看两个小时的电视/看兩個小時的電視 **kàn liǎng gè xiǎoshí de diànshì**
i. 出去两次/出去兩次 **chūqù liǎng cì**
j. 三个星期没有打电动游戏了/三個星期沒有打電動遊戲了 **sān gè xīngqī méi yǒu dǎ diàndòng yóuxì le**

40 Zusätzliche Informationen geben

1

a. 我这学期选了中文，也选了日文。
我這學期選了中文，也選了日文。
Wǒ zhè xuéqī xuǎn le Zhōngwén, yě xuǎn le Rìwén.
Dieses Semester habe ich (Kurse in) Chinesisch und Japanisch belegt. (wörtl. ich habe Chinesisch und auch Japanisch gewählt.)

b. 他喜欢吃美国饭，也喜欢吃泰国饭。
他喜歡吃美國飯，也喜歡吃泰國飯。
Tā xǐhuan chī Měiguó fàn, yě xǐhuan chī Tàiguó fàn.
Er isst gerne Amerikanisch und er isst auch gerne Tailändisch.

c. 张小英很漂亮，也很聪明。
張小英很漂亮，也很聰明。
Zhāng Xiǎoyīng hěn piàoliang, yě hěn cōngming.
Zhang Xiaoying ist sehr hübsch und auch sehr intelligent.

d. 林伟学是学生。唐玫玲也是学生。
林偉學是學生。唐玫玲也是學生。
Lín Wěixué shì xuésheng. Táng Méilíng yě shì xuésheng.
Lin Weixue ist Student. Auch Tang Meiling ist Student.

e. 我给弟弟打了电话。我也给妹妹打了电话。
我給弟弟打了電話。我也給妹妹打了電話。
Wǒ gěi dìdi dǎ le diànhuà. Wǒ yě gěi mèimei dǎ le diànhuà.
Ich habe meinen jüngeren Bruder angerufen. Ich habe auch meine jüngere Schwester angerufen.

f. 我喜欢喝咖啡，也喜欢喝茶。
我喜歡喝咖啡，也喜歡喝茶。
Wǒ xǐhuan hē kāfēi, yě xǐhuan hē chá.
Ich trinke gerne Kaffee und auch gerne Tee.

2

a. 这本字典送给你。我还有一本。
這本字典送給你。我還有一本。
Zhè běn zìdiǎn sònggěi nǐ. Wǒ hái yǒu yīběn.
Ich schenke dir dieses Wörterbuch. Ich habe noch eines.

b. 你还有什么事情要告诉我吗?
你還有甚麽事情要告訴我嗎?
Nǐ hái yǒu shénme shìqing yào gàosu wǒ ma?
Gibt es noch etwas, was du mir sagen möchtest?

c. 对不起。我还不懂你的意思。
對不起。我還不懂你的意思。
Duìbuqǐ. Wǒ hái bù dǒng nǐ de yìsi.
Entschuldigung. Ich verstehe immer noch nicht, was Sie meinen.

d. 你还有多少钱?
你還有多少錢?
Nǐ hái yǒu duōshao qián?
Wieviel Geld hast du noch?

e. 学中文不但有意思，并且可以找到好的工作。
学中文不但有意思，并且可以找到好的工作。
Xué Zhōngwén bùdàn yǒu yìsi, bìngqiě kěyǐ zhǎodào hǎo de gōngzuò.
Chinesisch lernen ist nicht nur interessant, es kann auch (dabei helfen), eine gute Arbeitsstelle zu finden.

f. 除了妹妹以外，我们都喜欢吃中国饭。
除了妹妹以外，我們都喜歡吃中國飯。
Chúle mèimei yǐwài, wǒmen dōu xǐhuan chī Zhōngguó fàn.
Mit Ausnahme [Ausser] meiner jüngeren Schwester essen wir alle gern Chinesisch.

g. 那个旅馆又干净又便宜。
那個旅館又乾淨又便宜。
Nàge lǘguǎn yòu gānjìng yòu piányi.
Jenes Hotel ist sowohl sauber als auch preiswert.

h. 妈妈不但上班，而且得照顾孩子。
媽媽不但上班，而且得照顧孩子。
Māma bùdàn shàng bān, érqiě děi zhàogù háizi.
Mutter arbeitet nicht nur, sondern muss sich auch um die Kinder kümmern.

3

a. 高蕾又聪明又用功。
高蕾又聰明又用功。
Gāo Lěi yòu cōngming yòu yònggōng.

b. 并且很可靠。
并且很可靠。
Bìngqiě hěn kěkào.

c. 不但功课准备得很仔细，而且考试考得好。
不但功課準備得很仔細，而且考試考得好。
Bùdàn gōngkè zhǔnbèi de hěn zǐxì, érqiě kǎoshì kǎo de hǎo.

d. 她还是学生组织的积极分子。
她還是學生組織的積極分子。
Tā hái shì xuéshēng zǔzhī de jījí fēnzi.

e. 除了是一个好学生以外，她还参加很多课外活动。
除了是一個好學生以外，她還參加很多課外活動。
Chúle shì yī gè hǎo xuéshēng yǐwài, tā hái cānjiā hěn duō kèwài huódòng.

f. 而且她很愿意帮助别人。
而且她很願意幫助別人。
Érqiě tā hěn yuànyì bāngzhù bié rén.

g. 再说，她的语言能力很强。英文，说得写得都很好。
再說，她的語言能力很强。英文，說得寫得都很好。
Zài shuō, tā de yǔyán nénglì hěn qiáng. Yīngwén, shuō de xiě de dōu hěn hǎo.

4 Antwortbeispiel:

房屋出租。一房一厅，又大又干净。不但附家具而且家具都是新的。离地铁站还有很多餐厅、商店都很近。一个月两千块。除了水电以外，也包括有线电视。意者请洽 Marie (987) 654-3321/Marie1980@gmail.com

房屋出租。一房一廳，又大又乾淨。不但附傢具而且傢具都是新的。離地鐵站還有很多餐廳、商店都很近。一個月兩千塊。除了水電以外，也包括有線電視。意者請洽 Marie (987) 654-3321/Marie1980@gmail.com

Fángwū chūzū. Yī fang yī tīng, yòu dà yòu gānjìng. Bùdàn fù jiājù érqiě jiājù dōu shì xīn de. Lí dìtiě zhàn hái yǒu hěn duō cāntīng, shāngdiàn dōu hěn jìn. Yī ge yuè liǎng qiān kuài. Chúle shuǐ diàn yǐwài, yě bāokuò yǒuxiàn diànshì. Yìzhě qǐng qià Marie (987) 654-3321/Marie1980@gmail.com

41 Gegensätze ausdrücken

1

a. 张伟虽然很帅，但是不高。
张偉雖然很帥，但是不高。
Zhāng Wěi suīrán hěn shuài, dànshì bù gāo.

b. 张伟虽然很聪明，但是很懒。
張偉雖然很聰明，但是很懶。
Zhāng Wěi suīrán hěn cōngming, dànshì hěn lǎn.

c. 张伟虽然很有钱，但是很小气。
張偉雖然很有錢，但是很小氣。
Zhāng Wěi suīrán hěn yǒu qián, dànshì hěn xiǎoqi.

d. 张伟虽然跳舞跳得很好，但是唱歌唱得不好。
張偉雖然跳舞跳得很好，但是唱歌唱得不好。
Zhāng Wěi suīrán tiào wǔ tiào de hěn hǎo, dànshì chàng gē chàng de bù hǎo.

e. 张伟虽然有车，但是开车开得太快。
張偉雖然有車，但是開車開得太快。
Zhāng Wěi suīrán yǒu chē, dànshì kāi chē kāi de tài kuài.

f. 张伟虽然喜欢请客，但是他喝酒喝得太多。
張偉雖然喜歡請客，但是他喝酒喝得太多。
Zhāng Wěi suīrán xǐhuan qǐng kè, dànshì tā hē jiǔ hē de tài duō.

g. 张伟虽然会说外语，但是他不喜欢旅游。
張偉雖然會說外語，但是他不喜歡旅游。
Zhāng Wěi suīrán huì shuō wàiyǔ, dànshì tā bù xǐhuan lǚyóu.

h. 张伟虽然大学毕业了，但是没有工作。
張偉雖然大學畢業了，但是沒有工作。
Zhāng Wěi suīrán dàxué bì yè le, dànshì méi yǒu gōngzuò.

2

a. 你可以在宿舍吃饭，但是不可以在那里做饭。
你可以在宿舍吃飯，但是不可以在那裏做飯。
Nǐ kěyǐ zài sùshè chīfàn, dànshì bù kěyǐ zài nàli zuò fàn.

b. 你可以在阅览室喝咖啡，但是不能在那里吃东西。
你可以在閱覽室喝咖啡，但是不能在那裏吃東西。
Nǐ kěyǐ zài yuèlǎn shì hē kāfēi, dànshì bù néng zài nàli chī dōngxi.

c. 你可以在宿舍举行晚会，但是不可以喝酒。
你可以在宿舍舉行晚會，但是不可以喝酒。
Nǐ kěyǐ zài sùshè jǔxíng wǎnhuì, dànshì bù kěyǐ hē jiǔ.

d. 你可以在你的屋子里用微波炉，但是不可以用面包炉。
你可以在你的屋子裏用微波爐，但是不可以用麵包爐。
Nǐ kěyǐ zài nǐ de wūzi lǐ yòng wēibōlú, dànshì bù kěyǐ yòng miànbāolú.

e. 在体育馆里可以穿球鞋，不可以穿靴子。
在體育館裏可以穿球鞋，不可以穿靴子。
Zài tǐyùguǎn lǐ kěyǐ chuān qiúxié, bù kěyǐ chuān xuēzi.

f. 考试的时候可以用计算器，可是不可以用计算机。
考試的時候可以用計算器，可是不可以用計算機。
Kǎoshì de shíhou kěyǐ yòng jìsuànqì, kěshì bù kěyǐ yòng jìsuànjī.

g. 你可以在布告栏上放相片，但是不能在墙上。
你可以在布告欄上放相片，但是不能在墻上。
Nǐ kěyǐ zài bùgào lán shàng fàng xiàngpiàn, dànshì bù néng zài qiángshàng.

h. 你可以在图书馆借书，但是不可以借字典。
你可以在圖書館借書，但是不可以借字典。
Nǐ kěyǐ zài túshūguǎn jièshū, dànshì bù kěyǐ jiè zìdiǎn.

i. 你可以在语言实验室练习语言，但是不可以看电子邮件。
你可以在語言實驗室練習語言，但是不可以看電子郵件。
Nǐ kěyǐ zài yǔyán shíyànshì liànxí yǔyán, dànshì bù kěyǐ kàn diànzi yóujiàn.

j. 你可以把手机带进教室，但是一定得关机。
你可以把手機帶進教室，但是一定得關機。
Nǐ kěyǐ bǎ shǒujī dài jìn jiàoshì, dànshì yīdìng děi guān jī.

3

a. 中文虽然很难学，可是很有用。
中文雖然很難學，可是很有用。
Zhōngwén suīrán hěn nán xué, kěshì hěn yǒu yòng.
Chinesisch ist schwierig (zu lernen), aber es ist sehr nützlich.

b. 他虽然是中国人，可是没去过中国。
他雖然是中國人，可是沒去過中國。
Tā suīrán shì Zhōngguórén, kěshì méi qùguo Zhōngguó.
Obwohl er Chinese ist, war er noch nie in China.

c. 我虽然想去，可是没时间。
我雖然想去，可是沒時間。
Wǒ suīrán xiǎng qù, kěshì méi shíjiān.
Ich möchte zwar gehen, habe aber keine Zeit.

d. 今天虽然没下雪，可是非常冷。
今天雖然沒下雪，可是非常冷。
Jīntiān suīrán méi xià xuě, kěshì fēicháng lěng.
Es hat heute zwar nicht geschneit, aber es ist sehr kalt.

e. 今天考试，同学们虽然都到了，可是老师还没来。
今天考試，同學們雖然都到了，可是老師還沒來。
Jīntiān kǎoshì, tóngxuémen suīrán dōu dào le, kěshì lǎoshī hái méi lái.
Zum heutigen Test sind die Mitschüler alle erschienen, aber der Lehrer ist noch nicht gekommen.

f. 他虽然嘴上不说，可是心里很不高兴。
他雖然嘴上不說，可是心裏很不高興。
Tā suīrán zuǐ shang bù shuō, kěshì xīnlǐ hěn bù gāoxìng.
Er spricht zwar nicht darüber, aber er ist (im Herzen) sehr unglücklich.

g. 虽然她是中国人，可是她不喜欢吃中国饭。
雖然她是中國人，可是她不喜歡吃中國飯。
Suīrán tā shì Zhōngguórén, kěshì tā bù xǐhuan chī Zhōngguó fàn.
Obwohl sie Chinesin ist, isst sie nicht gerne Chinesisch.

h. 学中文虽然很花时间，可是我很喜欢学。
學中文雖然很花時間，可是我很喜歡學。
Xué Zhōngwén suīrán hěn huā shíjiān, kěshì wǒ hěn xǐhuan xué.
Chinesisch lernen ist zwar sehr zeitaufwändig, aber ich lerne (es) sehr gern.

4

a. 中文虽然很难学，可是却很有用。
中文雖然很難學，可是卻很有用。
Zhōngwén suīrán hěn nán xué, kěshì què hěn yǒu yòng.

b. 他虽然是中国人，可是却没去过中国。
他雖然是中國人，可是卻沒去過中國。
Tā suīrán shì Zhōngguórén, kěshì què méi qùguo Zhōngguó.

c. 我虽然想去，可是却没时间。
我雖然想去，可是卻沒時間。
Wǒ suīrán xiǎng qù, kěshì què méi shíjiān.

d. 今天虽然没下雪，可是却非常冷。
今天雖然沒下雪，可是卻非常冷。
Jīntiān suīrán méi xià xuě, kěshì què fēicháng lěng.

e. 今天考试，同学们虽然都到了，可是老师却还没来。
今天考試，同學們雖然都到了，可是老師卻還沒來。
Jīntiān kǎoshì, tóngxuémen suīrán dōu dào le, kěshì lǎoshī què hái méi lái.

f. 他虽然嘴上不说，可是心里却很不高兴。
他雖然嘴上不說，可是心裏卻很不高興。
Tā suīrán zuǐ shang bù shuō, kěshì xīnlǐ què hěn bù gāoxìng.

g. 虽然她是中国人，可是她却不喜欢吃中国饭。
雖然她是中國人，可是她卻不喜歡吃中國飯。
Suīrán tā shì Zhōngguórén, kěshì tā què bù xǐhuan chī Zhōngguó fàn.

h. 学中文虽然很花时间，可是我却很喜欢学。
学中文雖然很花時間，可是我卻很喜歡學。
Xué Zhōngwén suīrán hěn huā shíjiān, kěshì wǒ què hěn xǐhuan xué.

5

a. 难的汉字写对了，容易的反而写错了。
難的漢字寫對了，容易的反而寫錯了。
Nán de Hàn zì xiědui le, róngyì de fǎn'ér xiěcuò le.

b. 认真的学生大家都喜欢，反过来，不认真的学生大家都不喜欢。
認真的學生大家都喜歡，反過來，不認真的學生大家都不喜歡。
Rènzhēn de xuésheng dàjiā dōu xǐhuan, fǎnguòlái, bù rènzhēn de xuésheng dàjiā dōu bù xǐhuan.

c. 天气热人们穿的衣服就少，反过来，天气冷人们穿的衣服就多。
天氣熱人們穿的衣服就少，反過來，天氣冷人們穿的衣服就多。
Tiānqì rè rénmen chuān de yīfu jiù shǎo, fǎnguòlái, tiānqì lěng rénmen chuān de yīfu jiù duō.

d. 下星期要交的报告他已经写好了，明天的考试反而忘了准备了。
下星期要交的報告他已經寫好了，明天的考試反而忘了準備了。
Xià xīngqī yào jiāo de bàogào tā yǐjing xiěhǎole, míngtiān de kǎoshì fǎn'ér wàng le zhǔnbèi le.

e. 中文不容易学，她反而学得很好。
中文不容易學，她反而學得很好。
Zhōngwén bù róngyì xué, tā fǎn'ér xué de hěn hǎo.

f. 容易的课选的学生多，反过来，难的课选的学生少。
容易的課選的學生多，反過來，難的課選的學生少。
Róngyì de kè xuǎn de xuésheng duō, fǎnguòlái, nán de kè xuǎn de xuésheng shǎo.

6

a. 鞋子好是好，但是太贵了。
鞋子好是好，但是太貴了。
Xiézi hǎo shì hǎo, dànshì tài guì le.

b. 毛衣好看是好看，但是太小了。
Máoyī hǎo kàn shì hǎo kàn, dànshì tài xiǎo le.

c. 价钱好是好，但是货太差了。
價錢好是好，但是貨太差了。
Jiàqian hǎo shì hǎo, dànshì huò tài chà le.

d. 大小合适是合适，但是颜色太淡了。
大小合適是合適，但是顏色太淡了。
Dà xiǎo héshì shì héshì, dànshì yánsè tài dàn le.

e. 百货公司大是大，但是人太多了。
百貨公司大是大，但是人太多了。
Bǎihuò gōngsī dà shì dà, dànshì rén tài duō le.

7

a. ii b. ii c. iii

42 Eine Abfolge ausdrücken

1

a. 她上课以前，吃早饭了。
她上課以前，吃早飯了。
Tā shàng kè yǐqián, chī zǎofàn le.

b. 她上课以前，看报纸了。
她上課以前，看報紙了。
Tā shàng kè yǐqián, kàn bàozhǐ le.

c. 她上课以前，复习中文了。
她上課以前，復習中文了。
Tā shàng kè yǐqián, fùxí Zhōngwén le.

d. 她上课以前，听收音机了。
她上課以前，聽收音機了。
Tā shàng kè yǐqián, tīng shōuyīnjī le.

e. 上课以前，她在公园里跑步了。
上課以前，她在公園裏跑步了。
Shàng kè yǐqián, tā zài gōngyuán lǐ pǎo bù le.

2

a. 小王睡觉以前，作功课。
小王睡覺以前，作功課。
Xiǎo Wáng shuì jiào yǐqián zuò gōngkè.

b. 小王睡觉以前，看电视。
小王睡覺以前，看電視。
Xiǎo Wáng shuì jiào yǐqián kàn diànshì.

c. 小王睡觉以前，给朋友打电话。
小王睡覺以前，給朋友打電話。
Xiǎo Wáng shuì jiào yǐqián gěi péngyou dǎ diànhuà.

d. 小王睡觉以前，洗澡。
小王睡覺以前，洗澡。
Xiǎo Wáng shuì jiào yǐqián xǐ zǎo.

e. 小王睡觉以前，看电子邮件。
小王睡覺以前，看電子郵件。
Xiǎo Wáng shuì jiào yǐqián kàn diànzi yóujiàn.

3

a. 小王考了试以后，想去看电影。
小王考了試以後，想去看電影。
Xiǎo Wáng kǎo (le) shì yǐhòu, xiǎng qù kàn diànyǐng.

b. 小王考了试以后，想去喝咖啡。
小王考了試以後，想去喝咖啡。
Xiǎo Wáng kǎo le shì yǐhòu, xiǎng qù hē kāfēi.

c. 小王考(了)试以后，想睡觉。
小王考(了)試以後，想睡覺。
Xiǎo Wáng kǎo (le) shì yǐhòu, xiǎng qù shuì jiào.

d. 小王考(了)试以后，想跟朋友一起学习。
小王考(了)試以後，想跟朋友一起學習。
Xiǎo Wáng kǎo (le) shì yǐhòu, xiǎng gēn péngyou yīqǐ xuéxí.

e. 小王考(了)试以后，想去打网球。
小王考(了)試以後，想去打網球。
Xiǎo Wáng kǎo (le) shì yǐhòu, xiǎng qù dǎ wǎngqiú.

4

a. 王鹏飞毕了业以后，就去旅行。
王鵬飛畢了業以後，就去旅行。
Wáng Péngfēi bì le yè yǐhòu, jiù qù lǚxíng.

b. 张苹毕了业以后，就找工作。
張苹畢了業以後，就找工作。
Zhāng Píng bì le yè yǐhòu, jiù zhǎo gōngzuò.

c. 陈玫玲毕了业以后，就结婚。
陳玫玲畢了業以後，就結婚。
Chén Méilíng bì le yè yǐhòu, jiù jiéhūn.

d. 徐乃康毕了业以后，就读研究所。
徐乃康畢了業以後，就讀研究所。
Xú Nǎikāng bì le yè yǐhòu, jiù dú yánjiūsuǒ.

5

a. Ich bin gestern abend erst um 11:30 schlafen gegangen. b. Er kam erst, nachdem die Prüfung schon begonnen hatte. c. Wir haben erst im zweiten Semester damit begonnen, das Schreiben der Schriftzeichen zu erlernen. d. Er hat letzte Nacht seine Hausaufgaben erst erledigt, nachdem er den Film fertig geschaut hatte. e. Der Unterricht beginnt um 14:00 Uhr, aber der Lehrer erschien erst um 14:10.

6

a. 陈玫玲先吃早饭再看报纸。
陳玫玲先吃早飯再看報紙。
Chén Méilíng xiān chī zǎofàn zài kàn bàozhǐ.

b. 陈玫玲先看报纸再去上课。
陳玫玲先看報紙再去上課。
Chén Méilíng xiān kàn bàozhǐ zài qù shàng kè.

c. 陈玫玲先回家再作功课。
陳玫玲先回家再作功課。
Chén Méilíng xiān huí jiā zài zuò gōngkè.

d. 陈玫玲先作功课再练习打网球。
陳玫玲先作功課再練習打網球。
Chén Méilíng xiān zuò gōngkè zài liànxí dǎ wǎngqiú.

e. 陈玫玲先吃饭再看朋友。
陳玫玲先吃飯再看朋友。
Chén Méilíng xiān chī fàn zài kàn péngyou.

7

a. 以后/後 **yǐhòu** b. 以后/後 **yǐhòu**, 就 **jiù** c. 以前 **yǐqián** d. 以后/後 **yǐhòu**, 才 **cái** e. 先 **xiān . . .** 再 **zài** f. 就 **jiù**

8 Beispielantwort:

先洗手，再把西红柿切片，打蛋。打起泡以后，加热油锅，倒油，再把蛋倒进去，翻炒。还没有全熟就拿出来，炒西红柿。加糖，再把蛋倒回去，加盐。翻炒一分钟，再起锅。

先洗手，再把西紅柿切片，打蛋。打起泡以後，加熱油鍋，倒油，再把蛋倒進去，翻炒。還沒有全熟就拿出來，炒西紅柿。加糖，再把蛋倒回去，加鹽。翻炒一分鐘，再起鍋。

Xiān xǐ shǒu, zài bǎ xīhóngshì qiēpiàn, dǎ dàn. Dǎqǐ pào yǐhòu, jiārè yóuguō, dǎo yóu, zài bǎ dàn dàojìn qù, fānchǎo. Hái méi yǒu quán shóu jiù náchūlái, chǎo xīhóngshì. Jiā táng, zài bǎ dàn dǎohuíqu, jiā yán. Fānchǎo yī fēn zhōng, zài qǐ guō.

43 Parallele Abläufe

1

a. 小李上课的时候，跟同学说话。
小李上課的時候，跟同學說話。
Xiǎo Lǐ shàng kè de shíhou, gēn tóngxué shuō huà.

b. 小李走路的时候，听中文录音。
小李走路的時候，聽中文錄音。
Xiǎo Lǐ zǒu lù de shíhou, tīng Zhōngwén lùyīn.

c. 小李开车的时候，听收音机。
小李開車的時候，聽收音機。
Xiǎo Lǐ kāi chē de shíhou, tīng shōuyīnjī.

d. 小李吃饭的时候，看电视。
小李吃飯的時候，看電視。
Xiǎo Lǐ chī fàn de shíhou, kàn diànshì.

e. 小李跟朋友聊天的时候，喝酒。
小李跟朋友聊天的時候，喝酒。
Xiǎo Lǐ gēn péngyou liáotiān de shíhou, hē jiǔ.

f. 小李看电影的时候，吃东西。
小李看電影的時候，吃東西。
Xiǎo Lǐ kàn diànyǐng de shíhou, chī dōngxi.

g. 小李洗澡的时候，唱歌。
小李洗澡的時候，唱歌。
Xiǎo Lǐ xǐ zǎo de shíhou, chàng gē.

h. 小李跳舞的时候，唱歌。
小李跳舞的時候，唱歌。
Xiǎo Lǐ tiào wǔ de shíhou, chàng gē.

2

a. 我小的时候，不喜欢上学。
我小的時候，不喜歡上學。
Wǒ xiǎo de shíhou, bù xǐhuan shàng xué.

b. 他昨天晚上回来的时候，已经十一点了。
他昨天晚上回來的時候，已經十一點了。
Tā zuótiān wǎnshang huí lai de shíhou, yǐjing shíyī diǎn le.

c. 他走的时候，下雨了。
他走的時候，下雨了。
Tā zǒu de shíhou, xià yǔ le.

d. 考试的时候，学生不许讲话。
考試的時候，學生不許講話。
Kǎo shì de shíhou, xuésheng bù xǔ jiǎng huà.

e. 开车的时候，最好不要用手机。
開車的時候，最好不要用手機。
Kāi chē de shíhou, zuì hǎo bù yào yòng shǒujī.

f. 你进来的时候，我在打电话。
你進來的時候，我在打電話。
Nǐ jìnlai de shíhou, wǒ zài dǎ diànhuà.

g. 我睡觉的时候，请不要大声说话。
我睡覺的時候，請不要大聲說話。
Wǒ shuì jiào de shíhou, qǐng bù yào dà shēng shuō huà.

h. 我去年在北京的时候认识他的。
我去年在北京的時候認識他的。
Wǒ qùnián zài Běijīng de shíhou rènshi tā de.

3

a. 小李一边上课，一边跟同学说话。
小李一邊上課，一邊跟同學說話。
Xiǎo Lǐ yībiān shàng kè, yībiān gēn tóngxué shuō huà.

b. 小李一边走路，一边听中文录音。
小李一邊走路，一邊聽中文錄音。
Xiǎo Lǐ yībiān zǒu lù, yībiān tīng Zhōngwén lùyīn.

c. 小李一边开车，一边听收音机。
小李一邊開車，一邊聽收音機。
Xiǎo Lǐ yībiān kāi chē, yībiān tīng shōuyīnjī.

d. 小李一边吃饭，一边看电视。
小李一邊吃飯，一邊看電視。
Xiǎo Lǐ yībiān chī fàn, yībiān kàn diànshì.

e. 小李一边跟朋友聊天，一边喝酒。
小李一邊跟朋友聊天，一邊喝酒。
Xiǎo Lǐ yībiān gēn péngyou liáotiān, yībiān hē jiǔ.

f. 小李一边看电影，一边吃东西。
小李一邊看電影，一邊吃東西。
Xiǎo Lǐ yībiān kàn diànyǐng, yībiān chī dōngxi.

g. 小李一边洗澡，一边唱歌。
小李一邊洗澡，一邊唱歌。
Xiǎo Lǐ yībiān xǐ zǎo, yībiān chàng gē.

h. 小李一边跳舞，一边唱歌。
小李一邊跳舞，一邊唱歌。
Xiǎo Lǐ yībiān tiào wǔ, yībiān chàng gē.

4

小李又笨又懒。他说的中文又慢又不清楚。他写的汉字又不好看，又不整齐。他的宿舍又小又不干净。他做的中国饭又不好看又不好吃。

小李又笨又懶。他說的中文又慢又不清楚。他寫的漢字又不好看，又不整齊。他的宿舍又小又不乾淨。他做的中國飯又不好看又不好吃。

Xiǎo Li yòu bèn yòu lǎn. Tā shuō de Zhōngwén yòu màn yòu bù qīngchu. Tā xiě de Hàn zì yòu bù hǎo kàn, yòu bù zhěngqí. Tā de sùshè yòu xiǎo yòu bù gānjìng. Tā zuò de zhōngguó fàn yòu bù hǎo kàn yòu bù hǎo chī.

5

a. 今天外边又刮风又下雨。
今天外邊又颳風又下雨。
Jīntiān wàibian yòu guā fēng yòu xià yǔ.

b. 我进宿舍的时候我的同屋在做功课。
我進宿舍的時候我的同屋在做功課。
Wǒ jìn sùshè de shíhou wǒ de tóngwū zài zuò gōngkè.

c. 他听着音乐做功课。
他聽著音樂做功課。
Tā tīngzhe yīnyuè zuò gōngkè.

d. 我进屋子的时候他正在打电话。
我進屋子的時候他正在打電話。
Wǒ jìn wūzi de shíhou tā zhèngzài dǎ diànhuà.

e. 他一边打电话一边看电视。
他一邊打電話一邊看電視。
Tā yībiān dǎ diànhuà yībiān kàn diànshì.

f. 同时，还在电脑上看电信。
同時，還在電腦上看電信。
Tóngshí, hái zài diànnǎo shàng kàn diànxìn.

g. 等到他打完了电话我已经睡着了。
等到他打完了電話我已經睡著了。
Děngdào tā dǎ wán le diànhuà wǒ yǐjing shuìzháo le.

h. 那个国家一方面要发展经济，一方面要注重环保。
那個國家一方面要發展經濟，一方面要注重環保。
Nàge guójiā yīfāngmiàn yào fāzhǎn jīngjì, yīfāngmiàn yào zhùzhòng huán bǎo.

6

(Freie Antwort.)

44 Ausdruck von Ursache und Wirkung oder Grund und Folge

1

a. 因为我喜欢中国文化，所以在学中文。
因爲我喜歡中國文化，所以在學中文。
Yīnwei wǒ xǐhuan Zhōngguó wénhuà, suǒyǐ zài xué Zhōngwén.

b. 因为我在学中文，所以找了一个中国同屋。
因爲我在學中文，所以找了一個中國同屋。
Yīnwei wǒ zài xué Zhōngwén, suǒyǐ zhǎo le yī gè Zhōngguó tóngwū.

c. 因为我昨天病了，所以没去上课。
因爲我昨天病了，所以沒去上課。
Yīnwei wǒ zuótiān bìng le, suǒyǐ méi qù shàng kè.

d. 因为我昨天没去上课，所以不知道今天有考试。
因爲我昨天沒去上課，所以不知道今天有考試。
Yīnwei wǒ zuótiān méi qù shàng kè, suǒyǐ bù zhīdào jīntiān yǒu
kǎoshì.

e. 因为我不知道今天有考试，所以没有准备。
因爲我不知道今天有考試，所以沒有準備。
Yīnwei wǒ bù zhīdào jīntiān yǒu kǎoshì, suǒyǐ méi yǒu zhǔnbèi.

f. 因为我没有准备，所以考得很不好。
因爲我沒有準備，所以考得很不好。
Yīnwei wǒ méi yǒu zhǔnbèi, suǒyǐ kǎo de hěn bù hǎo.

g. 因为我考得很不好，所以很不高兴。
因爲我考得很不好，所以很不高興。
Yīnwei wǒ kǎo de hěn bù hǎo, suǒyǐ hěn bù gāoxīng.

h. 因为我很不高兴，所以我的同屋今天晚上请我吃中国饭。
因爲我很不高興，所以我的同屋今天晚上請我吃中國飯。
Yīnwei wǒ hěn bù gāoxīng, suǒyǐ wǒ de tóngwū jīntiān wǎnshang qǐng wǒ chī Zhōngguó fàn.

2

a. Weil er krank war, ist er schon (seit) drei Tagen nicht mehr in den Unterricht gekommen. b. Der Grund, dass er in China studieren will, ist, dass er sich sehr für chinesische Popmusik interessiert. c. Ich lade dich deshalb zum Essen ein, weil ich dich einem chinesischen Freund vorstellen will. d. Aus Heimweh kann er weder essen noch schlafen. e. Wegen des starken Schneefalls besuche ich die Abendkurse alle nicht. f. Ich habe deshalb nicht an der Prüfung teilgenommen, weil ich nicht wusste, dass eine Prüfung stattfindet. g. Der Grund dafür, dass ich meinen Bericht nicht fertig geschrieben habe, liegt darin, dass mein Computer kaputt ist. h. Wegen der Prüfungen haben die Studenten in den letzten Tagen weniger Alkohol getrunken.

3

a. 我去台湾是为了旅游。
我去臺灣是爲了旅游。
Wǒ qù Táiwān shì wèile lǚyóu.

b. 他去中国是为了找工作。

他去中國是爲了找工作。
Tā qù Zhōngguó shì wèile zhǎo gōngzuò.

c. 我们走路上学是为了锻炼身体。
我們走路上學是爲了鍛煉身體。
Wǒmen zǒu lù shàng xué shì wèile duànliàn shēntǐ.

d. 她跟中国人说话是为了练习口语。
她跟中國人說話是爲了練習口語。
Tā gēn Zhōngguórén shuō huà shì wèile liànxí kǒuyǔ.

e. 学生们每天听录音是为了提高听力。
學生們每天聽錄音是爲了提高聽力。
Xuéshēngmen měitiān tīng lùyīn shì wèile tígāo tīnglì.

f. 我的同屋去图书馆是为了准备明天的考试。
我的同屋去圖書館是爲了準備明天的考試。
Wǒ de tóngwū qù túshūguǎn shì wèile zhǔnbèi míngtiān de kǎoshì.

g. 他们看中国电影是为了了解中国文化。
他們看中國電影是爲了瞭解中國文化。
Tāmen kàn Zhòngguó diànyǐng shì wèile liáojiě Zhōngguó wénhuà.

h. 我找张老师是为了请假。
我找張老師是爲了請假。
Wǒ zhǎo Zhāng lǎoshī shì wèile qǐng jià.

4 a. Wieso bist du gekommen, um nach mir zu suchen? b. Warum bist du nicht zum Café gekommen? c. Warum hast du mich nicht angerufen? d. Wie konntest du (es) vergessen?

5 a. 因为大家合作的关系，我们成功了。
因爲大家合作的關係，我們成功了。
Yīnwéi dàjiā hézuò de guānxi, wǒmen chénggōng le.

b. 我们之所以成功是因为大家的合作。
我們之所以成功是因爲大家的合作。
Wǒmen zhī suǒyǐ chénggōng shì yīnwéi dàjiā de hézuò.

c. 因为大家的合作，所以我们成功了。
因爲大家的合作，所以我們成功了。
Yīnwéi dàjiā de hézuò, suǒyǐ wǒmen chénggōng le.

d. 由于大家的合作，我们成功了。
由于大家的合作，我們成功了。
Yóuyú dàjiā de hézuò, wǒmen chénggōng le.

6 (Freie Antwort.)

7 (Freie Antwort.)

45 Bedingungen ausdrücken

1

a. 你最好让你弟弟吃早饭，否则他就会饿得上不了课。
你最好讓你弟弟吃早飯，否則他就會餓得上不了課。
Nǐ zuì hǎo ràng nǐ dìdi chī zǎofàn, fǒuzé tā jiù huì è de shàngbùliǎo kè.

b. 只要你请你弟弟看电影，他就会高兴。
只要你請你弟弟看電影，他就會高興。
Zhǐ yào nǐ qǐng nǐ dìdi kàn diànyǐng, tā jiù huì gāoxìng.

c. 除非你帮你弟弟做作业，要不然他做不完。
除非你幫你弟弟做作業，要不然他做不完。
Chúfēi nǐ bāng nǐ dìdi zuò zuòyè, yàobùrán tā zuòbuwán.

d. 你最好帮你的弟弟做作业，要不然他考不好。
你最好幫你的弟弟做作業，要不然他考不好。
Nǐ zuìhǎo bāng nǐ de dìdi zuò zuòyè, yàobùrán tā kǎo bù hǎo.

e. 只要你用功，你一定考得上大学。
只要你用功，你一定考得上大學。
Zhǐ yào nǐ yònggōng, nǐ yīdìng kǎodeshàng dàxué.

f. 就是你帮你的弟弟做作业，他也许还考得不好。
就是你幫你的弟弟做作業，他也許還考得不好。
Jiù shì nǐ bāng nǐ de dìdi zuò zuòyè, tā yéxǔ hái kǎo de bù hǎo.

g. 就是你帮你的弟弟做作业，他还不懂。
就是你幫你的弟弟做作業，他還不懂。
Jiù shì nǐ bāng nǐ de dìdi zuò zuòyè, tā hái bù dǒng.

2

a. 要是我有钱，我就不用在图书馆工作。
要是我有錢，我就不用在圖書館工作。
Yàoshi wǒ yǒu qián, wǒ jiù bù yòng zài túshūguǎn gōngzuò.

b. 要是我不工作，我就会有更多的时间读书。
要是我不工作，我就會有更多的時間讀書。
Yàoshi wǒ bù gōngzuò, wǒ jiù huì yǒu gèng duō de shíjiān dú shū.

c. 要是我有更多的时间读书，我的成绩就会好一点。
要是我有更多的時間讀書，我的成績就會好一點。
Yàoshi wǒ yǒu gèng duō de shíjiān dú shū, wǒ de chéngjì jiù huì hǎo yīdiǎn.

d. 要是我的成绩就好，我的父母就会很高兴。
要是我的成績就好，我的父母就會很高興。
Yàoshi wǒ de chéngjì jiù hǎo, wǒ de fùmǔ jiù huì hěn gāoxìng.

e. 要是我的父母高兴，他们就会给我钱。
要是我的父母高興，他們就會給我錢。
Yàoshi wǒ de fùmǔ gāoxìng, tāmen jiù huì gěi wǒ qián.

f. 要是他们给我钱，我就不用工作了。
要是他們給我錢，我就不用工作了。
Yàoshi tāmen gěi wǒ qián, wǒ jiù bù yòng gōngzuò le.

3

a. 如果我是你，我就先跟朋友借钱。
如果我是你，我就先跟朋友借錢。
Rúguǒ wǒ shì nǐ, wǒ jiù xiān gēn péngyou jiè qián.

b. 如果我能借到钱，我就不用工作了。
如果我能借到錢，我就不用工作了。
Rúguǒ wǒ néng jièdào qián, wǒ jiù bù yòng gōngzuò le.

c. 如果我不用工作，我就会有更多时间读书。
如果我不用工作，我就會有更多時間讀書。
Rúguǒ wǒ bùyòng gōngzuò, wǒ jiù huì yǒu gèng duō shíjiān dú shū.

d. 如果我有更多时间读书，我的成绩就会好。
如果我有更多時間讀書，我的成績就會好。
Rúguǒ wǒ yǒu gèng duō shíjiān dú shū, wǒ de chéngjì jiù huì hǎo.

e. 如果我的成绩好，我的父母就会很高兴。
如果我的成績好，我的父母就會很高興。
Rúguǒ wǒ de chéngjì hǎo, wǒ de fùmǔ jiù huì hěn gāoxìng.

f. 如果我的父母高兴，他们就会给我钱。
如果我的父母高興，他們就會給我錢。
Rúguǒ wǒ de fùmǔ gāoxìng, tāmen jiù huì gěi wǒ qián.

g. 如果他们给我钱，我就把钱还给我的朋友。
如果他們給我錢，我就把錢還給我的朋友。
Rúguǒ tāmen gěi wǒ qián, wǒ jiù bǎ qián huán gěi wǒ de péngyou.

4

a. 倘若我是你，我就先跟我的父母借钱。
倘若我是你，我就先跟我的父母借錢。
Tǎngruò wǒ shì nǐ, wǒ jiù xiān gēn wǒ de fùmǔ jiè qián.

b. 倘若他们借给我钱，我就不用工作了。
倘若他們借給我錢，我就不用工作了。
Tǎngruò tāmen jiè gěi wǒ qián, wǒ jiù bù yòng gōngzuò le.

c. 倘若我不工作，我就更努力地学习。
倘若我不工作，我就更努力地學習。
Tǎngruò wǒ bù gōngzuò, wǒ jiù gèng nǔlì de xuéxí.

d. 倘若我努力地学习，我的成绩就会更好。
倘若我努力地學習，我的成績就會更好。
Tǎngruò wǒ nǔlì de xuéxí, wǒ de chéngjì jiù huì gèng hǎo.

e. 倘若我的成绩好，我的父母就会很高兴。
倘若我的成績好，我的父母就會很高興。
Tǎngruò wǒ de chéngjì hǎo, wǒ de fùmǔ jiù huì hěn gāoxìng.

f. 倘若我的父母高兴，他们就会给我钱。
倘若我的父母高興，他們就會給我錢。
Tǎngruò wǒ de fùmǔ gāoxìng, tāmen jiù huì gěi wǒ qián.

g. 倘若他们给我钱，我就用这些钱还他们。
倘若他們給我錢，我就用這些錢還他們。
Tǎngruò tāmen gěi wǒ qián, wǒ jiù yòng zhè xiē qián huán tāmen.

5 (Freie Antwort.)

6 (Freie Antwort.)

46 Ausdruck von ‚beide', ‚alle', ‚jeder', ‚irgendeiner', ‚niemand', ‚kein' und ‚ganz gleich wie'

1

a. 我们都喜欢学中文。
我們都喜歡學中文。
Wǒmen dōu xǐhuan xué Zhōngwén.

b. 那些书我都买了。
那些書我都買了。
Nà xiē shū wǒ dōu mǎi le.

c. 那些书都很贵。
那些書都很貴。
Nà xiē shū dōu hěn guì.

d. 学生们都没去上课。
學生們都沒去上課。
Xuéshēngmen dōu méi qù shàng kè.

e. 中文日文我都学。
中文日文我都學。
Zhōngwén Rìwén wǒ dōu xué.

f. 所有的功课我都做完了。
所有的功課我都做完了。
Suǒyǒu de gōngkè wǒ dōu zuòwán le.

g. 他一个字都不会写。
他一個字都不會寫。
Tā yī gè zì dōu bù huì xiě.

h. 我们都不喜欢那个老师。
我們都不喜歡那個老師。
Wǒmen dōu bù xǐhuan nàge lǎoshī.

2

a. 哪儿/哪兒 **nǎr?** b. 什么/甚麼 **shénme** c. 谁/誰 **shéi** d. 什么/甚麼 **shénme** e. 什么/甚麼 **shénme** f. 什么/甚麼 **shénme** g. 几/幾 **jǐ** h. 怎么/怎麼 **zěnme**

3

a. 我什么电影都不想看。
我甚麼電影都不想看。
Wǒ shénme diànyǐng dōu bù xiǎng kàn.
Ich möchte gar keine Filme anschauen.

b. 我什么啤酒都不想喝。
我甚麼啤酒都不想喝。
Wǒ shénme píjiǔ dōu bù xiǎng hē.
Ich möchte überhaupt kein Bier trinken.

c. 我谁都不认识。
我誰都不認識。
Wǒ shéi dōu bù rènshi.
Ich kenne gar niemanden.

d. 这件事我谁都不想告诉。
这件事我誰都不想告訴。
Zhè jiàn shì wǒ shéi dōu bù xiǎng gàosu.
Ich möchte gar niemanden darüber informieren.

e. 谁都不要借给我钱。
誰都不要借給我錢。
Shéi dōu bù yào jiègěi wǒ qián.
Niemand will mir Geld leiehn.

f. 我什么都不想跟你说。
我甚麼都不想跟你說。
Wǒ shénme dōu bù xiǎng gēn nǐ shuō.
Ich will dir überhaupt nichts sagen.

g. 哪件毛衣我都不喜欢。
哪件毛衣我都不喜歡。
Nǎ jiàn máoyī wǒ dōu bù xǐhuan.
Ich mag keinen dieser Pullover.

h. 我放假什么地方都不去。
我放假甚麼地方都不去。
Wǒ fang jià shénme dìfang dōu bù qù.
Ich fahre in den Ferien nirgendwo hin.

4

a. 我怎么学也学不会。
我怎麼學也學不會。
Wǒ zěnme xué yě xuébuhuì.

b. 我怎么记也记不住。
我怎麼記也記不住。
Wǒ zěnme jì yě jìbuzhù.

c. 我怎么写也写不完。
我怎麼寫也寫不完。
Wǒ zěnme xiě yě xiěbuwán.

d. 我怎么猜也猜不着。
我怎麼猜也猜不著。
Wǒ zěnme cāi yě cāibuzhāo.

e. 我怎么看也看不懂。
我怎麼看也看不懂。
Wǒ zěnme kàn yě kànbudǒng.

f. 我怎么想也想不起答案来。
我怎麼想也想不起答案來。
Wǒ zěnme xiǎng yě xiǎngbuqǐ dá'àn lai.

5

a. 他谁都不喜欢。
他誰都不喜歡。
Tā shéi dōu bù xǐhuan.

b. 他什么事情都不愿意做。
他甚麼事情都不願意做。
Tā shénme shìqing dōu bù yuànyi zuò.

c. 你怎么跟他说话他都不听。
你怎麼跟他說話他都不聽。
Nǐ zěnme gēn tā shuō huà tā dōu bù tīng.

d. 屋子里哪儿都是他的东西。
屋子裏哪兒都是他的東西。
Wūzi lǐ nǎr dōu shì tā de dōngxi.

e. 衣服多么脏他也不洗。
衣服多麼髒他也不洗。
Yīfu duōme zàng tā yě bù xǐ.

f. 他晚上什么时候都在看电视。
他晚上甚麼時候都在看電視。
Tā wǎnshang shénme shíhòu dōu zài kàn diànshì.

g. 你怎么跟他说，他都不关电视。
你怎麼跟他說，他都不關電視。
Nǐ zěnme gēn tā shuō, tā dōu bù guān diànshì.

h. 早上你怎么叫他，他都不醒。
早上你怎麼叫他，他都不醒。
Zǎoshang nǐ zěnme jiào tā, tā dōu bù xǐng.

6

赵太太： 他谁都不想见、什么事都不想做、哪里都不想去、什么东西都不吃。
趙太太： 他誰都不想見、甚麼事都不想做、哪裏都不想去、甚麼東西都不吃。
Zhào tàitai: Tā shéi dōu bù xiǎng jiàn, shénme shì dōu bù xiǎng zuò, nǎli dōu bù xiǎng qù, shénme dōngxi dōu bù chī.
郭太太： 谁都需要时间好好地想想。
郭太太： 誰都需要時間好好地想想。
Guō tàitai: Shéi dōu xūyào shíjiān hǎohaode xiǎngxiang.

7

a. 每天都要遛狗，早上一次，晚上一次。
Měitiān dōu yào liù gǒu, zǎoshang yī cì, wǎnshang yī cì.

b. 每两天浇一次花。
每兩天澆一次花。
Měi liǎng tiān jiāo yī cì huā.

c. 每个星期拿一次信。
每個星期拿一次信。
Měi ge xīngqī ná yī cì xìn.

47 Ausdruck von Position und Entfernung

1

a. 医院在城的西南边。
医院在城的西南邊。
Yīyuàn zài chéng de xīnán biān.

b. 中学在城的西北边。
中學在城的西北邊。
Zhōngxué zài chéng de xīběi biān.

c. 火车站在城的南边。
火車站在城的南邊。
Huǒchēzhàn zài chéng de nánbiān.

d. 银行在城的东边。
銀行在城的東邊。
Yínháng zài chéng de dōngbian.

e. 公园在湖的右边。
公園在湖的右邊。
Gōngyuán zài hú de yòubian.

f. 公园在城的外边。
公園在城的外邊。
Gōngyuán zài chéng de wàibian.

g. 银行在体育馆的北边。
銀行在體育館的北邊。
Yínháng zài tǐyùguǎn de běibiān.

h. 书店在中学的东边。
書店在中學的東邊。
Shūdiàn zài zhōngxué de dōngbian.

i. 宿舍和中学的中间是书店。
宿舍和中學的中間是書店。
Sùshè hé zhōngxué de zhōngjiān shì shūdiàn.

j. 公园的旁边是湖。
公園的旁邊是湖。
Gōngyuán de pángbiān shì hú.

2

a. 高蕾的右边是饶兴荣。
高蕾的右邊是饒興榮。
Gāo Lěi de yòubian shì Ráo Xīngróng.

b. 林道余的后头是唐新花。
林道余的後頭是唐新花。
Lín Dàoyú de hòutou shì Táng Xīnhuā.

c. 徐乃康在陈玫玲跟唐新花的中间。
徐乃康在陳玫玲跟唐新花的中間。
Xú Nǎikāng zài Chén Méilíng gēn Táng Xīnhuā de zhōngjiān.

d. 陈玫玲的左边是王鹏飞。
陳玫玲的左邊是王鵬飛。
Chén Méilíng de zuǒbian shì Wáng Péngfēi.

e. 徐乃康的前边是马嘉美。
徐乃康的前邊是馬嘉美。
Xú Nǎikāng de qiánbian shì Mǎ Jiāměi.

f. 王鹏飞的右边是陈玫玲。
王鵬飛的右邊是陳玫玲。
Wáng Péngfēi de yòubian shì Chén Méilíng.

g. 林道余的旁边是马嘉美。
林道余的旁邊是馬嘉美。
Lín Dàoyú de pángbiān shì Mǎ Jiāměi.

3

a. 房子的前边
房子的前邊
fángzi de qiánbian

b. 两辆车的中间
兩輛車的中間
liǎng liàng chē de zhōngjiān

c. 房子的左边
房子的左邊
fángzi de zuǒbian

d. 那个人的前边
那個人的前邊
nèige rén de qiánbian

e. 桌子上的书
桌子上的書
zhuōzi shàng de shū

f. 右边的房子
右邊的房子
yòubian de fángzi

g. 学校后边的火车站
學校後邊的火車站
xuéxiào hòubian de huǒchēzhàn

h. 前边的那个人
前邊的那個人
qiánbian de nàge rén

i. 猫在桌子上。
貓在桌子上。
Māo zài zhuōzi shàng.

j. 狗在房子的后边。
狗在房子的後邊。
Gǒu zài fángzi de hòubian.

k. 公园里有花。
公園裏有花。
Gōngyuán lǐ yǒu huā.

l. 房子里没人。
房子裏沒人。
Fángzi lǐ méi rén.

m. 图书馆里有学生。
圖書館裏有學生。
Túshūguǎn lǐ yǒu xuésheng.

n. 宿舍里没有猫。
宿舍裏沒有貓。
Sùshè lǐ méi yǒu māo.

4

a. 你家离大学远。
你家離大學遠。
Nǐ jiā lí dàxué yuǎn.

b. 你家离公园不远。
你家離公園不遠。
Nǐ jiā lí gōngyuán bù yuǎn.

c. 你家离火车站远。
你家離火車站遠。
Nǐ jiā lí huǒchēzhàn yuǎn.

d. 公园离大学远。
公園離大學遠。
Gōngyuán lí dàxué yuǎn.

e. 你家离飞机场很远。
你家離飛機場很遠。
Nǐ jiā lí fēijīchǎng hěn yuǎn.

f. 你家离大学有十二公里。
你家離大學有十二公里。
Nǐ jiā lí dàxué yǒu shí'èr gōnglǐ.

g. 你家离火车站有五公里。
你家離火車站有五公里。
Nǐ jiā lí huǒchēzhàn yǒu wǔ gōnglǐ.

h. 公园离飞机场有二十三公里。
公園離飛機場有二十三公里。
Gōngyuán lí fēijīchǎng yǒu èrshísān gōnglǐ.

i. 大学离飞机场有十三公里。
大學離飛機場有十三公里。
Dàxué lí fēijīchǎng yǒu shísān gōnglǐ.

j. 你家离飞机场有二十五公里。
你家離飛機場有二十五公里。
Nǐ jiā lí fēijīchǎng yǒu èrshíwǔ gōnglǐ.

48 Über Bewegungen, Richtungen und Transportmittel sprechen

1

a. 大学在哪儿?
大學在哪兒?
Dàxué zài nǎr?

b. 到大学怎么走?
到大學怎麽走?
Dào dàxué zěnme zǒu?

c. 从这儿到去大学怎么走?
從這兒到去大學怎麽走?
Cóng zhèr dào qù dàxué zěnme zǒu?

d. 从宿舍到书店怎么走?
從宿舍到書店怎麽走?
Cóng sùshè dào shūdiàn zěnme zǒu?

e. 往左拐吗?
往左拐嗎?
Wǎng zuǒ guǎi ma?

f. 往左拐还是往右拐?
往左拐還是往右拐?
Wǎng zuǒ guǎi háishi wǎng yòu guǎi?

g. 图书馆在左边还是在右边?
圖書館在左邊還是在右邊?
Túshūguǎn zài zuǒbian háishi zài yòubian?

h. 你知道书店在哪里吗?
你知道書店在哪裏嗎?
Nǐ zhīdao shūdiàn zài nǎli ma?

2

a. (1) 从/從 **cóng** (2) 到 **dào** (3) 怎么/怎麽 **zěnme** b. (1) 不起 **bùqǐ** (2) 不知道 **bù zhīdào** c. (1) 知道 **zhīdào** (2) 怎么/怎麽 **zěnme** d. (1) 从/從 **cóng** (2) 往 **wǎng** (3) 过/過 **guò** (4) 拐 **guǎi** (5) 走 **zǒu** (6) 左 **zuǒ**

3

a. 往东走。
往東走。
Wǎng dōng zǒu.

b. 在中山路上往东走。
在中山路上往東走。
Zài Zhōngshān lù shàng wǎng dōng zǒu.

c. 过一个(十字)路口。
過一個(十字)路口。
Guò yī gè (shízì) lùkǒu.

d. 过公园路。
過公園路。
Guò gōngyuán lù.

e. 再往东走。*or* 一直往东走。
再往東走。*or* 一直往東走。
Zài wǎng dōng zǒu. *or* **Yīzhí wǎng dōng zǒu.**

f. 在图书馆路往右拐。
在圖書館路往右拐。
Zài túshūguǎn lù wǎng yòu guǎi.

g. 一直往前走。
Yīzhí wàng qián zǒu.

h. 过两个路口。
過兩個路口。
Guò liǎng gè lùkǒu.

i. 在第三个路口往左拐。
在第三個路口往左拐。
Zài dì sān gè lùkǒu wǎng zuǒ guǎi.

j. 那是白湖路。
Nà shì Bái hú lù.

k. 公园在你的右边。
公園在你的右邊。
Gōng yuán zài nǐ de yòubian.

4

a. 我们开进去了。
我們開進去了。
Wǒmen kāi jìn qù le.

b. 我们爬上山去了。
我們爬上山去了。
Wǒmen pá shàng shān qù le.

c. 她跑过来了。
她跑過來了。
Tā pǎo guò lái le.

d. 他们都走出去了。
他們都走出去了。
Tāmen dōu zǒu chū qù le.

e. 我把书拿回来了。
我把書拿回來了。
Wǒ bǎ shū ná huí lái le.

5

a. 我是坐公共汽车来的。
我是坐公共汽車來的。
Wǒ shì zuò gōnggòng qìchē lái de.

b. 我是坐车来的。
我是坐車來的。
Wǒ shì zuò chē lái de.

c. 我是骑自行车来的。
我是騎自行車來的。
Wǒ shì qí zìxíngchē lái de.
d. 我是走路来的。
我是走路來的。
Wǒ shì zǒu lù lái de.
e. 我是骑摩托车来的。
我是騎摩托車來的。
Wǒ shì qí mótuōchē lái de.
f. 我是坐地铁来的。
我是坐地鐵來的。
Wǒ shì zuò dìtiě lái de.

6 a. Wohnheim: D; b. Bibliothek: G; c. Park: A; d. Schule: H; e. Bank: C; f. Buchhandlung: F

49 Uhrzeit und Datumsangaben

1 a. 十一点半/十一點半 **shíyī diǎn bàn** b. 1:45 c. 差十分七点/差十分七點 **chà shífēn qī diǎn** d. 3:15 e. 七点四十/七點四十 **qī diǎn sìshí** f. 2:20 g. 八点过一分/八點過一分 **bā diǎn guò yī fēn** h. 9:25 i. 六点差五分/六點差五分 **liù diǎn chà wǔ fēn** j. 十二点过十二分/十二點過十二分 **shí'èr diǎn guò shí'èr fēn**

2 a. 两个星期/兩個星期 **liǎng gè xīngqī** b. 两天/兩天 **liǎng tiān** c. 两个小时/兩個小時 **liǎng gè xiǎoshí** d. 两个学期/兩個學期 **liǎng gè xuéqī** e. 两分钟/兩分鐘 **liǎng fēn zhōng** f. 两个半星期/兩個半星期 **liǎng gè bàn xīngqī** g. 两天半/兩天半 **liǎng tiān bàn** h. 两分半钟/兩分半鐘 **liǎng fēn bàn zhōng** i. 两个半月/兩個半月 **liǎng gè bàn yuè** j. 两年半/兩年半 **liǎng nián bàn**

3 a. 一九九三年七月一日 **yī jiǔ jiǔ sān nián qī yuè yī rì** b. 16. Februar 1884
c. 二〇〇三年五月二十三日 **èr líng líng sān nián wǔ yuè èrshísān rì**
d. 27. März 2005 e. 一九九八年十月五日 **yī jiǔ jiǔ bā nián shí yuè wǔ rì**
f. 22. August 2008 g. 二〇〇二年一月一日 **èr líng líng èr nián yī yuè yī rì**
h. 19. September 1916

4 a. 王小妹上星期一买飞机票了。
王小妹上星期一買飛機票了。
Wáng Xiǎomèi shàng xīngqīyī mǎi fēijī piào le.
b. 王小妹上星期四游泳了。
Wáng Xiǎomèi shàng xīngqīsì yóuyǒng le.
c. 王小妹这个星期日回家了。
王小妹這個星期日回家了。
Wáng Xiǎomèi zhège xīngqīrì huí jiā le.
d. 王小妹这星期六考中文。
王小妹這星期六考中文。
Wáng Xiǎomèi zhè (gè) xīngqīliù kǎo Zhōngwén.

e. 王小妹下星期日看电影。
王小妹下星期日看電影。
Wáng Xiǎomèi xià (gè) xīngqīrì kàn diànyǐng.

f. 王小妹下星期二听音乐会。
王小妹下星期二聽音樂會。
Wáng Xiǎomèi xià xīngqī èr tīng yīnyuèhuì.

g. 王小妹下星期五看朋友。
Wáng Xiǎomèi xià xīngqīwǔ kàn péngyou.

5

a. 大前天 **dàqiántiān** b. 前天 **qiántiān** c. 昨天 **zuótiān** d. 今天 **jīntiān**
e. 明天 **míngtiān** f. 后天/後天 **hòutiān** g. 大后天/大後天 **dà hòutiān**

6

a. 六点钟/六點鐘 **liù diǎn zhōng**
b. 一个半小时/一個半小時 **yī gè bàn xiǎoshí**
c. 天气不好/天氣不好 **tiānqì bù hǎo**
d. 337号/337號 337 **hào**
e. 一刻钟以后/一刻鐘以後 **yī kè zhōng yǐhòu**
f. 叫旅客马上登机/叫旅客馬上登機 **jiào lǚkè mǎshàng dēngjī**
g. 晚上7:45 **wǎnshang** 7:45
h. 沒有 **méi yǒu**
i. 到服务台去办理换机手续
到服務台去辦理換機手續
Dào fúwùtái qù bànlǐ huànjī shǒuxù.
j. 十三个半小时
十三個半小時
shísān gè bàn xiǎoshí
k. 晚上八点钟/晚上八點鐘 **wǎnshang bādiǎn zhōng**
l. 一个小时/一個小時 **yī gè xiǎoshí**
m. 666号班机已经到达了。
666號班機已經到達了。
666 hào bānjī yǐjing dàodá le.
n. 到领取行李处去。
到領取行李處去。
Dào lǐngqǔ xíngli chù qù.
o. 可以。你可以在指定的吸烟区吸烟。
可以。你可以在指定的吸烟區吸煙。
Kěyǐ. Nǐ kěyǐ zài zhǐdìng de xīyān qū xīyān.

7

七月到九月我们得订摄影师、花店、化妆师、九月到十月决定请客名单。十月就得订场地。十一月是订饭店、买礼服。十二月要设计请帖。明年一月记得注册礼物。二月要确认所有预约的项目。三月买戒指，六月要决定座位，和确定典礼流程。

七月到九月我們得訂攝影師、花店、化妝師、九月到十月決定請客名單。十月就得訂場地。十一月是訂飯店、買禮服。十二月要設計請帖。明年一月記得註冊禮物。二月要確認所有預約的項目。三月買戒指，六月要決定座位，和確定典禮流程。

Qīyuè dào jiǔyuè wǒmen děi dìng shèyǐng shī, huādiàn, huàzhuāng shī. Jiǔyuè dào shíyuè juédìng qǐngkè míngdān. Shíyuè jiù děi dìng chǎngdì. Shíyīyuè shì dìng fàndiàn, mǎi lǐ fú. Shí'èryuè yào shèjì qǐngtiě. Míngnián yīyuè jìde zhùcè lǐwù. Èryuè yào quèrèn suǒyǒu yùyuē de xiàngmù. Sānyuè mǎi jièzhi, liùyuè yào juédìng zuòwèi, hé quèdìng diǎnlǐ liúchéng.

50 Verpflichtungen und Verbote

1

a. 现在我们得走了。
現在我們得走了。
Xiànzài wǒmen děi zǒu le.

b. 你一个人在学校，要照顾好自己。
你一個人在學校，要照顧好自己。
Nǐ yī gè rén zài xuéxiào, yào zhàogù hǎo zìjǐ.

c. 你要早睡早起。
Nǐ yào zǎo shuì zǎo qǐ.

d. 别睡得太晚。
Bié shuì dé tài wǎn.

e. 另外，你要按时上课，按时交作业。
另外，你要按時上課，按時交作業。
Lìngwài, nǐ yào ànshí shàng kè, ànshí jiāo zuòyè.

f. 考试的时候别紧张。
考試的時候別緊張。
Kǎoshì de shíhou bié jǐnzhāng.

g. 如果你有任何问题，你应该跟老师说。
如果你有任何問題，你應該跟老師說。
Rúguǒ nǐ yǒu rènhé wèntí, nǐ yīnggāi gēn lǎoshī shuō.

h. 如果觉得不舒服，你应该马上去医院。
如果覺得不舒服，你應該馬上去醫院。
Rúguǒ juéde bù shūfu, nǐ yīnggāi mǎshàng qù yīyuàn.

i. 还有，你得每天给我们打电话。
還有，你得每天給我們打電話。
Hái yǒu, nǐ děi měitiān gěi wǒmen dǎ diànhuà.

2

a. 禁止 **jìnzhǐ** ‚verbieten' – auf den Boden spucken b. 勿 **wù** ‚nicht tun (sollen)' – Auto parken c. 免 **miǎn** ‚unterlassen' – betreten d. 禁止 **jìnzhǐ** ‚verbieten' – fotografieren e. 禁 **jìn** ‚verboten' – betrunken Auto fahren f. 勿 **wù** ‚nicht tun (sollen)' – rauchen

3

a. 不可以到处吐痰。
不可以到處吐痰。
Bù kěyǐ dàochù tǔtán.

b. 请不要在这里停车。
请不要在這裏停車。
Qǐng bù yào zài zhèli tíng chē.
c. 没有事的人不要进来。
沒有事的人不要進來。
Méi yǒu shì de rén bù yào jìnlai.
d. 不可以照相。
Bù kěyǐ zhào xiàng.
e. 喝酒以后不可以开车。
喝酒以後不可以開車。
Hē jiǔ yǐhòu bù kěyǐ kāi chē.
f. 不可以吸烟。
不可以吸烟。
Bù kěyǐ xī yān.

4

a. 房租：每个月五号以前应当交房租一千两百块。
b. 杂费：房客必须自己付有线电视费用，可是不必付水电费。
c. 宠物：不许养宠物。
d. 规矩：禁止抽烟、十二点以后禁止吵闹
e. 访客：如果访客住超过十五天必须通知房东，如果少于十五天则无须通知。

a. 房租：每個月五號以前應當交房租一千兩百塊。
b. 雜費：房客必須自己付有線電視費用，可是不必付水電費。
c. 寵物：不許養寵物。
d. 規矩：禁止抽煙、十二點以後禁止吵鬧
e. 訪客：如果訪客住超過十五天必須通知房東，如果少於十五天則無須通知。

a. **fángzū: Měi ge yuè wǔhào yǐqián yīngdāng jiāo fángzū yīqiān liǎngbǎi kuài.**
b. **zá fèi: Fángkè bìxū zìjǐ fù yǒuxiàn diànshì fèiyòng, kěshì bùbì fù shuǐdiàn fèi.**
c. **chǒngwù: Bùxǔ yǎng chǒngwù.**
d. **guījù: Jìnzhǐ chōuyān, shí'èr diǎn yǐhòu jìnzhǐ chǎonào.**
e. **fǎngkè: Rúguǒ fǎngkè zhù chāoguò shíwǔ tiān bìxū tōngzhī fángdōng, rúguǒ shǎo yú shíwǔ tiān zé wú xū tōngzhī.**

5

(Freie Antwort.)

51 Befehle und Erlaubnis

1

a. 看电视吧！
看電視吧！
Kàn diànshì ba!
b. 给你的弟弟打电话吧！
給你的弟弟打電話吧！
Gěi nǐ de dìdi dǎ diànhuà ba!

c. 吃饭吧！
吃飯吧！
Chī fàn ba!

d. 去看奶奶吧！
Qù kàn nǎinai ba!

e. 说话吧！
說話吧！
Shuō huà ba!

f. 睡觉吧！
睡覺吧！
Shuì jiào ba!

g. 回家吧！
Huí jiā ba!

h. 洗澡吧！
Xǐ zǎo ba!

2

a. 大家公用的房间可以吸烟。
大家公用的房間可以吸煙。
Dàjiā gōngyòng de fángjiān kěyǐ xī yān.

b. 大家公用的房间可以做饭。
大家公用的房間可以做飯。
Dàjiā gōngyòng de fángjiān kěyǐ zuò fàn.

c. 可以在自己的房间里看电视。
可以在自己的房間裏看電視。
Kěyǐ zài zìjǐ de fángjiān lǐ kàn diànshì.

d. 可以请朋友来自己的房间。
可以請朋友來自己的房間。
Kěyǐ qǐng péngyou lái zìjǐ de fángjiān.

e. 房间里不可以吸烟。
房間裏不可以吸煙。
Fángjiān lǐ bù kěyǐ xī yān.

f. 房间里不可以喝酒。
房間裏不可以喝酒。
Fángjiān lǐ bù kěyǐ hē jiǔ.

g. 音乐的声音不能太大。
音樂的聲音不能太大。
Yīnyuè de shēngyīn bù néng tài dà.

h. 房间里不可以做饭。
房間裏不可以做飯。
Fángjiān lǐ bù kěyǐ zuò fàn.

i. 垃圾要每天扔掉。
Lājī yào měitiān rēngdiào.

j. 晚上十点以前必须回宿舍。
晚上十點以前必須回宿舍。
Wǎnshàng shí diǎn yǐqián bìxū huí sùshè.

k. 晚上十一点三十关灯。
晚上十一點三十關燈。
Wǎnshàng shí yī diǎn sānshí guān dēng.

3

a. 上课别迟到。
上課別遲到。
Shàng kè bié chídào.

b. 上课不许吃东西。
上課不許吃東西。
Shàng kè bù xǔ chī dōngxi.

c. 上课不许喝饮料。
上課不許喝飲料。
Shàng kè bù xǔ hē yǐnliào.

d. 上课以前，把手机关掉。
上課以前，把手機關掉。
Shàng kè yǐqián, bǎ shǒujī guāndiào.

e. 上课的时候不可以发短信。
上課的時候不可以發短信。
Shàng kè de shíhou bù kěyǐ fā duǎnxìn.

f. 学生不允许晚交作业。
學生不允許晚交作業。
Xuésheng bù yǔnxǔ wǎn jiāo zuòyè.

g. 来上课以前，复习课文。
來上課以前，復習課文。
Lái shàng kè yǐqián, fùxí kèwén.

h. 有问题请举手。
有問題請舉手。
Yǒu wèntí qǐng jǔ shǒu.

4

a. 老师不让我们上课迟到。
老師不讓我們上課遲到。
Lǎoshī bù ràng wǒmen shàng kè chídào.

b. 老师不让我们上课吃东西。
老師不讓我們上課吃東西。
Lǎoshī bù ràng wǒmen shàng kè chī dōngxi.

c. 老师不让我们上课喝饮料。
老師不讓我們上課喝飲料。
Lǎoshī bù ràng wǒmen shàng kè hē yǐnliào.

d. 老师不让我们上课的时候，把手机开着。
老師不讓我們上課的時候，把手機開著。
Lǎoshī bù ràng wǒmen shàng kè de shíhou, bǎ shǒujī kāizhe.

e. 老师不让我们上课的时候发短信。
老師不讓我們上課的時候發短信。
Lǎoshī bù ràng wǒmen shàng kè de shíhou fā duǎnxìn.

f. 老师不让我们晚交作业。
老師不讓我們晚交作業。
Lǎoshī bù ràng wǒmen wǎn jiāo zuòyè.

g. 老师说我们上课以前得复习课文。
老師說我們上課以前得復習課文。
Lǎoshī shuō wǒmen shàng kè yǐqián děi fùxí kèwén.

h. 老师说有问题必须举手。
老師說有問題必須舉手。
Lǎoshī shuō yǒu wèntí bìxū jǔ shǒu.

5

Kriminalbeamter: 坐 **zuò!**

Kriminalbeamter: 你是江松吧？**Nǐ shì Jiāng Sōng ba?**

Kriminalbeamter: 说！是谁让你偷哪个花瓶的？
說！是誰讓你偷那個花瓶的？
Shuō! Shì shéi rang nǐ tōu nàge huāpíng de?

Verdächtiger: Niemand hat mich dazu überredet. Kann ich rauchen?

Kriminalbeamter: 这里不许抽烟。不过你可以喝一杯水。拿着！
這裏不許抽煙。不過你可以喝一杯水。拿著！
Zhèlǐ bùxǔ chōu yān. Bùguò nǐ kěyǐ hē yī bēi shuǐ. Názhe!

Kriminalbeamter: 你准备好要写自白了吗？这是纸和笔。写吧！
你準備好要寫自白了嗎？這是紙和筆。寫吧？
Nǐ zhǔnbèi hǎo yào xiě zìbái le ma? Zhè shì zhǐ hé bǐ. Xiě ba!

52 Fähigkeit und Möglichkeit

1

a. 我会说日语。
我會說日語。
Wǒ huì shuō Rìyǔ.

b. 我很会唱歌。
我很會唱歌。
Wǒ hěn huì chàng gē.

c. 我会跳舞。
我會跳舞。
Wǒ huì tiào wǔ.

d. 我会打篮球。
我會打籃球。
Wǒ huì dǎ lánqiú.

e. 我不会说中文。
我不會說中文。
Wǒ bù huì shuō Zhōngwén.

f. 我不会开车。
我不會開車。
Wǒ bù huì kāi chē.

g. 我不会用电脑。
我不會用電腦。
Wǒ bù huì yòng diànnǎo.

2

a. 你一天能学多少汉字?
你一天能學多少漢字?
Nǐ yītiān néng xué duōshao Hàn zì?

b. 这次我一定能考好。
這次我一定能考好。
Zhècì wǒ yīdìng néng kǎo hǎo.

c. 我的同屋病了不能去上课。
我的同屋病了不能去上課。
Wǒ de tóngwū bìng le bù néng qù shàng kè.

d. 我晚上没事，能跟你们去看电影。
我晚上沒事，能跟你們去看電影。
Wǒ wǎnshang méi shì, néng gēn nǐmen qù kàn diànyǐng.

3

A: Meinst du, er wird heute abend kommen? B: Ich denke, er wird bestimmt kommen. A: Aber die Wettervorhersage berichtet, dass es heute abend starken Schneefall geben wird. B: Wenn es stark schneit, wird er nicht kommen.

4

a. 他以前会喝很多酒。现在不会了。
他以前會喝很多酒。現在不會了。
Tā yǐqián huì hē hěn duō jiǔ. Xiànzài bù huì le.

b. 因为他一喝酒就觉得不舒服了。
因爲他一喝酒就覺得不舒服了。
Yīnwéi tā yī hē jiǔ jiù juéde bù shūfu le.

c. 他可以喝可乐，汽水，茶，什么的。
他可以喝可樂，汽水，茶，甚麼的。
Tā kěyǐ hē kělè, qìshuǐ, chá, shénmede.

d. 他认为病一好就可以喝酒。
他認爲病一好就可以喝酒。
Tā rènwéi bìng yī hǎo jiù kěyǐ hē jiǔ.

e. 他喝了一点酒就觉得很不舒服。
他喝了一點酒就覺得很不舒服。
Tā hē le yīdiǎn jiǔ jiù juéde hěn bù shūfu.

f. 他说‘我能喝酒可是我不可以喝酒了。’
他說‘我能喝酒可是我不可以喝酒了。’
Tā shuō ‘wǒ néng hē jiǔ kěshì wǒ bù kěyǐ hē jiǔ le.’

5

a. 今天晚上你会认识一个美女。她会给你她的电话号码。
今天晚上你會認識一個美女。她會給你她的電話號碼。
Jīntiān wǎnshang nǐ huì rènshi yī ge měinǚ. Tā huì gěi nǐ tā de diànhuà hàomǎ.

b. 你会说中文吗？学了中文以后，你可以去中国工作。
你會說中文嗎？學了中文以後，你可以去中國工作。
Nǐ huì shuō Zhōngwén ma? Xué le Zhōngwén yǐhòu, nǐ kěyǐ qù Zhōngguó gōngzuò.

c. 这个星期六有人会请你吃饭。
這個星期六有人會請你吃飯。
Zhège xīngqī liù yǒu rén huì qǐng nǐ chī fàn.

d. 餐厅旁边有一个小店。吃完晚饭以后，去那里买一张乐透券。你会中奖！
餐廳旁邊有一個小店。吃完晚飯以後，去那裏買一張樂透券。你會中獎！
Cāntīng pángbiān yǒu yī ge xiǎo diàn. Chīwán wǎnfàn yǐhòu, qù nàlǐ mǎi yī zhāng lètòu quàn. Nǐ huì zhòngjiǎng!

53 Wünsche, Bedürfnisse, Vorlieben und Bereitschaft

1

a. 要 **yào** b. 希望 **xīwàng** c. 情愿/情願 **qíngyuàn** d. 愿意/願意 **yuànyi** e. 情愿/情願 **qíngyuàn** f. 宁可/寧可 **nìngkě** g. 偏爱/偏愛 **piān'ài**

2

a. 你：你们毕业以后想作什么？
你：你們畢業以後想作什麼？
Nǐ: Nǐmen bìyè yǐhòu xiǎng zuò shénme?

b. 王明：我想去中国找工作。
王明：我想去中國找工作。
Wáng Míng: Wǒ xiǎng qù Zhōngguó zhǎo gōngzuò.

c. 唐玫玲：我希望有机会念博士学位。
唐玫玲：我希望有機會念博士學位。
Táng Méilíng: Wǒ xīwàng yǒu jīhuì niàn bóshì xuéwèi.

d. 周利：我要找工作。我宁可在国内工作，不愿意在国外工作。
周利：我要找工作。我寧可在國內工作，不願意在國外工作。
Zhōu Lì: Wǒ yào zhǎo gōngzuò. Wǒ nìngkě zài guónèi gōngzuò, bù yuànyi zài guówài gōngzuò.

3

a. 请问，有没有禁烟区的座位。
請問，有沒有禁煙區的座位。
Qǐngwèn, yǒu méi yǒu jìnyān qū de zuòwèi.

b. Es tut mir leid. Wir haben keine Nichtraucherplätze. Möchten Sie dort drüben sitzen?

c. 我希望那边的人不抽烟。我们情愿到楼上去坐。
我希望那邊的人不抽煙。我們情願到樓上去坐。
Wǒ xīwàng nà biān de rén bù chōu yān. Wǒmen qíngyuàn dào lóushàng qù zuò.

d. Kein Problem. Es gibt im oberen Stockwerk Sitzplätze.

e. Welche Gerichte möchten Sie?

f. 我们要两个菜一个汤。希望你们不要放太多味精。
我們要兩個菜一個湯。希望你們不要放太多味精。

Wǒmen yào liǎng gè cài yī gè tāng. Xīwàng nǐmen bù yào fàng tài duō wèijīng.

g. Was brauchen Sie noch? (Benötigen Sie noch etwas anderes?)

h. 我们还要一瓶啤酒，不要别的。
我們還要一瓶啤酒，不要別的。
Wǒmen hái yào yī píng píjiǔ, bù yào biéde.

4 老大：我宁可擦窗户也不要扫地。
我寧可擦窗戶也不要掃地。
Wǒ nìngkě cā chuānghù yě bùyào sǎodì.

老二：我不喜欢洗床单，谁愿意跟我交换？
我不喜歡洗床單，誰願意跟我交換？
Wǒ bù xǐhuān xǐ chuángdān, shéi yuànyì gēn wǒ jiāohuàn?

老三：我情愿洗床单也不要擦窗户。
我情願洗床單也不要擦窗户。
Wǒ qíyuàn xǐ chuángdān yě bùyào cā chuānghù.

老四：有没有人要帮我做？我今天得做功课，哪儿有时间洗碗！
有沒有人要幫我做？我今天得做功課，哪兒有時間洗碗！
Yǒu méi yǒu rén yào bāng wǒ zuò? Wǒ jīntiān děi xǐ wǎn, nǎr yǒu shíjiān xǐ wǎn!

老五：妈妈总是偏爱老四，老四的工作比较容易！
媽媽總是偏愛老四，老四的工作比較容易！
Māma zǒngshì piān'ài lǎosì. Lǎosì de gōngzuò bǐjiào róngyì!

54 Wissen, Rat und Meinungen

1 a. 我会讲一点日语。
我會講一點日語。
Wǒ huì jiǎng yīdiǎn Rìyǔ.

b. 我知道图书馆在哪儿。
我知道圖書館在哪兒。
Wǒ zhīdao túshūguǎn zài nǎr.

c. 我认识那个人。
我認識那個人。
Wǒ rènshi nàge rén.

d. 别担心。我认识路，我能找到。
別擔心。我認識路，我能找到。
Bié dānxīn. Wǒ rènshi lù, wǒ néng zhǎodào.

e. 我知道他，并不认识他。
我知道他，并不認識他。
Wǒ zhīdào tā, bìng bù rènshi tā.

f. 我认识这个字，但是不知道怎么写。
我認識這個字，但是不知道怎麼寫。
Wǒ rènshi zhège zì, dànshì bù zhīdao zěnme xiě.

g. 我知道他为什么不来。
我知道他爲甚麽不來。
Wǒ zhīdao tā wéishénme bù lái.

2 a. 看 **kàn** b. 以为/以爲 **yǐwéi** c. 想 **xiǎng** d. 认为/認爲 **rènwéi**
e. 以为/以爲 **yǐwéi** f. 认为/認爲 **rènwéi** g. 以为/以爲 **yǐwéi**

3 a. 你想问谁就问谁。
你想問誰就問誰。
Nǐ xiǎng wèn shéi jiù wèn shéi.

b. 你想去哪儿就去哪儿。
你想去哪兒就去哪兒。
Nǐ xiǎng qù nǎr jiù qù nǎr.

c. 你想买哪个就买哪个。
你想買哪個就買哪個。
Nǐ xiǎng mǎi nǎge jiù mǎi nǎge.

d. 你想吃什么就吃什么。
你想吃甚麽就吃甚麽。
Nǐ xiǎng chī shénme jiù chī shénme.

e. 你想借多少就借多少。
Nǐ xiǎng jiè duōshao jiù jiè duōshao.

f. 你想怎么去就怎么去。
你想怎麽去就怎麽去。
Nǐ xiǎng zěnme qù jiù zěnme qù.

g. 你想选哪门课就选哪门课。
你想選哪門課就選哪門課。
Nǐ xiǎng xuǎn nǎ mén kè jiù xuǎn nǎ mén kè.

h. 你想看哪个电影就看哪个电影。
你想看哪個電影就看哪個電影。
Nǐ xiǎng kàn nǎge diànyǐng jiù kàn nǎge diànyǐng.

4 a. 私人汽车太多，造成的交通不方便。
私人汽車太多，造成的交通不方便。
Sīrén qìchē tài duō, zàochéng de jiāotōng bù fāngbiàn.

b. 交通不方便。
Jiāotōng bù fāngbiàn.

c. 有车才有面子。
有車才有面子。
Yǒu chē cái yǒu miànzi.

d. 我想他没有汽车，因为他认为私人汽车太多了。
我想他沒有汽車，因爲他認爲私人汽車太多了。
Wǒ xiǎng tā méi yǒu qìchē, yīnwei tā rènwéi sīrén qìchē tài duō le.

e. 汽油的价钱高了，但是这并不影响人们买车。
汽油的價錢高了，但是這幷不影響人們買車。
Qìyóu de jiàqian gāo le, dànshì zhè bìng bù yǐngxiǎng rénmen mǎi chē.

f. 不买车，尽量使用公共交通工具，汽车，地铁等等。
不買車，儘量使用公共交通工具，汽車，地鐵等等。
Bù mǎi chē, jìnliàng shǐyòng gōnggòng jiāotōng gōngjù, qìchē, dìtiě děngděng.

5

a. 你这样穿别人会以为你已经四十岁了。你应该穿白色的。
你這樣穿別人會以為你已經四十歲了。你應該穿白色的。
Nǐ zhèyàng chuān biérén huì yǐwéi nǐ yǐjīng sìshí suì le. Nǐ yīnggāi chuān báisè de.

b. 我今天的工作做不完，我看我不能跟你一起吃晚饭。
我今天的工作做不完，我看我不能跟你一起吃晚飯。
Wǒ jīntiān de gōngzuò zuòbùwán, wǒ kàn wǒ bù néng gēn nǐ yīqǐ chī wǎnfàn.

c. 我想请教您一些关于中国历史的问题。
我想請教您一些關於中國歷史的問題。
Wǒ xiǎng qǐngjiào nín yīxiē guānyú Zhōngguó lìshǐ de wèntí.

d. 你最好再跟你爸妈谈一谈，告诉他们你心里的想法。
你最好再跟你爸媽談一談，告訴他們你心裡的想法。
Nǐ zuì hǎo zài gēn nǐ bà mā tán yī tán, gàosù tāmen nǐ xīnlǐ de xiǎngfǎ.

e. 你想吃什么就吃什么，随便你。
你想吃甚麼就吃甚麼，隨便你。
Nǐ xiǎng chī shénme jiù chī shénme, suíbiàn nǐ.

55 Angst, Besorgnis und Verunsicherung

1

a. 你不要怕冷。
Nǐ bù yào pà lěng.

b. 别怕那个老师。
別怕那個老師。
Bié pà nàge lǎoshī.

c. 别怕开车。
別怕開車。
Bié pà kāi chē.

d. 你不要怕没有人来。
你不要怕沒有人來。
Nǐ bù yào pà méi yǒu rén lái.

e. 你不要怕你学不会。
你不要怕你學不會。
Nǐ bù yào pà nǐ xuébuhuì.

f. 你不要怕黑天一个人走路。
你不要怕黑天一個人走路。
Nǐ bù yào pà hēitiān yī gè rén zǒu lù.

g. 你不要害怕考试。
你不要害怕考試。
Nǐ bù yào hàipà kǎoshì.

h. 考试的时候你别紧张。
考試的時候你別緊張。
Kǎoshì de shíhou nǐ bié jǐnzhāng.

2 a. 怕 **pà** b. 恐怕 **kǒngpà** c. 吓/嚇 **xià** d. 可怕 **kěpà** e. 紧张/緊張 **jǐnzhāng** f. 着急/著急 **zháojí** g. 恐惧/恐懼 **kǒngjù**

3 Teilnehmer 1: 怕, 害怕 **pà, hàipà**
Teilnehmer 2: 充满恐惧/充滿恐懼 **chōngmǎn kǒngjù**
Teilnehmer 3: 担心/擔心 **dānxīn**
Teilnehmer 4: 可怕 **kěpà**
Teilnehmer 5: 紧张/緊張 **jǐnzhāng**

56 Die Einstellung und Sichtweise des Sprechers ausdrücken

1 a. 哎 **āi** b. 啊 **á** c. 哈哈 **hā hā** d. 噢 **ō** e. 啊 **à** f. 哎 **āi** g. 喔 **ō** h. 啊呀 **āyā**

2 a. 嘛 **ma** b. 啦 **la** c. 啊 **a** d. 啦 **la**

57 Thema, Hervorhebung und Betonung

1 a. 那个饭馆，我不喜欢。
那個飯館，我不喜歡。
Nàge fànguǎn, wǒ bù xǐhuan.

b. 中文课，我觉得很有意思。
中文課，我覺得很有意思。
Zhōngwén kè, wǒ juéde hěn yǒu yìsī.

c. 那个电影，我没看过。
那個電影，我沒看過。
Nàge diànyǐng, wǒ méi kànguò.

d. 这次考试，听说很容易。
這次考試，聽說很容易。
Zhè cì kǎoshì, tīngshuō hěn róngyì.

e. 日本饭，我没吃过。
日本飯，我沒吃過。
Rìběn fàn, wǒ méi chīguò.

f. 汉字，我每天都写。
漢字，我每天都寫。
Hàn zì, wǒ měitiān dōu xiě.

g. 中国的经济情况，我不太清楚。
中國的經濟情况，我不太清楚。
Zhōngguó de jīngjì qíngkuàng, wǒ bù tài qīngchu.

h. 别人的事，请你不要管。
别人的事，請你不要管。
Biéren de shì, qǐng nǐ bù yào guǎn.

2

a. 首先，我们把所有的椅子都搬出教室去。
首先，我們把所有的椅子都搬出教室去。
Shǒuxiān, wǒmen bǎ suǒyǒu de yǐzi dōu bān chū jiàoshì qù.

b. 然后，我们把课桌都搬到教室的后边。
然後，我們把課桌都搬到教室的後邊。
Ránhòu, wǒmen bǎ kèzhuō dōu bān dào jiàoshì de hòubian.

c. 小陈把吃的和喝的放在课桌上。
小陳把吃的和喝的放在課桌上。
Xiǎo Chén bǎ chī de hé hē de fang zài kèzhuō shàng.

d. 小王把地扫干净。
小王把地掃乾淨。
Xiǎo Wáng bǎ dì sǎo gānjìng.

e. 小李把黑板擦干净。
小李把黑板擦乾淨。
Xiǎo Lǐ bǎ hēibǎn cā gānjìng.

f. 小毛把音乐准备好。
小毛把音樂準備好。
Xiǎo Máo bǎ yīnyuè zhǔnbèi hǎo.

g. 你们两个人把‘春节好’这三个字写在黑板上。
你們兩個人把‘春節好’這三個字寫在黑板上。
Nǐmen liǎng gè rén bǎ ‘chūnjié hǎo’ zhè sān ge zì xiě zài hēibǎn shàng.

h. 你们三个人把这两张中国画儿挂在墙上。
你們三個人把這兩張中國畫兒挂在墻上。
Nǐmen sān gè rén bǎ zhè liǎng zhāng Zhōngguó huàr guà zài qiángshàng.

3

a. 除了我以外，别的同学都喜欢上中文课。
除了我以外，别的同學都喜歡上中文課。
Chúle wǒ yǐwài, bié de tóngxué dōu xǐhuan shàng Zhōngwén kè.

b. 除了我以外，他们也去看电影了。
除了我以外，他們也去看電影了。
Chúle wǒ yǐwài, tāmen yě qù kàn diànyǐng le.

c. 除了我以外，我的同学也都去过中国。
除了我以外，我的同學也都去過中國。
Chúle wǒ yǐwài, wǒ de tóngxué yě dōu qùguò Zhōngguó.

d. 除了中文以外，我也学中国文学和中国历史。
除了中文以外，我也學中國文學和中國歷史。
Chúle Zhōngwén yǐwài, wǒ yě xué Zhōngguó wénxué hé Zhōngguó lìshǐ.

e. 除了星期日以外，他星期一到星期六都工作。
除了星期日以外，他星期一到星期六都工作。
Chúle xīngqīrì yǐwài, tā xīngqīyī dào xīngqīliù dōu gōngzuò.

f. 我的同屋，除了足球以外，别的运动都不喜欢。
我的同屋，除了足球以外，別的運動都不喜歡。
Wǒ de tóngwū, chúle zúqiú yǐwài, bié de yùndòng dōu bù xǐhuan.

g. 我每天除了练习写汉字以外，也听录音，复习语法，念课文。
我每天除了練習寫漢字以外，也聽錄音，復習語法，念課文。
Wǒ měitiān chúle liànxí xiě Hàn zì yǐwài, yě tīng lùyīn, fùxí yǔfǎ, niàn kèwén.

h. 这个学校，除了餐厅的饭不太好吃以外，别的都很好。
這個學校，除了餐廳的飯不太好吃以外，別的都很好。
Zhège xuéxiào, chúle cāntīng de fàn bù tài hǎo chī yǐwài, bié de dōu hěn hǎo.

4

a. 这个字一定很难。连老师都不认识。
這個字一定很難。連老師都不認識。
Zhège zì yīdìng hěn nán. Lián lǎoshī dōu bù rènshi.

b. 这个字很容易。连一年级的学生都认识。
這個字很容易。連一年級的學生都認識。
Zhège zì hěn róngyì. Lián yīniánjí de xuésheng dōu rènshi.

c. 我连一个中国朋友都没有。
我連一個中國朋友都沒有。
Wǒ lián yī gè Zhōngguó péngyou dōu méi yǒu.

d. 他不念书。他连图书馆都没去过。
他不念書。他連圖書館都沒去過。
Tā bù niàn shū. Tā lián túshūguǎn dōu méi qùguò.

e. 他不会写字。他连他自己的名字都不会写。
他不會寫字。他連他自己的名字都不會寫。
Tā bù huì xiě zì. Tā lián tā zìjǐ de míngzì dōu bù huì xiě.

f. 小王不喜欢美国饭。他连汉堡包都不喜欢。
小王不喜歡美國飯。他連漢堡包都不喜歡。
Xiǎo Wáng bù xǐhuan Měiguó fàn. Tā lián hànbǎobāo dōu bù xǐhuan.

g. 我不会做饭。我连炒鸡蛋都不会。
我不會做飯。我連炒鷄蛋都不會。
Wǒ bù huì zuò fàn. Wǒ lián chǎo jīdàn dōu bù huì.

h. 他每天都工作。连星期天都工作。
他每天都工作。連星期天都工作。
Tā měitiān dōu gōngzuò. Lián xīngqītiān dōu gōngzuò.

5

a. 我是在波士顿长大的。
我是在波士頓長大的。
Wǒ shì zài Bōshìdùn zhǎngdà de.

b. 我是昨天晚上才回学校的。
我是昨天晚上才回學校的。
Wǒ shì zuótiān wǎnshang cái huí xuéxiào de.

c. 我是跟我的同屋一起回来的。
我是跟我的同屋一起回來的。
Wǒ shì gēn wǒ de tóngwū yīqǐ huílai de.

d. 我们是开车来的。*oder* 我们是坐车来的。
我們是開車來的。*oder* 我們是坐車來的。
Wǒmen shì kāi chē lái de. *oder* **Wǒmen shì zuò chē lái de.**

e. 我的同屋是从中国来的。
我的同屋是從中國來的。
Wǒ de tóngwū shì cóng Zhōngguó lái de.

f. 他是两年以前来的。
他是兩年以前來的。
Tā shì liǎng nián yǐqián lái de.

g. 他是坐飞机来的。
他是坐飛機來的。
Tā shì zuò fēijī lái de.

h. 我们是在一个晚会上认识的。
我們是在一個晚會上認識的。
Wǒmen shì zài yī gè wǎnhuì shàng rènshi de.

i. 是他让我学中文的。
是他讓我學中文的。
Shì tā ràng wǒ xué Zhōngwén de.

j. 我是昨天晚上跟我的同屋从波士顿开车回学校的。
我是昨天晚上跟我的同屋從波士頓開車回學校的。
Wǒ shì zuótiān wǎnshang gēn wǒ de tóngwū cóng Bōshìdùn kāi chē huí xuéxiào de.

k. 他是两年以前从中国来美国的。
他是兩年以前從中國來美國的。
Tā shì liǎng nián yǐqián cóng Zhōngguó lái Měiguó de.

l. 他是两年以前从中国坐飞机来美国的。
他是兩年以前從中國坐飛機來美國的。
Tā shì liǎng nián yǐqián cóng Zhōngguó zuò fēijī lái Měiguó de.

6

a. i. 你们是什么时候认识的？
你們是甚麼時候認識的？
Nǐmen shì shénme shíhou rènshi de?

ii. 你们是在哪儿认识的？
你們是在哪兒認識的？
Nǐmen shì zài nǎr rènshi de?

iii. 是谁介绍你们认识的？
是誰介紹你們認識的？
Shì shéi jièshào nǐmen rènshi de?

b. i. 戒指是在哪儿买的？
戒指是在哪兒買的？
Jièzhǐ shì zài nǎr mǎi de?

ii. 他是怎么求婚的？
他是怎麼求婚的？
Tā shì zěnme qiúhūn de?

c. 除了家人以外，我们还请了五十个朋友。
除了家人以外，我們還請了五十個朋友。
Chúle jiārén yǐwài, wǒmen hái qǐng le wǔshí ge péngyou.

d. 关于未来，我们打算十二月结婚，明年买房子，后年生孩子。
關於未來，我們打算十二月結婚，明年買房子，後年生孩子。
Guānyú wèilái, wǒmen dǎsuàn shí'èr yuè jiéhūn, míngnián mǎi fángzi, hòunián shēng háizi.

58 Gast und Gastgeber

1

a. 欢迎，欢迎。/ 歡迎，歡迎。**Huānyíng, huānyíng.**
b. 请进。/ 請進。**Qǐng jìn.**
c. 请坐。/ 請坐。**Qǐng zuò.**
d. 喝点什么，茶还是咖啡？
喝點甚麼，茶還是咖啡？
Hē diǎn shénme, chá háishi kāfēi?
e. 请再来。/ 請再來。**Qǐng zài lái.**
f. 慢走。**Màn zǒu.**

2

a. Gastgeber b. Gast c. Gastgeber d. Gastgeber e. Gastgeber f. Gastgeber g. Gast h. Gast i. Gast j. Gast k. Gastgeber

59 Komplimente machen und darauf reagieren

1

a. 我说得不好。/ 我說得不好。**Wǒ shuō de bù hǎo.** b. 哪里，哪里。/ 哪裏，哪裏。**Nǎli, nǎli.** c. 真的吗？/ 真的嗎？**Zhēnde ma?** d. 您过奖了。/ 您過獎了。**Nín guòjiǎng le.** e. 不敢当。/ 不敢當。**Bù gǎn dāng.** f. 没什么。/ 沒甚麼。**Méi shénme.** g. 过奖，过奖。/ 過獎，過獎。**Guòjiǎng, guòjiǎng.** h. 便饭，便饭。/ 便飯，便飯。**Biànfàn, biànfàn.**

2

a. 王明：高蕾，我看了你写的文章，好极了。
王明：高蕾，我看了你寫的文章，好極了。
Wáng Míng: Gāo Lěi, wǒ kàn le nǐ xiě de wénzhāng, hǎojíle.

b. 高蕾：写得不好，请多指教。
高蕾：寫得不好，請多指教。
Gāo Lěi: Xiě de bù hǎo, qǐng duō zhǐjiào.
c. 王明：你的描述非常高明。
Wáng Míng: Nǐ de miáoshù fēicháng gāomíng.
d. 高蕾：您过奖了，非常一般。
高蕾：您過獎了，非常一般。
Gāo Lěi: Nín guò jiǎng le, fēicháng yībān.
e. 王明：你的实例说明特别好，我看你很有才气。
王明：你的實例說明特別好，我看你很有才氣。
Wáng Míng: Nǐ de shílì shuōmíng tèbié hǎo, wǒ kàn nǐ hěn yǒu cáiqì.
f. 高蕾：普普通通，没有什么特别。
高蕾：普普通通，沒有甚麼特別。
Gāo Lěi: Púpǔtōngtōng, méi yǒu shénme tèbié.

3 Antwortbeispiele:
A. a. 真好 **zhēn hǎo!** b. 哪里/哪裏 **nǎlǐ** c. 没有/沒有 **méi yǒu**
B. 不敢当/不敢當 **bùgǎndāng**

60 Zufriedenheit und Unzufriedenheit

1 a. 还可以。/還可以。**Hái kěyǐ.** b. 好极了。/好極了。**Hǎojíle.** c. 还不错。/還不錯。**Hái bù cuò.** d. 相当好。/相當好。**Xiāngdāng hǎo.** e. 马马虎虎。/馬馬虎虎。**Mámǎ hūhū.** f. 还行。/還行。**Hái xíng.**

2 a. 糟透了。/糟透了。**Zāo tòu le.** b. 不太好。**Bù tài hǎo.** c. 很差。**Hěn chà.** d. 非常不好。**Fēicháng bù hǎo.** e. 很差。**Hěn chà.** f. 不太好。**Bù tài hǎo.**

3 a. Freund: Wie ist dein Wohnheim?
b. Sie: 还可以。/還可以。**Hái kěyǐ.**
c. Ist das Badezimmer sauber?
d. Sie: 早上还可以。到了晚上就不怎么干净了。
早上還可以。到了晚上就不怎麼乾淨了。
Zǎoshang hái kěyǐ. Dào le wǎnshang jiù bù zěnme gānjìng le.
e. Freund: Hast du dich daran gewöhnt?
f. Sie: 习惯了。时间久了就习惯了。
習慣了。時間久了就習慣了。
Xíguàn le. Shíjiān jiǔ le jiù xíguàn le.
g. Freund: Wie ist das Essen in der Kantine?
h. Sie: 还可以。马马虎虎。
還可以。馬馬虎虎。
Hái kěyǐ. Mámǎhǔhū.
i. Freund: Wie ist der Service in der Kantine?
j. Sie: 不怎么样。

不怎麼樣。
Bù zěnmeyàng.

4 感谢您为我们填写意见表。您的意见帮助我们为您带来更好的服务与用餐经验。为表达我们的感谢，每个星期我们会选出五位顾客得到本店的 $25礼券。

感謝您爲我們填寫意見表。您的意見幫助我們爲您帶來更好的服務與用餐經驗。爲表達我們的感謝，每個星期我們會選出五位顧客得到本店的$25禮券。

Gǎnxiè nín wèi wǒmen tiánxiě yìjiàn biǎo. Nín de yìjiàn bāngzhù wǒmen wèi nín dàilái gènghǎo de fúwù yǔ yòngcān jīngyàn. Wèi biǎodá wǒmen de gǎnxiè, měige xīngqī wǒmen huì xuǎn chū wǔ wèi gùkè dédào běndiàn de $25 lǐquàn.

请提供您的意见/請提供您的意見
Qǐng tígōng nín de yìjiàn

	好极了 好極了 **hǎo jíle**	满意 滿意 **mǎnyì**	还可以 還可以 **hái kěyǐ**	不太好 **bù tài hǎo**	糟透了 **zāo tòule**
用餐环境/用餐環境 **yòngcān huánjìng**					
食物 **shíwù**					
服务/服務 **fúwù**					
整体经验/整體經驗 **zhěngtǐ jīngyàn**					

你会不会跟朋友推荐我们的餐厅？ ☐ 会/會 **huì** ☐ 不会/不會 **bù huì**
你會不會跟朋友推薦我們的餐廳？
Nǐ huìbuhuì gēn péngyou tuījiàn wǒmen de cāntīng?

其他意见/其他意見 **qítā yìjiàn:** ______________________________

联络方式/聯絡方式 **liánluò fāngshì:**
姓名 **xìngmíng:** ____________________
电子邮件/電子郵件 **diànzǐ yóujiàn:** ____________________

61 Ausdruck von Dankbarkeit und Reaktion darauf

1 a. 不必客气。/不必客氣。**Bù bì kèqi**. Sie müssen nicht so höflich sein. b. 哪儿的话？/哪兒的話？**Nǎr de huà** Nicht der Rede wert. c. 没什么。/沒甚麼。**Méi shénme.** Es war nichts. d. 不谢。/不謝。**Bù xiè.** Nichts zu danken. e. 你太客气了。/你太客氣了。**Nǐ tài kèqi le.** Sie sind zu höflich. f. 不客气。/不客氣。**Bù kèqi.** Seien Sie nicht so höflich.

2

a. 首先，我要感谢我的父母，感谢他们多年来给我的支持。
首先，我要感謝我的父母，感謝他們多年來給我的支持。
Shǒuxiān, wǒ yào gǎnxiè wǒ de fùmǔ, gǎnxiè tāmen duō nián lái gěi wǒ de zhīchí.

b. 我非常感激为了使我能够得到良好的教育他们所作的牺牲。
我非常感激爲了使我能够得到良好的教育他們所作的犧牲。
Wǒ fēicháng gǎnji wèile shǐ wǒ nénggòu dédào liánghǎo de jiàoyù tāmen suǒ zuò de xīshēng.

c. 同时，我也要感谢老师们给予我的指导和教诲。
同時，我也要感謝老師們給予我的指導和教誨。
Tóngshí, wǒ yě yào gǎnxiè lǎoshīmen jǐ yǔ wǒ de zhídǎo hé jiàohuì.

d. 他们不但传授给我们知识，更重要的是教我们作一个正直的人。
他們不但傳授給我們知識，更重要的是教我們作一個正直的人。
Tāmen bùdàn chuánshòu gěi wǒmen zhīshi, gèng zhòngyào de shì jiào wǒmen zuò yī gè zhèngzhí de rén.

e. 最后，我要感谢我的同学和朋友们，感谢他们的友情和帮助。
最後，我要感謝我的同學和朋友們，感謝他們的友情和幫助。
Zuì hòu, wǒ yào gǎnxiè wǒ de tóngxué hé péngyoumen, gǎnxiè tāmen de yǒuqíng hé bāngzhù.

f. 很难想象没有你们我怎么能够渡过这几年的大学时光。
很難想像沒有你們我怎麼能够渡過這幾年的大學時光。
Hěn nán xiǎngxiàng méi yǒu nǐmen wǒ zěnme nénggòu dù guò zhè jǐnián de dàxué shíguāng.

g. 大学毕业是新生活的开始，我一定要更加努力地学习和工作，不辜负你们的希望。
大學畢業是新生活的開始，我一定要更加努力地學習和工作，不辜負你們的希望。
Dàxué bìyè shì xīn shēnghuó de kāishǐ, wǒ yīdìng yào gèng jiā nǔlì de xuéxí hé gōngzuò, bù gūfù nǐmen de xīwàng.

3

Antwortbeispiele:

a. 辛苦 **xīngkǔ**

b. (i) 麻烦/麻煩 **máfán**, (ii) 不好意思 **bù hǎo yìsi**, (iii) 不客气/不客氣 **Bù kèqì**

c. (i) 笑纳/笑納 **xiàonà**, (ii) 客气/客氣 **kèqì**

62 Einladungen, Bitten und Ablehnungen

1

a. 好。**Hǎo.** In Ordnung. b. 可以。**Kěyǐ.** Es geht. c. 你太客气。/你太客氣。**Nǐ tài kèqi.** Sie sind zu höflich. d. 可以。**Kěyǐ.** Es geht. e. 好。**Hǎo.** In Ordnung.

2

a. 你太客气了。/你太客氣了。**Nǐ tài kèqi le.** Sie sind zu höflich.

b. 不要客气。/不要客氣。**Bù yào kèqi.** Seien Sie nicht so höflich. (Das ist nicht notwendig.)

c. 我试试看。/我試試看。**Wǒ shì shì kàn.** Ich versuche es.
d. 恐怕我太忙。**Kǒngpà wǒ tài máng.** Ich fürchte, ich bin zu beschäftigt.
e. 现在有一点不方便。
现在有一點不方便。
Xiànzài yǒu yīdiǎn bù fāngbiàn.
Es ist jetzt nicht so passend.
f. 我恐怕帮不了你的忙。
我恐怕幫不了你的忙。
Wǒ kǒngpà bāngbùliǎo nǐ de máng.
Ich fürchte, ich kann dir nicht helfen.

3

a. 对不起，我不去书店。
對不起，我不去書店。
Duìbuqǐ, wǒ bù qù shūdiàn.
b. 不好意思，我已经有别的安排了。
不好意思，我已經有別的安排了。
Bùhǎoyìsi, wǒ yǐjing yǒu bié de ānpái le.
c. 对不起，我现在得去上课。
對不起，我現在得去上課。
Duìbuqǐ, wǒ xiànzài děi qù shàngkè.
d. 对不起，我今天没有时间。
對不起，我今天沒有時間。
Duìbuqǐ, wǒ jīngtiān méiyǒu shíjiān.
e. 对不起，我现在得去开会。
對不起，我現在得去開會。
Duìbuqǐ, wǒ xiànzài děi qù kāi huì.
f. 我的电话坏了。
我的電話壞了。
Wǒ de diànhuà huài le.

4

Abby: 告诉他你不喜欢泰国菜。/告訴他你不喜歡泰國菜。
Gàosù tā nǐ bù xǐhuān Tàiguó cài.
Cathy: 就说你最近很忙，恐怕没有时间。/就說你最近很忙，恐怕沒有時間。
Jiù shuō nǐ zuì jìn hěn máng, kǒngpà méi yǒu shíjiān.
Emily: 说你会考虑考虑。说你现在不方便说话。
說你會考慮考慮。說你現在不方便說話。
Shuō nǐ huì kǎolǜ kǎolǜ. Shuō nǐ xiànzài bù fāngbiàn shuō huà.
Sie:

63 Entschuldigungen, Bedauern, Mitgefühl und schlechte Nachrichten

1

a. 对不起。/對不起。**Duìbuqǐ.** Entschuldigung. b. 不好意思。**Bù hǎo yìsi.** Wie unangenehm. c. 对不起。/對不起。**Duìbuqǐ.** Entschuldigung. d. 真抱歉。**Zhēn bàoqiàn.** Ich entschuldige mich wirklich. (Es tut mir sehr leid.) e. 对不起。/對

不起。**Duìbuqǐ.** Entschuldigung.

2

a. 真可惜。**Zhēn kěxī.** Das ist wirklich bedauerlich.
b. 希望你早日康复。
Xīwàng nǐ zǎo rì kāngfù.
Ich hoffe, es geht Ihnen bald besser.
c. 那太可惜了。
Nà tài kěxī le.
Das ist aber zu schade.
d. 真可惜。**Zhēn kěxī.** Das ist wirklich bedauerlich.
oder
失败是成功之母嘛。
失敗是成功之母嘛。
Shībài shì chénggōng zhī mǔ ma.
Misserfolg ist die Mutter des Erfolgs.
e. 真可惜。**Zhēn kěxī.** Das ist wirklich bedauerlich.
f. 多保重身体。
多保重身體。
Duō bǎozhòng shēntǐ.
Achte auf deine Gesundheit.

3

A. c B. a C. b D. b

64 Glückwünsche und gute Wünsche

1

a. 圣诞快乐!/聖誕快樂! **Shèngdàn kuàilè!** Frohe Weihnachten !
b. 新年快乐!/新年快樂! **Xīnnián kuàilè!** Alles Gute für das neue Jahr!!
c. 恭喜发财!/恭喜發財! **Gōngxǐ fā cái!** Glückwunsch und werdet reich!
d. 庆祝新婚。
慶祝新婚。
Qìngzhù xīn hūn.
Alles Gute zur Hochzeit.
e. 祝贺开张大吉。
祝賀開張大吉。
Zhù hè kāizhāng dàjí.
Viel Erfolg mit der Geschäftseröffnung.
f. 祝你生日快乐!
祝你生日快樂!
Zhù nǐ shēngrì kuàilè!
Herzlichen Glückwunsch zum Geburtstag!
g. 祝你寿比南山，福如东海。
祝你壽比南山，福如東海。

Zhù nǐ shòu bǐ nán shān, fú rú dōng hǎi.
Ich wünsche dir ein langes Leben (so lang wie der südliche Berg) und viel Glück (so riesig wie das östliche Meer).

h. 祝你鹏程万里。
祝你鵬程萬里。
Zhù nǐ péngchéng wànlǐ.
Ich wünsche dir eine aussichtsreiche Zukunft.

i. 庆祝结婚纪念。
慶祝結婚紀念。
Qìngzhù jiéhūn jìniàn.
Gratulation zum Hochzeitstag.

2

a. Nein. b. Nein. c. Ja. d. Nein. e. Ja. f. Nein. g. Nein. h. Nein. i. Nein. j. Ja. k. Nein. l. Ja. m. Nein. n. Nein. o. Ja. p. Nein.

3

A. c B. b C. a D. c

Index

Die Nummern beziehen sich auf die Kapitel, welche dazugehörige Übungen enthalten. Zum Beispiel bezieht sich 3 auf das Kapitel 3 in diesem Übungsbuch. 3.1 bezieht sich auf Kapitel 3, Übung 1.

Lernwörterbücher

581 Chinesische Schriftzeichen

ISBN: 9783905816303

Chinesisch-Deutsches HSK-Lernwörterbuch. 3000 chinesische Schriftzeichen, 32000 Wörter und Ausdrücke – alle Vokabeln für die neue HSK-Prüfung

ISBN: 9783905816440
erscheint im 4. Quartal 2016

Chinesisches Schriftsystem

Chinesische Schriftzeichen lernen – mit System

ISBN: 978-3905816648
erscheint im 2. Quartal 2016

Grammatik und Wortschatz

Moderne chinesische Grammatik – Ein praktischer Leitfaden der chinesischen Hochsprache

- eine anwenderfreundliche Grammatik der renommierten US-Sinologin Claudia Ross
- leichtverständlich geschrieben, aber doch genau und detailliert
- die englische Ausgabe ist seit Jahren ein Bestseller
- deutsche Ausgabe basiert auf der 2. aktualisierten Neuauflage der englischsprachigen Ausgabe von 2014

Lehrbuch, ISBN: 9783905816457
erscheint im 3. Quartal 2016

Übungsbuch, ISBN: 9783905816464
erscheint im 3. Quartal 2016

Vertrieb an den deutschen Buchhandel
GVA Gem. Verlagsauslieferung Göttingen GmbH & Co. KG
www.gva-verlage.de
Postfach 2021, D–37010 Göttingen
Tel. +49 (0) 551 384200-0, Fax. +49 (0) 551 384200-10

Vertrieb an den österreichischen Buchhandel
Mohr Morawa Buchvertrieb GmbH
Sulzengasse 2, A–1230 Wien
Tel. +43 (1) 680 14-0, Fax. +43 (1) 688 71 30
Mail: momo@mohrmorawa.at

Reihe Chinesisch leicht gemacht

Chinesische Grammatik leicht gemacht
ISBN: 9783905816334

Chinesische Zähleinheitswörter leicht gemacht
ISBN: 9783905816341

Chinesische Redewendungen leicht gemacht
ISBN: 9783905816358

Zweisprachige Lektüren

Gela wird erwachsen und andere Erzählungen aus China

- Kurzgeschichten bekannter chinesischer Autoren, u.a. Mo Yan, Alai, Ye Zhaoyan
- mit Vokabelanmerkungen und Übungsaufgaben mit Lösungsschlüssel für fortgeschrittene Chinesischlerner

ISBN: 9783905816198

Zweisprachige Comics

Sean Chuang: Meine 80er-Jahre – Eine Jugend in Taiwan

- nostalgische Erinnerungen an eine Jugend in Taiwan der späten 70er- und 80er-Jahre, einem Land im Umbruch

ISBN: 9783905816594

Enzo: Ein Jahr lang Schüler 34 in Klasse A

- Kindheitserinnerungen im Taiwan der 80er-Jahre, Bilderbuchroman über schulischen Leistungsdruck, Rebellion und Anpassung

ISBN: 9783905816327

Zheng Wen: Helden der östlichen Zhou-Zeit

- Episoden aus dem Leben historischer Figuren, die in einer von blutigen Machtkämpfen, Intrigen und territorialen Konflikten geprägten Epoche im antiken China lebten, die aber gleichzeitig kulturell äusserst fruchtbar war und viele der wichtigsten Denker der chinesischen Geistesgeschichte hervorgebracht hat.

Band 1: Wege zum Ruhm. ISBN: 9783905816662
Band 2: Bandtitel z.Z. offen. ISBN: 9783905816679
erscheinen im 4. Quartal 2016

Verlag der deutschsprachigen Ausgabe
Chinabooks E. Wolf und E. Wu
www.chinabooks.ch
Tel. +41 (0)43 540 40 77, +41 (0)76 518 45 26
Fax. +41 (0)71 787 20 89
Mail: bestellen@chinabooks.ch

Reihe China entdecken – Ein kommunikativer Chinesisch-Kurs für Anfänger

- geeignet für Jugendliche und Erwachsene, einsetzbar in der allgemeinen Erwachsenenbildung (Volkshochschule), an Sprachenzentren von Universitäten, in Wirtschaftssinologiestudiengängen und an Gymnasien und Mittelschulen
- moderne Lehrmittelreihe mit Schwerpunkt auf mündlicher Kommunikation für Alltag, Reise und Beruf

Band 1 und 2 legen die Grundlagen, Band 3 führt auf eine Reise durch China, in Band 4 geht es um die Anwendung der Sprache im Berufsalltag und bei Stellengesuchen.

Lehrbuch 1, ISBN: 9783905816518
Arbeitsbuch 1, ISBN: 9783905816525

Lehrbuch 2, ISBN: 9783905816532
Arbeitsbuch 2, ISBN: 9783905816549

Lehrbuch 3, ISBN: 9783905816556
Arbeitsbuch 3, ISBN: 9783905816563
erscheint im 4. Quartal 2016

Lehrbuch 4, ISBN: 9783905816570
Arbeitsbuch 4, ISBN: 9783905816587
erscheint im 1. Quartal 2017

Reihe Das Neue Praktische Chinesisch

- geeignet für junge Erwachsene und Erwachsene, wird in verschiedensten Bereichen eingesetzt
- besonders geeignet für den Einsatz in Sinologiestudiengängen
- der Klassiker unter den Chinesischlehrmitteln
- zählt weltweit zu den am meisten verwendeten Chinesischlehrmitteln

Lehrbuch 1, ISBN: 9783905816006
Arbeitsbuch 1, ISBN: 9783905816013

Lehrbuch 2, ISBN: 9783905816020
Arbeitsbuch 2, ISBN: 9783905816037

Lehrbuch 3, ISBN: 9783905816396
Arbeitsbuch 3, ISBN: 9783905816402

Es sind ebenfalls Sets aus den obigen Büchern mit CDs und / oder DVDs erhältlich (andere ISBN-Nummern)

Reihe Basis Chinesisch

- geeignet für junge Erwachsene und Erwachsene, entwickelt und verwendet an amerikanischen Universitäten, besonders geeignet aber für den Einsatz in Sinologiestudiengängen
- Lerner können selbst entscheiden, ob sie die in der VR China verwendeten Kurzzeichen, die in Taiwan und Hongkong verwendeten Langzeichen oder beide Schriftstandards erlernen wollen
- konsequente Trennung von Erwerb der gesprochenen Sprache und der Schrift, sehr alltagsnahe und authentische Texte, Hinweise zu regionalen Unterschieden in der Standardsprache
- das ideale Lehrmittel für motivierte Lerner, die sämtliche Fragen zu den Grundlagen der chinesischen Sprache beantwortet haben wollen und durch gründliche Legung der Grundlagen ein hohes Niveau in der Sprache erreichen wollen

Basis Chinesisch Schreiben
Lehrbuch, ISBN: 9783905816600
Arbeitsbuch, ISBN: 9783905816617

Basis Chinesisch Sprechen
Lehrbuch, ISBN: 9783905816624
Arbeitsbuch, ISBN: 9783905816631
erscheint im 4. Quartal 2016

Reihe Routledge Kurs in moderner chinesischer Hochsprache

- geeignet für junge Erwachsene und Erwachsene
- entwickelt und verwendet an amerikanischen Universitäten
- einsetzbar in der allgemeinen Erwachsenenbildung, an Mittelschulen, Gymnasien, besonders geeignet aber für den Einsatz in Sinologiestudiengängen
- innovativer Ansatz: Lautumschrift Pinyin verschwindet nach Einführung der Schriftzeichen nach und nach aus den Texten, wodurch es ermöglicht wird, den Lerner schrittweise an die Schriftzeichen heranzuführen, der Erwerb der Schriftzeichen bremst dadurch nicht den schneller möglichen Erwerb der gesprochenen Sprache
- gründliche Legung der Grundlagen
- hervorragendes, umfangreiches und abwechslungsreiches Übungsmaterial wie sonst in kaum einem Lehrwerk

Lehrbuch 1, ISBN: 9783905816471
Arbeitsbuch 1, ISBN: 9783905816488
erscheint im 1. Quartal 2017

Lehrbuch 2, ISBN: 9783905816495
Arbeitsbuch 2, ISBN: 9783905816501
erscheint im 4. Quartal 2017

Meine 80er Jahre. Eine Jugend in Taiwan
(2-sprachige Ausgabe Deutsch-Chinesisch)
von Sean Chuang

ISBN/EAN: 9783905816594
Verlag: Chinabooks E. Wolf,
Erscheinungsdatum: 01.07.2015

Kurzbeschreibung

Sean Chuang
Meine 80er Jahre.
Eine Jugend in Taiwan

Sean Chuang schildert in dieser autobiographischen graphischen Novelle nostalgische Erinnerungen an seine Jugendjahre im Taiwan der späten 70er und 80er Jahre.

Vor dem Hintergrund eines Landes im Wirtschaftsaufschwung und politischen Umbruch – Taiwan durchlief in den 80er Jahren einen Demokratisierungsprozess – und einer freier werdenden Gesellschaft, schildert er universale Jugenderinnerungen, die auch Menschen aus anderen Kulturkreisen berühren und an ihre eigenen vergangenen Jugendjahre zurückerinnern lassen, gewährt aber gleichzeitig auch Einblicke in eine von chinesischen Wert- und Familienvorstellungen geprägte Kultur. «Meine 80er Jahre. Eine Jugend in Taiwan» schildert eindrücklich das damalige Alltagsleben und beschreibt greifbar das Lebensgefühl der damaligen Jahre.

Biografie

Sean Chuang ist ein Pseudonym für Zhuang Yongxin. Der Autor wurde 1968 in Taiwan geboren. Seinen Schulabschluss machte er an der Fu-Hsin Trade & Arts School in Taipei, Taiwan.
Sean Chuang blickt auf eine über 20 Jahre dauernde Karriere in der Werbebranche als Regisseur von Werbespots zurück. Er hat während dieser Zeit über 400 Werbespots gedreht. An ihn wurden mehrmals wichtige Branchenpreise wie der Times Award und der Times Asia Pacific Award verliehen. Als renommierter taiwanesischer Werberegisseur hat er in verschiedenen asiatischen Ländern wie China, Singapur und Japan gearbeitet. Comics zeichnet er in seiner Freizeit.
1995 erschien sein erster autobiografischer Comicband «Notizen eines Filmemachers», indem er Einblicke in den hektischen Berufsalltag eines Werberegisseurs gibt. «Notizen eines Filmemachers» wurde zum Bestseller mit 18 Auflagen. 2010 vollendete er sein zweites Werk, «The Window / Das Fenster», eine fiktive Geschichte ohne Worte, die in Europa zur Zeit des Zweiten Weltkriegs spielt, und erhielt dafür den begehrten Preis «Beste grafische Novelle» des Informationsbüros der Regierung Taiwans. Die Rechte daran wurden nach Spanien verkauft.
2013 erschienen eine erweiterte Neuausgabe von «Notizen eines Filmemachers» sowie «Meine 80er Jahre. Eine Jugend in Taiwan», in welchem er nostalgische Erinnerungen an seine Jugendjahre, das damalige Leben und die Alltagskultur in Taiwan beschreibt.

Verlag der deutschsprachigen Ausgabe:
Chinabooks E. Wolf und E. Wu
www.chinabooks.ch
Tel. +41 (0)43 540 40 77, +41 (0)76 518 45 26, Fax. +41 (0)71 787 20 89
Mail: bestellen@chinabooks.ch

Vertrieb an den deutschen Buchhandel:
GVA Gemeinsame Verlagsauslieferung Göttingen GmbH & Co. KG
www.gva-verlage.de
Postfach 2021, D–37010 Göttingen
Tel. +49 (0) 551 384200-0, Fax. +49 (0) 551 384200-10

Vertrieb an den österreichischen Buchhandel:
Mohr Morawa Buchvertrieb GmbH
Sulzengasse 2, A–1230 Wien
Tel. +43 (1) 680 14-0, Fax. +43 (1) 688 71 30
Mail: momo@mohrmorawa.at

«… eine fesselnden Lektüre, von der man keine Abenteuerhandlung erwarten darf, aber einen Einblick in einen äußerlich vertrauten, in den Verhaltensweisen der Menschen aber fremdartigen Lebensstil … Man spürt aber auf jeder Seite die Intensität des Zeichners und Verfassers: Hier steckt wirklich Herzblut drin.»

Andreas Platthaus, FAZ